中国古代名著全本译注丛书

礼记译注

上

杨天宇　译注

图书在版编目(CIP)数据

礼记译注/杨天宇译注.—上海：上海古籍出版社，2016.11（2019.7重印）
（中国古代名著全本译注丛书）
ISBN 978-7-5325-8220-4

Ⅰ.①礼… Ⅱ.①杨… Ⅲ.①礼仪—中国—古代②《礼记》—译文③《礼记》—注释 Ⅳ.①K892.9

中国版本图书馆 CIP 数据核字（2016）第 225904 号

中国古代名著全本译注丛书
礼记译注
（全二册）
杨天宇 译注

上海世纪出版股份有限公司
上海古籍出版社 出版
（上海瑞金二路272号 邮政编码200020）
（1）网址：www.guji.com.cn
（2）E-mail：guji1@guji.com.cn
（3）易文网网址：www.ewen.co
上海世纪出版股份有限公司发行中心发行经销
江阴金马印刷有限公司印刷
开本890×1240 1/32 印张34 插页10 字数653,000
2016年11月第1版 2019年7月第3次印刷
印数4,201—6,300
ISBN 978-7-5325-8220-4
K·2246 定价：98.00元
如有质量问题，请与承印公司联系

前　　言

一、关于《礼记》的来源与编纂

《礼记》，亦称《小戴礼记》或《小戴记》，凡四十九篇，是一部先秦至秦汉时期的礼学文献选编。该书最初为西汉时期的戴圣所纂辑。

戴圣本是《仪礼》学的专家。《汉书·儒林传》曰：

> 汉兴，鲁高堂生传《士礼》（案即今所谓《仪礼》）十七篇，……而瑕丘萧奋以《礼》至淮阳太守。……孟卿，东海人也，事萧奋，以授后仓、鲁闾丘卿。仓说《礼》数万言，号曰《后氏曲台记》，授沛闻人通汉子方、梁戴德延君、戴圣次君（案据《后汉书·儒林传下》，戴圣为戴德之兄子）、沛庆普孝公。孝公为东海太傅。德号大戴，为信都太傅；圣号小戴，以博士论石渠，至九江太守。由是《礼》有大戴、小戴、庆氏之学。

《汉书·艺文志》亦曰：

> 汉兴，鲁高堂生传《士礼》十七篇。讫孝宣世，后仓最明，戴德、戴圣、庆普皆其弟子，三家立于学官。

可见戴圣师事后仓，本为今文《仪礼》博士。

然而《仪礼》仅十七篇，而其中《既夕礼》为《士丧礼》的下篇，《有司》为《少牢馈食礼》的下篇，实际只有十五篇。这十五篇所记又大多为士礼，只有《觐礼》记诸侯朝觐天子而天子接见来朝诸侯之礼，算是涉及天子之礼，这对于已经实现了天下大一统的西汉王朝来说，欲建立一整套朝廷礼制，显然是不够用的。所以当时礼学家便采取了三个办法来加以弥补。其一是"推《士礼》而致于天子"（《汉书·艺文志》。又《汉书·礼乐志》曰："今学者……但推士礼以及天子。"），即从十七篇《仪礼》所记诸士礼以推导出朝廷天子之礼。其二是经师自撰礼文或礼说。这种做法从汉初的叔孙通就开始了。叔孙通曾撰《汉仪十二篇》（见《后汉书·曹褒传》，而王充《论衡·谢短篇》则称其书为《仪品十六篇》），魏张揖在其《上广雅表》中还称他"撰置礼《记》，文不违古"。而后仓撰《曲台记》（《汉志》载有"《曲台后仓》九篇"）亦其显例。其三是杂采当时所可能见到的各种《记》文，以备朝廷议礼或制礼所用。如汉宣帝甘露三年（前51）诏诸儒讲五经同异于石渠阁，后仓弟子闻人通汉、戴圣等皆与其议。其议有曰：

> 《经》云："宗子孤为殇。"言"孤"何也？闻人通汉曰："孤者，师傅曰：'因殇而见孤也。'男子二十冠而不为殇，亦不为孤，故因殇而见之。"戴圣曰："凡为宗子者，无父乃得为宗子。然为人后者，父虽在，得为宗子，故称孤。"圣又问通汉曰："因殇而见孤，冠则不为孤者，《曲礼》曰：'孤子当室，冠衣不纯采。'此孤而言冠，何也？"对曰："孝子未曾忘亲，有父母、无父母，衣服辄异。《记》曰：'父母存，冠衣不纯素；父母殁，冠衣不纯采。'故言孤。言孤者，别衣、冠也。"圣又曰："然则子无父母，年且百岁，犹称孤不断，何也？"通汉曰："二十而冠不为孤。父母之丧，年虽老，犹称孤。"（《通典》卷七十三：《继宗子议》）

此所谓《经》云者，见于《仪礼·丧服》。所谓《曲礼》者，见今《礼记·曲礼上》。所谓《记》曰者，盖《曲礼》逸文。

> 石渠……又问："庶人尚有服，大夫臣食禄反无服，何也?"闻人通汉对曰："《记》云：'仕于家，出乡不与士齿。'是庶人在官者也，当从庶人之为国君三月服制。"(《通典》卷八十一:《诸侯之大夫为天子服议》)

此所谓《记》云，见今《礼记·王制》。

> 汉石渠议。闻人通汉问云："《记》曰：'君赴于他国之君曰不禄；夫人，曰寡小君不禄。'大夫、士或言卒、死，皆不能明。"(《通典》卷八十三:《初丧》)

此所谓《记》曰者，见今《礼记·杂记上》。可见当时的礼家，皆各掌握有若干礼的《记》文(如《曲礼》、《王制》、《杂记》等)的抄本。这些《记》文当为礼家所习见，而且具有实际上不亚于经的权威性，故在石渠这种最高级别的议论经义的场合，能为礼家所公开引用以为议论的依据。今所见《礼记》四十九篇的初本，很可能就是在这个时期由戴圣抄辑而成的。

必须指出的是，当时有关礼的《记》文是很多的。洪业先生有"《记》无算"的说法，曰：

> 所谓《记》无算者，以其种类多而难计其数也。且立于学官之礼，经也，而汉人亦以"礼记"称之，殆以其书中既有经，复有记，故混合而称之耳。……兹姑略论其他。案《汉书·艺文志》列《礼》十三家，其中有"记百三十一篇"，原文注云："七十子后学者所记也。"明云记者，仅此而已。然"王史氏二十篇"，而后云"王史氏记"；"曲台后仓九篇"，而如淳注曰"行礼射于曲台，后仓为记，故名曰《曲台记》"：是亦皆记也。至于"明堂阴阳三十三篇"，"中庸说二篇"，后人或指其篇章有在今《礼记》中者，是亦记

之属欤？又礼家以外，《乐》家有《乐记》二十三篇，《论语》家有《孔子三朝》七篇，亦此类之记也。略举此数端，已见"礼记"之称甚为广泛矣(《礼记引得序》)。

如此众多的《记》，礼家根据自己的需要，选抄其一定的篇数，以为己用，于是就有了戴圣的四十九篇之《礼记》，以及戴德的八十五篇之《礼记》。戴圣之《礼》学既以"小戴"名家〔见前引《汉书·儒林传》及《汉书·艺文志》(下简称《汉志》)〕，故其所抄辑之《记》，后人也就称之为《小戴礼记》。同样道理，戴德所抄辑之《记》，后人称之为《大戴礼记》。

戴圣的四十九篇《礼记》，据郑玄《礼记目录》(下简称《目录》)，每篇都有"此于《别录》属某类"的记载。如《曲礼上第一》下《目录》云"此于《别录》属制度"，《檀弓上第三》下《目录》云"此于《别录》属通论"，《王制第五》下《目录》云"此于《别录》属制度"，等等。《别录》是刘向所撰。由郑玄《目录》所引《别录》，可以说明两个问题：其一，《礼记》四十九篇的抄辑时间，当在成帝命刘向校书之前；其二，由《别录》的分类可见，四十九篇之《礼记》是从各种《记》书中抄合而成的。如《月令第六》下《目录》云："此于《别录》属《明堂阴阳记》。"《明堂位第十四》下《目录》云："此于《别录》属《明堂阴阳》。"说明这二篇都是抄自《汉志》"《礼》家"的"《明堂阴阳》三十三篇"。《乐记第十九》下《目录》云："此于《别录》属《乐记》。"说明此篇是抄自《汉志》"《乐》家"的"《乐记》二十三篇"。又《哀公问》一篇，文同于《大戴礼记》的《哀公问于孔子》篇，《汉志》的"《论语》家"有"《孔子三朝》七篇"，颜师古《注》曰："今《大戴礼》有其一篇，盖孔子对〔鲁〕哀公语也。三朝见公，故曰《三朝》。"是可见大、小《戴记》名异而实同的此篇都抄自《孔子三朝》。其他诸篇盖亦如此，只是后人已不可一一考明其出处罢了。

至于大、小二《戴记》的关系，旧有"小戴删大戴"之说，始于晋人陈邵。《经典释文·序录》引其说云：

> 陈邵（原注：字节良，下邳人，晋司空长史）《周礼论序》云："戴德删古礼二百四篇为八十五篇，谓之《大戴礼》。戴圣删《大戴礼》为四十九篇，是为《小戴礼》。后汉马融、卢植考诸家同异，附戴圣篇章，去其繁重，及所叙略，而行于世，即今之《礼记》是也。郑玄亦依卢、马之本而注焉。"

后来《隋书·经籍志》更附益其说，曰：

> 汉初，河间献王又得仲尼弟子及其后学者所记一百三十一篇献之，时亦无传之者。至刘向考校经籍，检得一百三十篇（姚振忠《汉书艺文志条理》曰："案'一'在'十'之下，写者乱之。"），向因第而叙之。而又得《明堂阴阳记》三十三篇、《孔子三朝记》七篇、《王史氏记》二十一篇、《乐记》二十三篇，凡五种，合二百十四篇（陈寿祺《左海经辨·大、小戴礼记考》以为以上五种《记》合为二百十五篇，此处减少一篇，失之）。戴德删其繁重，合而记之，为八十五篇，谓之《大戴记》。而戴圣又删大戴之书，为四十六篇，谓之《小戴记》。汉末马融遂传小戴之学。融又定《月令》一篇、《明堂位》一篇、《乐记》一篇，合四十九篇；而郑玄受业于融，又为之注。

是《隋志》虽采陈邵"小戴删大戴"之说，而删后的篇数则异，非四十九篇，而为四十六篇，于是又生出马融足三篇之说。

清代学者如纪昀、戴震、钱大昕、陈寿祺等皆力驳所谓小戴删大戴以及马融足三篇之说。如纪昀曰：

> 其说不知所本。今考《后汉书·桥玄传》云："七世祖

仁,著《礼记章句》四十九篇,号曰桥君学。"仁即班固所谓小戴授梁人桥季卿者,成帝时尝官大鸿胪(案据《汉书补注》,桥仁为大鸿胪在平帝时,此误)。其时已称四十九篇,无四十六篇之说。又孔《疏》称《别录》:"《礼记》四十九篇,《乐记》第十九。"四十九篇之首,《疏》皆引郑《目录》,郑《目录》之末,必云此于刘向《别录》属某门。《月令》,《目录》云"此于《别录》属《明堂阴阳记》"。《明堂位》,《目录》云"此于《别录》属《明堂阴阳记》"。《乐记》,《目录》云"此于《别录》属《乐记》"。盖十一篇,今为一篇,则三篇皆刘向《别录》所有,安得以为马融所增?《疏》又引玄《六艺论》曰:"戴德传《记》八十五篇,则《大戴礼》是也。戴圣传《礼》四十九篇,则此《礼记》是也。"玄为马融弟子,使三篇果融所增,玄不容不知,岂有以四十九篇属于戴圣之理?况融所传者,乃《周礼》,若小戴之学,一授桥仁,一授杨荣。后传其学者,有刘祐、高诱、郑玄、卢植。融绝不预其授受,又何从而增三篇乎?知今四十九篇,实戴圣之原书,《隋志》误也。(《四库提要》卷二十一:《礼记正义》下《提要》)

戴震曰:

郑康成《六艺论》曰:"戴德传《记》八十五篇。"《隋书·经籍志》曰:"《大戴礼记》十三卷,汉信都王太傅戴德撰。"今是书传本卷数与《隋志》合,而亡者四十六篇。《隋志》言"戴圣删大戴之书为四十六篇,谓之《小戴记》",殆因所亡篇数傅合为是言欤?其存者,《哀公问》及《投壶》,《小戴记》亦列此二篇,则不在删之数矣。他如《曾子大孝》篇见于《祭义》,《诸侯衅庙》篇见于《杂记》,《朝事》篇自"聘礼"至"诸侯务焉"见于《聘义》,《本命》篇自

"有恩，有义"至"圣人因杀以制节"见于《丧服四制》。凡大小戴两见者，文字多异。《隋志》以前未有谓小戴删大戴之书者，则《隋志》不足据也（《东原集·大戴礼记目录后语一》）。

又陈寿祺曰：

《礼记正义》引《六艺论》云："戴德传《记》八十五篇，则《大戴礼》是也。戴圣传《记》四十九篇，则此《礼记》是也。"寿祺案：二戴所传《记》，《汉志》不别出，以其具于百三十一篇《记》中也。《乐记·正义》引《别录》有《礼记》四十九篇，此即小戴所传；则大戴之八十五篇，亦必存其目，盖《别录》兼载诸家之本，视《汉志》为详矣。《经典释文·序录》引陈邵《周礼论序》云："戴德删古礼二百四篇为八十五篇，谓之《大戴礼》。戴圣删《大戴礼》为四十九篇，是为《小戴礼》。后汉马融、卢植考诸家同异，附戴圣篇章，去其繁重及所叙略，而行于世，即今之《礼记》是也。"邵言微误。《隋书·经籍志》因傅会，谓戴圣删大戴之书为四十六篇，马融足《月令》、《明堂位》、《乐记》为四十九篇。休宁戴东原辨之曰："孔颖达《义疏》于《乐记》云：'按《别录》：《礼记》四十九篇。'《后汉书·桥玄传》：'七世祖仁著《礼记章句》四十九篇，号曰桥君学。'仁即班固所说小戴授梁人桥仁季卿者也。刘、桥所见篇数已为四十九，不待融足三篇甚明。康成受学于融，其《六艺论》亦但曰戴圣传《礼〔记〕》四十九篇。作《隋书》者徒谓大戴阙篇，即小戴所录，而尚多三篇，遂聊归之融耳。"寿祺案：桥仁师小戴，《后汉书》谓从同郡戴德学（案《后汉书·桥玄传》有"七世祖仁，从同郡戴德学"之文），亦误。又《曹褒传》："父充持《庆氏礼》，褒又传《礼记》四十九篇，教授诸生千余人，庆氏学遂行于世。"然则褒所受于庆普之《礼记》亦四十九篇也。二戴、庆氏皆后仓弟子，恶得谓小戴删大戴之书耶？《释文·序录》云："刘向《别录》有四十九篇，其篇次与今《礼记》同。"然则谓马融足三篇者，妄矣（《左海经辨》"《大戴记》八十五篇，《小戴记》四十九篇"条）。

以上诸说，驳小戴删大戴、马融足三篇之说，可谓有力。不过陈氏谓大、小二《戴记》皆取自《汉志》所载百三十一篇之《记》中，则非是。其实二《戴记》皆各从多种《记》书中抄合而成，前已论之。又其仅据《后汉书·曹褒传》谓曹"父充持《庆氏礼》，……褒……又传《礼记》四十九篇"，遂断言"褒所受于庆普之《礼记》亦四十九篇"，亦属臆说。曹褒传其父之《庆氏礼》，是《仪礼》而非《礼记》。《后汉书》并无其父充传习《礼记》四十九篇的记载，又怎能由曹褒"传《礼记》四十九篇"一语，即断言是传自一百余年前西汉武、宣时期的庆普呢？且庆普既自以《礼》学名家，与大、小二戴之《礼》学鼎足为三，则其如抄辑有《记》，篇目与篇数，亦必自有取去，正如《小戴记》之不同于《大戴记》一样，何乃至于恰同于小戴？因此曹褒所传的《礼记》四十九篇，其渊源所自，尚难遽定。颇疑小戴之四十九篇，传至东汉中期，已为众多学者所共习，曹褒亦不例外。故周予同说："曹褒于传受庆氏《仪礼》学之外，又兼传小戴的《礼记》学。"（《群经概论》四：《三礼——周礼、仪礼与礼记》）然曹褒对此四十九篇的解说，则皆依己见，使之成为充实其《庆氏礼》学的一大方面军，故《曹褒传》曰："又传《礼记》四十九篇，教授诸生千余人，庆氏学遂行于世。"可见《庆氏礼》之盛行于东汉，与曹褒传授《小戴礼记》关系甚大。如果此说可以成立，就更可证东汉中期以前即已流传有《小戴礼记》

四十九篇，而不待马融凑足其数。

至于说《汉志》不载二戴《记》，学者颇有以此为据而否认西汉有二戴《礼记》的(如清人毛奇龄的《经问》即持此说)。我以为此实不足为据，然亦非如陈寿祺所说"以其具于百三十一篇《记》中"。但陈氏说"盖《别录》兼载诸家之本，视《汉志》为详"，倒是可信的。因为《汉志》是班固根据刘歆《七略》"删其要"而撰作的(见《汉志·序》)，而刘歆的《七略》，又是在其父所撰《别录》的基础上删要而成的。故姚名达说："先有《别录》而后有《七略》，《七略》乃摘取《别录》以为书，故《别录》详而《七略》略也。"(《中国目录学史·溯源篇》之《〈别录〉与〈七略〉之体制不同》节)故《汉志》未载之书，不等于《七略》未载，更不等于《别录》亦无其书。且《释文·序录》明云"汉刘向《别录》有四十九篇，其篇次与今《礼记》同"，复何可疑？再则西汉时代的书，而《汉志》未收录的甚多，董仲舒的《春秋繁露》就是显例。如果我们再翻翻姚振忠的《汉书艺文志拾补》，则《汉志》未收录的，又岂止《繁露》和二《戴记》呢！

近人洪业不信戴圣纂辑四十九篇《礼记》之说。他在《礼记引得序》中，除提出诸多可疑之点外，主要有两条看似无可辩驳的证据。其一曰："《说文》引《礼记》辄冠以'礼记'二字，独其引《月令》者数条，则冠以'明堂月令曰'，似许君所用之《礼记》尚未收有《月令》，此可佐证《月令》后加之说也。"洪业自注其所引关于《说文》引《礼记》的说法，是依据丁福保《说文解字诂林》，是可见洪氏本人并未取《说文》加以详核。今考《说文》所引《礼记》，并无一定义例，情况较为复杂。据1963年12月中华书局影印陈昌奉刻本，明引《礼记》者，凡六处。一、《示部》"禜"字注曰："《礼记》曰：'雩禜祭水旱。'"然段《注》以为此处是"误用错语为正文"。二、《艸部》"苄"

字注曰:"《礼记》:'铏毛,牛藿,羊苄,豕薇。'"王筠《说文句读》说,此处所引是《仪礼·公食大夫礼》后边的《记》文。三、《羽部》"翣"字注曰:"棺羽饰也。天子八,诸侯六,大夫四,士二。"王筠以为这是引的《礼器》之文。四、《鸟部》"鹬"字注曰:"《礼记》曰:'知天文者冠鹬。'"王筠说此处引文出自《逸礼》,而非《礼记》。五、《血》部"衁"字注曰:"《礼记》有衁醢。"王筠以为"衁醢"出《仪礼》、《周礼》,不出于《记》。段注本于此条则删去《礼记》之"记"字,而曰:"各本'礼'下有'记'字,误,今依《韵会》本。"六、《亻部》"偭"字注曰:"《少仪》曰:'尊壶者偭其鼻。'"由以上诸条可见,《说文》所引而确可信为出于《礼记》的,只有三、六两条,而第三条中未标《礼记》书名,第六条则仅举其篇名(《少仪》)。可见洪氏所谓《说文》引《礼记》而皆冠以"礼记"二字之说,并不符合事实。又考《说文》全书凡十一引《月令》,其九处皆曰《明堂月令》,而《耳部》"聺"字下则曰:"一曰若《月令》'靡草'之'靡'。"又《酉部》"酋"字注曰:"《礼》有大酋,掌酒官也。"此处所谓《礼》,实据《月令》,王筠曰:"《月令》'仲冬乃命大酋',《注》:'酒熟曰酋。大酋者,酒官之长。'"可见《说文》引《月令》,并非皆冠以《明堂月令》,而以此作为许慎所用《礼记》尚未收有《月令》的证据,也就不能成立了。

洪氏的第二个也是最重要的证据就是,戴圣是今文《礼》学家,如果他"别传有《礼记》以补益其所传之经,则其《记》亦当皆从今文,而不从古文"。然而《礼记》中的文字颇多从古文者,且收有《奔丧》、《投壶》二篇,出于古文《逸礼》,而《燕义》首段百余字,又出于《周礼·夏官·诸子》,作为今文《礼》家的戴圣,其所编《礼记》,何至于此?"合以上诸点观之,故曰后汉之《小戴记》非戴圣之书也。"因此洪氏认为四十九篇之《小戴礼记》的编纂成书,当是在"二戴之后,郑玄之前,

'今礼'之界限渐宽,家法之畛域渐泯"以后的事,且"不必为一手之所辑,不必为一时之所成",而之所以名之为《小戴礼记》,不过是"误会",是"张冠而李戴"(末语见《仪礼引得序》)。

洪氏此论,曾使不少学者为之折服。我在十多年前作《论郑玄三礼注》(发表于《文史》第21辑)时,亦曾用洪氏之说。然今细揣之,则不敢苟同矣。这里首先涉及的,就是一个对于汉代的今古文之争究竟应当怎样认识的问题。其实,认为汉代今古学两派处处立异,"互为水火"(廖平《今古学考》),不过是清代学者的看法。而真正使今古学两派壁垒分明,互为水火的,也只是清代学者的事。特别是到了晚清,借经学以为政治斗争的武器,更是如此。所以清代的今古文之争,已非单纯的学术宗派之争,实具有政治斗争的性质,有其极端的严峻性。康有为所著《新学伪经考》,三次被清廷降旨毁版(参见钱玄同《重论经今古文学问题》),就是显例。因为清代的今古学两派都打着复兴汉学的旗号,所以也就不免夸大汉代今古文之争的严重性。其实汉代的今古文之争,是纯粹的学术宗派之争,并不带政治斗争的性质。关于这一点,我们从王莽改制既用古文经,又用今文经,虽立古文经博士而并不废今文经博士,其所建新朝对于今古文两派学者并加重用,一视同仁(参见拙作《论王莽与今古文经学》,载《文史》第53辑),以及东汉建武初年刘秀准立《左氏春秋》博士,而汉章帝竟至"特好《古文尚书》、《左氏传》"(《后汉书·贾逵传》)等,都可以说明这一点。又汉代的今古文之争,突出地表现在古文学家欲为古文经争立学官上。今文学博士为保持其在学术上的统治地位,以及为本学派垄断利禄之途,则竭力反对立古文经学博士。然而古文经学派只要不争立博士,今古文两派就可相安无事。因此自成帝时诏谒者陈农"求遗书于天下"(《汉志·序》),并诏刘向等校书,对于所搜集和校理的大量古文经籍,今文博士并无异议或以为不可。相反，博士们所可以读到的朝廷藏书（据《汉志·序》注引刘歆《七略》说，武帝时，"外则有太常、太史、博士之藏，内则有延阁、广内、秘室之府"。可见自武帝时已为博士官建有专门的藏书处。至于太常、太史所藏书，博士们大概也是可以读到的），对于其中的古文经记，实早已暗自抄辑，并公开引用了。如前举《通典》所载石渠阁之议，戴圣和闻人通汉即已引用了《曲礼》、《王制》、《杂记》等《记》，其中《曲礼》和《杂记》，据廖平《今古学考》的分类，即属于古学之书（此问题下面还要谈到）。况且古文经的提出以及今古文之争，发生在哀帝建平元年刘歆奏请朝廷为古文经立博士之后，此前并无今古学的概念，更无今古文之争。所以遭秦火之后，经籍残缺而孤陋的博士们，因不敷大一统王朝之需而于所可能发现的、出于山岩屋壁的古文经记，皆"贪其说"而抄辑之以为己用，本是很自然的事，并没有门户之见从中作梗。由此可见，今古文之争未起，而生当武、宣时期的大、小二戴所抄辑的《礼记》，混有古文经记，并不足为奇。

关于四十九篇《礼记》的今古文属性问题，廖平在其所著《今古学考》中认为最为驳杂，而将其划分为今文学、古文学、今古学混杂的、今古学相同的四大类，并一一列其篇目。然廖氏仅作了简单的篇目分类，并未说明理由或加以论证，因此当时以及后来的学者们对廖氏的分类颇多非议，以为不可据信。如廖氏以《礼运》属古文学，而康有为则以为属今文学，并特为之作《注》，就是显例。然对于廖氏的分类尽管非议颇多，不能得一般学者的承认，而认为四十九篇之《礼记》是一部今古文混杂的著作，则为一般学者所公认。这种看法亦始于清代学者，也确有一定道理。但我们的看法和立场，与清代学者不同。如清代今文学者以《王制》为今文学之大宗（如皮锡瑞在其所撰《三礼通论》中就专立有《论王制为今文大宗即春秋素王之制》一节），是因为《王制》所设计的制度与《周礼》不同，而《周礼》为古文经，这是无可争议的，那么《王制》自然就属今文之作了。其实这种划分，本出于清代学者的门户之见，汉人并无以《王制》为今文之说。至于《王制》与《周礼》的矛盾，就郑《注》所见，是以所记为"夏制"或"殷制"来加以解释的。如果我们再考查一下《礼记》四十九篇的来源，益可知清人分类之说的不可靠。

《礼记》中可以肯定有今文《记》。今可考者，则出自今《礼》博士、二戴之师后仓。《汉志》有《后氏曲台记》九篇。王应麟在其《汉艺文志考证》中说：

> 本《传》："仓说《礼》数万言，号曰《后氏曲台记》，授大、小戴。"服虔曰："在曲台校书著《记》，因以为名。"《七略》曰："宣皇帝时行射礼，博士后仓为之辞，至今记之曰《曲台记》（自注：颜氏曰"曲台在未央宫"）。"初礼唯有后〔仓〕，孝宣世复立大、小戴《礼》（自注：案《大戴·公符篇》载孝昭冠辞，宣帝时《曲台记》也）。

由上可见，二戴既传后仓之学，则取其师所撰之《记》，以入己所纂辑之《记》，自是理所当然的事。王氏已列举大戴抄取《曲台记》之例（孝昭冠辞），小戴盖亦然，只是今天已不可考知四十九篇中何篇或某篇中之何章节取自《曲台记》了。而以王氏所引《七略》度之，则四十九篇中有关射礼或射义的文字（如《射义》所载，以及散见于其他篇章中者），或许有取自《曲台记》的文字。又据朱彝尊《经义考》引孙惠慰说："曲台之《记》，戴氏所述，然多载尸灌之义，牲献之数。"据此，则二戴《记》中确可信抄辑有《曲台记》的内容，这些内容盖涉及祭义或祭法。又任铭善《礼记目录后案》以为《曲礼上第一》的开头自"毋不敬"以下的十二字，即录自《后仓曲台记》，亦是一例。

然而除抄录自《曲台记》的部分外,四十九篇的大部分篇章,实皆抄辑自古文《记》。考汉代诸多礼《记》的来源,实皆出自古文。如《汉书·河间献王传》曰:

> 河间献王德以孝景前二年立,修学好古,实事求是。从民得善书,必为好写与之,留其真,加金帛赐以招之。……献王所得书皆古文先秦旧书,《周官》、《尚书》、《礼》、《礼记》、《孟子》、《老子》之属,皆经传说记,七十子之徒所论。

案河间献王所得古文《礼记》,盖指有关礼的《记》文,非指专书,故师古注曰:"《礼记》者,诸儒记礼之说也。"又《汉志》曰:

> 武帝末(案当为"武帝初"之讹。恭王以孝景前三年徙王鲁,薨于武帝元光六年),鲁恭王坏孔子宅,欲以广其宫,而得《古文尚书》及《礼记》、《论语》、《孝经》凡数十篇,皆古字也。

是鲁恭王所得古书,亦有《礼记》,盖亦"诸儒记礼之说"。又《释文·序录》曰:

> 郑《六艺论》:"后得孔氏壁中河间献王古文《礼》五十六篇,《记》百三十一篇,《周礼》六篇,其十七篇与高堂生所传同,而字多异。"刘向《别录》云:"古文《记》二百四篇。"

案郑玄所谓《记》百三十一篇,即《汉志》"礼家"类所载"《记》百三十一篇"。至于《别录》所谓"古文《记》二百四篇",陈寿祺曰:"百三十一篇之《记》,合《明堂阴阳》三十三篇,《王史氏》二十一篇,《乐记》二十三篇,《孔子三朝记》七篇,凡二百十五篇,并见《艺文志》。而《别录》言二百四篇,未知所除何篇。疑《乐记》二十三篇,其十一篇已具百三十一篇《记》中,除之,故为二百四篇。"又曰:"《隋志》言刘向考校经籍,检得一百三十篇,向因第而叙之,又得《明堂阴阳记》、《孔子三朝记》、《王史氏记》、《乐记》五种(案陈氏原文如此),合二百十四篇。减少一篇,与《别录》、《艺文志》不符,失之。"(《左海经辨》之"刘向《别录》古文《记》二百四篇,《汉书·艺文志》《记》百三十一篇"条)可见大、小二戴《记》就其来源而言,本多为古文《记》。至于其中所收《投壶》、《奔丧》二篇原出《逸礼》,则更不待言。故蒋伯潜曰:

> 《景十三王传》,言河间献王所得皆古文先秦旧书,中有《礼记》;鲁恭王坏孔子宅而得古文书凡数十篇,皆古字,中亦有《礼记》。《经典释文·序录》引郑玄《六艺论》述孔氏壁中及河间献王书,亦以《礼记》与古文《礼》《周礼》并举;又引刘向《别录》,亦曰古文《记》二百四篇。四十九篇之《小戴礼记》,辑自《记》百三十一篇及《明堂阴阳》等五种,则亦为古文,明甚。

还有一事,不可不明,即自先秦流传至汉代的经、记,原本皆先秦古文。汉代的经学家以当时流行的文字(隶书)抄而读之,以为己用,即成今文。故大、小二戴《记》尽管从其来源说,多为古《记》,甚至还有古经《逸礼》(《投壶》、《奔丧》),然既为今古文之争未起时之二戴所抄辑而用之,也就成今文了,不当用哀帝时始兴起的今古学二派的立场,去推论二戴必不可抄辑古文《记》。至于说《燕义》首节全录《周礼·夏官·诸子》之文,不过是《注》文误录入正文,不足为据。关于这一点,顾实先生有一段话说得很好,曰:

> 《戴记》为古文之证颇多。司马迁以《五帝德》、《帝系姓》为古文(自注:《史记·五帝本纪》),而《大戴礼》有

之,其证一。本《志》(案谓《汉书·艺文志》)明言《礼古经》出鲁淹中,及《明堂阴阳》、《王史氏记》(自注:承上古经而言,故亦为古《记》),而《小戴记》之《月令》、《明堂位》,《别录》属明堂阴阳,其证二。则岂独其间有糅合逸经者为古文哉?成帝绥和元年,立二王后,推迹古文,以《左氏》、《穀梁》、《世本》、《礼记》相明(自注:本书《梅福传》),则凡《礼记》,明皆古文。二戴先成帝之世(自注:当宣帝世,见《儒林传》),岂便特异?且《穀梁》后为今文,则《礼记》之后为今文,亦宜也(自注:凡诸经、记,原本皆古文,后易而隶书,遂为今文耳。彼今文古文之争,非其本然也)。(《汉书艺文志讲疏》二:《六艺略·礼》之"《记》百三十一篇"条)

综上述可见,洪业因为《礼记》中混有古文,从而否认作为今文《仪礼》博士的戴圣辑有《礼记》,是不能成立的。四十九篇之《礼记》初为武、宣时期的戴圣所纂辑,当无可疑。

二、关于《礼记》的内容与分类

《礼记》四十九篇的内容,十分驳杂,其篇目编次,也最无义例。故刘向校书撰《别录》时,曾将《礼记》诸篇加以分类。兹列举四十九篇之目,附孔《疏》引郑玄《礼记目录》所述《别录》的分类如下:

《曲礼上第一》,《目录》云:"此于《别录》属制度。"

《曲礼下第二》,《目录》云:"义同前篇。简策重多,分为上下。"

《檀弓上第三》,《目录》云:"此于《别录》属通论。"

《檀弓下第四》,《目录》云:"义同前篇,以简策繁多,故分为上下二卷。"

《王制第五》,《目录》云:"此于《别录》属制度。"
《月令第六》,《目录》云:"此于《别录》属明堂阴阳记。"
《曾子问第七》,《目录》云:"此于《别录》属丧服。"
《文王世子第八》,《目录》云:"此于《别录》属世子法。"
《礼运第九》,《目录》云:"此于《别录》属通论。"
《礼器第十》,《目录》云:"此于《别录》属制度。"
《郊特牲第十一》,《目录》云:"此于《别录》属祭祀。"
《内则第十二》,《目录》云:"此于《别录》属子法。"
《玉藻第十三》,《目录》云:"此于《别录》属通论。"
《明堂位第十四》,《目录》云:"此于《别录》属明堂阴阳。"
《丧服小记第十五》,《目录》云:"此于《别录》属丧服。"
《大传第十六》,《目录》云:"此于《别录》属通论。"
《少仪第十七》,《目录》云:"此于《别录》属制度。"
《学记第十八》,《目录》云:"此于《别录》属通论。"
《乐记第十九》,《目录》云:"此于《别录》属乐记。"
《杂记上第二十》,《目录》云:"此于《别录》属丧服。"
《杂记下第二十一》(案《目录》无辞,义同上)。
《丧大记第二十二》,《目录》云:"此于《别录》属丧服。"
《祭法第二十三》,《目录》云:"此于《别录》属祭祀。"
《祭义第二十四》,《目录》云:"此于《别录》属祭祀。"
《祭统第二十五》,《目录》云:"此于《别录》属祭祀。"
《经解第二十六》,《目录》云:"此于《别录》属通论。"
《哀公问第二十七》,《目录》云:"此于《别录》属通论。"
《仲尼燕居第二十八》,《目录》云:"此于《别录》属通论。"

《孔子闲居第二十九》,《目录》云:"此于《别录》属通论。"

《坊记第三十》,《目录》云:"此于《别录》属通论。"

《中庸第三十一》,《目录》云:"此于《别录》属通论。"

《表记第三十二》,《目录》云:"此于《别录》属通论。"

《缁衣第三十三》,《目录》云:"此于《别录》属通论。"

《奔丧第三十四》,《目录》云:"此于《别录》属丧服之礼。"

《问丧第三十五》,《目录》云:"此于《别录》属丧服。"

《服问第三十六》,《目录》云:"此于《别录》属丧服。"

《间传第三十七》,《目录》云:"此于《别录》属丧服。"

《三年问第三十八》,《目录》云:"此于《别录》属丧服。"

《深衣第三十九》,《目录》云:"此于《别录》属制度。"

《投壶第四十》,《目录》云:"此于《别录》属吉礼。"

《儒行第四十一》,《目录》云:"此于《别录》属通论。"

《大学第四十二》,《目录》云:"此于《别录》属通论。"

《冠义第四十三》,《目录》云:"此于《别录》属吉事。"

《昏义第四十四》,《目录》云:"此于《别录》属吉事。"

《乡饮酒义第四十五》,《目录》云:"此于《别录》属吉事。"

《射义第四十六》,《目录》云:"此于《别录》属吉事。"

《燕义第四十七》,《目录》云:"此于《别录》属吉事。"

《聘义第四十八》,《目录》云:"此于《别录》属吉事。"

《丧服四制第四十九》,《目录》云:"此于《别录》属丧服。"

综上《别录》所划分,凡九类,其中属"制度"的六篇,属"通论"的十六篇,属"明堂阴阳记"的二篇(案《月令第六》之

"明堂阴阳记"与《明堂位第十四》之"明堂阴阳"当属一类，或前者衍一"记"字，或后者脱一"记"字，今已不可考），属"丧服"的十一篇，属"世子法"的一篇，属"祭祀"的四篇，属"子法"的一篇，属"乐记"的一篇，属"吉事"的七篇（案《投壶第四十》之"吉礼"，盖"吉事"之误，故合之于"吉事"类）。这种分类法，显然很不恰当。首先，刘向所依以分类的根据就不确定：制度、丧服、祭祀、世子法、子法五类，是根据内容来分类的；明堂阴阳记（或明堂阴阳）、乐记，则是根据记文的出处来分类；通论，是根据文体来分类；吉事，则又是根据所记内容的性质来分类。若论其分类之不合理处，那就更多了。如《曲礼》多记琐细的仪节以及有关为人处世的态度，而纳之于制度；《檀弓》主要杂记丧礼，而归之于通论；《学记》主要是谈学校教育的，亦属之通论等。因此可以说，《别录》的分类，对于帮助人们理解《礼记》的复杂内容，作用并不大，有些地方反而更加淆乱了。

　　后来的学者鉴于《礼记》内容的驳杂，不少人也相继做过分类整理工作。如郑玄门人孙炎曾作《礼记类钞》，"始改旧本，以类相比"（见王应麟《困学纪闻》卷五及《旧唐书·元行冲传》）；唐魏徵则"因炎之书，更加整比，兼为之注"，撰成《类礼》二十卷（见《旧唐书》之《元行冲传》及《魏徵传》）。孙、魏二人之书皆亡。南宋朱熹作《仪礼经传通解》，以《礼记》分类隶于《仪礼》篇章之次，其意虽在解经（《仪礼》），也是对《礼记》一书的一种分类整理。元吴澄所撰《礼记纂言》三十六卷，则是保留至今的一部分类整理《礼记》的重要著作。清代学者对《礼记》做分类整理工作的也不乏其人，如江永的《礼经纲目》、沈元沧的《礼记类编》、王心敬的《礼记汇编》等皆是。然而《别录》的分类尽管不如人意，尚保留着《礼记》的原貌。自孙炎以后的分类整理者，或割裂原文，或更易篇次，则使原书面目全非,而成另一著作了。

《礼记》内容的驳杂,不仅表现在篇次的不伦上,更主要的还是表现在各篇所记内容的杂乱上。四十九篇中,除少数外,大部分很少有突出的中心内容,而且同一篇的前后节之间也很少有逻辑联系,往往自成段落,表达一个与上下文皆不相关的意思。即以《曲礼》为例,其上篇61小节,下篇43小节,总计104小节,就记载了104条互不相关的内容。郑玄《礼记目录》将这104条内容概括为吉、凶、宾、军、嘉五礼,说:"名曰《曲礼》者,以其记五礼之事。祭祀之说,吉礼也;丧荒去国之说,凶礼也;致贡朝会之说,宾礼也;兵车旌鸿之说,军礼也;事长敬老执贽纳女之说,嘉礼也。"然《目录》所谓五礼,实皆散见于上下两篇之中,并非以类相从而记之。但此外还有大量内容,则非五礼所可概括。兹仅举其上篇前五节为例,以见其余。

第1节曰:"毋不敬,俨若思,安、定辞,安民哉。"这是教人君处事、说话所应有的态度。

第2节曰:"敖不可长,欲不可从,志不可满,乐不可极。"这是教人当谦谨节俭。

第3节曰:"贤者狎而敬之,畏而爱之。爱而知其恶,憎而知其善。积而能散,安安而能迁。临财毋苟得,临难毋苟免,很毋求胜,分毋求多,疑事毋质,直而勿有。"这是教人以爱敬之道和为人处事之理。

第4节曰:"若夫坐如尸,立如齐,礼从宜,使从俗。"这是教人坐、立的仪态及礼俗之所宜。

第5节曰:"夫礼者,所以定亲疏、决嫌疑、别异同、明是非也。礼,不妄说人,不辞费。礼,不逾节,不侵侮,不好狎。修身,践言,谓之善行。行修,言道,礼之质也。礼闻取于人,不闻取人;礼闻来学,不闻往教。"这是记礼的作用,说明人的言行皆当依礼,以及学礼之法。

上述五节的内容皆各不相关，而且既不可属之于《别录》所谓制度之类，亦不可属之于《目录》所谓五礼的任何一礼。

《礼记》中有些篇，虽有相对集中的内容，侧重于某一方面，然所记亦多杂乱而无伦次。如《檀弓》上下两篇总计218节，主要是记丧礼或丧事的，而节节各有独立的内容，互不相关。自《冠义》以下的六篇，从篇名看，当是记载冠、婚、乡（谓乡饮酒礼，下同）、射、燕、聘六种礼的意义的。然所记之义，多杂乱而无序。如《昏义》凡9节，第1节总论婚礼的意义；第2节是就亲迎的若干仪节阐明其义；第3节又论婚礼是礼的根本，按理说，当序之于第1节之后，或合之于第1节之中；第4节则泛论冠、婚、丧、祭、朝、聘、射、乡等"礼之大体"，其义盖在说明婚礼在上述诸礼中的地位，还不算完全离题；第5节又回到婚礼的仪节上来，而论成婚后妇见舅姑（公婆）诸礼仪之义；第6节论妇孝顺公婆之义，这就超出婚礼本身了；第7节记对女子进行婚前教育的时间、地点、内容和意义，按理当置于第2节之前，却倒置于后。以上七节虽无伦次，大体上还是围绕婚礼来谈的。第8、9两节就不然了，却是记王后的六宫与天子的六官分掌内外，阴阳相济，相辅相成之义，这就完全离题了。再如被宋代理学家所特别欣赏而被朱熹列于《四书》的《中庸》篇，凡30节，其实只有前8节基本上是围绕中庸之道来发挥的，以下22节的内容就与中庸无关，而相当广泛了，就连朱熹本人也不得不承认该篇"始言一理，中散为万事"（见《四书章句集注》之《中庸》篇"题解"）。总之，杂乱而无伦次，是《礼记》四十九篇所记内容的主要特点。梁启超在其所著《要籍解题及其读法·礼记、大戴礼记》中，曾试将大、小二《戴记》的内容混合在一起，而将它们划分为十类，曰：

（甲）记述某项礼节条文之专篇。如《诸侯迁庙》、《诸侯衅庙》、《投壶》、《奔丧》、《公冠》等篇,《四库提要》谓"皆《礼古经》遗文",虽无他证,要之当为春秋以前礼制书之断片,其性质略如《开元礼》、《大清通礼》等之一篇。又如《内则》、《少仪》、《曲礼》等篇之一部分,亦记礼节之条文,其性质略如《文公家礼》之一节。

(乙)记述某项政令之专篇。如《夏小正》、《月令》等,其性质略如《大清会典》之一部门。

(丙)解释礼经之专篇。如《冠义》、《昏义》、《乡饮酒义》、《射义》、《燕义》、《聘义》、《丧服》、《丧服四制》等,实《仪礼》十七篇之传注。

(丁)专记孔子言论。如《表记》、《缁衣》、《仲尼燕居》、《孔子闲居》等,其性质略如《论语》。又如《哀公问》及《孔子三朝记》之七篇——《千乘》、《四代》、《虞戴德》、《诰志》、《小辨》、《用兵》、《少间》——皆先秦儒家所传,孔子传记之一部。其专记七十子言论如《曾子问》、《子张问入官》、《卫将军文子》等篇,亦此类之附属。

(戊)记孔门及时人杂事。如《檀弓》及《杂记》之一部分,其性质略如《韩非子》之《内、外储说》。

(己)制度之杂记载。如《王制》、《玉藻》、《明堂位》等。

(庚)制度礼节之专门的考证及杂考证。如《礼器》、《郊特牲》、《祭法》、《祭统》、《大传》、《丧服记》、《奔丧》、《问丧》、《间传》等。

(辛)通论礼意或学术。如《礼运》、《礼察》、《经解》、《礼三本》、《祭义》、《三年问》、《乐记》、《学记》、《大学》、《中庸》、《劝学》、《本命》、《易本命》等。

(壬)杂记格言。如《曲礼》、《少仪》、《劝学》、《儒行》等。

（癸）某项掌故之专记。如《五帝德》、《帝系》、《文王世子》、《武王践阼》等。

梁氏的划分，较有利于人们理解二《戴记》的复杂内容，虽未为尽当，但比起前人的分类来，要合理得多了。

这里，我们还要再谈一谈《礼记》四十九篇的篇名与内容之间的关系。《礼记》各篇，一部分是依据其所记内容来命名的，但此外还有多种情况，读者决不可仅据篇名而望文生义，去判断该篇的内容。《礼记》中多数篇的命名，带有很大的随意性，因此许多篇的篇名，都只可视为该篇的代号，而并不能反映该篇的实际内容。综观四十九篇的命名，大体可以分为以下几种情况。

第一，依据篇中所记主要内容命名。《王制》、《月令》、《礼运》、《内则》、《丧服小记》、《学记》、《乐记》、《祭法》、《祭义》、《坊记》、《三年问》、《奔丧》、《深衣》、《投壶》、《儒行》、《冠义》、《昏义》、《乡饮酒义》、《射义》、《燕义》、《聘义》、《丧服四制》等二十二篇皆是。

第二，仅据首节或仅据篇中部分内容命名。《檀弓》（上、下）、《文王世子》、《祭统》、《经解》、《中庸》、《表记》、《问丧》等八篇皆是。

第三，取篇首或首句中若干字，或取篇中若干字命名。《曾子问》、《礼器》、《郊特牲》、《玉藻》、《明堂位》、《哀公问》、《仲尼燕居》、《孔子闲居》、《缁衣》、《大学》等十篇皆是。

第四，以所记内容的性质命名。《曲礼》（上、下）、《大传》、《少仪》、《杂记》（上、下）、《丧大记》等七篇皆是。

第五，命名之由不详者。《服问》、《间传》两篇皆是。

由上可见，四十九篇的命名，非同一例，盖因作记者既非一人，又非一时之人所致。

三、《礼记》在汉代的传本与郑注《礼记》

《礼记》一书在辗转传抄过程中，衍生出许多不同的本子，盖因传抄者有意或无意地对其所抄之本进行改字、增删所致。如前引《通典》所载石渠奏议数条，盖戴圣初本之文（而其所抄录之古《记》，当与闻人通汉所共见），即与今传郑注本《礼记》不同。如《通典》卷七十三记闻人通汉引《记》曰："父母存，冠衣不纯素；父母殁，冠衣不纯采。"此条为今本《礼记》所无，颇疑为《曲礼》初本之文而为后人传抄所删或所遗漏。又《通典》卷八十一记闻人通汉引《王制》云："仕于家，出乡不与士齿。"今本《王制》"家"下有"者"字（见第39节），盖为传抄者所增。《通典》卷八十三记闻人通汉引《杂记上》曰："君赴于他国之君，曰不禄；夫人，曰寡小君不禄。"今本《杂记上》则曰："君讣于他国之君，曰：'寡君不禄，敢告执事。'夫人，曰：'寡小君不禄。'"（第3节）《通典》所载，盖闻人通汉所约引，而"赴"字今本作"讣"，则为传抄者所改。又前引《说文》中可确信为出自《礼记》的两条，也有类似的情况。《羽部》"翣"字注曰："棺羽饰也。天子八，诸侯六，大夫四，士二。"王筠以为这里是引《礼器》之文。查今本《礼器》此条曰："天子崩七月而葬，五重，八翣；诸侯五月而葬，三重，六翣；大夫三月而葬，再重，四翣：此以多为贵者也。"（第5节）《说文》所引，盖约《礼器》之文。然今本无"士二"之说，则可能为后世传抄者所遗。又《亻部》"俪"字注曰："《少仪》曰：'尊壶者俪其鼻。'"而今本《少仪》此句作"尊壶者面其鼻"（第54节）。是《说文》所据本"俪"字，今本作"面"，显为传抄者所改。

关于这一点，大量的证据，还在今本《礼记》郑《注》中。

郑《注》于《礼记》正文某字之下，往往《注》曰"某，或为某"或"某，或作某"。陈桥枞《礼记郑读考》引其父陈寿祺之言曰："郑氏《礼记注》，引出本经异文，及所改经字，凡言'或为某'者，《礼记》他本也。"兹仅以《曲礼上》为例。"宦学事师，非礼不行"，《注》曰："学，或为御。""席间函丈"，《注》曰："丈，或为杖。""敛发毋髢"，《注》曰："髢，或作肆。""跪而迁屦"，《注》曰："迁，或为还。""其饭不泽手"，《注》曰："泽，或为择。""生与来日，死与往日"，《注》曰："与，或为予。""前有士师"，《注》曰："士，或为仕。""交游之雠不同国"，《注》曰："交游，或为朋友。""筴为筮"，《注》曰："筴，或为蓍。""立视五巂"，《注》曰："巂，或为纂。"仅此一篇之中，所引异文就达十条之多。据台湾学者李云光统计："如此者，全书《注》中共计二百零六条。其中时有一字连举二种异文者，如《檀弓上》云：'衽每束一。'《注》云：'衽或作漆，或作髤。'《郊特牲》云：'乡人裼。'《注》云：'裼或为献，或为傩。'此一字而举二或本异文者共十一条。"(《三礼郑氏学发凡》第二章第一节)由上即可见，《礼记》在其流传过程中所衍生出来的异本、异文之多。

《礼记》之异本，见于文献而今可考知者，有刘向《别录》本。《释文·序录》自注曰："向《别录》有四十九篇，其篇次与今《礼记》同。"案刘向校书在二戴之后，经刘向校后的《礼记》，与戴圣的初本自不能无异。《汉书·儒林传》曰："小戴授梁人桥仁季卿、杨荣子孙(师古曰："子孙，荣之字也。")……由是……小戴有桥、杨氏之学。"而《后汉书·桥玄传》曰："七世祖仁，从同郡戴德(案"德"乃"圣"字之误)学，著《礼记章句》四十九篇，号曰桥君学。"是《礼记》又有桥氏本。而杨荣既与桥仁同师于小戴，且学成后亦独自名家，则可想见《礼记》当亦有杨氏本，不过史书缺载罢了。据《后汉书·曹褒传》，褒

"持庆氏《礼》",又"传《礼记》四十九篇,教授诸生千余人",是《礼记》又有曹褒传本。据《后汉书·马融传》,马融所注诸书有《三礼》,当是兼《周礼》、《仪礼》、《礼记》而言。又《释文·序录》曰:"后汉马融、卢植,考诸家异同,附戴圣篇章,去其繁重及所叙略,而行于世,即今《礼记》是也。"是《礼记》又有马融校注本(案前引纪昀《四库提要》驳《隋志》所谓小戴删大戴为四十六篇而马融足三篇之说固为的论,而谓马融绝不预《礼记》之授受,似过于武断)。据《后汉书·卢植传》记载,卢植所著书,有《三礼解诂》,盖亦兼《周礼》、《仪礼》、《礼记》言。又载卢植上书曰:"臣少从通儒故南郡太守马融受古学,颇知今之《礼记》特多回冗。……敢率愚浅,为之解诂。"《释文·序录》即载有"卢植注《礼记》二十卷",可知《礼记》又有卢植校注本。至于流传于当时,今已不可征考者,尚不知几倍于此。而东汉末年郑玄的一大功绩,就在于他将当时流传的《礼记》诸本相互参校,并为之作《注》,从而使《礼记》大行于世,并流传至今。

郑玄校订《礼记》的一大特点,就是既于诸异本、异文中择善而从,又在《注》中存其异文。正如李云光先生所说:"郑氏不没别本异文,以待后贤考定,亦多闻缺疑之意,与他家之有伪窜经文流传后世者异其趣矣。"(《三礼郑氏学发凡》第二章第一节)又李氏对于郑玄校书的体例,考述甚为详密。其书第二章,专论《郑氏对三礼之校勘》,凡十节,兹仅录其目如下:

  第一节 以别本校之。
  第二节 以他书校之。其中又有三细目,曰:
    一、以所引用之书校之。
    二、以相因袭之书校之。
    三、以相关之书校之。

第三节　以本书内他篇经文校之。
第四节　以本书内上下经文校之。
第五节　以字形校之。
第六节　以字音校之。
第七节　以字义校之。
第八节　以文例校之。
第九节　以算术校之。
第十节　以审定正字之法校之。

其中仅第九节"以算术校之"未举《礼记》之例。是可见郑校《礼记》体例之严密。

郑玄不仅对《礼记》四十九篇的文字进行校订，又对《记》文作了注解。郑玄的《注》，博综兼采，择善而从，且一反有汉以来学者（尤其是今文学家）解经愈益烦琐化的趋向，而欲以一持万，"举一纲而万目张，解一卷而众篇明"（《诗谱·序》），力求简约，以至于往往《注》文少于《记》文。如《学记》、《乐记》二篇，凡6495字，而《注》仅5533字；《祭法》、《祭义》、《祭统》三篇，凡7182字，《注》仅5409字等。这种"括囊大典，网罗众家，删裁繁诬，刊改漏失"，而又至为简约的《注》，比起那些"章句多者乃至百余万言"，致使"学徒劳而少功"（《后汉书·郑玄传》）的烦琐的旧《注》来，其优越性自然不言而喻。因此郑注本《礼记》一出，即深受广大学者欢迎。与此同时，篇目繁多的《大戴礼记》，则很少有人研习，后来逐渐佚失，到唐代，原书的八十五篇，就只剩下三十九篇了。

至于郑注《礼记》的体例，李云光先生在其所著《三礼郑氏学发凡》中，自第三章至第六章，凡七十八节，作了更为详密而出色的考述，兹以文繁不录。又已故学者张舜徽在其所著《郑学丛书》中，有《郑氏校雠学发微》和《郑氏经注释例》两篇，对于郑玄校、注《礼记》的体例亦考述精详,可参看。

四、汉以后的《礼记》学

东汉末年,由于党锢之祸迭起,继之以军阀混战,三国鼎立,经学急剧衰落。然而郑玄所注诸经,当时称为郑学,却大行于世。皮锡瑞说,在此儒风寂寥之际,唯郑学"当时莫不仰望,称伊、雒以东,淮汉以北,康成一人而矣。咸言先儒多阙,郑氏道备,自来经师,未有若郑君之盛者"。又说:"郑君徒党遍天下,即经学论,可谓小统一时代。"(《经学历史》五:《经学中衰时代》)据刘汝霖考证,曹魏所立十九博士,除《公羊》、《穀梁》和《论语》三经外,《易》、《书》、《毛诗》、《周官》、《仪礼》、《礼记》和《孝经》,初皆宗郑学(《汉晋学术编年》卷六,"魏文帝黄初五年"条),是皮氏所谓郑学"小统一时代",确非虚言。值得注意的是,在汉代,《礼记》本是附属于经(《仪礼》)的,而自郑玄为之作《注》以后,始与《仪礼》、《周礼》鼎足为三,而魏时又第一次为之立学官。《礼记》在经学中这种地位的变化,实由郑《注》的影响所致。

然而魏时王肃不好郑氏学。王肃亦博通今古,遍注群经(其中包括《礼记》三十卷,见于《释文·序录》、《隋志》以及二《唐志》),却处处与郑玄立异,且"集《圣证论》以讥短玄"(《三国志·魏志·王肃传》),当时称为王学。王肃党于司马氏,其女又嫁给了司马昭,因此凭借政治势力和姻戚关系,其所注诸经"皆列于学官"(同上)。案司马氏控制曹魏政权,当在正始十年司马懿杀了曹爽之后,第二年即改元为嘉平,是王肃所注诸经立学官,盖不早于嘉平年间,这时已是曹魏中后期。据《三国志·魏书·高贵乡公纪》,甘露元年,高贵乡公临幸太学,问诸儒经义，帝执郑氏说，而博士之对，则以王肃之义为长，"故于此之际，王学几欲夺郑学之席"（马宗霍《中国经学史》第七篇：《魏晋之经学》）。晋承魏绪，崇奉儒学，而尤重王学，因此晋初郊庙之礼，"一如宣帝所用王肃议"（《晋书·志第九·礼上》），而不用郑氏说，是王学盛而郑学衰。然王学之盛，仅昙花一现。到了东晋，王学博士俱废。元帝初年，简省博士，"博士旧制十九人，今五经合九人"（《晋书·荀崧传》）。而所置九博士中，除《周易》、《古文尚书》、《春秋左传》三经外，其他六经，即《尚书》、《毛诗》、《周礼》、《礼记》、《论语》、《孝经》，皆宗郑氏（见《通典》卷五十三：《礼》十三）。可见东晋经学虽衰，郑学则复兴。值得注意的是，《三礼》中唯独盛行于两汉的《仪礼》未立博士，原来附属于《仪礼》的《礼记》反而立了博士，可见魏晋《礼记》学的传习，已胜过《仪礼》了。

南北朝时期，天下分为南北，经学亦分为"南学"、"北学"。据《隋书·儒林传·序》，"南北所治，章句好尚，互有不同"，然于《三礼》，"则同遵于郑氏"。南朝疆域狭小，人尚清谈，家藏释典，经学益衰。到梁武帝时，始较重视经学，经学出现了一个相对繁荣的时期。但到了陈朝，又迅速衰落了。南朝的经学，最可称者，要数《三礼》学了。《南史·儒林传》于何佟之、严植之、司马筠、崔灵恩、孔佥、沈俊、皇侃、沈洙、戚衮、郑灼诸儒，或曰"少好《三礼》"，或曰"遍习郑氏《礼》"，或曰"尤明《三礼》"，或曰"尤精《三礼》"，或曰"尤长《三礼》"，或曰"通《三礼》"，或曰"善《三礼》"，或曰"受《三礼》"，而张崖、陆诩、沈德威、贺德基诸儒，也都以礼学称名于世。

北朝经学，稍盛于南朝，其间如魏文帝、周武帝，崇奖尤至。北朝号称大儒，能开宗立派的，首推徐遵明。徐遵明博通群经，北朝诸经传授，多自徐遵明始。据《北史·儒林传·序》，"《三礼》并出遵明之门"。徐遵明的《三礼》学传李铉等人，李铉又传熊安生等人，熊安生又传孙灵晖、郭仲坚、丁恃德等人。值得注意的是，"诸儒尽通《小戴礼》（案即指《礼记》），于《周礼》、《仪礼》兼通者，十二三焉"。可见北朝诸儒于《三礼》中，尤重《礼记》学。

又南、北学虽趣尚互殊，而于治经方法，则大体相同。汉人治经，多以本经为主，所作传注，本为解经。魏晋以后人治经，则多以疏释经注为主，名为经学，实则注学，于是义疏之体日起。只要稍翻看《隋书·经籍志》和南、北史《儒林传》，即可见南北朝时期义疏体著作之多。其间为《礼记》郑《注》作义疏而声名较著的，南有皇侃，北有熊安生。《隋志》著录有皇侃《礼记义疏》四十八卷，又有《礼记讲疏》九十九卷。熊安生著《礼记义疏》三十卷，见于《北史·儒林传》。皇、熊二氏的著作，即为唐初《礼记正义》所取材。

隋、唐统一天下，经学亦归于统一。隋朝祚短，经学罕可称道者。隋立博士，《三礼》学仍宗郑氏。然据《隋书·儒林传》所载，以礼学名家者，唯称马光"尤明《三礼》"，褚辉"以《三礼》学称于江南"而已。又隋朝大儒，共推刘焯、刘炫，二刘于诸经皆有《义疏》，并曾"问礼于熊安生"，然并非礼学专门。

唐朝统治者十分重视儒教，于是自汉末以来经历四百年后，经学重又振兴。贞观四年，唐太宗以经籍去古久远，文字多讹谬，诏颜师古考订《五经》文字。师古奉诏校订经文，撰成《五经定本》。太宗又以儒学多门，章句繁杂，诏孔颖达与诸儒撰定《五经义疏》，以统一经说。贞观十六年，书成，凡一百八十卷。博士马嘉运驳正其失，于是有诏更令裁定，功未成。到高宗永徽二年，又诏诸臣考订，加以增删，永徽四年，以《五经正义》之名正式颁布于天下。据《新唐书·艺文志》，《五经正义》包括《周易正义》十六卷（据《旧唐志》则为十四卷），《尚书正义》二十卷，《毛诗正义》四十卷，《礼记正义》七十卷，《春秋正义》三十六卷(据《旧唐志》则为三十七卷),总计一百八十二卷(据《旧唐志》则为一百八十一卷)。自《五经定本》出,而后经籍无异文;自《五经正义》出,而后经学无异说。每年明经,依此考试,于是天下士民,皆奉以为圭臬。自汉以来,经学的统一,未有如此之专者。值得注意的是,《五经正义》于《三礼》独收《礼记》,这是第一次以朝廷的名义正式将其升格为经,且拔之于《仪礼》、《周礼》二经之上。于是《三礼》之学,在唐代形成了《礼记》独盛的局面。《礼记正义》亦宗郑《注》,而以皇侃《义疏》为本,以熊安生《义疏》为辅。孔颖达在《礼记正义序》中批评皇、熊二氏之书说:"熊则违背本经,多引外义,犹之楚而北行,马虽疾而去逾远矣。又欲释经文,唯聚难义,犹治丝而棼之,手虽繁而丝益乱也。皇氏虽章句详正,微稍繁广,又既遵郑氏,乃时乖郑义,此是木落不归其本,狐死不首其丘。此二家之弊,未为得也。然以熊比皇,皇氏胜矣。"可见孔颖达之学宗郑氏,而偏尚南学。又孔氏作《正义》,守《疏》不驳《注》的原则,因此《四库提要》批评说:"其书务伸郑《注》,未免附会之处。"

由上可见,《礼记》之学,自汉末至唐,除魏晋之际一度几为王学夺席,皆以郑《注》为中心。然而这种情况,到宋朝庆历以后,为之一变。王应麟说:"自汉儒至于庆历间,谈经者守训故而不凿。《七经小传》(案作者为刘敞)出而稍尚新奇矣。至《三经新义》(案作者为王安石)行,视汉儒之学若土梗。"(《困学纪闻》卷八:《经说》)可见庆历以后,宋儒治经,务反汉人之说,治《礼记》亦不例外。皮锡瑞举例说:"以礼而论,如谓郊禘是一,有五人帝,无五天帝,魏王肃之说也(案参见《礼记·祭法》"有虞氏禘黄帝而郊喾,祖颛顼而宗尧"下郑《注》以及孔《疏》所引王肃《圣证论》之说)。禘是以祖配祖,非以祖配天,唐赵匡之说也(案参见同上郑《注》及陆淳《春秋纂例》卷一所引赵匡说)。此等处,前人已有疑义,宋人遂据以诋汉儒。"(《经学历史》八：《经学变古时代》）案皮氏所举之例，其中的是非姑且不论，宋人的《礼记》学不再宗郑《注》，则于此可见一斑。

宋儒治《礼记》而用功最勤、成就最著的，当推卫湜。卫湜撰《礼记集说》一百六十卷，日编月削，历二十余载而后成。《四库提要》说，该书"采摭群言，最为赅博，去取亦最为精审。自郑《注》而下，所取凡一百四十四家，其他书之涉于《礼记》者，所采录不在此数焉。今自郑《注》、孔《疏》而外，原书无一存者。朱彝尊《经义考》采摭最为繁富，而不知其书与不知其人者，凡四十九家，皆赖此书以传，亦可云礼家之渊海矣"。从以上《提要》的评价，可见此书的价值。然此书不宗《注》《疏》，以《注》《疏》与所采众家相并列而举之，也是宋学风气所使然。

宋人不仅不信《注》《疏》，进而至于疑经、改经、删经，或移易经文。如《礼记》的《大学》篇，先有二程"为之次其简编"，继而朱熹为之"更考经文，别为次序"（见朱熹《大学章句序》及首章后语），即其显例。又程朱既以倡明道学自任，因复特重《大学》、《中庸》，将此二篇从《礼记》中抽出，以与《论语》、《孟子》并行，以为这是道统之所在。朱熹撰《大学章句》、《中庸章句》、《论语集解》、《孟子集解》，合称《四书》，遂使《大学》、《中庸》离《礼记》而独自成学。朱熹死后，朝廷以其所撰《四书》立于学官，于是《四书》亦为一经，此亦可谓《礼记》学之一变。此后治《礼记》而宗宋学者，即皆置《大学》、《中庸》二篇而不释（如元陈澔的《礼记集说》），且于其原文亦不录，以示对朱熹《章句》的尊崇，遂使《礼记》由四十九篇而变为四十七篇了。

元代崇奉宋学。仁宗于皇庆二年十一月颁布的"考试程序"，即明确规定：《大学》、《中庸》、《论语》、《孟子》用朱熹《四书章句集注》，《诗》用朱熹《集传》为主，《尚书》用蔡沈（朱熹弟子）《集传》为主，《周易》用程颐《传》和朱熹《本义》为主,《春秋》用《三传》及胡安国《传》为主(案胡安国学宗二程),《礼记》用郑《注》、孔《疏》(见《元史·选举一·科目》)。由此可见元人经学所尚。然因《礼记》朱熹无所作,故仍用古《注》《疏》。又所立考试科目,《三礼》亦仅用《礼记》,益可见自唐以来,统治者重《礼记》之学,远胜其他二《礼》。

元儒研治《礼记》之作,影响较著的,当数吴澄的《礼记纂言》和陈澔的《礼记集解》。吴澄当时号称大儒,于诸经皆有著述。其《纂言》到晚年始成。吴氏治经,虽不为朱熹之学所囿,然其所述作,于诸经文字率皆有所点窜,而于《礼记》,则以意改并,以成通礼九篇,丧礼十一篇,祭礼四篇,通论十一篇,"各为标目。如通礼首《曲礼》,则以《少仪》、《玉藻》等篇附之,皆非小戴之旧。他如《大学》、《中庸》依程、朱别为一书,《投壶》、《奔丧》归于《仪礼》,《冠义》等六篇别辑为《仪礼传》,亦并与古不同。……改并旧文,俨然删述"(《四库提要》)。可见吴澄之学,实蹈宋学之迹。陈澔《集说》,浅显简明,然详于礼义而疏于名物。据《四库提要》,其父大猷师饶鲁,饶鲁师黄榦,而黄榦为朱熹高足弟子且为朱熹之婿,是陈澔之学渊源甚明。可见《礼记》一学,虽科举用古《注》《疏》,而元儒研治者,学风已大变。

明初所颁"科举定式",经书所主,仍沿元代之旧,《礼记》仍用古《注》《疏》。到永乐年间,《礼记》始改为"止用陈澔《集说》"(《明史·选举二》)。据《明成祖实录》,永乐十二年十一月,命胡广等修纂《五经四书大全》。十三年九月书即告成,计有《书传大全》十卷,《诗大全》二十卷,《礼记大全》三十卷,《春秋大全》七十卷,《四书大全》三十六卷。成祖亲为制《序》,颁行天下,科举试士,以此为则,而"废《注》《疏》不用"(《明史·选举二》)。皮锡瑞批评说,修纂《大全》,"此一代之盛事,自唐修《五经正义》,越八百余年而得再见者也。乃所修之书，大为人姗笑"，不过"取已成之书，钞誊一过"，而所取之书，不过是"元人遗书，故谫陋为尤甚"（《经学历史》九：《经学积衰时代》）。其中《礼记大全》，采诸儒之说凡四十二家，而以陈澔《集说》为主。可见明代经学，不过是宋学之遗，而较元尤陋。明人关于《礼记》的著作，见于《四库存目》者甚夥，然几无可称道者。其中如郝敬所撰《礼记通解》二十二卷，"于郑义多所驳难"，是亦宋学习气所使然。

清代号称汉学复兴，然清初仍是宋学占上风。顺治二年所定试士例，"《四书》主朱子《集注》，《易》主程、朱二《传》，《诗》主朱子《集传》，《书》主蔡《传》，《春秋》主胡《传》，《礼记》主陈氏《集说》"（《清通典》卷十八：《选举一》）。是仍袭元、明旧制。然清初私学，以王夫之、顾炎武、黄宗羲为代表，已启汉、宋兼采之风。如王夫之论学，以汉儒为门户，以宋五子为堂奥，著述宏富，于礼则有《礼记章句》（参见阮元《国史儒林传》卷上）。其后治《礼记》者，如万斯大撰《礼记偶笺》、郑元庆撰《礼记集说》、方苞撰《礼记析疑》等，皆杂采汉、宋之说。乾隆十三年，钦定《三礼义疏》（其中《礼记义疏》八十二卷），广摭群言，混淆汉、宋，第一次以朝廷名义，打破了元、明以来宋学对于经学的垄断。其时孙希旦著《礼记集解》，博采郑《注》、孔《疏》及宋、元诸儒之说，而断以己意，实亦汉、宋兼采之作。清代真正以复兴汉学为标帜的，始于乾嘉学派，这是清代的古文经学派。然乾嘉学派重考据，《礼记》的研究不及《仪礼》、《周礼》之盛。如江永的《礼记训义择言》（仅自《檀弓》撰至《杂记》），短促而不具大体；朱彬的《礼记训纂》，又过于简约，远不及胡培翚《仪礼正义》、孙诒让《周礼正义》之详审。道咸时期今文学派崛起，又以《春秋公羊》学为主，对《礼记》的研究，不过重在其中若干篇（如《礼运》、《王制》等）的"微言大义"，以宣扬所谓孔子托古改制之义以及儒家的大同理想。因此清代虽号称"经学复盛"（皮锡瑞《经学历史》十：《经学复盛时代》），然而《礼记》的研究，则未堪其称。清人于《十三经》，唯《礼记》和《孝经》无新《疏》。

五、怎样读《礼记》

以上所述，意在使读者对《礼记》一书的来源、编纂、内容和学术源流有一个概貌的了解，希望能对读者阅读和利用这部重要的典籍有所裨益。至于怎样读《礼记》，我们提出以下几点意见，供读者参考。

一、《礼记》与《仪礼》的关系至为密切。我们虽不同意《礼记》是解经（《仪礼》）之作的看法，因为《礼记》中除《冠义》以下若干篇，大体上可以看作是解释《仪礼》中有关篇的礼义的，绝大部分篇章，都同《仪礼》没有直接关系，但要真正理解《礼记》的内容，却非先读懂《仪礼》不可。因为《礼记》基本上是一部杂记性的著作，其所记礼制、礼事和礼义，都是零星、片断而不成系统的，如果读者对于《记》文中所涉及到的某种礼仪没有全面的了解，就很难理解《记》文的内容。如《礼记》中记丧礼、丧事或阐明其意义的篇章很多，四十九篇中，《檀弓》（上、下）、《曾子问》、《丧服小记》、《杂记》（上、下）、《丧大记》、《奔丧》、《问丧》、《服问》、《间传》、《三年问》、《丧服四制》等十三篇都是。还有的篇虽然主要不是记丧礼的，但也颇涉丧礼，《大传》即其显例。如果事先没有读过《仪礼》中的《丧服》、《士丧礼》、《既夕礼》以及《士虞礼》等篇，就很难真正读懂《礼记》中上述诸篇的内容。即就《冠义》以下六篇而论，虽非专为释《仪礼》而作，但如果没有读过《仪礼》中的《士冠礼》、《士昏礼》、《乡饮酒礼》、《乡射礼》、《大射》、《燕礼》、

《聘礼》等篇，也就很难真正理解这些篇的内容。《礼记》中还有许多篇，所记甚杂，亦颇涉冠、婚、丧、祭、燕、聘、朝觐等礼，也必须对《仪礼》中相关篇章内容有所了解。总之，《礼记》必须结合《仪礼》来读，才能收到较好的效果。然而《仪礼》本身就是一部很难读的书，若能参考拙作《仪礼译注》，或能帮助读者解决阅读中的不少困难。

二、《礼记》四十九篇，字数较多，在唐代号称"大经"，如果再加上《注》、《疏》，确乎庞然大物，如果毫无目的地通读，费时既多，效果也不一定好。所以读者当先确定自己的阅读目的。如果你是从文献学的角度来研究《礼记》，自当通读无疑，而且还不能只读一种版本。如果你是以研究中国古代的礼制或儒家学术思想史为目的，自亦当通读无疑。由于《礼记》内容驳杂，为理清眉目，最好分类抄纂，以便比较研究，如元吴澄的《礼记纂言》之例。但对于一般读者来说，就没有必要逐篇通读了。然而一般读者读书，也须有个目的，如为增长知识、提高文化素养或借鉴古代的为人处世之道等。《礼记》中有许多封建糟粕，如强调建立在亲亲尊尊基础上的等级制度、丧服制度、祭祀制度，以及宣扬男尊女卑等，这些对于近现代社会来说，早已失去了它们赖以存在的社会基础，对于今人已经成为无用的东西了，虽然可以作为历史知识去了解它们，但对于一般读者来说，有关这些方面的内容，毕竟可以缓读或不读。《礼记》中还有许多说得很好的有关学习、教育、生活、修养身心和为人处世的道理，其中有不少精粹的语言，对今人仍有教益，很值得一般读者去读。梁启超在《要籍解题及其读法》中，曾为"以常识或修养应用为目的而读《礼记》者"，即我们所谓一般读者，分等级（即阅读的先后顺序）开了一个阅读篇目，兹抄录如下：

第一等：《大学》、《中庸》、《学记》、《乐记》、《礼运》、《王制》。

第二等：《经解》、《坊记》、《表记》、《缁衣》、《儒行》、《大传》、《礼器》之一部分、《祭义》之一部分。

第三等：《曲礼》之一部分，《月令》、《檀弓》之一部分。

第四等：其他。

梁启超说："吾愿学者于第一等诸篇精读，第二、三等摘读，第四等或竟不读可也。"又说："右所分等，吾自知为极不科学的极不论理的极狂妄的，吾并非对于读者有所轩轾，问吾以何为标准，吾亦不能回答。吾惟觉《礼记》为青年不可不读之书，而又为万不能全读之书，吾但以吾之主观的意见设此方便耳。通人责备，不敢辞也。"梁氏的意见，至今仍可供一般读者参考。

三、《礼记》四十九篇，非出于一时一人之手，又属于杂记性质，因此各篇之间，矛盾牴牾处甚多。如祭天礼，《礼器》说"至敬不坛，埽地而祭"（第10节），而《祭法》则说"燔柴于泰坛"（第2节）；四季宗庙祭祀之名，《王制》说"夏曰禘"（第29节），《祭义》则说"春禘"（第1节）；丧礼哭师之处，《檀弓上》说"师，吾哭诸寝"（第39节），《奔丧》则说"哭……师于庙门外"（第11节）；服丧期间朝君之礼，《曲礼下》说"厌冠，不入公门"（第8节），则固当去首绖而入，而《服问》则说"凡见人无免绖，虽朝于君无免绖"（第12节）；为君服丧之礼，《杂记上》说"大夫次于公馆以终丧，士练而归"（第4节），《丧大记》则说"公之丧，大夫俟练，士卒哭而归"（第51节），如此等等，不一而足。至于《礼记》所记与其他典籍（如《周礼》、《仪礼》等）的矛盾处，更不可胜数。我们读《礼记》，对于这些矛盾的地方，只须随文研索，切勿强求会通。正如王引之所说：

"大抵礼家各记所闻，不能尽合。……学者依文解之而阙疑可矣。必欲合以为一，则治丝而棼也。"（《经义述闻·礼记下》"曰祖考庙"条）当然，如果意在做某种专门的研究，于某项矛盾处，寻出证据，以考辨其是非正谬，或指出两种不同说法各自的根据所在，自然是大有益于学术之事。但这是专家们的工作，对于一般读者来说，就没有这个必要了，更不必因为不明其矛盾之缘由而苦恼。

四、自古注释《礼记》的书籍很多，堪称浩如烟海。要之，读《礼记》或研究《礼记》者，仍当以郑《注》为主，辅之以孔《疏》。郑《注》集两汉经学之大成，而得其精要。孔《疏》博采唐以前学者研究的成果，并着重对郑《注》作了阐释。《注》《疏》近古，较得作《记》者原意。当然，《注》《疏》中的缺点错误也不少，且郑玄迷信谶纬，注《月令》、《郊特牲》、《祭法》等篇而贯穿纬书所谓"感生说"和"六天说"，说近诞妄，虽汉代风气所使然，终是其一短。孔《疏》则曲为之回护，是又张大其短。当然，若要作深入的研究，仅读《注》《疏》还不够，唐以后学者的著作，有代表性的，也应当读。宋人不信《注》《疏》，务出新意，除道学的说教外，也甚多创获，颇能启人之思。清人的著作，又集汉、宋学研究之大成，而少元、明学者空疏之弊，虽《礼记》的研究在清代未能称"盛"，然亦有许多值得重视的成果。宋以后学者的代表性著作，上节已经作了简要的介绍，这里就不赘述了。

我们希望这部《礼记译注》，或许对初学者能有所帮助，而对有志于深入研究的人，也或许可以提供某种方便和参考。但由于本人的学识和功力所限，错谬之处，在所难免，恳请读者不吝赐教。

最后，我们想说明几点：一、本书的《礼记》原文部分，依据的是中华书局1980年影印阮校《十三经注疏》本，《注疏》本偶有讹误，则予以订正。二、本书1997年曾出过繁体字版，凡80余万字，这次改为简体字再版，篇幅亦作了压缩。为节省篇幅，原书中的"题解"和每节后的"小结"都删去了，注释中凡引用前人之说，也一律未标明出处。读者如欲作深入探讨，则可参考繁体字本及本书末所附《主要参考书目》。三、对于《礼记》中的字词和名物概念，为节省篇幅，只在第一次出现时加以注释，除极少数十分重要者外，以后重复出现，一般不再注，有时仅注明参看某篇第几节，以便读者查看。

又，本书系河南省高等学校人文社会科学重点研究基地——郑州大学中原文化资源与发展研究中心科研项目，暨郑州大学"十五""211工程"重点学科——中国古代文明与考古学建设项目。特此说明。

杨天宇

目　录

前言 … 1

曲礼上第一 … 1
曲礼下第二 … 43
檀弓上第三 … 66
檀弓下第四 … 127
王制第五 … 180
月令第六 … 217
曾子问第七 … 281
文王世子第八 … 311
礼运第九 … 332
礼器第十 … 354
郊特牲第十一 … 379
内则第十二 … 408
玉藻第十三 … 448
明堂位第十四 … 483
丧服小记第十五 … 497
大传第十六 … 530
少仪第十七 … 540
学记第十八 … 569
乐记第十九 … 582

杂记上第二十	631
杂记下第二十一	663
丧大记第二十二	701
祭法第二十三	744
祭义第二十四	752
祭统第二十五	778
经解第二十六	800
哀公问第二十七	805
仲尼燕居第二十八	813
孔子闲居第二十九	821
坊记第三十	827
中庸第三十一	846
表记第三十二	872
缁衣第三十三	895
奔丧第三十四	911
问丧第三十五	923
服问第三十六	929
间传第三十七	937
三年问第三十八	946
深衣第三十九	950
投壶第四十	954
儒行第四十一	963
大学第四十二	974
冠义第四十三	987
昏义第四十四	991

乡饮酒义第四十五 ……………………………… 999
射义第四十六 …………………………………… 1012
燕义第四十七 …………………………………… 1021
聘义第四十八 …………………………………… 1026
丧服四制第四十九 ……………………………… 1035

附录
主要参考书目 …………………………………… 1042

曲礼上第一

1.《曲礼》曰：毋不敬[1]，俨若思[2]，安、定辞，安民哉。

【注释】
〔1〕敬：肃。
〔2〕俨：通"严"。

【译文】
《曲礼》说：〔凡事〕不要不严肃认真，〔神情〕庄重若有所思，说话态度安详、言词确定，这样就可以使民众安定了。

2. 敖不可长，欲不可从，志不可满，乐不可极。

【译文】
骄气不可滋长，欲望不可放纵，志意不可自满，享乐不可穷极。

3. 贤者狎而敬之，畏而爱之。爱而知其恶，憎而知其善。积而能散，安安而能迁[1]。临财毋苟得，临难毋苟免，很毋求胜[2]，分毋求多，疑事毋质[3]，直而勿有。

【注释】
〔1〕安安而能迁：上"安"，谓安于现状，安于所习。下"安"，指

所安、所习的环境或事物。
〔2〕很：谓争讼。
〔3〕质：正，谓说自以为正确的话。

【译文】

对贤者要亲近而尊敬，钦畏而爱慕。所爱的人要知道他的短处，所憎的人要知道他的长处。善积财而又能布施，安于习惯了的生活而又能适时变迁。面对财物不随便获取，面对危难不随便逃避，与人发生争执不要求胜，分配财物不要求多，有疑问的事情不要臆断，正确的时候不要自以为是。

4. 若夫坐如尸[1]，立如齐[2]，礼从宜，使从俗。

【注释】

〔1〕尸：用活人扮作父祖的形象以代父祖之神受祭，此人即称之为尸。尸居神位，坐必矜庄。
〔2〕齐：通"斋"，指古人祭祀前的斋戒。

【译文】

如果坐，就要像尸那样矜庄，站着就要像斋戒那样恭敬，礼仪要顺从时宜，出使要顺从别国的风俗。

5. 夫礼者，所以定亲疏、决嫌疑、别同异、明是非也。礼，不妄说人[1]，不辞费。礼，不逾节，不侵侮，不好狎。修身，践言，谓之善行。行修，言道，礼之质也。礼闻取于人，不闻取人；礼闻来学，不闻往教。

【注释】

〔1〕说：通"悦"。

【译文】

　　礼，是用来确定亲疏、决断嫌疑、区别同异、辨明是非的。依礼而言，不随便讨好人，不说多余的话。依礼而行，不超越节度，不侵辱他人，不与人亲昵失敬。加强自身修养，说到做到，叫做善行。行为有修养，言谈符合道理，就体现了礼的本质。关于礼的学问，只听说被人取法学习，没听说主动要求别人来学习；只听说前来投师学习，没听说主动上门去教授的。

6. 道德仁义，非礼不成；教训正俗，非礼不备；分争辨讼，非礼不决；君臣、上下、父子、兄弟，非礼不定；宦学事师[1]，非礼不亲；班朝治军，莅官行法，非礼威严不行；祷祠祭祀，供给鬼神，非礼不诚不庄。是以君子恭敬、撙节[2]、退让以明礼。鹦鹉能言，不离飞鸟；猩猩能言，不离禽兽。今人而无礼，虽能言，不亦禽兽之心乎？夫唯禽兽无礼，故父子聚麀[3]。是故圣人作，为礼以教人，使人以有礼，知自别于禽兽。

【注释】

〔1〕宦学：犹言游学。
〔2〕撙：音 zǔn，抑损、节制。
〔3〕麀：音 yōu，牝（雌）鹿，在此泛指雌兽。

【译文】

　　道德仁义，没有礼就不能成就；教训人民端正风俗，没有礼就不能完满；分辨争讼的是非，没有礼就不能决断；君臣、上下、父子、兄弟，没有礼名分就不能确定；外出从师学习，没有礼师生之间就不能亲密；排列朝廷的官位和整治军旅，莅临官职执行法令，没有礼就将失去威严；临时的祭祀和定期的祭祀，供奉鬼神，没有礼就不能虔诚庄重。因此，君子态度恭敬、凡事有节制、对人谦让,这样来体现礼。鹦鹉能学舌,终是飞鸟;猩猩能言语,终是禽兽。现在作为人而无礼,虽然能说话,不也是禽兽的心态吗?只有禽兽才无礼,所以父子共一雌兽。因此有圣人兴起,制定礼来教育人,使人因此而有礼,知道把自己和禽兽区别开来。

7. 太上贵德[1],其次务施报[2]。礼尚往来:往而不来,非礼也;来而不往,亦非礼也。人有礼则安,无礼则危,故曰"礼者,不可不学也"。夫礼者,自卑而尊人,虽负贩者,必有尊也,而况富贵乎?富贵而知好礼,则不骄不淫;贫贱而知好礼,则志不慑。

【注释】
〔1〕太上:谓传说中的三皇五帝之世。
〔2〕其次:谓后世之王。

【译文】
　　上古时代以德为贵,后世讲究施惠和报答。礼提倡往来:我前往施惠而受惠者不来报答,不符合礼;有人来施惠而我不前往报答,也不符合礼。人有礼社会就安定,无礼社会就会危乱,因此说"礼,是不可不学的"。礼的原则,要求自我谦卑而尊重别人,即使是挑担子的小贩,也一定有值得尊敬的,何况富贵的人呢?富贵而知道喜好礼,就不会骄奢淫佚;贫贱而知道喜好礼,就不会志怯心疑。

8. 人生十年曰幼,学。二十曰弱,冠[1]。三十曰壮,有室。四十曰强,而仕。五十曰艾,服官政。六十曰耆,指使。七十曰老,而传[2]。八十、九十曰耄,七年曰悼,悼与耄虽有罪,不加刑焉。百年曰期颐。大夫七十而致仕，若不得谢，则必赐之几杖，行役以妇人，适四方乘安车[3]，自称曰老夫，于其国则称名，越国而问焉[4]，必告之以其制。

【注释】
〔1〕冠：谓行冠礼，即男子的成人礼，其礼详可参看《仪礼·士冠礼》。
〔2〕传：谓传重，即把宗庙主的地位传给嫡长子。
〔3〕安车：古代的一种一马拉的小车。
〔4〕越国：犹他国。

【译文】
　　人生十岁称为幼，开始学习。二十岁称为弱，行冠礼。三十岁称为壮，娶妻成家。四十岁称为强，可以做官。五十岁称为艾，可以独当一面处理政事了。六十岁称为耆，可以指使别人了。七十岁称为老，可以把主持宗庙祭祀的事传给嫡长子了。八十岁、九十岁称为耄，七岁称为悼，处于悼、耄年龄的人即使有罪，也不加刑罚。百岁称为期颐。大夫到了七十岁就要辞官退休，如果不得辞官，就一定要赐给他几和杖，出差要派妇人照顾，出使四方乘坐安车，到别国自称为老夫，而在自己国家仍然称名，别国来询问国政，一定要能把本国的制度告诉人家。

9. 谋于长者，必操几杖以从之。长者问，不辞让而对，非礼也。

【译文】
　　同长者商议事情，一定要拿着几和杖到长者跟前去。长者问话，不谦让就回答，那就不符合礼。

10. 凡为人子之礼，冬温而夏清[1]，昏定而晨省[2],在丑夷不争[3]。

【注释】
〔1〕清:音 qìng,凉。
〔2〕定:谓安置枕簟。
〔3〕丑夷:丑,众。夷,犹侪。

【译文】
凡做儿子之礼,要使父母冬天感到温暖而夏天感到清凉,傍晚要为父母铺好枕席而早晨要向父母请安,在众同辈中不和人争斗。

11. 夫为人子者,三赐不及车马[1],故州闾乡党称其孝也,兄弟亲戚称其慈也,僚友称其弟也[2],执友称其仁也[3],交游称其信也;见父之执,不谓之进不敢进,不谓之退不敢退,不问不敢对:此孝子之行也。

【注释】
〔1〕三赐不及车马:三赐,谓三命之赐。案周代官吏的品秩有一至九命之差,九命为品秩之最高者。每一命,都有相应的礼服和其他象征品秩的赏赐物。如果做了三命之官,周王就要赏赐他车马了。但因有父母在,孝子不敢贪乘坐车马的享受,因此虽赐而不敢受。
〔2〕弟:音 tì,同"悌",敬爱兄长曰悌。
〔3〕执友:谓志同者。

【译文】
做儿子的,做到三命之官受赏赐不敢接受车马,因此地方上的人都称赞他孝,兄弟亲戚都称赞他慈,同事们都称赞他悌,志同道合的朋友们都称赞他仁,和他有交往的人都称赞他信;见到父亲的志同道合的友人,不说进前来就不敢进前,不说退下就不敢退下，不发问就不敢随便说话：这就是孝子应有的德行。

12. 夫为人子者，出必告，反必面，所游必有常，所习必有业，恒言不称老。年长以倍，则父事之；十年以长，则兄事之；五年以长，则肩随之[1]。群居五人，则长者必异席[2]。

【注释】
〔1〕肩随：谓并行而稍后退。
〔2〕群居五人，则长者必异席：案古人席地而坐，每席可坐四人，四人中推年长者坐席端。若有五人，则当为年长者另设一席，以示尊异。

【译文】
做儿子的，出门必先禀告父母，回来也必须面告父母，出游的地方必须有常规，学习必须有正业，平常说话不说"老"字。比自己年长一倍的人，就如同父辈来侍奉；比自己年长十岁的人，就如同兄长来侍奉；比自己年长五岁的人，就可以与他并行而稍后一些。有五个人在一起，就必须为年长者另设坐席。

13. 为人子者，居不主奥[1]，坐不中席，行不中道，立不中门，食飨不为概[2]，祭祀不为尸，听于无声，视于无形，不登高，不临深，不苟訾，不苟笑。孝子不服暗[3]，不登危，惧辱亲也[4]。父母存，不许友以死，不有私财。

【注释】
〔1〕奥：室中的西南隅，这是室中最尊的位置。
〔2〕食飨不为概：食，音 sì，谓食礼，详可参看《仪礼·公食大夫

礼》。飨,谓飨礼,其礼久亡,今已不可得详。概,音 gài,在此意为主。

〔3〕服:通"伏",此处谓潜伏于暗处。

〔4〕惧辱亲也:案潜伏暗处可能遭到意外或蒙失礼之讥,登危则可能毫无意义地丧生,这些都是辱亲的行为,故曰"惧辱亲"。

【译文】

做儿子的,起居不敢占据室中西南角的位置,坐不敢坐在席的正中,行不敢行在路的中间,站不敢站在门的中央,举行食礼或飨礼不敢做主人,祭祀时不敢充当尸,虽然没有听见父母的声音也能揣知父母该呼唤自己了,虽不见父母的身影也能揣知父母要指使自己了,不登高处,不临深渊,不随便诋毁人,不随便嬉笑。孝子不潜伏暗处,不登临危险之地,怕因此而使双亲受辱。父母在世,不可对朋友以死相许,不私存钱财。

14. 为人子者,父母存,冠衣不纯素[1]。孤子当室[2],冠衣不纯采。

【注释】

〔1〕纯:音 zhǔn,指衣帽的镶边。
〔2〕孤子:指二十九以下而丧父者。

【译文】

做儿子的,父母在世,帽子和衣服不敢镶白边。孤子主持家事,帽子和衣服不敢镶彩边。

15. 幼子常视毋诳[1]。童子不衣裘、裳。立必正方,不倾听。长者与之提携[2],则两手奉长者之手。负,剑,辟、咡诏之[3],则掩口而对[4]。

【注释】

〔1〕视:通"示"。
〔2〕提携:犹挽扶。
〔3〕剑、辟、咡诏之:剑,谓挟小儿于胁下如带剑。辟,倾。咡,音èr,口旁。诏,告。
〔4〕掩口而对:这是恐口气触人。

【译文】

对幼儿应该经常拿正确的东西来教育他而不要欺骗他。儿童不穿皮裘和裙裳,站立必须正对四方方位,不歪头侧耳而听。长者挽扶儿童,儿童应该用双手握着长者的手。长者把儿童背在背上,或挟在胁下时,要侧首凑近儿童的耳边对儿童说话,儿童要用手遮掩着口回答长者的话。

16. 从于先生,不越路而与人言。遭先生于道,趋而进,正立拱手。先生与之言则对,不与之言则趋而退。从长者而上丘陵,则必向长者所视。

【译文】

随从先生而行,不可跑到路边去同人说话。在路上遇见先生,应快步进前,向先生立正拱手。先生同你说话你就回答,不同你说话就快步退下。随从年长的人上丘陵,一定要面朝长者所看的方向。

17. 登城不指,城上不呼[1]。将适舍,求毋固[2]。将上堂,声必扬[3]。户外有二屦[4],言闻则入,言不闻则不入[5]。将入户,视必下[6],入户奉扃[7],视瞻毋回。户开亦开,户阖亦阖。有后入者,阖而勿遂。毋践屦,毋踏席[8],抠衣趋隅,必慎唯诺。

【注释】

〔1〕登城不指，城上不呼：案登城而有所指，则恐惑人；登城而呼，则恐骇人。

〔2〕固：犹常。

〔3〕将上堂，声必扬：案堂上有室，扬声则可提醒室中的人。

〔4〕户外有二屦：案古时客人入室，要把鞋子脱在室门外，但客人中年龄最长的一人却可以把鞋脱在室内，因此如果看到"户外有二屦"（两双鞋），就可以断定室内有三人。屦，音 jù，古代的一种单底鞋，可用麻、葛、草、丝、皮等制成。

〔5〕言不闻则不入：三人所言不闻于外，必有密谋之事，故不入。

〔6〕视必下：这是为了避免看到别人有什么隐秘的事。

〔7〕入户奉扃：扃，音 jiōng，抬鼎用的横杠，上门的横杠也叫扃。这里是指双手做出如捧扃的姿势，以示恭敬。

〔8〕毋践席：践，音 jì，践、踏。案席有首尾，当从席之尾端升席，若从首端而升，则为践席。

【译文】

登城不要用手指画，在城上不要呼叫。外出将就宿旅舍，要求不要像平常在家一样。将要上堂，必须先发声示意。看到室门外有两双鞋，如果听见室中人说话的声音就进去，听不见室中人说话的声音就不进去。将进入室门时，目光必须下视，进室门的时候双手要做出如同捧着横杠的样子，眼睛不要环视四周。进门之前室门是开着的进门后就仍然让它开着，进门前室门是关着的进门后也要把门关上。如果后边还有人跟着要进来，关门时就要慢慢地而不可随即把门关上。不要踩着别人的鞋，不要践踏别人的坐席，要提起衣裳走到席角去登席。谈话应答一定要谨慎。

18. 大夫、士出入君门，由闑右[1]，不践阈[2]。

【注释】

〔1〕大夫、士出入君门，由闑右：闑，音 niè，古代大门正中所竖的短木，车出入时车轴可越其上而过。案古礼，主人出入，当从闑右

(东);宾客出入,当从阈左(西)。然而大夫、士乃君之臣,非君之宾客,故亦从阈右。

〔2〕阈:音 yù,门槛。

【译文】

大夫、士出入国君的朝门,当从门阈的右侧,出入时不得践踏门槛。

19. 凡与客入者,每门让于客[1]。客至于寝门,则主人请入,为席,然后出迎客。客固辞,主人肃客而入[2]。主人入门而右[3],客入门而左。主人就东阶,客就西阶。客若降等,则就主人之阶[4],主人固辞,然后客复就西阶。主人与客让登,主人先登,客从之,拾级聚足,连步以上[5]。上于东阶,则先右足。上于西阶,则先左足。

【注释】

〔1〕凡与客入者,每门让于客:案客人如果同主人地位相等,主人就应当到大门外去迎接客人;如果客人的地位低于主人,主人就在大门内迎接。此处说"与客入",可见主人是迎客于大门外。又,凡入门,主人与宾当互行揖礼,而后主人先入,表示为宾客做前导,但主人入门前当先让宾,宾则一再推辞,然后主人先入以导之,客则相随而入。

〔2〕肃:进。

〔3〕主人入门而右:案古代的宫寝建制,门内为庭,庭北边为堂,堂有东、西阶:东阶又叫阼阶,是供主人上下堂之阶;西阶又叫宾阶,是供宾客上下堂之阶。庭的东、西两侧各有一条小径,叫做东、西堂途,向北直至东、西阶前。这里说"主人入门而右",就是为了从东堂途向北至东阶上堂。下文"客入门而左"义仿此。

〔4〕客若降等,则就主人之阶:降等,谓客人的地位低于主人,因此不敢以宾客自居而就西阶,当自谦而随主人就东阶。

〔5〕拾级聚足，连步以上：拾，音shè。案凡升阶，两脚并于一级台阶，然后再升一级并之，是谓拾级而升，这是升阶的常法。若一脚登一级而升，就叫历阶而升。连步，亦并脚之意。

【译文】
　　凡主人与客人一起进门，每走到一个门前主人都要让客人先进。当与客人走到寝门前时，主人要请客人稍等〔而自己先进〕，为客人铺设坐席，然后再出来迎客入寝。〔这时主人又让客先入而〕客一再推辞，主人〔便先入寝门以〕引导客人进入。主人入门向右转，客入门向左转。主人来到东阶前，客来到西阶前。客的地位如果低于主人，就要到主人的阶前〔准备随主人上堂〕，主人一再推辞，然后客再回到西阶前。登阶之前主人要与客谦让一番，然后主人先登阶，客再随之而登。登阶时都是上一级台阶并一次脚，一脚随一脚而上。上东阶，就先抬右脚；上西阶，就先抬左脚。

20. 帷薄之外不趋[1]。堂上不趋。执玉不趋[2]。堂上接武[3]。堂下布武。室中不翔[4]。并坐不横肱。授立不跪。授坐不立。

【注释】
　　〔1〕帷薄之外不趋：帷，布幔；薄，帘子。趋，谓小步快走，是对尊长者恭敬的表示。案天子门外有屏，其臣至屏内则当趋。诸侯门内设屏，其臣亦至屏内而趋。大夫、士无屏，故大夫设帘，士设帷。大夫、士之属吏于帷、帘之外不见尊者，故可不趋。
　　〔2〕执玉不趋：玉贵重，须慎，故执玉不敢趋。
　　〔3〕堂上接武：武，足迹。下文"武"义同。一般人之足长尺二寸。接武，谓脚印相连接，即每步仅迈一尺二寸，细步而行。案上文说"堂上不趋"，这里是说堂上行步之法。
　　〔4〕翔：谓不可甩开手臂而行。

【译文】

　　在帷幔和帘子的外边不用小步快走。在堂上不小步快走。手中拿着玉不小步快走。在堂上行走应该脚印接着脚印。堂下则可迈步而行。在室中行走不可甩开手臂。和人并排而坐不要横起胳肘。把东西授给站着的人不跪下相授,把东西授给坐着的人不站着相授。

　　21. 凡为长者粪之礼,必加帚于箕上[1]。以袂拘而退,其尘不及长者。以箕自乡而扱之。奉席如桥衡[2],请席乡向,请衽何趾。席南乡、北乡,以西方为上;东乡、西乡,以南方为上。

【注释】

　　〔1〕必加帚于箕上:这是指前往扫除时笤帚和箕的拿法。这样拿,就便于两手捧箕,表示恭敬。
　　〔2〕桥衡:桥指井上打水的桔槔,衡指桔槔上起杠杆作用的横木杆。桔槔上的横木杆总是一头高一头低,以此来比喻席的拿法。席是卷成卷用双手捧着的,要使左高而右低,如有首尾。案古人以左为尊,故令左高。

【译文】

　　凡是为长者扫除之礼,必须把笤帚放在簸箕上两手捧着簸箕前往。扫除时要用一只手的衣袖在笤帚前遮蔽灰尘而向后退着扫,使灰尘不能飞扬到长者身上。要使簸箕口向着自己而把垃圾扫入簸箕里。捧席送给长者要使席卷像桔槔上的横木杆那样〔一头高一头低〕,铺席前要先请问长者坐席面朝哪个方向,卧席脚的一头朝哪个方向。席如果面朝南,或面朝北,就以西方为上;面朝东,或朝西,就以南方为上。

　　22. 若非饮食之客[1],则布席,席间函丈。主人跪正席,客跪抚席而辞[2]。客彻重席[3],主人固辞。客践席,乃坐。主人不问,客不先举。将即席,容毋怍[4],两手抠衣,去齐尺[5]。衣毋拨,足毋蹶。

【注释】
〔1〕若非饮食之客:这是指前来讨论学问或谈论什么问题的客人。
〔2〕辞:辞主人为己正席。
〔3〕客彻重席:彻,通"撤"。重席,席上的加席。案如果来客是公或诸侯,当为之铺三重席,是大夫则铺两重席,而客人为表示谦逊,则要求撤去重席以示不敢当。
〔4〕怍:音zuò,谓变脸色。
〔5〕齐:音zī,衣裳的下边。

【译文】
如果不是前来饮酒吃饭的客人,就要为他布设坐席,席与席间隔一丈距离。主人要跪下把席扶正,客人要跪下用手按席表示推辞。客人要求撤去重席,主人则一再推辞。客人登席,主人才就坐。主人不发问,客人不先说话。客人将就席的时候,容颜〔应保持庄重而〕不改变,要用两手提起衣裳,使衣裳的下边离地一尺,不要使衣裳摆动,脚步不要太匆遽。

23. 先生书策琴瑟在前,坐而迁之[1],戒勿越。虚坐尽后,食坐尽前[2]。坐必安,执尔颜[3]。长者不及,毋儳言。正尔容,听必恭。毋剿说,毋雷同,必则古昔,称先王。侍坐于先生,先生问焉,终则对。请业则起,请益则起。父召无诺,先生召无诺,唯而起[4]。侍坐于所尊,敬毋余席。见同等不起。烛至,起。食至,起。上客,起。烛不见跋[5]。尊客之前不叱狗。让食不唾。

【注释】
　　〔1〕坐：案古人双膝着地，而以臀部置于足后跟上曰坐，提臀直腰则曰跪。古人坐而有所动作时，则当提臀而变为跪姿。文献中往往"坐""跪"不分，即每以坐包跪，然跪却不可包坐。此处之坐，实指跪。
　　〔2〕虚坐尽后，食坐尽前：案古人席地而坐，但有非饮食之坐（又称虚坐或徒坐）和食坐两种。如果非饮食之坐，那就要尽量靠后坐，以示谦虚；如果是饮食之坐，因有食物设在席前，那就要尽量靠前坐，以免食物弄污了面前的席。
　　〔3〕执尔颜：执，犹言坚守，谓坚守而不显出怠慢的颜色。
　　〔4〕唯：案此"唯"和上文的"诺"都是应答之辞，但"唯"恭于"诺"。
　　〔5〕烛不见跋：烛，火把。跋，本，此指火把快烧完的部分。

【译文】
　　有老师的书策琴瑟在前面，弟子要跪着绕过去，切不可从上面跨越过去。不饮酒吃饭要尽量靠席后坐，饮酒吃饭就要尽量靠席前坐。坐必须安稳，要保持你的容颜。长者没有同你谈话，就不要插言。要端正你的仪容，听讲必须恭敬。不要抄袭别人的学说，也不要与别人雷同，必须效法古代的正道，称引先王的教诲。在老师跟前陪坐，老师提问，要等老师把话说完了再回答。向老师请教问题要起立，〔听了一遍不懂〕请老师再讲一遍也要起立。父亲召唤不要答应而不行动，老师召唤不要答应而不行动，而要答应即起身行动。在所尊敬的人跟前陪坐，要恭敬地〔坐在席端距离尊者最近的地方而〕不使自己的前面留有余席。见有与自己同班辈的人进来不用起立。〔到天黑时〕有人点了火把送来，要起立。〔到吃饭时〕有人把饭送来，要起立。有尊贵的客人到来，要起立。火把不要等到烧到根部再换。在尊贵的客人面前不要呵叱狗。向客人让食的时候不要吐唾沫。

24. 侍坐于君子，君子欠伸，撰杖，屦，视日蚤莫，侍坐者请出矣。侍坐于君子，君子问更端，则起而对。侍坐于君子，若有告者曰："少间，愿有复也。"则左右屏而待。毋侧听，毋噭应，毋淫视[1]，毋怠荒，游毋倨，立毋跛[2]，坐毋箕，寝毋伏，敛发毋髢[3]，冠毋免，劳毋袒，暑毋褰裳。

【注释】
〔1〕淫视：谓目光流移而不正视。
〔2〕跛：谓使身体偏依于一足。
〔3〕髢：音 tì，假发。

【译文】
在君子身边陪坐，如果君子打呵欠，拿手杖，穿鞋，看天色早晚，陪坐的人就应该请求退出了。在君子身边陪坐，如果君子转换话题问别的事情，就应该站起来回答。在君子身边陪坐，如果有人来告诉君子说："等您稍闲暇时，有事愿向您报告。"左右的人就应该退隐到一边去等待。不要侧耳偷听别人说话，答话不要高声喊叫，目光不要左瞟右看游移不定，不要堕怠放纵而不知检束，走路不要大模大样的，站立时身体要正而不要偏斜，坐时不要伸开两条腿，睡觉不要伏着身子，头发要束殓好不要让它像假发一样下垂，帽子不要随便脱下，劳动时不要袒胸露臂，炎热时不要撩起衣裳。

25. 侍坐于长者，屦不上于堂，解屦不敢当阶。就屦，跪而举之，屏于侧。乡长者而屦，跪而迁屦，俯而纳屦。

【译文】

　　在长者身边陪坐,鞋子不能穿上堂,脱鞋也不敢在正当堂阶的地方。穿鞋时,要跪着拿取鞋,退隐到一边去穿。为长者穿鞋要面向长者,先跪着把鞋拿过来,再俯身为长者穿上。

　　26. 离坐[1],离立,毋往参焉。离立者不出中间。男女不杂坐,不同椸枷[2],不同巾栉,不亲授。叔嫂不通问。诸母不漱裳[3]。外言不入于梱,内言不出于梱[4]。女子许嫁,缨[5],非有大故[6],不入其门。姑、姊妹、女子子已嫁而反[7],兄弟弗与同席而坐,弗与同器而食。父子不同席。男女非有行媒,不相知名[8]。非受币[9],不交不亲。故日月以告君,齐戒以告鬼神,为酒食以召乡党僚友,以厚其别也。取妻不娶同姓,故买妾不知其姓则卜之。寡妇之子,非有见焉,弗与为友[10]。

【注释】

　　[1] 离:两。
　　[2] 椸枷:椸,音 yí。椸枷,皆指衣架。
　　[3] 诸母不漱裳:诸母,父之诸妾而有子者。案裳,卑污,故因尊兄弟之母而不可使之为己漱裳。
　　[4] 外言不入于梱,内言不出于梱:梱,音 kǔn,门槛。
　　[5] 女子许嫁,缨:案古代女子许嫁,要著缨以为标志,缨的形制不详。
　　[6] 大故:谓如丧病之类。
　　[7] 女子子:即女儿、闺女。
　　[8] 不相知名:"名"字衍。
　　[9] 受币:指女家接受男家的聘礼,这是两家婚姻关系成立的标志。
　　[10] 寡妇之子,非有见焉,弗与为友:这是为避嫌。有见,谓有出

众的才能。

【译文】
　　见二人坐在一起,或二人站在一起,就不要插身到他们中间去。见二人站在一起,就不要从他们中间穿过。男女不要混杂而坐,晾挂衣服不共用一个衣架,不共用面巾和梳子篦子,不亲手递给对方东西。小叔子和嫂子不通问候。不可让诸母为自己洗裳裙。男人在外面的职事不要说给家中的妇女,家中妇女们的职事也不要拿来烦扰男人。女子许嫁,就要系缨,没有大的变故,就不进她的屋门。姑姑、姐妹、女儿已经出嫁而又回到家里来的,兄弟们不与她们同席而坐,也不与她们共用餐具。父子不同席而坐。男女之间没有媒人从中提亲,就不打听对方的情况。女家没有接受男家的聘礼,双方不交往相亲。因此把娶妻的日期报告国君,并斋戒而后报告家庙中的鬼神,还要置办酒食宴请地方上的同事和朋友,这些都是为了慎重男女之别。娶妻不娶同姓之女,因此买妾如果不知道该女的姓,就要用占卜来决定吉凶。寡妇的儿子,如果不是见识出众的,就不和他交朋友。

27. 贺取妻者曰:"某子使某[1],闻子有客[2],使某羞[3]。"贫者不以货财为礼,老者不以筋力为礼[4]。

【注释】
　　[1]某子使某:上"某",贺者名。下"某",所使者名。子,古代对人的尊称。
　　[2]闻子有客:客,指乡党僚友。案古人的观念,娶妻,为传宗接代,是不得已的事,并非为己之享乐,因此不庆贺,也不用乐,宴请乡党僚友,也只是为了重男女之别(参见上节),所以来贺者只是委婉地说"闻子有客",不提贺婚的字眼。
　　[3]羞:进。所进者,是一壶酒,十条干肉,无干肉就送一条狗。
　　[4]老者不以筋力为礼:案古代升降跪拜的烦琐礼仪甚费体力,而对老者则不苛求。

【译文】

祝贺娶妻的人说:"某子派某前来,听说您有客人,让某把礼物进献给您。"贫穷的人不讲究送人财物为礼,年老的人不要求劳动体力行繁琐的礼仪为礼。

28. 名子者,不以国[1],不以日月[2],不以隐疾[3],不以山川。

【注释】

〔1〕不以国:案古人讲避讳,臣民不能说其国君的名字所用的字,子孙不能说其父祖的名字所用的字,因此取名不用国名。下"不以日月"云云,义同此。皆因难以避讳。
〔2〕日月:谓甲、乙、丙、丁等。
〔3〕隐疾:指身体上幽隐之处的疾病。

【译文】

给儿子取名,不用国名,不用日月名,不用身体隐蔽处的疾病名,不用山川名。

29. 男女异长[1]。男子二十,冠而字[2],父前子名,君前臣名[3]。女子许嫁,笄而字[4]。

【注释】

〔1〕男女异长:案古代以伯、仲、叔、季为兄弟或姊妹排行之称,但男女不在一起混排,即所谓"男女异长"。
〔2〕冠而字:案男子初生,由父母取名,到行冠礼时,再由宾为他取字(参见《仪礼·士冠礼》)。
〔3〕父前子名,君前臣名:子,谓己之兄弟。臣,谓己之僚友,其中亦包括己之父兄。此谓卿大夫子于父前名其兄弟,于君前名其僚友,因为在至尊之前无私敬。

〔4〕笄：指加笄礼，这是女子的成人礼，类似男子的冠礼。案女子加笄礼久亡，今已不可得详。

【译文】

男女分别按长幼排行。男子到了二十岁，就要举行冠礼，并为他取字，但在父亲面前凡兄弟都互相称名，在国君面前凡臣僚也都互相称名。女子许嫁之后，要为她举行加笄礼，并为她取字。

30. 凡进食之礼，左殽，右胾〔1〕，食居人之左，羹居人之右。脍炙处外，醯酱处内〔2〕，葱渫处末〔3〕，酒、浆处右〔4〕。以脯、脩置者，左朐右末〔5〕。客若降等，执食兴，辞。主人兴，辞于客，然后客坐。主人延客祭〔6〕。祭食，祭所先进，殽之序，遍祭之。三饭，主人延客食胾，然后辩殽。主人未辩，客不虚口〔7〕。

【注释】

〔1〕左殽，右胾：胾，音 zì。切成大块的带骨的熟肉曰殽，不带骨曰胾。

〔2〕醯：音 xī，即醋。

〔3〕渫：音 xiè，蒸葱。案原文因唐人避讳"世"字而改作"渫"，今改回本字。

〔4〕酒、浆：酒谓清醴。案醴是一种酿造一宿即成的甜酒，有清、糟两种：带糟的叫醴，滤去渣滓的叫清醴。浆也是酒的一种，因为这种酒中载有米汁，故汉代名之为胾浆。胾，音 zài，就是载的意思。

〔5〕以脯、脩置者，左朐右末：脯、脩皆干肉，但有所不同。脯作条状，长尺二寸。脩，亦作长尺二寸之条状，但又加姜桂盐等佐料捶捣之使坚实，故又叫腶脩，"腶"即"锻"的俗字。朐，音 qú，干肉当中弯屈就叫朐。

〔6〕主人延客祭：案祭，谓食前之祭，古人凡食前皆须祭，所祭的对象，是先人造此食者，以示不忘本。其祭法，不过是将面前的食物各

取少许,放在盛酱的豆(形似高脚盘)和盛脯的笾(竹制盛物器,形似豆)之间以示祭罢了。延,引导。

〔7〕不虚口:谓酳。案酳,音yì,谓饮酒漱口,但非同于今之漱口,而是食毕饮酒以洁口,兼有颐安所食之义。

【译文】
　　凡向客人进食之礼,把带骨的肉块放在左边,把纯肉块放在右边,饭放在客人的左边,羹汤放在客人的右边。切成薄片的肉和烤熟的肉放在外侧,醋和酱放在里边,葱和蒸葱放在末端,清醴和盐浆放在右边。如果再加放脯、脩两种干肉,那就使它们弯屈的部分朝左而放在最右边。客人的地位如果低于主人,就要拿着饭站起来,〔对主人亲自陪食〕加以推辞〔并表示要下堂去用饭〕。主人站起来,对于客人〔要到堂下去用饭〕表示推辞,然后客人在堂上就坐。主人引导客人行食前祭礼。行食前祭礼的时候,所祭的食物要从先进上的开始,也就是从带骨的肉块开始,依次遍祭各种食物。客人吃过三口饭之后,主人要引导客人吃纯肉块,然后客人依次遍吃各种食物,而最后吃到带骨的肉块。主人还没有吃遍各种食物的时候,客人不饮酒洁口。

31. 侍食于长者[1],主人亲馈,则拜而食;主人不亲馈,则不拜而食。

【注释】
　　〔1〕侍食于长者:这是指主人请长者吃饭而由己陪侍。

【译文】
　　陪侍长者吃饭,主人亲自向自己进食,就要行拜礼而后再吃;主人不亲自向自己进食,就不行拜礼而开始吃。

32. 共食不饱[1],共饭不泽手[2]。

【注释】

〔1〕共食不饱:共食,谓与人共食器,与下"共饭"为互文。
〔2〕泽手:揉搓手。

【译文】

与人共用食器吃饭不要求吃饱,与人共食器吃饭时不得揉搓手。

33. 毋抟饭。毋放饭。毋流歠[1]。毋咤食[2]。毋啮骨。毋反鱼肉。毋投与狗骨[3]。毋固获。毋扬饭[4]。饭黍毋以箸[5]。毋嚃羹[6]。毋絮羹[7]。毋刺齿。毋歠醢[8]。客絮羹,主人辞"不能亨"。客歠醢,主人辞以"窭"[9]。濡肉齿决,干肉不齿决[10]。毋嘬炙[11],卒食,客自前跪,彻饭齐[12],以授相者[13]。主人兴,辞于客,然后客坐。

【注释】

〔1〕歠:音chuò,饮。
〔2〕咤食:以舌口中作声也,若嫌主人之食不好。
〔3〕毋投与狗骨:为嫌轻贱饮食之物。
〔4〕扬饭:谓播扬热饭以使速凉,有贪快之嫌而伤于廉。
〔5〕饭黍毋以箸:案吃黍当用匕。匕为古代取食器,曲柄浅斗,类今羹匙而大。
〔6〕嚃羹:嚃,音tà,谓不咀嚼菜。案羹中有菜,嚃羹则亦为贪快而伤廉。
〔7〕絮羹:絮犹调。絮羹谓客人自己向羹汤中加放盐、梅等佐料以调味,这是嫌主人的食味不美。
〔8〕歠醢:醢是肉酱,吃时是用其他食物就而蘸食,而不可歠食。
〔9〕窭:音jù,谓贫无以为礼。
〔10〕干肉不齿决:干肉坚实,宜用手撕食而不得用牙咬。

〔11〕嚃：谓一举而尽。
〔12〕齐：酱类。
〔13〕相者：是主人所使为客人进送食物者。

【译文】
　　不要用手持饭团来吃。已经抓取的饭不要再放回食器中。不要大口喝汤如流。吃饭时不要发出"咤咤"的声音。不要咬嚼骨头。已经拿起的鱼肉不要再放回食器中。不要把骨头扔给狗。不要专挑一样好吃的吃。不要为使饭快点凉而簸扬饭。吃黍不要用筷子。不要不嚼羹汤中的菜就囫囵咽下。不要自己给羹汤调味。不要在正吃饭时剔牙。不要像饮汤一样饮酱。客人有自己给羹汤调味的，主人就要谦虚地说"家人不善于烹煮羹汤"。客人有饮酱的，主人就要谦虚地说"家贫以致礼不周"。湿软的肉要用牙咬开来吃，干肉不用牙咬〔而用手撕开来吃〕。吃烤肉不要一口就吃下一大块。食毕，客人要从席前跪起，撤除饭和酱，以授给相者。主人站起来，对客人亲撤饭菜加以推辞，然后客人才坐下。

34. 侍饮于长者，酒进则起，拜受于尊所[1]。长者辞，少者反席而饮。长者举未釂[2]，少者不敢饮。

【注释】
　　〔1〕尊所：即陈尊处。尊，盛酒器。如果是诸侯举行的燕礼或大射礼，则尊陈于堂上东楹之西；如果是乡饮酒礼或卿大夫举行的燕礼，则尊陈于房户之间，即东房门与室门之间。
　　〔2〕釂：音 jiào，饮尽爵中酒。

【译文】
　　晚辈陪侍长辈饮酒，长辈递酒给晚辈，晚辈就要站起来，到陈放酒尊的地方去向长辈行拜礼而后接受酒。长辈对晚辈向自己行拜礼表示谦虚和推辞，而后晚辈返回到席上饮酒。但长辈没有把杯中酒饮干，晚辈就不敢饮酒。

35. 长者赐，少者、贱者不敢辞[1]。赐果于君前，其有核者怀其核。御食于君[2]，君赐余，器之溉者不写，其余皆写[3]。

【注释】
〔1〕贱者：仆隶之属。
〔2〕御食：御谓劝侑。
〔3〕器之溉者不写，其余皆写：器之溉者，谓可以洗涤的器皿，如陶瓷器或木器。写，是说把食物从一器倒入另一器。其余，谓不可洗涤之器，如用竹筴或芦苇编制的盛食器。

【译文】
长辈赐给晚辈或贱者食物，晚辈或贱者不敢推辞。如果在国君面前接受国君所赐的水果，有核的水果吃罢要把核揣进怀中。劝侑国君吃饭，国君把吃剩下的食物赐给劝侑者，如果食物是盛在可以洗涤的器具中的，就不倒在别的器具中再吃，其余盛在不可洗涤的器具中的食物，都要倒在可以洗涤的器具中再吃。

36. 馂余不祭[1]：父不祭子[2]，夫不祭妻。

【注释】
〔1〕馂：音 jùn，剩下的饭食叫做馂，吃剩下的饭食也叫做馂。
〔2〕祭：指食前祭礼（参见第 30 节）。

【译文】
吃剩余的饭食〔在以下两种情况下可以〕不行食前祭礼：父亲吃儿子剩余的饭食不祭，丈夫吃妻子剩余的饭食不祭。

37. 御同于长者[1]，虽贰不辞[2]。偶坐不辞[3]。

【注释】

〔1〕御：侍。同，谓同馔具。

〔2〕虽贰不辞：贰，谓重殽膳，就是进上双份食物。案重殽膳为盛馔，于礼当辞，但因己为侍食者，馔非为己而设，故不敢辞。

〔3〕偶坐不辞：之所以不辞，因主人之意可能不必在己。

【译文】

陪侍长者吃饭而与长者同馔具，即使主人进上双份食物也不敢推辞。如果同辈二人并坐为客，〔主人进上双份食物〕自己也不便推辞。

38. 羹之有菜者用梜，其无菜者不用梜。

【译文】

羹汤中有菜的用筷子，没有菜的不用筷子。

39. 为天子削瓜者，副之[1]，巾以缔[2]。为国君者，华之[3]，巾以绤[4]。为大夫，累之[5]。士疐之[6]。庶人龁之[7]。

【注释】

〔1〕副之：是说将瓜四析而又横断之。

〔2〕缔：音 chī，细葛布。

〔3〕华之：是说将瓜中剖而横断之。

〔4〕绤：音 xì，粗葛布。

〔5〕为大夫，累之：累，通"裸"。是说为大夫削瓜也要把瓜从中剖分为二，再横断开来送上，但不用巾覆盖，故曰"累之"。

〔6〕士疐之：疐，通"蒂"。这是说士削瓜后，要把瓜去蒂并横断开来，此处亦省文。

〔7〕庶人龁之：庶人，此处指庶人在官者，即尚未取得士的地位而

在官府任职事的庶民。齕,音 hé,咬。谓去蒂即咬食。案士和庶人都是自己削瓜,所以"士"和"庶人"前边没有"为"字。

【译文】

为天子削瓜的,削后要把瓜切成四瓣并从中横断开来,然后用细葛布巾覆盖着送上。为国君削瓜的,削后要把瓜切成两半再从中横断开来,然后用粗葛布巾覆盖着送上。为大夫削瓜的,削后就把瓜裸着送上。士削瓜,削后把瓜蒂去掉。庶人〔只把瓜蒂去掉就〕咬着吃了。

40. 父母有疾,冠者不栉,行不翔[1],言不惰[2],琴瑟不御,食肉不至变味,饮酒不至变貌,笑不至矧[3],怒不至詈。疾止复故。有忧者[4],侧席而坐。有丧者,专席而坐[5]。

【注释】

〔1〕不翔:不讲究仪容。
〔2〕言不惰:"惰"读为"媠"。"言不惰"与"行不翔"一律,皆不求美好之意。
〔3〕矧:音 shěn,齿根,大笑则见。
〔4〕有忧:谓亲人有疾,或有其他祸患。
〔5〕专席:单席,即不重席,为有丧之故。

【译文】

父母有病,做儿子的戴冠而顾不上梳头,走路顾不上注意姿势,说话顾不上讲究词藻,不弹奏琴瑟,吃肉少到不致改变食物的滋味,饮酒少到不致改变脸上的颜色,笑不露出齿根,怒不致责骂人。父母的病好了,才恢复常态。遭遇忧患的人,自己独席而坐。为父母服丧的人,只坐单席。

41. 水潦降，不献鱼鳖。献鸟者佛其首[1]，畜鸟者勿佛也。献车马者执策绥[2]。献甲者执胄。献杖者执末。献民虏者操右袂。献粟者执右契[3]。献米者操量鼓[4]。献孰食者操酱齐。献田宅者操书致[5]。凡遗人弓者，张弓尚筋，弛弓尚角[6]，右手执箫，左手承弣[7]。尊卑垂帨[8]。若主人拜[9]，则客还辟辟拜。主人自受，由客之左，接下承弣，乡与客并[10]，然后受。进剑者左首。进戈者前其镈[11]，后其刃。进矛戟者前其镦[12]。进几杖者拂之。效马、效羊者右牵之。效犬者左牵之。执禽者左首。饰羔雁者以缋[13]。受珠玉者以掬。受弓剑者以袂。饮玉爵者弗挥[14]。凡以弓、剑、苞、苴、箪、笥问人者[15]，操以受命，如使之容。

【注释】

〔1〕佛其首：谓用小竹笼将鸟首罩住。

〔2〕献车马者执策绥：策，马鞭。绥，车上的绳子，上车时可以抓着它登车。因车马不上堂，所以献车马的人只把策和绥拿上堂献给人。

〔3〕右契：契，指契券，中分为左右两半，古人以右半为尊，故执右以献。

〔4〕鼓：量器名，其容量已不可考。

〔5〕书致：致，通"质"，书质，即书契。

〔6〕尚角：弓背上嵌有角，尚角即使弓背朝上。

〔7〕弣：音 fǔ，弓把的中部。

〔8〕垂帨：帨，佩巾。人弯腰鞠弓则佩垂。

〔9〕主人拜：谓行拜受礼。案古人凡受人馈赠，受物前皆当先行拜礼，是谓拜受礼。

〔10〕乡与客并：谓与客俱面向南而立。

〔11〕镈：音 zūn，戈柄下端圆锥形的金属套，可以插入地中。

〔12〕镦：音 duī，矛戟柄末的平底金属套。

〔13〕饰羔雁者以缋：缋，画，谓画云气图案于布以覆羔雁为饰。

〔14〕饮玉爵者弗挥：为其宝贵而脆。

〔15〕苞、苴、箪、笥问人者：苞，以草苞包裹鱼肉之类。苴，以草藉（衬垫）器物。箪，竹制圆形器物。笥，竹制方形盛物器物。问，犹遗、送。

【译文】

　　雨水多降的季节，不向人进献鱼鳖。献鸟的人要把鸟头罩上，畜养鸟的人就不用把鸟头罩上了。献车马的人拿马鞭和供上车时抓用的绳献上。献铠甲的人拿头盔献上。献手杖的人拿着杖的末端。献俘虏的人抓着被俘者的右手袖。献粟的人拿右契献上。献米的人拿量米用的鼓献上。献熟食的人拿酱献上。献田宅的人拿书契献上。凡献弓给人的，张了弦的弓就要使弓弦朝上，弓弦松弛未张就要使弓背朝上，用右手握着弓的末端，左手托着弓背的中部。不论尊卑〔授受时都要互相弯腰鞠躬〕使佩巾下垂。如果主人行拜受礼，客人就要后退以避让主人的拜礼。主人亲自接受所赠的弓，要由客人的左边，从客人手的下边托着弓背中央，与客人都面向南并排而立，然后接过弓来。进献剑的人要把剑首朝左拿着。进献戈的人要使戈柄下端的镈朝前，而使戈刃朝后。进献矛或戟要使柄末端的镦朝前。进献几杖的要拂去灰尘。呈送马或羊的用右手牵着。呈送狗的用左手牵着。拿禽鸟要使鸟头朝左。覆盖羊或雁送人的要用绘有图案的布。接受珠玉的人要用手捧。接受弓剑的人要用衣袖承接。用玉杯饮酒的人不可挥动酒杯。凡用弓、剑，或用苞、苴、箪、笥等盛物送人的，先要拿着这些东西接受主人的吩咐，就像使者奉命出使时的仪容。

42. 凡为君使者，已受命，君言不宿于家。君言至，则主人出拜君言之辱。使者归，则必拜送于门外。若使人于君所，则必朝服而命之[1]。使者反，则必下堂而受命。

【注释】

〔1〕朝服：是臣下朝见国君或在比较庄重的场合穿的一种服装：头戴玄（黑而略带赤色）冠，上穿缁（黑）衣，下着素裳（白色的裙），缁带（束于衣外的大带），素韠（白色的蔽膝）。

【译文】

凡作为国君的使者，已经接受了国君的命令，就不得带着君命在家过夜。国君的命令传达到的时候，主人就要出来拜谢使者屈尊前来向己传达君命。使者回去的时候，主人一定要到大门外拜送。如果臣下派使者到国君那里请求指示，一定要穿着朝服命令使者。使者返回后，一定要下堂接受使者所带来的国君的命令。

43. 博闻强识而让，敦善行而不怠，谓之君子。君子不尽人之欢，不竭人之忠，以全交也。

【译文】

见闻广博、记忆力强而又谦让，多做好事而不懈怠，称之为君子。君子不要求人全心喜欢自己，也不要求人全力为自己尽忠，以使交情得以完美地保持下去。

44.《礼》曰："君子抱孙不抱子[1]。"此言孙可以为王父尸，子不可以为父尸。为君尸者，大夫、士见之，则下之。君知所以为尸者，则自下之。尸必式[2]，乘必以几[3]。

【注释】

〔1〕抱孙不抱子：案古人祭祀父祖当有尸（参见第4节），尸要由孙充当。如果孙的年纪幼小，就要由人抱着孙以充当尸而不抱子。为什么呢？按照古代的宗法制度，始祖庙居中，以下左昭、右穆，父昭、子穆，

而孙又为昭,是孙与祖同列,故当抱孙为尸。墓葬的排列,亦依昭穆为序。

〔2〕式:人立于车上凭轼伏身以向人表示敬意叫做式,即行式礼,字亦作"轼"。

〔3〕几:登以上车所用,如后世所谓登车石。

【译文】

《礼》书上说:"君子抱孙为尸而不抱子。"这是说孙可以充当祭祀祖父的尸,子却不可以充当父亲的尸。为已故的国君充当尸的人,大夫、士见了,就要下车。国君知道了充当先君尸的人,就要亲自为他下车。尸必须在车上行轼礼答谢,尸上车时必须用几垫脚。

45. 齐者不乐不吊。

【译文】

斋戒的人不听音乐,也不吊唁死者。

46. 居丧以礼,毁瘠不形,视听不衰,升降不由阼阶[1],出入不当门隧。居丧之礼,头有创则沐,身有疡则浴[2],有疾则饮酒食肉,疾止复初。不胜丧,乃比于不慈、不孝。五十不致毁[3],六十不毁,七十唯衰麻在身,饮酒食肉,处于内[4]。

【注释】

〔1〕升降不由阼阶:阼阶,即堂的东阶,这是主人上下堂之阶。父死,子继为主人,上下堂本当由阼阶,但因孝子在丧思慕,若父犹在,故不忍从父阼阶上下。下句义仿此。

〔2〕疡:通"痒"。

〔3〕致：犹极。
〔4〕处于内：谓不居庐。案亲丧，孝子本当在寝门外搭庐而居，枕苦寝块，因为年七十者精力益衰，故可例外。

【译文】
　　守丧之礼，虽因哀伤而消瘦但不要瘦到露出骨头，视力和听觉也不要因此而衰减，上下堂不走阼阶，出入不走门正中的路。守丧之礼，头上有疮了才洗头，身上发痒了才洗澡，有病了才可以饮酒吃肉，病好了又要和当初守丧时一样。如果孝子经受不起哀痛以致毁坏了身体，那就将被看作不慈、不孝。五十岁守丧不可因悲痛而毁坏身体。六十岁守丧不可影响健康。七十岁守丧只穿丧服在身，可以饮酒吃肉，住在室内。

47. 生与来日，死与往日[1]。

【注释】
〔1〕生与来日，死与往日：来日，指人死的第二日。往日，指人死之日。

【译文】
　　活人为死者的服丧期从人死的第二天算起，死者的殓殡期从人死的当天算起。

48. 知生者吊[1]。知死者伤[2]。知生而不知死，吊而不伤；知死而不知生，伤而不吊。

【注释】
〔1〕吊：指吊词。
〔2〕伤：指伤词，其词未闻。

【译文】

与死者的亲属相识的要对他们致吊词。与死者相识的要对死者致伤词。只与死者的亲属相识而不与死者相识,就只致吊词而不致伤词;只与死者相识而不与死者的亲属相识,就只致伤词而不致吊词。

49. 吊丧弗能赙,不问其所费。问疾弗能遗,不问其所欲。见人弗能馆,不问其所舍。赐人者不曰"来取"。与人者不问其所欲。适墓不登垄。助葬必执绋。临丧不笑。揖人必违其位。望柩不歌。入临不翔。当食不叹。邻有丧,舂不相[1]。里有殡,不巷歌。适墓不歌。哭日不歌[2]。送丧不由径。送葬不辟涂潦。临丧则必有哀色。执绋不笑。临乐不叹。介胄则有不可犯之色。故君子戒慎,不失色于人。国君抚式,大夫下之。大夫抚式,士下之。

【注释】

〔1〕相:谓舂人以歌助舂。案助舂之歌有助哀之嫌,故戒之。
〔2〕哭日:谓吊人之日。

【译文】

吊丧而不能拿出钱物来帮助人家办丧事,就不要问人家花费了多少。慰问病人而不能有所馈赠,就不要问人家想要什么。见到客人而不能招待住宿,就不要问家人打算住在什么地方。赐给别人东西不要说"来拿"。把自己现有的东西给予别人就不要问人家想要什么。到墓地去不要登人家的墓冢。帮助送葬一定要抓着拉灵车的大绳。参加丧礼不可以笑。对人行揖礼一定要离开原位。看见灵柩不可以唱歌。参加丧礼不可讲究走路的姿态。面对食物不可叹息。邻家有丧事,不唱歌助舂。同里有丧事,不在巷中唱歌。到墓地去不唱歌。参加吊唁的日子不唱歌。送丧不贪走捷径。送葬不避泥途和雨水。参加丧礼脸上一定要有悲哀的颜色。抓着拉柩车的绳不可以笑。参加欢乐的场合不发出叹息声。穿铠甲戴头盔就要显出不可侵犯的颜色。因此君子要小心谨慎，不可在人前失去常态。国君手抚车轼表示敬意的时候，大夫就应该下车。大夫手抚车轼表示敬意的时候，士就应该下车。

50. 礼不下庶人[1]。刑不上大夫[2]。刑人不在君侧。

【注释】
〔1〕礼不下庶人：谓不为庶人制礼。
〔2〕刑不上大夫：谓不制大夫之刑，犹如不制庶人之礼。

【译文】
礼不为下面的庶人而制。刑不为上面的大夫而制。受过刑的人不能用在国君身边。

51. 兵车不式，武车绥旌[1]。德车结旌[2]。

【注释】
〔1〕武车绥旌：武车，即兵车，亦即《周礼·春官·巾车》所谓革路。革路上插有兵器，故称武车。绥，舒散貌。
〔2〕德车：即《周礼·巾车》所谓玉路、金路、象路、木路，这四种车上不插兵器，故称德车。德美在内，不尚威武，故结其旌。

【译文】
乘兵车的人不行轼礼，武车上的旌旗要任其舒展。德车要把旌旗缠结起来。

52. 史载笔，士载言[1]。前有水，则载青旌[2]。前有尘埃，则载鸣鸢[3]；前有车骑，则载飞鸿；前有士师，则载虎皮；前有挚兽[4]，则载貔貅[5]；行：前朱鸟而后玄武，左青龙而右白虎[6]，招摇在上[7]，急缮其怒[8]，进退有度，左右有局，各司其局。

【注释】

〔1〕史载笔，士载言：案此谓国君前往参加盟会，史与士随行。士，谓司盟之士。

〔2〕青：谓青雀，一种水鸟。

〔3〕鸢：音yuān，即老鹰。古人以为鸢鸣则风生，风生则尘埃起。

〔4〕挚兽：谓虎狼之类的猛兽。

〔5〕貔貅：音pí xiū，古代的猛兽名。

〔6〕"行"至"白虎"：这是记军队行阵之法。朱鸟、玄武、青龙、白虎，在古代天文学上称为四象。朱鸟，亦称朱雀，指二十八宿之南方七宿所构成的鸟形，南方之象；玄武，指二十八宿之北方七宿所构成的龟蛇相缠之形，北方之象；青龙，指二十八宿之东方七宿所构成的龙形，东方之象；白虎，指二十八宿之西方七宿所构成的虎形，西方之象。这里是用四象之名以为军阵之名，其具体阵法已不可知。

〔7〕招摇在上：招，音sháo。招摇，本指北斗七星的第七星，即斗的柄端之星，在此指代北斗星。案这里是说制作北斗星之形，高举于军阵之上，用以指示方向。

〔8〕急缮其怒：缮，读为"劲"。急，坚。劲，利。怒，谓士卒之怒。

【译文】

史官带着书写工具，士负责记载盟会之词。前边有水，就挂起画有青雀的旗；前边有尘埃，就挂起画有鸣叫着的鸢的旗；前边有车马，就挂起画有飞鸿的旗；前边有军队，就在旗杆上挂起虎皮；前边有猛兽，就在旗杆上挂起貔貅皮。军队行阵：前为朱鸟阵而后为玄武阵，左为青龙阵而右为白虎阵，北斗星高举在上，使战士的威怒坚劲而锐猛,前进、后退都有节度,向左、向右都有部局,将帅各司其职。

53. 父之雠,弗与共戴天。兄弟之雠,不反兵[1]。交游之雠,不同国。

【注释】
〔1〕反兵:谓返回家去拿兵器。

【译文】
对于父亲的仇人,和他不共戴天。对于兄弟的仇人,〔随时携带兵器在身准备报仇,遇则刺杀之〕而不返回家去拿兵器。对于朋友的仇人,不和他同住一国。

54. 四郊多垒,此卿大夫之辱也[1]。地广大,荒而不治,此亦士之辱也[2]。

【注释】
〔1〕"四郊"至"辱也":案卿大夫治其属地无方,不能树威德,致使其地被侵削,四郊才多筑壁垒,因此说是卿大夫的耻辱。
〔2〕士:谓邑宰。

【译文】
国都的四郊多筑壁垒,这是卿大夫的耻辱。土地广大,荒废而得不到开垦,这是士的耻辱。

55. 临祭不惰。祭服敝则焚之。祭器敝则埋之。龟筴敝则埋之[1]。牲死则埋之。凡祭于公者,必自彻其俎^[2]。

【注释】

〔1〕筴：同"策"，此指占筮用的蓍草。

〔2〕凡祭于公者，必自彻其俎：这是指士助其君行宗庙祭礼。俎，盛牲肉器，形似几，此处是指牲俎。案周代宗庙祭祀皆有尸，尸前有牲俎，参加祭祀的人席前也都有牲俎。祭毕，俎上还剩有牲肉，助祭者如果位在大夫以上，其席前的牲俎就由国君派人送到他们家去；如果是士，就自撤其俎以归。

【译文】

参加祭祀不可惰怠。祭服坏了就烧掉。祭器坏了就埋掉。卜筮用的龟甲和蓍草坏了就埋掉。祭祀用的牲畜死了就埋掉。凡到国君的宗庙去助祭的士，祭毕必须亲自撤其牲俎。

56. 卒哭乃讳^[1]。礼：不讳兼名^[2]；二名不遍讳^[3]；逮事父母，则讳王父母；不逮事父母，则不讳王父母^[4]；君所无私讳；大夫之所有公讳^[5]；《诗》《书》不讳；临文不讳；庙中不讳；夫人之讳，虽质君之前，臣不讳也，妇讳不出门；大功、小功不讳^[6]。入境而问禁。入国而问俗。入门而问讳。

【注释】

〔1〕卒哭乃讳：卒哭，祭名，这是人死葬后的最后一次祭礼。进行卒哭祭的时间，在三虞之后（参见《檀弓上第三》第46节）。卒哭祭后，即将死者的神灵祔（附）于祖庙，从此以鬼神事之，而讳言其名。

〔2〕兼名：是指名字的同音字，如"禹"与"雨"，"丘"与"区"。

〔3〕二名不遍讳：谓名之二字不都避讳，只讳其一字。

〔4〕"逮事"至"王父母"：祖父母是父母之父母，言祖父母之名则父母为之心惧，故事父母者当讳其祖父母之名字。若幼儿时即丧父母，

不及识其父母,则其父母之名就可不讳。

〔5〕公讳:谓君讳。

〔6〕大功、小功:皆丧服名。服大功、小功的人,关系已较疏远。

【译文】

　　卒哭祭之后才避讳说死者的名字。按照礼的规定:不避讳名字的同音字;如果是双字名,可以对这两个字不同时都避讳;事奉过父母的人,就要避讳祖父母的名字;如果还没有来得及事奉过父母,就可以不避讳祖父母的名字;在国君面前可以不避自己的家讳;在大夫面前要避君讳;读《诗》《书》时可以不避讳;写文章时可以不避讳;在庙中读祝告词可以不避讳;国君夫人的家讳,即使当着国君的面,臣也可以不避讳,这是因为妇人的家讳不出家门的缘故;服大功、小功的人可以不避讳死者的名字。进入别国的国境要先打听这个国家有什么禁忌。进入别国的都城要先打听当地的风俗。进入别人的家门要先问明这家的避讳。

57. 外事以刚日〔1〕,内事以柔日〔2〕。凡卜筮日,旬之外曰"远某日"〔3〕,旬之内曰"近某日"。丧事先远日,吉事先近日。曰:"为日,假尔泰龟有常〔4〕。""假尔泰筮有常。"卜筮不过三。卜筮不相袭〔5〕。

【注释】

　　〔1〕外事以刚日:出国郊为外事。刚日,谓单数日,如甲日、丙日、戊日等。

　　〔2〕内事以柔日:内事,谓郊内之事。柔日,谓双数日,如乙日、丁日、己日等。

　　〔3〕某日:代具体日期,如甲日、乙日等等。

　　〔4〕假尔泰龟有常:泰龟,即大龟,这是对龟甲的尊称。有常,褒美之辞,谓其无差错。下句义仿此。

　　〔5〕卜筮不相袭:袭,谓卜不吉而又筮,筮不吉而又卜,这是亵渎龟筴的做法。

【译文】

　　外事在单数日进行,内事在双数日进行。凡用卜筮来决定日期,如果是十天以外的某日就叫做"远某日",十天以内的某日就叫做"近某日"。办丧事的日期要先卜筮远日,办吉事的日期要先卜筮近日。卜筮时说:"选择日期,借助你这从无差错的大龟来占卜。"或"借助你这从无差错的大蓍草来占筮。"占卜或占筮不得超过三次。占卜和占筮不可互相重复进行。

58. 龟为卜,筴为筮。卜筮者,先圣王之所以使民信时日,敬鬼神,畏法令也;所以使民决嫌疑,定犹与也[1]。故曰:"疑而筮之,则弗非也;日而行事,则必践之[2]。"

【注释】

〔1〕与:通"豫"。
〔2〕践:通"善"。

【译文】

　　用龟甲叫做占卜,用蓍草叫做占筮。占卜和占筮,是先代圣王用来使人民确定办事的吉利时日,尊敬鬼神,畏惧法令的;是用来使人民判断嫌疑,决定犹豫的。因此说:"有疑难事而占筮,就不会有错误;择吉日而行事,就一定有好结果。"

59. 君车将驾,则仆执策立于马前[1]。已驾,仆展轸[2],效驾[3]。奋衣[4],由右上,取贰绥[5],跪乘,执策分辔[6],驱之五步而立。君出就车,则仆并辔授绥。左右攘辟[7],车驱而驺[8]。至于大门,君抚仆之手,而顾命车右就车[9]。门闾沟渠必步。凡仆人之礼,必授人绥。若仆者降等则受[10],不然则否。若仆者降等,则抚仆之手;不然则自下拘之。

【注释】
〔1〕仆:御车者。
〔2〕展轸:展,视也。轸,音líng,车辖头,即销子,可插在车轴两端以辖制车轮不使脱落。
〔3〕效驾:效,白、报告。谓白已驾。
〔4〕奋衣:谓振去尘。
〔5〕贰绥:贰,副。案绥是车上可用来抓着上车的绳,有正、副二绥:正绥为君或主人登车所执,副绥则为仆或车右登车所执。
〔6〕分辔:案一车四马:当中夹辕前后二马曰服马,辕左右各一马曰骖马。马各二辔,共八辔。将两骖马之内辔系于车轼上,骖马之两外辔并两服马之四辔共六辔,分执两手,每手各执三辔,即所谓"分辔"。
〔7〕攘:古让字。
〔8〕驺:通"趋"。
〔9〕车右:是勇力之士,君行则陪乘在右以卫君。
〔10〕仆者:案这是出于礼的需要,由一方为另一方执仆人授绥之礼,如士为大夫,大夫为卿等。

【译文】
　　国君的车将套马车出行,仆就要拿着马鞭站在马前。马车套好后,仆要察看一下车轴两端的辖头,并向国君报告〔车已经套好〕,然后抖落衣服上的灰尘,从车的右边登车,登车时是抓的副绥,跪乘在车上,手执马鞭,并将马缰绳分别用两手握着,先驱车试行五步而后由跪乘变为立乘〔以待君登车〕。君出来走到车前时,仆把马缰绳合并于一手而用另一手把绥递给国君。左右群臣都为君避让,车前进时群臣都快步紧跟,一直到大门,君按住仆手示意停车,而回头命车右上车。凡经过门、闾巷或沟渠时,车右一定要下车步行。凡驾车的仆人之礼,一定要把绥授给乘车的人。如果行仆人之礼的人地位低,乘车者就接受他所授的绥,否则就不敢接受。如果执仆人之礼者地位低,乘车者要先按止他的手〔以示不必行授绥之礼,然后再接受绥〕;如果授绥者的地位不比乘车者低,那么乘车者就要从授绥者手的下边取过绥来,〔以示不敢当授绥之礼〕。

60. 客车不入大门。妇人不立乘。犬马不上于堂。

【译文】
客人的车不可驶入主人家的大门。妇女不站着乘车。向人赠送犬马不可牵上堂。

61. 故君子式黄发[1],下卿位[2],入国不驰,入里必式。君命召虽贱人,大夫、士必自御之[3]。介者不拜,为其拜而蓌拜[4]。祥车旷左[5]。乘君之乘车不敢旷左,左必式[6]。仆御妇人,则进左手,后右手[7]。御国君,则进右手,后左手而俯。国君不乘奇车。车上不广欬,不妄指[8]。立视五巂[9],式视马尾,顾不过毂。国中以策彗恤勿驱[10],尘不出轨。国君下齐牛,式宗庙[11]。大夫、士下公门,式路马。乘路马[12],必朝服,载鞭策,不敢授绥,左必式。步路马,必中道。以足蹙路马刍有诛,齿路马有诛。

【注释】
〔1〕君子:此谓人君。
〔2〕卿位:卿朝见国君所在之位。
〔3〕御:当为"讶",迎。
〔4〕蓌拜:蓌,音 cuò,犹诈,言着铠而拜,形仪不能到位,则似诈。
〔5〕祥车旷左:祥车,谓死者生前所乘车,为死者送葬时,此车作

为载魂之车随柩车而行,谓之祥车。驾祥车的御者在右,而要把左边的位子空出来,象征死者之神所乘,故曰"旷左"。

〔6〕乘君之乘车不敢旷左,左必式:案王有五路(五种车):玉路、金路、象路、木路、革路,皆王之乘车。王自乘玉路,其他四路则由随行之臣乘坐。这四种车出行时不敢把左边的位子空出来,因为君王尚在,空左则犹如祥车。但臣乘君车而随君行,又不敢安处车左之位,故"恒冯(凭)式"。

〔7〕仆御妇人,则进左手,后右手:这是为避嫌。

〔8〕车上不广欬,不妄指:欬,"咳"的异体字。案车身高,在高车上"广欬",则似自骄矜而且惊众,妄指则可能惑众。

〔9〕五巂:巂,音 guī,犹规。规指车轮的周长,轮高(即直径)六尺六寸,则一规为一丈九尺八寸,五规则为九丈九尺。

〔10〕国中以策彗恤勿驱:策彗,即以彗策。彗,指带叶的竹扫帚。恤勿,谓摇摩之。

〔11〕国君下齐牛,式宗庙:齐,通"斋"。齐牛,用于祭祀的牛。案学者多谓此处文误,当作"国君下宗庙,式齐牛"。

〔12〕乘路马:路马,君的车马。这里是说臣乘君的车马以为君调试之。

【译文】

因此国君乘车遇见高龄人要行轼礼,经过卿的朝位要下车,进入国都不驱驰,进入里巷一定要行轼礼。国君命令召见臣下,即使来传达君命的人地位低贱,大夫、士也一定要亲自迎接。身穿铠甲的人不拜,因为穿铠甲而拜就会让人感到不真诚。载魂的祥车要空着左边的位子。臣乘君车不敢把左边的位子空出来,臣在车左边的位子上一定要凭依车轼。仆为妇人驾车,要使右手在后以示避嫌。仆为国君驾车,就要使右手在前,左手在后并微俯身以示恭敬。国君不乘式样奇邪不正的车。在车上不大声咳嗽,不随便指画。立乘在车上只能向前看相当于车轮五周的距离,行轼礼的时候看着马尾,回头看时目光不得超过车轴头。在都城中用竹扫帚搔摩马身以驱赶马,要使车经过时灰尘不从车辙中飞扬出来。国君经过宗庙要下车,看到祭牛要行轼礼。大夫、士经过国君门前要下车,看见国君的车马要行轼礼。乘国君的车马,一定要穿朝服，马鞭放在车上〔而不敢用〕，并且不敢让驾车人向自己授绥，站在车左边的位子上一定要凭轼。徒步牵着君马行走时，一定要走在路中间。用脚践踏了君马的饲草要受责罚，计算君马的年岁要受责罚。

曲礼下第二

1. 凡奉者当心，提者当带[1]。执天子之器则上衡[2]，国君则平衡，大夫则绥之[3]，士则提之。凡执主器，执轻如不克。执主器，操币[4]、圭、璧，则尚左手，行不举足[5]，车轮曳踵，立则磬折垂佩[6]。主佩倚，则臣佩垂；主佩垂，则臣佩委。执玉，其有藉者则裼，无藉者则袭[7]。

【注释】
〔1〕带：指古代贵族束于衣外的大带。案带的位置大约在下距地四尺五寸处。
〔2〕衡：谓与心平。
〔3〕绥：谓下于心。
〔4〕币：指束帛，即一束帛（五匹，二十丈），行礼所用。
〔5〕行不举足："不"字衍。
〔6〕磬折垂佩：磬折，谓弯腰。佩，指佩巾，即上篇所谓"尊卑垂帨"的"帨"（参见上篇第41节）。
〔7〕"执玉"至"则袭"：这是记使臣到他国行聘礼时执玉同所穿礼服的关系。玉，这里是指行聘礼所用的圭、璋、琮、璧四种玉器。案古代聘礼的主要内容是由聘和享两个仪节构成的。聘是使者代表本国国君向他国国君和国君夫人表示慰问，这时要向国君及其夫人分别献上圭和璋。行聘礼之后接着行享礼，享是献的意思，即向国君及其夫人分别献上琮和璧以及其它礼物。行享礼时，琮和璧是加放在束帛上进献的，这就叫做"有藉"，就是有衬托物的意思。行聘礼时进献的圭和璋则无须依托其它东西，就叫做"无藉"。又古人礼服之制，冬衣裘，夏衣葛；裘、葛之上要加一件文饰漂亮的罩衣，叫做裼（音 xī）；裼上又加正服，如朝服、皮弁服等，就叫做袭。如非盛礼，以文饰为美，就要开正服前

襟,露出里面的裼衣,这就叫做裼(此"裼"为动词,是袒裼的意思);如当盛礼,尚质,就要掩好正服前襟,这就叫做袭("袭"在此亦作动词,是掩的意思)。聘礼的聘与享,聘礼隆而享礼轻,礼轻则尚文,故享时所献琮、璧加于束帛之上以献,所穿礼服亦须裼,故曰"有藉者则裼"。礼隆则尚质,故聘时所献圭、璋无须衬托物,所穿礼服亦当袭,故曰"无藉者则袭"。

【译文】

凡捧东西的人要捧在当心处,凡提东西的人手要上屈到当带处。为天子拿器物要上高过心,为国君拿器物要与心平齐,为大夫拿器物低于心,为士拿器物就提着。凡为天子拿器物,即使拿很轻的器物也要像拿不能胜任的重物一样。为国君拿器物,如拿币、圭、璧等物,要使左手在上,行走抬脚,要像车轮着地那样拽着脚后跟察地而行,站着的时候要弯着腰使佩巾悬垂。君直立而使佩巾倚贴在身上,臣就要弯腰使佩巾悬垂;君弯腰使佩巾悬垂,臣就要伏身使佩巾垂至地。〔行聘礼时〕拿玉器,如果玉器下边有衬托物,就要解开正服前襟露出里边的裼衣,没有衬托物就要掩好正服前襟。

2. 国君不名卿老、世妇[1]。大夫不名世臣[2]、侄、娣。士不名家相、长妾[3]。君大夫之子,不敢自称曰"余小子"[4]。大夫、士之子,不敢自称曰"嗣子某"[5],不敢与世子同名[6]。

【注释】

[1]卿老、世妇:卿老谓上卿,世妇谓两媵,媵的地位次于夫人而贵于诸妾。案媵指随嫁者,即妻的侄(兄之女)娣(妇之妹),下文"侄、娣"同此。

[2]世臣:父时的老臣。

[3]家相、长妾:家相,即家臣头子。长妾,妾之有子者。

[4]"君大夫"至"余小子":君大夫,谓天子的有封地的大夫。天

子在丧自称"余小子",故君大夫之子当避之。

〔5〕嗣子某:这是诸侯在丧的自称。某,代在丧诸侯之名。

〔6〕世子:即太子。

【译文】

国君不称呼上卿和世妇的名字。大夫不称呼世臣和侄、娣的名字。士不称呼家相和长妾的名字。天子的有封地的大夫之子,不敢自称"余小子"。大夫、士之子,不敢自称"嗣子某",也不敢与太子同名。

3. 君使士射[1],不能,则辞以疾,言曰:"某有负薪之忧[2]。"

【注释】

〔1〕君使士射:谓士与君为耦而射。案古代的射箭比赛之礼,参赛者皆两两配对而射,称为射耦。

〔2〕某有负薪之忧:这是称病的谦辞。某,代士名。忧,劳、病。

【译文】

如果君使士与己为耦比赛射箭,士不会射,就要以有病相推辞,说:"我背柴累病了。"

4. 侍于君子,不顾望而对,非礼也。

【译文】

陪侍君子,〔如果君子提问〕,不看看周围〔是否有胜过自己的人〕就抢先回答,是不符合礼的。

5. 君子行礼,不求变俗。祭祀之礼,居丧之服,哭泣之位，皆如其国之故。谨修其法[1]，而审行之。去国三世，爵禄有列于朝，出入有诏于国。若兄弟宗族犹存，则反告于宗后[2]。去国三世，爵禄无列于朝，出入无诏于国，唯兴之日[3]，从新国之法。

【注释】
〔1〕谨修其法："修"是"循"字之误。
〔2〕宗后：即宗子。
〔3〕兴：谓做了卿大夫。

【译文】
君子〔居住在别国〕行礼，不要求改变本国的礼俗。祭祀的礼仪，守丧的服制，为死者哭泣的位置，都如同本国的旧礼俗。小心地遵循本国的礼法，而审慎地实行。如果离开本国已经三代了，族中仍有人在本国朝廷做官，那么出入往来别国仍要报告本国国君。如果本国仍有兄弟和宗族在，〔遇有喜事或丧事〕仍要向本国的族长报告。如果离开本国已经三代，族中已经无人在本国朝廷做官，出入往来别国就不向本国国君报告了，但只有在别国做了卿大夫的时候，才遵从新国的礼法。

6. 君子已孤不更名，已孤暴贵，不为父作谥。

【译文】
君子死了父亲就不再更换名字，父亲死后即使大显贵，也不为亡父作谥号。

7. 居丧未葬，读丧礼；既葬，读祭礼；丧复常，读乐章。居丧不言乐，祭事不言凶，公庭不言妇女。

【译文】

守丧而未出葬,研读有关丧礼的书;葬后,研读有关祭礼的书;除丧恢复正常生活,研读有关诗乐的书。守丧期间不谈乐事,祭祀时不谈凶事,公庭上不谈论妇女。

8. 振书、端书于君前,有诛;倒筴、侧龟于君前,有诛。龟、筴、几、杖、席、盖、重素、袗絺绤[1],不入公门。苞屦、扱衽、厌冠[2],不入公门。书方、衰[3]、凶器,不以告,不入公门。公事不私议。

【注释】

〔1〕重素、袗絺绤:重素,谓衣、裳皆素,这是丧象;袗,音zhěn,单;絺,细葛布;绤,粗葛布。

〔2〕苞屦、扱衽、厌冠:苞,即藨(音biāo),草名。苞屦,一种丧屦。扱,音chā,插。扱衽,即将上衣前襟插入腰带中。厌冠,即丧冠。

〔3〕书方、衰:书方,此指办丧事时记录亲友宾客所赠送葬物的木版。衰,音cuī,本指丧服的上衣,此处泛指丧服。

【译文】

在国君面前拂去书簿上的灰尘,或整理书簿,要受到责罚;在国君面前弄颠倒了蓍草,或弄翻了龟甲,要受到责罚。龟甲、蓍草、几、杖、丧车上用的席和伞盖、穿白色的衣裳、穿单薄的细葛布或粗葛布衣裳,不得进入公的官门。穿草编的丧鞋、把衣襟披在腰带间、头带丧冠,不得进入公的官门。记录宾客所赠送葬物的方版、丧服、丧葬所用器物,不事先报告,不得进入公的官门。公事不得私下议论。

9. 君子将营宫室,宗庙为先,厩库为次,居室为后。凡家造,祭器为先,牺赋为次[1],养器为后。无田禄者，不设祭器。有田禄者，先为祭服。君子虽贫，不粥祭器；虽寒，不衣祭服。为宫室，不斩于丘木。

【注释】
〔1〕牺赋：牺，谓牺牲，即祭祀所用牲。牺牲靠向邑民征收赋税获得，故曰牺赋。

【译文】
君子将营建宫室，要先建宗庙，其次建马厩仓库，居室最后建。凡大夫经营家事，要先造祭器，其次征收祭祀用牲，制造饮食用具放在最后。没有田地俸禄的人，可以不置备祭器。有田地俸禄的人，要先制作祭服。君子即使贫穷，也不卖祭器；即使寒冷，也不穿祭服。建造宫室，不砍伐墓地的树木。

10. 大夫、士去国[1]，祭器不逾竟。大夫寓祭器于大夫，士寓祭器于士。大夫、士去国，逾竟为坛位，乡国而哭，素衣，素裳，素冠，彻缘，鞮屦[2]，素幂[3]，乘髦马，不蚤鬋[4]，不祭食，不说人以无罪[5]，妇人不当御，三月而复服。

【注释】
〔1〕大夫、士去国：这是指大夫、士三谏国君不从而去国。
〔2〕鞮屦：鞮，音 dī。鞮屦即革屦。
〔3〕素幂：幂，音 mì，同"幭"，车轼上的覆盖物。素，白狗皮。
〔4〕蚤鬋：蚤，通"爪"。鬋，通"剪"。
〔5〕不说人以无罪：案此大夫、士是因谏君不从而离国，若向人说己无罪，则有归恶于君之嫌，不符合所谓"善则称君，过则称己"的原则。

【译文】

　　大夫、士离国,祭器不可带出国境。大夫的祭器寄放在大夫家,士的祭器寄放在士家。大夫、士离国,出了国境要设置坛位,面向祖国而哭,穿白衣、白裳,戴白帽,拆去衣裳和帽子上的镶边,穿去毛的生皮革做的鞋,车轼上覆盖白狗皮,乘不修剪毛的马,不修剪手脚指甲和胡须头发,吃饭不行食前祭礼,不向人说自己无罪,不与妇人行房事,过三个月而后恢复正常生活。

11. 大夫、士见于国君[1],君若劳之,则还辟,再拜稽首[2]。君若迎拜,则还辟,不敢答拜[3]。大夫、士相见,虽贵贱不敌,主人敬客则先拜客,客敬主人则先拜主人。凡非吊丧,非见国君,无不答拜者。大夫见于国君,国君拜其辱。士见于大夫,大夫拜其辱。同国始相见,主人拜其辱。君于士不答拜也,非其臣则答拜之。大夫于其臣,虽贱,必答拜之。男女相答拜也。

【注释】

　　[1] 大夫、士见于国君:这是指大夫为使者,士为介(使者的副手),到别国行聘礼而见于别国之君。
　　[2] 再拜稽首:是古代最重的一种拜礼。
　　[3] 不敢答拜:这是表示不敢与君抗礼。

【译文】

　　大夫、士见国君,国君如果对大夫、士表示慰劳,大夫、士就要后退避让,并向君行再拜稽首礼。国君如果迎接大夫、士并行拜礼,大夫、士就要后退避让,并且不敢回礼答拜。大夫与士相见,虽然地位贵贱不相等,如果主人要对客人表示敬意主人就先行拜礼,如果客人要对主人表示敬意客人就先行拜礼。凡不是吊丧,不是士见国君,受拜礼没有不回礼答拜的。大夫去见别国国君,国君要拜谢大夫屈辱来见。士去见别国大夫,大夫要拜谢士屈辱来见。同国的人初次相见,主人要拜谢客人屈辱来见。国君对于士不回礼答拜,如果是别国的士而不是本国的臣,就要答拜。大夫对于自己的家臣,即使家臣地位低贱,也一定要回礼答拜。男女之间一定要互相回礼答拜。

12. 国君春田不围泽[1],大夫不掩群,士不取麛卵[2]。

【注释】
〔1〕泽:在此指猎场。
〔2〕麛:音mí,幼鹿,亦泛指幼兽。

【译文】
国君春天打猎不合围猎场,大夫不杀尽群处的野兽,士不获取幼兽和鸟卵。

13. 岁凶,年谷不登,君膳不祭肺[1],马不食谷,驰道不除,祭事不县[2],大夫不食粱,士饮酒不乐。

【注释】
〔1〕不祭肺:谓食牲肉之前不用肺行食前祭礼。案周人重肺,故食牲肉前必先用牲俎上的肺行食前祭礼。不祭肺,即谓不食牲肉,也就是不杀牲。
〔2〕县:通"悬"的本字,谓悬挂钟、磬等。

【译文】
遭遇水旱灾害的年头,年谷不收,国君用餐不杀牲,喂马不用谷物,驰道不加修治,祭祀不悬挂钟磬,大夫不吃稻米饭,士饮酒不奏乐。

14. 君无故玉不去身。大夫无故不彻县。士无故不彻琴瑟。

【译文】
国君无故佩玉不可离身。大夫无故不撤去钟磬。士无故不撤去琴瑟。

15. 士有献于国君，他日君问之曰："安取彼？"再拜稽首而后对。大夫私行出疆，必请，反必有献。士私行出疆，必请，反必告。君劳之则拜。问其行，拜而后对。

【译文】
士有东西献给国君，过些天君问士说："从哪里得到的那些东西？"士要行再拜稽首礼而后回答。大夫因私事出国，一定要先请示国君，返回后一定要对国君有所馈献。士因私事出国，一定要先请示国君，返回后一定要向国君报告。国君对回国的大夫、士表示慰问，大夫、士就要向国君行拜礼。国君问大夫、士旅途的情况，大夫、士要先行拜礼而后回答。

16. 国君去其国，止之曰："奈何去社稷也？"大夫，曰："奈何去宗庙也？"士，曰："奈何去坟墓也？"

【译文】
国君要离开自己的国家，就劝止他说："为什么离开社稷呢？"大夫要离开自己的国家，就劝止他说："为什么离开宗庙呢?"士要离开自己的国家,就劝止说:"为什么离开祖宗的坟墓呢?"

17. 国君死社稷,大夫死众[1],士死制[2]。

【注释】
〔1〕死众:谓讨罪御敌而战死。
〔2〕制:谓执行君命。

【译文】
国君当为社稷而死,大夫当为军事而死,士当为执行君命而死。

18. 君天下曰"天子"。朝诸侯,分职,授政,任功,曰"予一人"。践阼[1],临祭祀,内事曰"孝王某"[2],外事曰"嗣王某"。临诸侯,畛于鬼神[3],曰"有天王某甫"[4]。崩,曰"天王崩"。复,曰"天子复矣"。告丧,曰"天王登假"[5]。措之庙,立之主,曰"帝"。天子未除丧,曰"予小子"。生名之,死亦名之[6]。

【注释】
〔1〕践阼:阼谓阼阶,包括庙堂和郊坛的阼阶。
〔2〕某:代天子名。
〔3〕畛:音 zhěn,告。
〔4〕某甫:指男子的字,如伯禽父,仲山甫,叔兴父,等等。
〔5〕登假:登,上。假,通"遐"。
〔6〕生名之,死亦名之:这里的生和死,是指守丧期间嗣王的生和死。两"名之",皆谓名之为"小子王"。

【译文】

　　统治天下称"天子"。朝会诸侯，分派官职，授予政事，委任事功时，称"予一人"。登上阼阶，主持祭祀，如果在宗庙里祭祀就称"孝王某"，如果在郊坛祭祀就称"嗣王某"。驾临诸侯国，或祈告鬼神时，称"有天王某甫"。死，称"天王崩"。招魂，称"天子回来吧"。发讣告，称"天王升天了"。安置于宗庙，立牌位，称"帝"。天子守丧而未除丧，称"予小子"。活着守丧用"小子王"来称呼他，如果未除丧就死了也用"小子王"来称呼他。

19. 天子有后，有夫人，有世妇，有嫔，有妻，有妾。

【译文】

　　天子〔的女官〕有后，有夫人，有世妇，有嫔，有妻，有妾等不同级别。

20. 天子建天官，先六"大"[1]，曰大宰、大宗、大史、大祝、大士、大卜，典司六典。天子之五官，曰司徒、司马、司空、司士、司寇，典司五众[2]。天子之六府，曰司土、司木、司水、司草、司器、司货，典司六职。天子之六工，曰土工、金工、石工、木工、兽工、草工，典制六材。

【注释】

〔1〕大：同"太"。
〔2〕众：谓群臣。

【译文】

天子设立天官,先设六"大",即大宰、大宗、大史、大祝、大士、大卜,掌管有关的六种法典。天子所设的五官,叫做司徒、司马、司空、司士、司寇,掌管五个方面的臣属。天子设立的六府之官,叫做司土、司木、司水、司草、司器、司货,掌管六个方面的职事。天子设立的六种工官,叫做土工、金工、石工、木工、兽工、草工,掌管六个方面的器材和制作。

21. 五官致贡曰享[1]。五官之长曰伯,是职方。其摈于天子也[2],曰"天子之吏"。天子同姓谓之"伯父",异姓谓之"伯舅"。自称于诸侯曰"天子之老",于外曰"公",于其国曰"君"。九州之长入天子之国曰"牧"[3]。天子同姓谓之"叔父",异姓谓之"叔舅",于外曰"侯",于其国曰"君"。其在东夷,北狄,西戎,南蛮,虽大曰"子"。于内自称曰"不穀"[4],于外自称曰"王老"。庶方小侯入天子之国曰"某人"[5],于外曰"子",自称曰"孤"。

【注释】

〔1〕五官:在此指公、侯、伯、子、男五等诸侯。
〔2〕摈:此指为天子接待宾客者。
〔3〕九州之长:案天下九州,每州设一长,谓之牧。
〔4〕不穀:谦称。穀,善。不穀犹言不善之人。
〔5〕庶方:指更荒远地区的少数民族方国。

【译文】

公、侯、伯、子、男五等诸侯向天子贡献方物叫做"享"。五等诸侯之长叫做"伯",伯主管一方诸侯。摈者向天子报告伯来朝见时,就称伯为"天子之吏"。伯如果是天子的同姓,天子就称之为"伯父",是异姓就称之为"伯舅"。伯对诸侯们自称"天子之老",伯在他的封国之外称"公",在封国之内称"君"。九州之长进入天子畿内称"牧"。牧如果是天子的同姓,天子就称之为"叔父",是异姓就称之为"叔舅"。牧在他的封国之外称"侯",在封国之内称"君"。那些在东边的夷人,北边的狄人,西边的戎人,南边的蛮人,即使拥有的土地广大,也称为"子"。这些子在国内自称"不穀",在国外自称"王老"。更为荒远地区的方国小侯进入天子畿内称为"某人",这些小侯在他们的方国外称"子",自称为"孤"。

22. 天子当依而立[1],诸侯北面而见天子曰觐。天子当宁而立[2],诸公东面、诸侯西面曰朝。

【注释】

〔1〕依:通"扆",类今之屏风,设于堂后室的门窗之间。
〔2〕宁:音 zhù,朝的门屏之间的位置。

【译文】

天子在背靠依的地方站立,诸侯面朝北而见天子叫做觐。天子在当宁的地方站立,诸公站在天子的西边面朝东、诸侯站在天子的东边面朝西叫做朝。

23. 诸侯未及期相见曰遇[1],相见于邻地曰会[2]。诸侯使大夫问于诸侯曰聘。约信曰誓,莅牲曰盟。

【注释】

〔1〕期:约,此谓约定的时间和地点。
〔2〕邻:间,谓两国之间。

【译文】

诸侯不是在约定的时间和地点而相见叫做遇,按约定时间相见于两国边境叫做会。诸侯派大夫去慰问别国诸侯叫做聘。诸侯相互用言语相约束以取信叫做誓,面对神灵杀牲缔结条约叫做盟。

24. 诸侯见天子曰"臣某侯某"[1]。其与民言自称曰"寡人"[2]。其在凶服曰"嫡子孤"。临祭祀,内事曰"孝子某侯某",外事曰"曾孙某侯某"。死曰"薨",复曰"某甫复矣"[3]。既葬见天子曰"类见",言谥曰"类"[4]。诸侯使人使于诸侯,使者自称曰"寡君之老"。

【注释】

[1] 臣某侯某:上"某"代国名,下"某"代诸侯名。下"某侯某"仿此。
[2] 寡人:谦辞,犹言寡(少)德之人。
[3] 某甫:诸侯的字。
[4] 言谥曰"类":这是说将葬使人就天子请谥号,而谥号是反映人的德行的,故曰"类"。

【译文】

诸侯见天子时自称"臣某侯某"。诸侯对臣民说话自称"寡人"。诸侯服丧期间对别的诸侯自称"嫡子孤某"。诸侯主持祭祀,在宗庙祭祀自称"孝子某侯某",在郊坛祭祀自称"曾孙某侯某"。诸侯死叫做薨,招魂时喊"某甫回来吧"。诸侯葬后嗣君未除丧而见天子叫做"类见",将要出葬时向天子请赐谥号叫做"请类"。诸侯派人出使别的诸侯国,使者自称"寡君之老"。

25. 天子穆穆,诸侯皇皇,大夫济济,士跄跄,庶人僬僬。

【译文】
　　天子显出一副穆穆然深不可测的样子,诸侯显出一副皇皇然庄重贵盛的样子,大夫显出一副济济然徐缓有节的样子,士显出一副跄跄然洒脱舒扬的样子,庶人显出一副僬僬然匆忙急促的样子。

26. 天子之妃曰后,诸侯曰夫人,大夫曰孺人,士曰妇人,庶人曰妻。公、侯有夫人,有世妇,有妻,有妾。夫人自称于天子曰"老妇",自称于诸侯曰"寡小君",自称于其君曰"小童"。自世妇以下自称曰"婢子"[1]。子于父母则自名也。列国之大夫入天子之国曰"某士"[2],自称曰"陪臣某",于外曰"子",于其国曰"寡君之老"。使者自称曰"某"[3]。

【注释】
　　[1] 自世妇以下:案世妇下面还有妻、妾。
　　[2] 某:代国名。
　　[3] 某:代名。

【译文】
　　天子的配偶叫做后,诸侯的配偶叫做夫人,大夫的配偶叫做孺人,士的配偶叫做妇人,庶人的配偶叫做妻。公、侯有夫人,有世妇,有妻,有妾。公、侯的夫人对天子自称为"老妇",臣向别国诸侯称自己国君夫人为"寡小君",夫人对她的国君自称"小童"。从世妇以下对她们的国君都自称"婢子"。子女对父母自称名。各诸侯国的大夫进入天子畿内称为"某士",对天子自称"陪臣某",在别国被称为"子",在本国被称为"寡君之老"。

使者对别国国君自称"某"。

27. 天子不言"出"[1]。诸侯不生名[2]。君子不亲恶。诸侯失地，名；灭同姓，名。

【注释】

〔1〕天子不言"出"：案天子以天下为家，故天子出奔某地，史书记载不得言"出"，而当称"居某地"。

〔2〕诸侯不生名：案诸侯有南面之尊，非有大恶，生不可称名，只可称爵。

【译文】

对于天子史书记载不说"出"字。诸侯在世史书记载不称他的名。君子不亲近有罪恶的人。诸侯丧失国土，史书记载就称他的名；诸侯消灭同姓国，史书记载就称他的名。

28. 为人臣之礼，不显谏[1]，三谏而不听，则逃之。子之事亲也，三谏而不听，则号泣而随之。

【注释】

〔1〕不显谏：谓当微言讽谏。

【译文】

做人臣的礼，不明说国君的过错来劝谏，如果再三劝谏而君不听，就离去。儿子侍奉父亲，如果对父亲再三劝谏而不听，就号啕哭泣着跟随父亲。

29. 君有疾饮药，臣先尝之。亲有疾饮药，子先尝之。医不三世，不服其药。

【译文】
　　君有病吃药，臣要先尝。父母有病吃药，儿子要先尝。行医相传不到三代，不服用他的药。

30. 拟人必于其伦。

【译文】
　　比人一定要和他的同类人相比。

31. 问天子之年，对曰："闻之始服衣若干尺矣。"问国君之年，长，曰："能从宗庙社稷之事矣。"幼，曰："未能从宗庙社稷之事也。"问大夫之子，长，曰："能御矣。"幼，曰："未能御也。"问士之子，长，曰："能典谒矣[1]。"幼，曰："未能典谒也。"问庶人之子，长，曰："能负薪矣。"幼，曰："未能负薪也。"

【注释】
　　[1] 典谒：谓主宾客告请之事。

【译文】
　　问天子的年龄，回答说："听说开始穿若干尺长的衣服了。"问国君的年龄，如果国君年龄已大，就说："能主持宗庙和国家的事了。"如果国君年龄还小，就说："还不能主持宗庙和国家的事。"问大夫的儿子的年龄，如果儿子年龄已大，就说："能驾车了。"如果儿子年龄还小，就说："还不能驾车。"问士的儿子的年龄，如果儿子的年龄已大，就说："能主持接待宾客的事了。"

如果儿子年龄还小,就说:"还不能主持接待宾客的事。"问庶人的儿子的年龄,如果儿子年龄已大,就说:"能背柴了。"如果儿子年龄还小,就说:"还不能背柴。"

32. 问国君之富,数地以对,山泽之所出。问大夫之富,曰:"有宰食力[1],祭器衣服不假。"问士之富,以车数对。问庶人之富,数畜以对。

【注释】
〔1〕宰:是"采"的假借字。

【译文】
问国君的财富,就历数国土上山泽的出产来回答。问大夫的财富,回答说:"有采地可收取租税,祭器和祭服不须向人借。"问士的财富,就用有多少辆车来回答。问庶人的财富,就用有多少牲畜来回答。

33. 天子祭天地,祭四方,祭山川,祭五祀[1],岁遍。诸侯方祀[2],祭山川,祭五祀,岁遍。大夫祭五祀,岁遍。士祭其先。

【注释】
〔1〕五祀:指对户、灶、中霤、门、行五种神的祭祀。
〔2〕方祀:犹言祀方,谓祭其国所在之方,如齐国祭东方。

【译文】
天子祭祀天地,祭祀四方,祭祀山川,祭祀户、灶、中霤、门、行五神,一年遍祭一次。诸侯祭祀国家所在之方,祭祀国内的山川，祭祀户、灶、中霤、门、行五神，一年遍祭一次。大夫祭祀户、灶、中霤、门、行五神，一年遍祭一次。士祭祀各自的祖先。

34. 凡祭，有其废之，莫敢举也；有其举之，莫敢废也。非其所祭而祭之，名曰淫祀，淫祀无福。

【译文】
凡祭祀，如果有已经废弃的，就不敢再举行；如果有已经举行的，就不敢再废弃。不是自己应该祭祀的神而加以祭祀，就叫淫祀，淫祀不会带来福。

35. 天子以牺牛，诸侯以肥牛，大夫以索牛[1]，士以羊豕。

【注释】
[1]"天子"至"索牛"：牺，谓毛色纯一。肥，谓养于牲口屋。索，选择。

【译文】
天子祭祀用毛色纯一的牛，诸侯用屋中喂养的肥牛，大夫用临时挑选的牛，士用羊和猪。

36. 支子不祭[1]，祭必告于宗子[2]。

【注释】
[1]支子：指嫡长子以下诸子，包括众嫡子和庶子（妾所生子）。
[2]宗子：即嫡长子。

【译文】
　　支子不主持祭祀宗庙,支子要主持宗庙祭祀必须先报告宗子。

37. 凡祭宗庙之礼,牛曰"一元大武",豕曰"刚鬣",豚曰"腯肥",羊曰"柔毛",鸡曰"翰音",犬曰"羹献",雉曰"疏趾",兔曰"明视",脯曰"尹祭",槀鱼曰"商祭"[1],鲜鱼曰"脡祭",水曰"清涤",酒曰"清酌",黍曰"芗合",粱曰"芗萁",稷曰"明粢",稻曰"嘉蔬",韭曰"丰本",盐曰"咸鹾",玉曰"嘉玉",币曰"量币"。

【注释】
　〔1〕槀:干。

【译文】
　　凡祭祀宗庙所用的礼物,牛叫做"一元大武",猪叫做"刚鬣",小猪叫做"腯肥",羊叫做"柔毛",鸡叫做"翰音",狗叫做"羹献",野鸡叫做"疏趾",兔叫做"明视",干肉叫做"尹祭",干鱼叫做"商祭",鲜鱼叫做"脡祭",水叫做"清涤",酒叫做"清酌",粘高粱叫做"芗合",高粱叫做"芗萁",小米叫做"明粢",稻米叫做"嘉蔬",韭菜叫做"丰本",盐叫做"咸鹾",玉叫做"嘉玉",帛叫做"量币"。

38. 天子死曰崩,诸侯曰薨,大夫曰卒,士曰不禄,庶人曰死。在床曰尸,在棺曰柩。羽鸟曰降,四足曰渍。死寇曰兵。祭王父曰皇祖考,王母曰皇祖妣,父曰皇考,母曰皇妣,夫曰皇辟。生曰父,曰母,曰妻,死曰考，曰妣，曰嫔。寿考曰卒，短折曰不禄。

【译文】
　　天子死叫做崩，诸侯死叫做薨，大夫死叫做卒，士死叫做不禄，庶人死就叫做死。死人在床叫做尸，有尸装在棺中叫做柩。有羽毛的鸟死叫做降，四脚的动物死叫做渍。抵御敌寇而死叫做兵。祭祀祖父称皇祖考，祭祀祖母称皇祖妣，祭祀父亲称皇考，祭祀母亲称皇妣，祭祀丈夫称皇辟。在世时称父，称母，称妻，死后就称考，称妣，称嫔。老死叫做卒，短命夭折叫做不禄。

39. 天子视不上于袷[1]，不下于带[2]。国君绥视[3]。大夫衡视。士视五步。凡视，上于面则敖，下于带则忧，倾则奸。

【注释】
　　[1] 袷：音 jié，谓交领。
　　[2] 带：指束于衣外的大带（参见第1节）。
　　[3] 绥视：案古"妥"字多作"绥"，"妥"与"退"义同，而退犹下。

【译文】
　　看天子时目光上不过衣领的交叠处，下不过衣带。看国君时目光要稍低于面部。看大夫时要平视。看士时目光可旁及士周围五步以内的地方。凡看人，向上超过面部就显得傲慢，向下低于衣带就显得忧愁，歪着头看就显得用心不正。

40. 君命，大夫与士肄。在官言官，在府言府，在库言库，在朝言朝。朝言不及犬马。辍朝而顾，不有异事,必有异虑,故辍朝而顾,君子谓之"固"[1]。在朝言礼:问礼,对以礼。

【注释】
〔1〕固:谓鄙野不达于礼。

【译文】
国君有命令,大夫和士就要研究学习〔以便执行〕。在官署就谈官署中的事,在府中就谈府中的事,在库中就谈库中的事,在朝廷就谈朝中的事。在朝廷上说话不说到狗马。罢朝而回头看,不是有别的事,就是有别的念头,因此罢朝而回头看,君子称之为"固"。在朝廷上说话无不依礼:问要依礼,答也要依礼。

41. 大飨不问卜[1],不饶富[2]。

【注释】
〔1〕大飨不问卜:天子用飨礼款待诸侯曰大飨。飨礼亦用于祭祀,祭祀则当先卜牲、卜日,而飨诸侯则无须卜,故曰"不问卜"。
〔2〕不饶富:富犹备。已备礼而又多加之曰饶。

【译文】
举行大飨礼不须占卜,〔所用酒食〕已符合礼数就不再增加。

42. 凡挚[1],天子鬯[2],诸侯圭,卿羔,大夫雁,士雉,庶人之挚匹[3]。童子委挚而退[4]。野外军中无挚,以缨、拾、矢可也[5]。妇人之挚,椇、榛、脯、修、枣、栗[6]。

【注释】

〔1〕挚:同"贽",是古人去拜访别人时所拿的见面礼物。
〔2〕天子鬯:鬯,音chàng,一种香酒。
〔3〕匹:鹜,即家鸭。
〔4〕童子委挚而退:案童子不敢与成人抗礼,故"委挚而退"。
〔5〕缨、拾:缨,指马缨。拾,是射箭时束衣袖用的臂套。
〔6〕棋、榛、脯、修:棋,音jǔ,木名,即枳椇,也指它的果实,味甘可食。榛,音zhēn,似栗而小。脯、修,皆干肉。

【译文】

凡见面礼,天子用鬯,诸侯用圭,卿用小羊,大夫用雁,士用野鸡,庶人用鸭。儿童把见面礼放在地上就退避到一边去。在野外的军中没有东西用来做见面礼,用马缨、射箭时束袖的臂套或箭也可以。妇人的见面礼用棋、榛、脯或修两种干肉、枣、栗。

43. 纳女于天子曰"备百姓"[1],于国君曰"备酒浆"[2],于大夫曰"备埽洒"。

【注释】

〔1〕备百姓:犹言备(充)广生子者之数。
〔2〕备酒浆:犹言备供酒浆者之数。下"备埽洒"义仿此,皆自谦之词。

【译文】

送女嫁给天子说"备百姓",送女嫁给国君说"备酒浆",送女儿嫁给大夫说"备扫洒"。

檀弓上第三

1. 公仪仲子之丧，檀弓免焉[1]。仲子舍其孙而立其子。檀弓曰："何居[2]？我未之前闻也。"趋而就子服伯子于门右[3]，曰："仲子舍其孙而立其子，何也？"伯子曰："仲子亦犹行古之道也。昔者文王舍伯邑考而立武王，微子舍其孙腯而立衍也。夫仲子亦犹行古之道也。"子游问诸孔子[4]。孔子曰："否！立孙。"

【注释】

〔1〕公仪仲子之丧，檀弓免焉：公仪仲子，春秋时鲁国人，姓公仪，字仲子。免，音 wèn，一种头上的丧饰。其形制，用一条一寸宽的白布，从项中而前，交于额上，又向后绕之于髻。案檀弓是公仪仲子的朋友，依礼，朋友们一起在异国，其中有人死了，活着的朋友为死者主丧才著免，而一旦把死者的灵柩送回国，就要把免去掉。现在并非在异国，而檀弓为仲子之丧著免，这是为什么呢？这是檀弓故意用不合礼的丧饰，以讥讽仲子之非礼。因为仲子的嫡长子早死，而仲子临死前没有传位给嫡孙，却传给了庶子，这是不符合周礼的。

〔2〕居：语助词。

〔3〕子服伯子：也是鲁国人。

〔4〕子游：孔子的学生，姓言，名偃，字子游，春秋吴人，比孔子小四十五岁。

【译文】

公仪仲子的丧事，檀弓头上著免前去吊唁。仲子舍弃他的嫡孙而立他的庶子为继承人。檀弓说："这是为什么？我没有听说从前有过这样的事。"他快步走到门右边去问子服伯子，说：

"仲子舍弃他的嫡孙而立他的庶子,为什么?"伯子说:"仲子也仍然是遵行的古道。从前文王就曾舍弃长子伯邑考而立次子武王,宋微子舍弃他的嫡孙腯而立他的弟弟衍,仲子也仍然是遵行古道呢。"子游又拿这事去问孔子。孔子说:"不对!应该立嫡孙。"

2. 事亲有隐而无犯,左右就养无方[1],服勤至死,致丧三年。事君有犯而无隐,左右就养有方,服勤至死,方丧三年。事师无犯无隐,左右就养无方,服勤至死,心丧三年。

【注释】
〔1〕方:犹常。

【译文】
　　侍奉父母可以为父母隐讳过失而不可对父母犯颜直谏,或在左,或在右,服侍父母无一定位置,勤恳服侍到父母死,极尽哀伤服丧三年。侍奉国君可以犯颜直谏而不可为君隐讳过失,或在左,或在右,服侍国君有一定位置,勤恳服侍到国君死,比同于父母服丧三年。侍奉老师不可犯颜直谏也不可隐讳老师的过失,或在左,或在右,服侍老师无一定位置,勤恳服侍直到老师死,在心中悼念三年。

3. 季武子成寝[1],杜氏之葬在西阶之下。请合葬焉,许之。入宫而不敢哭。武子曰:"合葬,非古也,自周公以来未之有改也。吾许其大而不许其细[2],何居?"命之哭。

【注释】

〔1〕季武子：鲁国贵族。
〔2〕许其大而不许其细：大，指合葬。细，指哭泣。

【译文】

季武子建成住宅，有杜氏的坟墓被平了而正当新宅的西阶下。杜氏家的人请求把墓迁出去合葬，季武子答应了。杜氏家的人进入季武子的住宅而不敢哭。季武子说："合葬，不是古代的制度，是自周公以来才有的而至今没有改变。我既准许你们迁墓合葬，而不允许你们哭，何必呢？"于是命杜氏家的人哭。

4. 子上之母死而不丧[1]。门人问诸子思曰："昔者子之先君子丧出母乎？[2]"曰："然。""子之不使白也丧之，何也？"子思曰："昔者吾先君子无所失道[3]：道隆则从而隆，道污则从而污[4]。伋则安能？为伋也妻者，是为白也母；不为伋也妻者，是不为白也母。"故孔氏之不丧出母，自子思始也。

【注释】

〔1〕子上：是孔子的曾孙子思伋的儿子，名白，字子上，他的母亲已被子思所出（即被解除了婚姻关系）。
〔2〕先君子：谓孔子。
〔3〕道：犹礼。
〔4〕污：犹杀(shài)，谓减杀。

【译文】

子上的被弃出的母亲死了而子上不为她服丧。子思的学生问子思说："从前先生的先君子允许儿子为出母服丧吗？"子思说："允许。"学生问："先生不让白为出母服丧是为什么呢？"子思说:"从前我的先君子没有失礼的地方:按照礼的规定该加重服丧的就加重,按照礼的规定该从简的就从简。我哪里能做到像先君子那样呢?做我的妻子,就是白的母亲;被出而不做我的妻子,也就不是白的母亲了。"因此孔氏家族的人不为出母服丧,是从子思开始的。

5. 孔子曰:"拜而后稽颡,颓乎其顺也[1]。稽颡而后拜,顾乎其至也[2]。三年之丧,吾从其至者。"

【注释】

〔1〕拜而后稽颡,颓乎其顺也:颡,音 sǎng,额。稽颡,以头触地,是一种极哀的表示。颓,顺。案这是指行丧礼时,先行拜礼以答谢来吊唁之宾,后稽颡以表己悲哀之情,先人而后己,是顺于事也。

〔2〕顾:犹至。

【译文】

孔子说:"先行拜礼而后稽颡,是很合顺序的。先稽颡而后行拜礼,最能表达至哀之情。服三年之丧,我遵从最能表达至哀之情的行礼法。"

6. 孔子既得合葬于防[1],曰:"吾闻之,古也墓而不坟。今丘也,东西南北之人也,不可以弗识也。"于是封之,崇四尺。孔子先反。门人后,雨甚。至,孔子问焉,曰:"尔来何迟也?"曰:"防墓崩。"孔子不应。三。孔子泫然流涕曰:"吾闻之,古不修墓。"

【注释】

〔1〕防:地名。

【译文】

孔子将亡母的遗体与亡父合葬在防之后,说:"我听说,古时候只设墓而不起坟,现在我孔丘是个周游四方的人,墓葬不可以没有个标志。"于是在墓上封土起坟,高四尺。孔子先回来。学生在后,遇到大雨。学生到来,孔子问他们说:"你们回来怎么这样迟?"学生回答说:"防地的坟墓遭雨崩坏了。"孔子没有作声。学生把上面的话重复说了三遍。孔子伤心地流泪说:"我听说古时候是不修坟墓的。"

7. 孔子哭子路于中庭[1],有人吊者,而夫子拜之。既哭,进使者而问故[2]。使者曰:"醢之矣。"遂命覆醢。

【注释】

〔1〕子路:孔子的学生,名仲由,字子路。子路在卫国做官,卫国蒯聩作乱,篡夺了卫出公辄的君位,子路为捍卫出公而战死。
〔2〕使者:谓自卫来向孔子报丧者。

【译文】

孔子在庭中央哭子路。有人来吊唁,孔子就行拜礼答谢。哭罢,孔子召使者进来询问子路死的情况。使者说:"已经被砍成肉酱了。"孔子随即命人把家里的肉酱倒掉。

8. 曾子曰[1]:"朋友之墓有宿草而不哭焉[2]。"

【注释】

〔1〕曾子:孔子的学生,名参(shēn),字子舆,鲁人。
〔2〕宿草:谓经年之草,这里指时间经过一年。

【译文】

曾子说:"等到朋友的墓上长出了经年之草,就可以不哭他了。"

9. 子思曰:"丧三日而殡[1],凡附于身者必诚[2],必信,勿之有悔焉耳矣。三月而葬,凡附于棺者[3],必诚,必信,勿之有悔焉耳矣。丧三年以为极,亡则弗之忘矣,故君子有终身之忧,而无一朝之患[4],故忌日不乐[5]。"

【注释】

〔1〕殡:人死殓后,将尸体装棺而不葬,叫做殡(详《仪礼·士丧礼》)。
〔2〕附于身者:指殓时所用的衣衾。
〔3〕附于棺者:指随葬的明器。
〔4〕一朝之患:谓如墓冢遭雨而崩毁。
〔5〕忌日:谓死日。

【译文】

子思说:"人死三日而殡,凡殓时所用的衣衾都必须尽心准备,依礼而行,不要给自己留下什么遗憾。殡三月而葬,凡随葬明器都必须尽心准备,依礼而行,不要给自己留下什么遗憾。服丧三年为最长期限,而对已亡的父母却不可忘,所以丧亲的君子怀有终身的哀思,而不使父母的墓冢遭受意外的毁坏,因此君子每逢忌日都不举行吉庆的事。"

10. 孔子少孤,不知其墓。殡于五父之衢,人之见之者,皆以为葬也[1],其慎也,盖殡也[2]。问于郰曼父之母[3],然后得合葬于防。

【注释】

〔1〕"殡于"至"葬也"：五父，衢名，衢即四通八达的路口。据说孔子母死，孔子想把母与父合葬，为打听父墓所在，就想了个殡母于五父之衢的办法。按常礼，殡当在寝而不在外，今孔子故意殡母于外，意在引起人们的注意，使人们怪而问之，孔子便可借机打听父墓之所在。

〔2〕其慎也，盖殡也：案殡与葬，柩车上的棺饰不一样，所以人们慎而察之，才知道是殡。

〔3〕郰曼父之母：郰，音zōu，地名，在今山东曲阜东南。曼父之母与孔子之母生前为要好的邻居。

【译文】

孔子幼年丧父，不知父墓在哪里。孔子把母亲的棺柩运到五父之衢去殡，看见的人都以为孔子要葬母，仔细看看柩车，才知道是要殡母。孔子向郰人曼父的母亲打听，然后才得把母与父合葬在防地。

11. 邻有丧，舂不相。里有殡，不巷歌。丧冠不緌[1]。

【注释】

〔1〕丧冠不緌：緌，指缀于系冠的缨下以为饰的丝带，然丧冠则是用麻绳做冠缨，不加緌饰，故曰"丧冠不緌"。

【译文】

邻家有丧事，不唱歌以助舂。同里有丧事，不在巷中唱歌。丧冠的冠缨不加緌饰。

12. 有虞氏瓦棺[1]，夏后氏堲周[2]，殷人棺椁[3]，周人墙、置翣[4]。周人以殷人之棺椁葬长殇，以夏后氏之堲周葬中殇、下殇，以有虞氏之瓦棺葬无服之殇[5]。

【注释】

〔1〕有虞氏:传说中的远古部落,舜为其领袖。

〔2〕夏后氏墼周:夏后氏,古部落名,禹为其领袖。墼,音 jī,烧土为砖。

〔3〕椁:棺外的套棺。

〔4〕墙、置翣:墙,谓柳衣。案周人出殡,将棺柩载于车,在棺柩周围置一如帐篷形的尖顶的木框架,叫做柳;柳上覆以幕布,幕布的顶部叫做荒,四周叫做帷,荒、帷即柳衣,又称为墙。翣,音 shà,一种长柄的布扇,出殡时由人掌着在柩车两旁以为饰。

〔5〕"周人"至"之殇":案男女未成年而死叫做殇。其中年十九至十六为长殇,十五至十二为中殇,十一至八岁为下殇,不满八岁而死则为无服之殇。

【译文】

〔葬死者〕,有虞氏用瓦棺,夏后氏用砖围棺,殷人用棺而又加椁,周人在棺柩外还要设墙和翣扇做装饰。周人用殷人的棺椁葬长殇的人,用夏后氏的以砖围棺之法葬中殇和下殇的人,用有虞氏的瓦棺葬无服之殇的人。

13. 夏后氏尚黑,大事敛用昏,戎事乘骊,牲用玄。殷人尚白,大事敛用日中,戎事乘翰,牲用白。周人尚赤,大事敛用日出,戎事乘𫘧,牲用骍。

【译文】

夏后氏崇尚黑色,丧事入殓用黄昏时候,军事乘黑马,祭祀用黑牲。殷人崇尚白色,丧事入殓用中午时候,军事乘白马,祭祀用白牲。周人崇尚赤色,丧事入殓用日出时候,军事乘赤身白腹的马,祭祀用赤牲。

14. 穆公之母卒[1],使人问于曾子曰[2]:"如之何?"对曰:"申也闻诸申之父曰:'哭泣之哀,齐斩之情[3],饘粥之食[4],自天子达。布幕,卫也;缯幕[5],鲁也。"

【注释】
〔1〕穆公:战国初期鲁国国君,名不衍。
〔2〕曾子:这是指孔子的学生曾参的儿子,名申。
〔3〕齐斩:齐,音 zī,谓齐衰。斩,谓斩衰。
〔4〕饘粥:饘,音 zhān,稠稀饭。
〔5〕缯:音 xiāo,缣,即一种双丝的细绢。

【译文】
鲁穆公的母亲死了,派人去问曾子说:"丧事该怎么办?"曾子回答说:"我听我的父亲说:'用哭泣来抒发悲哀,服齐衰或斩衰来报答双亲的恩情,服丧期间只吃稀饭,这些从天子到庶人都是一样的。至于像覆棺用的幕,卫国用布幕,鲁国用缯幕,这些细节倒不必尽同。'"

15. 晋献公将杀其世子申生。公子重耳谓之曰[1]:"子盖言子之志于公乎[2]?"世子曰:"不可。君安骊姬[3],是我伤公之心也。"曰:"然则盖行乎?"世子曰:"不可。君谓我欲弑君也,天下岂有无父之国哉?吾何行如之?"使人辞于狐突曰[4]:"申生有罪,不念伯氏之言也[5],以至于死。申生不敢爱其死。虽然,吾君老矣,子少[6],国家多难,伯氏不出而图吾君[7]?伯氏苟出而图吾君,申生受赐而死。"再拜稽首,乃卒。是以为"恭世子"也。

【注释】

〔1〕重耳：是申生的异母弟，申生死后，亦因怕遭政治迫害而流亡在外十九年。

〔2〕盖：与下文"盖"，皆当为"盍"。盍，何不。

〔3〕骊姬：晋献公的宠姬。

〔4〕狐突：晋大夫，是申生的舅舅和老师狐偃（字子犯）之父。

〔5〕不念伯氏之言：伯氏，是狐突的别氏。案早在五年前，晋献公派申生伐东山皋落氏时，狐突就曾劝申生出走，申生没有听从。

〔6〕子少：指骊姬之子奚齐。

〔7〕伯氏不出而图吾君：案狐突自伐皋落氏回来就称病在家。

【译文】

晋献公将杀他的太子申生。公子重耳对申生说："您何不向公表白自己呢？"太子说："不可。君以骊姬为快乐，我如说出自己被陷害的真相就会伤公的心。"重耳说："那么为什么不出走呢？"太子说："不可。君说我想弑君，天下难道有不要父亲的国家〔而能容纳我这个背着杀父罪名的人〕？我还能到哪里去呢？"申生派人去向狐突致辞说："申生有罪，没有听从伯氏的话，以致陷于死亡的境地。申生不敢贪生怕死。然而，我君已经老了，奚齐年纪还小，国家多危难，伯氏就不出来辅助我君了吗？伯氏如果出来辅助我君，那就是我申生受伯氏的恩赐而甘心去死了。"申生行再拜稽首礼，于是自杀了。因此谥号为"恭世子"。

16. 鲁人有朝祥而莫歌者[1]，子路笑之。夫子曰："由，尔责于人，终无已夫？三年之丧[2]，亦已久矣夫。"子路出，夫子曰："又多乎哉？逾月则其善也[3]。"

【注释】

〔1〕朝祥而莫歌：祥，此指大祥，人死两周年后之祭名。大祥之后即歌，故子路笑之。莫，同"暮"。

〔2〕三年之丧：三年，指三个年头，并非三周年。大祥之祭实际是在人死后第二十五个月进行的，这已经是第三个年头了。

〔3〕逾月则其善也：案大祥后逾月，即到第二十七个月，是禫（音dàn）祭之日，禫而后可以歌，故曰"逾月则其善"。

【译文】

鲁国有个人早上行过大祥祭礼，晚上就唱起歌来了，子路嘲笑他。孔子说："仲由，你责备人，终究没个完吗？这个人能服三年丧，也已经很久了呢！"子路出去后，孔子又说："还要坚持多长时间呢？能再过一个月这个人服丧就完满了。"

17. 鲁庄公及宋人战于乘丘[1]，县贲父御[2]，卜国为右[3]。马惊败绩，公队[4]。佐车授绥[5]。公曰："末之卜也。"县贲父曰："他日不败绩，而今败绩，是无勇也。"遂死之。圉人浴马[6]，有流矢在白肉[7]。公曰："非其罪也。"遂诔之[8]。士之有诔自此始也。

【注释】

〔1〕鲁庄公及宋人战于乘丘：乘丘，鲁地名，鲁庄公十年夏六月与宋人战于此。

〔2〕县贲父：县，音xuán，父，音fǔ。

〔3〕右：谓车右。

〔4〕队：同"坠"。

〔5〕佐车授绥：佐车，即副车。绥，可抓以上车的绳。

〔6〕圉人：掌养马者。

〔7〕白肉：股里肉。

〔8〕诔：类似后世的祭文。

【译文】

鲁庄公率军与宋军在乘丘交战，县贲父驾车，卜国做车右。

马受惊翻车,庄公从车上掉下来。副车的驾车人把绥递给庄公。庄公说:"这都是因为我选择驾车人事先没有占卜的缘故。"县贲父说:"以前作战没有翻过车,而现在翻车了,这说明我无勇。"说罢奔赴敌军而死。后来圉人洗马,发现一支飞箭的箭头在马腿肌肉深处。庄公说:"翻车不是县贲父的过错啊。"于是为县贲父作诔辞。士死而有诔辞,是从这开始的。

18. 曾子寝疾,病。乐正子春坐于床下[1]。曾元、曾申坐于足[2]。童子隅坐而执烛。童子曰:"华而睆[3],大夫之箦与?"子春曰:"止!"曾子闻之,瞿然曰:"呼!"曰:"华而睆,大夫之箦与?"曾子曰:"然。斯季孙之赐也[4],我未之能易也。元,起易箦。"曾元曰:"夫子之病革矣[5],不可以变,幸而至于旦,请敬易之。"曾子曰:"尔之爱我也,不如彼。君子之爱人也以德,细人之爱人也以姑息。吾何求哉?吾得正而毙焉[6],斯已矣。"举扶而易之。反席未安而没。

【注释】
〔1〕乐正子春:曾参的学生。乐,音 yuè。
〔2〕曾元、曾申:都是曾参的儿子。
〔3〕华而睆:华,画,指席上的花纹。睆,音 huàn,光滑貌。
〔4〕季孙:即季孙氏,鲁国大贵族。
〔5〕革:音 jí,急。
〔6〕吾得正而毙:案曾子是士,却卧大夫之席而死,这在当时是不符合礼的,因此他坚持换席,希望"得正而毙"。

【译文】
　　曾子病卧在床,已经病得很厉害了。乐正子春坐在床下边,曾元、曾申坐在曾子的脚边,一个童仆手持火把坐在角落里。童仆说："那席多么漂亮光滑,是大夫用的席吧?"乐正子春说:"住口!"曾子听见了童仆的话,吃惊地说:"吓!"童仆又说:"那席多么漂亮光滑,是大夫用的席吧?"曾子说:"是的。这席是季孙赐给我的,我没有能把它换下来。元,起来帮我换席。"曾元说:"您的病已很危急,不可以移动,希望能到天亮,再敬请为您换席。"曾子说:"你爱我,还不如那童仆。君子爱人用德行,小人爱人只知姑息迁就。我还要求什么呢?我能够合乎正礼而死,这就行了。"于是大家抬着他换了席。换席后曾子还没有躺安稳就死了。

19. 始死,充充如有穷。既殡,瞿瞿有如求而弗得。既葬,皇皇有如望而弗至。练而慨然[1],祥而廓然[2]。

【注释】

〔1〕练:即小祥,是人死一周年的祭名。因小祥祭后,即可戴用经过水煮而变得洁白柔软的布做的冠,即所谓练冠,故称小祥祭为练祭,亦简称练。

〔2〕祥:此谓大祥(参见第16节)。

【译文】

父母始死,心中充满悲痛,如同走上了绝境的样子。殡棺之后,心神不宁,如同有所失而又寻找不到的样子。安葬之后,栖遑无依,如同盼望亲人而始终不到来的样子。小祥之后感慨叹息,大祥之后心中依然寂寞空虚。

20. 邾娄复之以矢[1],盖自战于升陉始也[2]。鲁妇人之髽而吊也[3],自败于台鲐始也[4]。

【注释】

〔1〕邾娄：即邾国，又叫邹国。

〔2〕战于升陉：陉，音 xíng。升陉，鲁地名，鲁僖公二十二年邾与鲁战于此，邾虽胜而死伤惨重，以至无衣可供为死者招魂，故"复之以矢"。

〔3〕妇人之髽而吊：髽，音 zhuā，以缅束发为髻。这里是说去缅而用布束发髻以相吊。因当时鲁人家家有丧，故妇人髽而相吊，其后遂以此为吊礼之常。

〔4〕败于台鲐：台，是壶字之误。鲐，音 tái。壶鲐，邾地名。这是指鲁襄公四年冬，鲁与邾战而败于壶鲐。

【译文】

邾娄人用箭招魂，大概是从升陉之战后开始的。鲁国妇女用布束发髻相互吊唁，是从在壶鲐战败开始的。

21. 南宫绦之妻之姑之丧[1]，夫子诲之髽曰："尔毋从从尔，尔无扈扈尔，盖榛以为笄，长尺，而总八寸[2]。"

【注释】

〔1〕南宫绦之妻之姑：南宫绦，鲁国贵族，其妻是孔子之兄孟皮之女。姑，即婆婆，亦即南宫绦之母。

〔2〕总八寸：总，同"总"，谓以布束发为髻，余者垂于髻后，其长八寸。

【译文】

南宫绦之妻的婆婆死了，孔子教她束发髻的方法说："你的发髻不要太高了，你的发髻不要太大了，用榛木做笄，笄长一尺，而束发髻的布带余八寸让它垂在髻后。"

22. 孟献子禫[1]，县而不乐，比御而不入。夫子曰："献子加于人一等矣。"

【注释】
〔1〕孟献子禫：孟献子，鲁国大夫。禫，人死第二十七个月的祭名。

【译文】
孟献子行过禫祭，悬挂钟磬而不演奏，排列好了同房的妇女而不入房。孔子说："献子胜过别人一等呢！"

23. 孔子既祥，五日弹琴而不成声，十日而成笙歌[1]。

【注释】
〔1〕十日：这是指第二十七个月的十日，而不是指祥月（第二十五个月）的十日。

【译文】
孔子行过大祥祭礼之后，过了五天弹琴而不成声调，〔再过一个月零〕十天之后，配合笙乐而歌唱就和谐成曲了。

24. 有子盖既祥[1]，而丝屦、组缨[2]。

【注释】
〔1〕有子：孔子的学生。
〔2〕丝屦、组缨：谓以丝饰屦，以组为冠缨。案大祥之后还不当穿丝屦、系组缨，故这里是讥其早。

【译文】

　　有子行过大祥祭之后,就穿起了用丝装饰的鞋、戴起了用五彩丝带做缨的冠。

25. 死而不吊者三:畏,厌,溺。

【译文】

　　人因以下三种情况而死不吊唁:因畏惧而死,被垮塌的山岩危墙等压死,落水淹死。

26. 子路有姊之丧,可以除之矣,而弗除也。孔子曰:"何弗除也?"子路曰:"吾寡兄弟而弗忍也。"孔子曰:"先王制礼。行道之人皆弗忍也[1]!"子路闻之,遂除之。

【注释】

　　〔1〕行道:谓行仁义。

【译文】

　　子路为姐姐服丧,可以除服了,而不除服。孔子说:"为什么不除服呢?"子路说:"我缺少兄弟,不忍心除服。"孔子说:"礼是先王制定的。行仁义的人对于亲人都有不忍之心呢。"子路听说后,随即除服了。

27. 大公封于营丘[1],比及五世,皆反葬于周[2]。君子曰:"乐,乐其所自生。礼,不忘其本。古之人有言曰:'狐死正丘首。'仁也。"

【注释】

〔1〕大公封于营丘：大公，即姜太公吕尚。营丘，在今山东淄博市东北。

〔2〕周：指镐京。

【译文】

太公被分封在营丘，连续五代国君死了，都返归周地安葬。君子说："乐，是用来对事业所由兴起的根源表示快乐的。礼，教人不忘本。古人说过这样的话：'狐狸死的时候头必正对山丘。'这是仁心的表现。"

28. 伯鱼之母死[1]，期而犹哭[2]。夫子闻之，曰："谁与哭者？"门人曰："鲤也。"夫子曰："嘻，其甚也！"伯鱼闻之，遂除之。

【注释】

〔1〕伯鱼：孔子之子，名鲤，其母已被孔子所出。

〔2〕期而犹哭：案据古代丧礼，父在而母死，为母服期（一年丧）。若母已被父所出，而己又是父的继承人，则于出母无服。伯鱼既为孔子的继承人，就不当为出母服，而仍服期，就已经不对了，期满而犹哭，就更不对了。

【译文】

伯鱼的母亲死了，伯鱼为她服丧一年之后还哭。孔子听见哭声，问道："谁在那里哭？"门人说："是鲤在哭。"孔子说："嗨，他太过分了！"伯鱼听说后，随即除服。

29. 舜葬于苍梧之野，盖三妃未之从也。季武子曰[1]："周公盖祔[2]。"

【注释】
〔1〕季武子：鲁国贵族。
〔2〕祔：音 fù，谓合葬。

【译文】
舜死后葬在苍梧的原野上，据说他的三个妃子没有与他合葬。季武子说："大概是从周公开始夫妇合葬的。"

30. 曾子之丧，浴于爨室[1]。

【注释】
〔1〕爨室：即今所谓厨房。据礼，士死当沐于正室。

【译文】
曾子的丧事，尸体是在厨房里沐浴的。

31. 大功废业[1]。或曰大功诵可也。

【注释】
〔1〕大功：五服之一，轻于斩衰、齐衰，而重于小功、缌麻。

【译文】
遭遇大功之丧就该废弃学业了。有人说遭遇大功丧口头诵习还是可以的。

32. 子张病[1]，召申祥而语之曰[2]："君子曰终，小人曰死，吾今日其庶几乎？"

【注释】

〔1〕子张：孔子的学生。
〔2〕申祥：子张之子。

【译文】

子张病得很厉害了，召申祥来对他说："君子死叫做终，小人死叫做死，我现在差不多可以说是终了吧。"

33. 曾子曰："始死之奠[1]，其余阁也与。"

【注释】

〔1〕始死之奠：从人死至葬前之祭皆曰奠。

【译文】

曾子说："人初死时的奠祭物，是用死者生前没有吃完而剩余在厨柜里的食物吧。"

34. 曾子曰："小功不为位也者[1]，是委巷之礼也。子思之哭嫂也为位，妇人倡踊[2]；申祥之哭言思也亦然[3]。"

【注释】

〔1〕小功不为位：小功，五服之一，其服轻于大功而重于缌麻。位，指哭位，哭位是根据与死者的亲疏远近关系排列的。
〔2〕倡踊：倡，先。踊，双足跳起而顿足，以示极哀。
〔3〕申祥之哭言思：言思是子游之子、申祥的妻兄。

【译文】

曾子说："服小功丧不排列哭位的，那就像街里小巷中人的礼了。子思哭他的无服的嫂嫂尚且有哭位,只是踊的时候由妇人先踊;申祥哭他的无服的妻兄言思也是这样。"

35. 古者冠缩缝[1]。今也衡缝[2],故丧冠之反吉,非古也[3]。

【注释】
　〔1〕古者冠缩缝:冠,实指冠梁。案冠的形制,有一冠圈套在发际,叫做武;武上从前至后有一不宽的冠梁覆于头顶,这冠梁就叫做冠;冠梁上有褶皱,褶皱都是纵向排列的,这就叫做"缩缝"。古人尚质,不论吉冠丧冠,褶皱都较少而且缩缝。
　〔2〕今也衡缝:衡,横。案今谓作此记之时。今人尚文,故吉冠褶皱多而横缝。
　〔3〕故丧冠之反吉,非古也:案今时吉冠虽尚文多褶皱而横缝,丧冠仍尚质少褶皱而纵缝,因此说与吉冠相反。

【译文】
　古时候冠上的褶皱都是纵缝的。现在吉冠的褶皱是横缝的,因此现在丧冠的褶皱与吉冠相反,但这并不是古时的冠制。

36. 曾子谓子思曰:"伋,吾执亲之丧也,水浆不入于口者七日。"子思曰:"先王之制礼也,过之者俯而就之[1],不至焉者跂而及之[2]。故君子之执亲之丧也,水浆不入于口者三日,杖而后能起。"

【注释】
　〔1〕过之者:在此指贤者。
　〔2〕跂:通"企",踮起脚尖。

【译文】

曾子对子思说:"伋,我为双亲服丧,水浆七天都没有进口。"子思说:"先王制定礼,使贤者可以俯身相就,一般人通过努力也能做到,因此君子为双亲服丧,水浆三天不入口就行了,扶着杖仍然能起身。"

37. 曾子曰:"小功不税[1],则是远兄弟终无服也,而可乎?"

【注释】

〔1〕税:谓为死者追服。

【译文】

曾子说:"小功丧不追服,那么远方的小功兄弟终究无服了,这样做可以吗?"

38. 伯高之丧[1],孔氏之使者未至,冉子摄束帛乘马而将之[2]。孔子曰:"异哉,徒使我不诚于伯高。"

【注释】

〔1〕伯高之丧:伯高死时在卫,未详何国人。
〔2〕冉子摄束帛乘马而将之:冉子,即孔子的学生冉求。摄,犹贷,假借。将,致。

【译文】

伯高的丧事,孔子派去吊唁的使者还没有到达,冉子用一束帛和四匹马假借孔子的名义前去致吊。孔子说:"太奇怪了!这不是徒然使我显得对伯高没有诚意吗?"

39. 伯高死于卫，赴于孔子。孔子曰："吾恶乎哭诸？兄弟，吾哭诸庙；父之友，吾哭诸庙门之外；师，吾哭诸寝[1]；朋友，吾哭诸寝门之外；所知，吾哭诸野。于野，则已疏；于寝门，则已重。夫由赐也见我[2]，吾哭诸赐氏。"遂命子贡为之主，曰："为尔哭也。来者拜之。知伯高而来者，勿拜也。"

【注释】
〔1〕寝：案自天子至大夫、士，都有正寝和燕寝。燕寝是平时常居之所，正寝则必当斋戒或疾病时居之，故死亦在正寝，即所谓"寿终正寝"。天子、诸侯的正寝又叫路寝，本是处理政事的地方，也是斋戒或疾病时所居之处。
〔2〕赐：孔子的学生，姓端木，名赐，字子贡。

【译文】
伯高死在卫国，有人来向孔子报丧。孔子说："我在哪里哭他呢？如果是兄弟，我在宗庙里哭他；是父亲的朋友，我在庙门外边哭他；是老师，我到他的正寝去哭他；是朋友，我在他的正寝门外哭他；我所认识的人，我在野外哭他。在野外哭伯高，关系就太疏远了；在正寝哭，礼又太重。伯高本是由赐介绍我认识的，我到赐氏家去哭他吧。"于是命子贡做伯高的主丧人，说："我为你哭他。有来向你吊丧的你就向他行拜礼。如果是伯高的熟人来了，就不用拜。"

40. 曾子曰："丧有疾，食肉、饮酒，必有草木之滋焉。"以为姜桂之谓也。

【译文】
曾子说："服丧期间生病，可以吃肉、饮酒，但必用草木来调味。"草木就是说的姜桂等佐料。

41. 子夏丧其子而丧其明[1]。曾子吊之，曰："吾闻之也，朋友丧明则哭之。"曾子哭。子夏亦哭，曰："天乎，予之无罪也！"曾子怒，曰："商，女何无罪也？吾与女事夫子于洙泗之间[2]，退而老于西河之上[3]，使西河之民疑汝于夫子[4]，尔罪一也；丧尔亲，使民未有闻焉，尔罪二也；丧尔子丧尔明，尔罪三也。而曰女何无罪与！"子夏投其杖而拜，曰："吾过矣！吾过矣！吾离群而索居，亦已久矣。"

【注释】
〔1〕子夏：孔子的学生，姓卜，名商，字子夏。
〔2〕洙泗之间：洙、泗皆水名，在今山东省。
〔3〕西河之上：指龙门至华阴之地。
〔4〕疑：通"拟"。

【译文】
　　子夏因为死了儿子而双目失明。曾子来慰问他，说："我听说，朋友失明就为他而哭。"曾子哭。子夏也哭，说："天啊，我是无罪的呀！"曾子发怒，说："商，你怎么无罪呢？我与你在洙泗之间侍奉先生，年纪老了你退居在西河之地，使西河的居民把你比作先生，这是你的第一条罪过；你的双亲去世，服丧期间当地居民没听说你有什么值得称道的表现，这是你的第二条罪过；死了你的儿子，就瞎了你的眼睛，这是你的第三条罪过。而你怎么能说无罪呢？"子夏扔开手杖而拜，说："我错了！我错了！我离开同学、朋友而散居独处，时间已经太久了！"

42. 夫昼居于内，问其疾可也。夜居于外，吊之可也[1]。是故君子非有大故不宿于外；非致齐也[2]，非疾也，不昼夜居于内。

【注释】
〔1〕夜居于外：谓因守丧而在寝门外依庐而居。
〔2〕致齐：与散齐相对，谓致内心之诚以斋戒。

【译文】
　　白天待在室内，就可以去探问他的疾病了。夜里住在寝外，就可以去他家吊丧了。因此君子不是有丧事不住在寝外；不是诚心斋戒，不是有病，不昼夜都呆在正寝内。

43. 高子皋之执亲之丧也[1]，泣血三年，未尝见齿，君子以为难。

【注释】
〔1〕高子皋：孔子的学生，名柴，字子皋。

【译文】
　　高子皋为父服丧，无声地哭泣了三年，不曾笑过，君子以为一般人很难做到。

44. 衰与其不当物也[1]，宁无衰。齐衰不以边坐[2]。大功不以服勤。

【注释】
〔1〕衰与其不当物：衰，谓丧服。不当物，谓不应礼制。
〔2〕齐衰不以边坐：谓坐必端正，不偏倚。

【译文】

　　丧服与其不符合要求，宁可不穿。穿着齐衰丧服坐时不可偏倚。穿着大功丧服不可以干活。

45. 孔子之卫，遇旧馆人之丧[1]，入而哭之哀。出，使子贡说骖而赗之。子贡曰："于门人之丧，未有所说骖，说骖于旧馆，无乃已重乎？"夫子曰："予乡者入而哭之，遇于一哀而出涕，予恶夫涕之无从也？小子行之。"

【注释】

　　[1]馆人：掌宾客馆舍者。此馆人曾奉君命接待过孔子。

【译文】

　　孔子到卫国去，遇到以前曾经接待过自己的馆人死了，便进去哭他，哭得很哀痛。出来后，让子贡把拉车的骖马解下来赠给丧家。子贡说："对于学生的丧事，还不曾解骖马相赠过，解骖马赠给过去的馆人，恐怕礼太重了吧？"孔子说："我刚才进去哭馆人，遇见主人向我致哀甚为专一，而使我不由得为他流泪，我怎能只流泪而没有相应的礼物赠送呢？你还是照我的话做吧。"

46. 孔子在卫，有送葬者，而夫子观之，曰："善哉为丧乎！足以为法矣。小子识之。"子贡曰："夫子何善尔也？"曰："其往也如慕，其反也如疑。"子贡曰："岂若速反而虞乎[1]？"子曰："小子识之。我未之能行也。"

【注释】

　　[1]虞：谓虞祭，人死葬后当天中午即回来行虞祭。虞祭要举行三

次：葬后第二天再虞，隔一天到第四天三虞。虞是安的意思，举行虞祭的目的，为安死者之神。

【译文】

孔子在卫国，有送葬的人，孔子观看，说："这丧事办得真好啊！足以为榜样。你们学生都要记住。"子贡说："先生为什么认为这丧事办得好呢？"孔子说："他们送葬的时候如同小儿随父母啼哭，返回来的时候又如同依恋父母而迟疑不想回。"子贡说："难道比得上快快地回来行虞祭吗？"孔子说："你们还是记住吧。我未能做到像他们那样呢。"

47. 颜渊之丧[1]，馈祥肉。孔子出受之，入弹琴而后食之[2]。

【注释】

〔1〕颜渊：孔子最得意的学生，名回，字子渊。
〔2〕弹琴而后食之：弹琴为散哀。

【译文】

颜渊的丧事，颜家的人向孔子馈赠大祥祭的祭肉。孔子出来接受祭肉，回屋先弹琴然后吃肉。

48. 孔子与门人立，拱而尚右，二三子亦皆尚右。孔子曰："二三子之嗜学也。我则有姊之丧故也，二三子皆尚左。"

【译文】

孔子和学生们站着，孔子拱手时右手放在左手上面，几个学生拱手也把右手放在左手上。孔子说："你们几个学生很好学。我因为有姐姐的丧事所以右手在上,你们都应该左手在上。"

49. 孔子蚤作,负手曳杖,消摇于门,歌曰:"泰山其颓乎,梁木其坏乎,哲人其萎乎。"既歌而入,当户而坐。子贡闻之,曰:"泰山其颓,则吾将安仰?梁木其坏,哲人将萎,则吾将安放?夫子殆将病也。"遂趋而入。夫子曰:"赐,尔来何迟也?夏后氏殡于东阶之上,则犹在阼也。殷人殡于两楹之间[1],则与宾主夹之也。周人殡于西阶之上,则犹宾之也。而丘也,殷人也[2],予畴昔之夜梦坐奠于两楹之间。夫明王不兴,而天下其孰能宗予?予殆将死也。"盖寝疾七日而没。

【注释】

〔1〕楹:堂上的立柱,东西各一根。
〔2〕而丘也,殷人也:案孔子的祖先是宋人,是殷的后裔,故自谓殷人。

【译文】

孔子一早起来,背着手拖着手杖,逍遥自在地在门前散步,唱道:"泰山将要坍塌了吧,栋梁将要折坏了吧,哲人将要病逝了吧。"唱罢进屋,对着门而坐。子贡听到孔子的歌声,说:"泰山将坍塌,我还仰望什么呢?栋梁将折坏,哲人将病逝,我还效仿什么呢?先生恐怕要生病了吧。"于是快步走进来。孔子说:"赐,你来得怎么这样迟啊?夏后氏把棺柩殡在堂的东阶之上,那还是在主人的位置上。殷人把棺柩殡在两楹之间的地方,就是夹在宾位与主位之间。周人把棺柩殡在西阶之上,那就如同宾客了。而我孔丘是殷人,我昨夜梦见坐在两楹之间的地方被奠祭。现在圣明的君王不出现,而天下有谁能尊我在两楹之间的位置上呢?这恐怕是预兆我将要死了。"此后孔子大约病卧了七天而死。

50. 孔子之丧,门人疑所服。子贡曰:"昔者夫子之丧颜渊,若丧子而无服,丧子路亦然。请丧夫子若丧父而无服。"

【译文】
　　孔子的丧事,学生们拿不准该服何种丧。子贡说:"从前夫子为颜渊服丧,如同为儿子服丧而不穿丧服,为子路服丧也是这样。请为夫子服丧如同为父而不穿丧服。"

51. 孔子之丧,公西赤为志焉[1]。饰棺墙,置翣,设披[2],周也;设崇[3],殷也;绸练,设旐[4],夏也。

【注释】
　　[1] 公西赤:孔子的学生,姓公西,名赤,字子华。
　　[2] 披:是系在棺柩上的帛带,柩车行进时由人执以防柩车倾侧。
　　[3] 崇:牙旌,即周围饰有牙边的旗。
　　[4] 绸练,设旐:旐,音zhào,旗名,这种旗是用缁布做的,旗杆上用练(即素锦)缠绕的,即所谓"绸练"也。

【译文】
　　孔子的丧事,公西赤撰写墓志铭。在棺柩外面装饰有墙,设置翣扇,并在棺柩两边设披带,这是周制;柩车上插牙旗,这是殷制;又在柩车上插用素锦缠旗杆的旐旗,这是夏制。

52. 子张之丧,公明仪为志焉[1]。褚幕丹质[2],蚁结于四隅，殷士也。

【注释】
〔1〕公明仪：子张的学生。
〔2〕褚幕：是棺上的覆盖物。

【译文】
子张的丧事，公明仪为他撰写墓志铭。覆棺的幕布底色是红的，幕布的四角绘有如蚁往来交错的花纹，这是用的殷代士的棺饰制度。

53. 子夏问于孔子曰："居父母之仇如之何？"夫子曰："寝苫，枕干，不仕，弗与共天下也。遇诸市朝[1]，不反兵而斗。"曰："请问居昆弟之仇如之何？"曰："仕弗与共国。衔君命而使，虽遇之不斗。"曰："请问居从父昆弟之仇如之何？"曰："不为魁。主人能，则执兵而陪其后。"

【注释】
〔1〕市朝：案凡有公事之处皆谓之朝。

【译文】
子夏问孔子说："对待父母的仇人应当怎样？"孔子说："睡草苫，枕盾牌，不做官，和他不共戴天。在街市或因公集会的场合遇见他，不回家拿武器而〔立即用随身携带的武器〕和他决斗。"子夏说："请问对于兄弟的仇人应当怎样？"孔子说："不和他同在一国做官。如果受君命出使，那么即使相遇也不和他决斗。"子夏说："对待堂兄弟的仇人应当怎样？"孔子说："不做报仇的领头人。如果堂兄弟家的主人能带头报仇，就拿着武器在后面陪着去。"

54. 孔子之丧,二三子皆绖而出[1]。群,居则绖,出则否。

【注释】
〔1〕绖而出:绖,音dié,麻做的孝带,在首曰首绖,在腰曰腰绖。

【译文】
孔子的丧事,学生们出门还都系着绖。孔子的学生们相互服丧,在家时系绖,出门就不系了。

55. 易墓,非古也。

【译文】
改葬,不是古代的习俗。

56. 子路曰:"吾闻诸夫子,丧礼,与其哀不足而礼有余也,不若礼不足而哀有余也;祭礼,与其敬不足而礼有余也,不若礼不足而敬有余也。"

【译文】
子路说:"我听夫子说,举行丧礼,与其哀戚不够而礼仪过分,还不如礼仪欠缺一点而哀戚过分;举行祭礼,与其恭敬不够而礼仪过分,还不如礼仪欠缺一点而恭敬过分。"

57. 曾子吊于负夏[1]。主人既祖,填池[2],推柩而反之，降妇人而后行礼[3]。从者曰："礼与？"曾子曰："夫祖者，且也。且，胡为其不可以反宿也？"从者又问诸子游曰："礼与？"子游曰："饭于牖下[4]，小敛于户内[5]，大敛于阼，殡于客位[6]，祖于庭，葬于墓，所以及远也。故丧事有进而无退。"曾子闻之，曰："多矣乎，予出祖者！"

【注释】

〔1〕负夏：卫国地名。

〔2〕既祖，填池：祖，始也，这里指设祖奠，即将葬为柩车始出行而设奠。填池，当为"奠彻"，因音近而误。

〔3〕降妇人而后行礼：行礼，谓行遣奠之礼，即为打发亲人上路而设的奠祭之礼。

〔4〕饭于牖下：饭，谓为死者行饭含礼（即向死者中口填米）。牖，指正寝堂后的室牖（朝南的窗）。

〔5〕小敛于户内：敛，同"殓"，为死者穿衣和包裹衾被等。小殓衣十九套，大殓则三十套。

〔6〕客位：指西阶之上。

【译文】

曾子到负夏吊丧。主人已经设了祖奠，又撤去祖奠，并推柩车反转回原位，〔等曾子吊后才又〕让妇人们下堂行设遣奠之礼。随从的人说："这样做符合礼吗？"曾子说："祖，是暂且的意思。既是暂且调转柩车，为什么不可以返回原位呢？"随从的人又问子游说："这样做符合礼吗？"子游说："在室窗下饭含，在室门内小殓，在阼阶上大殓，在客位上殡棺柩，在庭中设祖奠，在墓圹中安葬，这样来体现由近及远的意思。因此丧事只有进而没有退的道理。"曾子听到子游的话，说："子游关于出葬设祖奠的说法，胜过我啊！"

58. 曾子袭裘而吊，子游裼裘而吊。曾子指子游而示人曰："夫夫也，为习于礼者，如之何其裼裘而吊也？"主人既小敛，袒，括发，子游趋而出，袭裘，带，绖而入[1]。曾子曰："我过矣！我过矣！夫夫是也。"

【注释】
〔1〕带，绖：此谓葛带、葛绖。

【译文】
　　曾子掩好里面的皮袄而吊丧，子游袒露出里面的皮袄而吊丧。曾子指着子游告诉别人说："那个丈夫，还是熟习礼的人呢，为什么袒出皮袄而吊丧呢？"主人为死者小敛之后，袒露左臂，用麻束发。这时子游快步出来，掩好里面的皮袄，腰系葛带，头系葛绖而后再进去。曾子说："我错了！我错了！那个丈夫是对的。"

59. 子夏既除丧而见。予之琴。和之而不和，弹之而不成声。作而曰："哀未忘也，先王制礼而弗敢过也。"子张既除丧而见。予之琴。和之而和，弹之而成声。作而曰："先王制礼，不敢不至焉。"

【译文】
　　子夏服满除丧而见孔子。孔子给他一张琴。他调整琴弦而不能使五声和谐，弹琴而不能成曲调。孔子站起来说："你还没有忘记悲哀，只因是先王制定的丧礼，所以你才不敢服丧过期而不除丧。"子张服满除丧而见孔子。孔子给他一张琴。他调整琴弦而能使五声和谐，弹琴而能成曲调。孔子站起来说："因为是先王制定的丧礼，所以你不才敢不等到服满丧期才除丧。"

60. 司寇惠子之丧[1]，子游为之麻衰，牡麻绖[2]。文子辞曰："子辱与弥牟之弟游，又辱为之服，敢辞。"子游曰："礼也[3]。"文子退，反哭。子游趋而就诸臣之位[4]。文子又辞曰："子辱与弥牟之弟游，又辱为之服，又辱临其丧，敢辞。"子游曰："固以请[5]。"文子退，扶嫡子南面而立，曰："子辱与弥牟之弟游，又辱为之服，又辱临其丧，虎也敢不复位。"子游趋而就客位。

【注释】

〔1〕司寇惠子：姓司寇，名惠，字叔兰，是卫灵公之孙、卫将军文子木（字弥牟）之弟。

〔2〕麻衰，牡麻绖：这是一种不合制度的吊服。麻衰，用麻布做的吊服。案麻布被称为吉布，非丧事所当用。牡麻，雄性的麻。牡麻绖，则是齐衰之绖。服轻而绖重，不合于礼。

〔3〕礼也：这是子游故为反语以讥之。

〔4〕子游趋而就诸臣之位：案子游是宾，却就惠子之臣位，这又是故为非礼以讥之。

〔5〕固：再。

【译文】

司寇惠子的丧事，子游为他穿麻布的吊服，系牡麻做的首绖和腰绖。文子推辞说："您屈尊和我的弟弟交往，又屈尊为他服丧，不敢当。"子游说："我这是依礼而行呢。"文子退下，返回到原位而哭。子游快步走到惠子的家臣的位置上。文子又向他推辞说："您屈尊和我的弟弟交往，又屈尊为他服丧，又屈尊亲临他的丧礼，不敢当。"子游说："我再次表示不敢从命。"文子退下，把惠子的嫡子扶过来面朝南就丧主之位而立，对子游说："您屈尊和我的弟弟交往，又屈尊为他服丧，又屈尊亲临他的丧礼，不敢不恢复嫡子虎的丧主之位。"子游〔这才〕快步走到宾客的位置上。

61. 将军文子之丧[1],既除丧而后越人来吊。主人深衣,练冠[2],待于庙,垂涕洟。子游观之曰:"将军文氏之子,其庶几乎?亡于礼者之礼也,其动也中。"

【注释】
〔1〕将军文子:即上节之文子弥牟。
〔2〕主人深衣,练冠:主人,文子之子。深衣,是一种上衣和下裳连为一体的服装。练冠,小祥之后所戴的冠。

【译文】
将军文子的丧事,已经服满除丧了,而后越国人才来吊唁。主人穿深衣,戴练冠,在宗庙里等待受吊,一边垂泪流涕。子游看了说:"将军文氏的儿子,差不多可以称得上知礼了。这是常礼之外的礼,他处理得很恰当。"

62. 幼名[1],冠字,五十以"伯、仲",死谥,周道也。

【注释】
〔1〕幼名:案儿生三月而取名。

【译文】
幼儿时取名,行冠礼时取字,五十岁以后就只用"伯、仲"等字眼相称呼,死后加谥号,这是周代的制度。

63. 经也者,实也。

【译文】

系绖，是表示孝子有忠实之心。

64. 掘中霤而浴[1]，毁灶以缀足[2]。及葬，毁宗，躐行[3]，出于大门，殷道也。学者行之。

【注释】

〔1〕掘中霤而浴：中霤，谓室中。人死而在室中掘坑，坑上架床，床上浴尸。
〔2〕毁灶以缀足：谓用毁灶的砖为死者缀足，以防足变形而不便穿屦。
〔3〕毁宗，躐行：毁宗，谓拆毁宗庙门西边的墙。躐，音 liè，践。行，指行神，其位在庙门外西边。

【译文】

在室中掘坑为死者沐浴，用拆毁炉灶的砖为死者缀足，到出葬的时候，拆毁宗庙门西边的墙，使枢车碾过行神的神位，然后出大门，这是殷代的制度。学孔子的人都这样做。

65. 子柳之母死[1]，子硕请具。子柳曰："何以哉？"子硕曰："请粥庶弟之母[2]。"子柳曰："如之何其粥人之母以葬其母也？不可。"既葬，子硕欲以赗布之余具祭器[3]。子柳曰："不可。吾闻之也，君子不家于丧。请班诸兄弟之贫者。"

【注释】

〔1〕子柳：是鲁国叔孙氏的族人叔仲皮的儿子，子硕之兄。
〔2〕粥：谓嫁之。
〔3〕赗布：赗，音 fù，谓赠送财物以助人办丧事。布，钱。

【译文】

　　子柳的母亲死了,子硕请求置备葬器。子柳说:"靠什么来置备呢?"子硕说:"请把庶弟的母亲卖了。"子柳说:"怎么能卖别人的母亲来葬自己的母亲呢?不可。"葬后,子硕想用别人所赠而没有花完的赙钱置备祭器。子柳说:"不可。我听说,君子不借丧事以利家。请把剩下的钱分给兄弟中贫穷的人吧。"

66. 君子曰:"谋人之军师,败则死之;谋人之邦邑,危则亡之。"

【译文】

　　君子说:"为人指挥军队作战,打了败仗就要以身殉职;为人治理国家都邑,出现危乱就要自我放逐。"

67. 公叔文子升于瑕丘[1],蘧伯玉从[2]。文子曰:"乐哉,斯丘也!死则我欲葬焉。"蘧伯玉曰:"吾子乐之,则瑗请前[3]。"

【注释】

〔1〕公叔文子:春秋卫国大夫,卫献公之孙,名拔,字叔文。
〔2〕蘧伯玉:蘧,音qú。蘧伯玉,卫大夫,名瑗,字伯玉。
〔3〕吾子乐之,则瑗请前:案蘧伯玉如先死而葬于此丘,公叔文子就不得葬了,这是蘧伯玉委婉地批评公叔文子欲侵占人良田。

【译文】

　　公叔文子登上瑕丘,蘧伯玉跟从他。文子说:"这山丘真让人快乐啊!我要是死了,就要葬在这里。"蘧伯玉说:"您以这山丘为乐,那就请让我先死吧。"

68. 弁人有其母死而孺子泣者，孔子曰："哀则哀矣，而难为继也。夫礼，为可传也，为可继也，故哭、踊有节。"

【译文】
弁地有个人死了母亲而像婴儿般哭泣的，孔子说："悲哀确实悲哀，而别人很难继续像他这样做。礼的规定，就是为了使人可以传播，可以继续，因此哭和踊都有节制。"

69. 叔孙武叔之母死[1]，既小敛，举者出户，出户袒，且投其冠，括发[2]。子游曰："知礼！"

【注释】
〔1〕叔孙武叔：鲁大夫，名州仇。
〔2〕出户袒，且投其冠，括发：案死者在室中小殓，而后抬尸出室户到堂上大殓。小殓毕，主人即当括发而袒，今武叔举尸出户而后袒、括发，有失哀节。

【译文】
叔孙武叔的母亲死了，小殓后，抬尸体的人把尸体抬出室门，出室门之后，叔孙武叔才袒露左臂，并且扔掉帽子用麻束发。子游讥讽他说："真懂礼！"

70. 扶君，卜人师扶右，射人师扶左[1]。君薨以是举。

【注释】
〔1〕"扶君"至"扶左"：谓君疾病时。卜，当作"仆"。仆人师、

射人师,皆君之吏。

【译文】
搀扶国君,仆人师在右边,射人师在左边。君死也照这样抬君的尸体。

71. 从母之夫[1],舅之妻,二夫人相为服[2],君子未之言也。或曰同爨缌[3]。

【注释】
〔1〕从母:母之姊妹,即今所谓姨。
〔2〕二夫人相为服:"夫"是衍文。相为服,是说二人不论谁先死,活着的一方就为死者服丧。
〔3〕或曰同爨缌:意思说姨丈和舅妻本不当相服,但因同爨(同灶而食),因此生出缌麻之亲来。缌麻,五服中最轻的一等,服期仅三个月。

【译文】
姨的丈夫,舅的妻子,二人相互服丧,君子没有说过可以这样。有人说此二人如果同灶吃饭就可以相互服缌麻。

72. 丧事欲其纵纵尔[1],吉事欲其折折尔[2]。故丧事虽遽不凌节,吉事虽止不怠[3]。故骚骚尔则野[4],鼎鼎尔则小人[5],君子盖犹犹尔[6]。

【注释】
〔1〕纵:匆遽貌。
〔2〕折:音 tí,从容中礼之貌。
〔3〕止:谓立俟事之时。
〔4〕骚骚:谓太急切。

〔5〕鼎鼎：谓过于舒缓。
〔6〕犹犹：疾舒适中貌。

【译文】

办丧事要显出匆匆忙忙的样子，办吉事要显出从容不迫的样子。因此丧事虽匆忙而不乱节度，吉事虽从容而不懈怠。因此太急迫就显得粗鄙，太放松就像小人，君子要显出一种缓急都很得体的样子。

73. 丧具，君子耻具。一日二日而可为也者〔1〕，君子弗为也。

【注释】

〔1〕一日二日而可为也者：谓如绞（布带）、衿（单被）、衾（被子）等物。

【译文】

丧葬用的东西，君子以早日具备为耻。一两天就可以做成的东西，亲人生前君子是不做的。

74. 丧服，兄弟之子犹子也，盖引而进之也。嫂、叔之无服也，盖推而远之也。姑、姊妹之薄也，盖有受我而厚之者也〔1〕。

【注释】

〔1〕"姑"至"者也"：案姑、姊妹未出嫁而死，为之服齐衰不杖期，出嫁之后而死则为之降服大功，是即所谓"姑、姊妹之薄也"。姑、姊妹出嫁后而死，其丈夫为之服齐衰杖期，比其未出嫁所受服加厚，是即所谓"有受我而厚之者"。

【译文】
　　服丧，为兄弟的儿子和为亲生儿子是一样的，这是为了密切兄弟之间的关系。嫂嫂和小叔子相互不服丧，这是为了远嫌。为已出嫁的姑姑和姐妹丧服减轻，是因为有接受她们为妻而为她们加重丧服的人。

75. 食于有丧者之侧[1]，未尝饱也。

【注释】
　〔1〕食于有丧者之侧："食"上疑脱"孔子"二字。

【译文】
　　在有丧事的人家旁边吃饭，不曾吃饱过。

76. 曾子与客立于门侧，其徒趋而出。曾子曰："尔将何之？"曰："吾父死，将出哭于巷。"曰："反，哭于尔次。"曾子北面而吊焉。

【译文】
　　曾子同他的客人站在门旁边，曾子的学生快步走出来。曾子说："你要到哪里去？"学生说："我的父亲死了，我要到巷子里去哭。"曾子说："回来，就在你住的屋子里哭吧。"曾子面朝北就宾位吊丧。

77. 孔子曰："之死而致死之，不仁而不可为也。之死而致生之，不知而不可为也。是故竹不成用，瓦不成味[1]，木不成斲[2]，琴瑟张而不平，竽笙备而不和[3]，有钟磬而无簨虡[4]，其曰明器，神明之也。"

【注释】

〔1〕味：指食物。

〔2〕斵："斫"的异体字。

〔3〕竽：音yú，古代的簧管类乐器，形似笙而大。

〔4〕簨虡：簨，音sǔn。虡，音jù。簨虡，古代悬挂钟磬的架子，横杆叫簨，直柱叫虡。

【译文】

孔子说："前往赠送葬礼而把死者当作无知者，这是缺乏仁心而不可以这样做。前往赠送葬礼而把死者当作有知者，这是缺乏理智而不可以这样做。因此送葬的竹器不能实用，瓦器不能盛食物，木器不加雕琢，琴瑟虽张弦而不绷紧，竽笙虽具备而奏不成声调，有钟磬而没有悬挂的架子，这些器物叫做明器，意思是把死者当作神明来看待。"

78. 有子问于曾子曰："问丧于夫子乎[1]？"曰："闻之矣。丧欲速贫，死欲速朽。"有子曰："是非君子之言也。"曾子曰："参也闻诸夫子也。"有子又曰："是非君子之言也。"曾子曰："参也与子游闻之。"有子曰："然。然则夫子有为言之也。"曾子以斯言告于子游。子游曰："甚哉，有子之言！似夫子也。昔者夫子居于宋，见桓司马自为石椁[2]，三年而不成。夫子曰：'若是其靡也，死不如速朽之愈也。''死之欲速朽'，为桓司马言之也。南宫敬叔反，必载宝而朝[3]。夫子曰：'若是其货也，丧不如速贫之愈也。''丧之欲速贫'，为敬叔言之也。"曾子以子游之言告于有子。有子曰："然。吾固曰非夫子之言也。"曾子曰："子何以知之？"有子曰："夫子制于中都[4]，四寸之棺，五寸之椁，以斯知不欲速朽也。昔者夫子失鲁司寇[5]，将之荆[6]，盖先之以子夏，又申之以冉有，以斯知不欲速贫也。"

【注释】
〔1〕问：当作"闻"。
〔2〕桓司马：宋大夫，名叫向魋（音 tuī），又称为司马桓。
〔3〕南宫敬叔：鲁大夫。
〔4〕夫子制于中都：中都，鲁邑名，孔子曾做中都宰。
〔5〕夫子失鲁司寇：案孔子由中都宰为司空，由司空而为司寇，定公十四年而失司寇之职。
〔6〕荆：即楚。

【译文】
　　有子问曾子说："你曾听先生谈起过失去官位的人应该怎样自处吗？"曾子说："听说过。失去官位就希望尽快贫穷，死了就希望尽快腐朽。"有子说："这不是君子说的话。"曾子说："是我听先生说这话的。"有子又说："这不是君子说的话。"曾子说："是我和子游一块听先生说的。"有子说："是这样。然而先生是有所指才说这话的。"曾子把有子的话告诉子游。子游说："有子的话说得真对啊！真像先生呢。从前先生住在宋国，见桓司马为自己造石椁，三年还没有造成。先生说：'像这样地侈靡，死后还不如尽快腐朽的好。''死了就希望尽快腐朽'这句话，是针对桓司马说的。南宫敬叔回鲁国，一定要载着财宝到朝中去〔贿赂〕。先生说：'像这样运用财宝，失去官位还不如尽快贫穷的好。''失去官位就希望尽快贫穷'这句话，是针对敬叔说的。"曾子把子游的话告诉有子。有子说："这就对了。我本来就说那不是先生用来教导人的话。"曾子说："您是怎么知道的？"有子说："先生为中都所定的制度，棺厚四寸，椁厚五寸，因此知道先生不希望人死后尽快腐朽。从前先生失去鲁国司寇的官职，将到楚国去，先派子夏去了解情况，继而又派冉有去进一步观察，因此知道先生不希望失去官位就尽快贫穷。"

79. 陈庄子死[1]，赴于鲁。鲁人欲勿哭。缪公召县子而问焉[2]。县子曰："古之大夫，束修之问不出竟[3]，虽欲哭之，安得而哭之？今之大夫，交政于中国，虽欲勿哭，焉得而弗哭？且臣闻之，哭有二道：有爱而哭之，有畏而哭之。"公曰："然。然则如之何而可？"县子曰："请哭诸异姓之庙。"于是与哭诸县氏。

【注释】
〔1〕陈庄子：齐大夫，名伯。
〔2〕缪公召县子而问焉：缪公，即穆公。县子，鲁大夫，名琐，以知礼闻名。
〔3〕问：遗（音 wèi）。

【译文】
陈庄子死，讣告发到鲁国。鲁国人想不哭他。缪公召县子来问这件事。县子说："古时候的大夫，拿一束干肉送人也不敢出国境，别国大夫死了即使想哭他，又哪里能得到消息而哭他呢？现在的大夫，在中原各国搞政治交往，即使想不哭他，又怎能不哭呢？而且我听说，哭有两种原因：有因爱而哭，有因畏惧而哭。"缪公说："不错。然而眼前这件事怎么办合适呢？"县子说："请到异姓的宗庙去哭他吧。"于是缪公就到县氏的宗庙去参加哭陈庄子。

80. 仲宪言于曾子曰[1]："夏后氏用明器，示民无知也。殷人用祭器，示民有知也。周人兼用之，示民疑也。"曾子曰："其不然乎，其不然乎。夫明器，鬼器也；祭器，人器也。夫古之人胡为而死其亲乎？"

【注释】
〔1〕仲宪：即原宪，字子思，孔子的学生。

【译文】
仲宪对曾子说："夏后氏送葬用明器，这是向民众表示死者无知。殷人送葬用祭器，这是向民众表示死者有知。周人兼用明器和祭器，这是使民众对死者有知或无知疑惑不定。"曾子说："恐怕不是这样吧，恐怕不是这样吧。明器，是鬼用的器物；祭器，是人用的器物。古人怎么忍心把死了的亲人看作是无知者呢？"

81. 公叔木有同母异父之昆弟死[1]，问于子游。子游曰："其大功乎。"狄仪有同母异父之昆弟死[2]，问于子夏。子夏曰："我未之前闻也。鲁人则为之齐衰[3]。"狄仪行齐衰。今之齐衰，狄仪之问也。

【注释】
〔1〕公叔木：即春秋时期卫国大夫公叔成。
〔2〕狄仪：其人不可考。
〔3〕齐衰：案这里是服齐衰三月之丧。

【译文】
公叔木有个同母异父的兄弟死了，问子游应该服何种丧。子游说："大概服大功吧。"狄仪有个同母异父的兄弟死了，问子夏应该服何种丧。子夏说："我以前没有听说过。鲁人是为同母异父的兄弟服齐衰。"于是狄仪服齐衰。今人为同母异父的兄弟服齐衰，就是从狄仪问子夏开始的。

82. 子思之母死于卫[1]。柳若谓子思曰[2]："子圣人之后也，四方于子乎视礼，子盖慎诸。"子思曰："吾何慎哉？吾闻之，有其礼无其财，君子弗行也；有其礼有其财，无其时，君子弗行也。吾何慎哉！"

【注释】
　　[1] 子思之母死于卫：案子思之父伯鱼死后，子思之母改嫁于卫。
　　[2] 柳若：卫人。

【译文】
　　子思的母亲死在卫国，柳若对子思说："您是圣人的后代，四方的人都要看您怎样行丧礼，您要谨慎行事。"子思说："我有什么可当心的呢？我听说，有某种礼而没有足够的财物，君子不去实行；有某种礼，又有足够的财物，但没有适当的时机，君子也不去实行。我有什么可当心的呢！"

83. 县子琐曰："吾闻之，古者不降[1]，上下各以其亲。滕伯文为孟虎齐衰，其叔父也；为孟皮齐衰，其叔父也[2]。"

【注释】
　　[1] 不降：不降低丧服的等级。案周代的丧服制度有降服的规定。如子为母本当服齐衰三年之丧，但如果有父在，就要为母降齐衰期。
　　[2] "滕伯"至"父也"：这几句是举例说明殷代不降服。滕伯文，是殷时滕国的国君，孟虎是滕伯文的叔父，而滕伯文又是孟皮的叔父，可是滕伯文为他们都服齐衰，这说明滕伯文不因己之尊而降低对叔父的丧服，亦不因己之尊且长而降低对侄儿的丧服。

【译文】

县子琐说:"我听说,古时候没有降低丧服等级的规定,尊卑上下都各自按照亲疏关系来服丧。滕伯文为孟虎服齐衰,因为孟虎是他的叔父;为孟皮服齐衰,因为他是孟皮的叔父。"

84. 后木曰[1]:"丧,吾闻诸县子曰:'夫丧,不可不深长思也。买棺外内易。'我死则亦然。"

【注释】

[1] 后木:是鲁孝公之子惠伯巩的后代。

【译文】

后木说:"关于丧事,我听县子琐说:'丧事,不可不深长思虑。所买的棺材要内外都平整光滑。'我死了也要求这样。"

85. 曾子曰:"尸未设饰[1],故帷堂,小敛而彻帷[2]。"仲梁子曰[3]:"夫、妇方乱[4],故帷堂,小敛而彻帷。"

【注释】

[1] 设饰:即殓以衣衾。
[2] 彻帷:谓褰帷而上,非谓全撤去。
[3] 仲梁子:鲁人,疑即《韩非子》所谓"仲梁氏之儒"者。
[4] 夫、妇方乱:案这是因为哭位尚未定。

【译文】

曾子说:"尸体没有用衣衾包裹,因此在堂上设帷帐,小殓而后将帷帐撩起来。"仲梁子说:"男人和妇女的哭位正混乱未定,因此在堂上设帷帐,小殓之后将帷帐撩起来。"

86. 小敛之奠，子游曰："于东方。"曾子曰："于西方，敛斯席矣[1]。"小敛之奠在西方，鲁礼之末失也。

【注释】
〔1〕于西方，敛斯席矣：案小殓奠设在尸体东边，大殓之后设奠才有席，曾子之说皆非。

【译文】
小殓后的奠祭物，子游说："设在东边。"曾子说："设在西边，殓时就要在西边布设奠席了。"把小殓后的奠祭物设在西边，这是鲁礼发展到末世失礼的做法。

87. 县子曰："绤衰，缌裳，非古也。"

【译文】
县子说："用粗葛布做衰，用细而疏的布做裳，这不是古代的丧服制度。"

88. 子蒲卒[1]，哭者呼"灭"。子皋曰[2]："若是野哉[3]！"哭者改之。

【注释】
〔1〕子蒲：名灭。
〔2〕子皋：又作子羔，即孔子弟子高柴。
〔3〕若是野哉：案丧礼，复（招魂）时呼名，哭不得呼名，故子皋斥哭而呼名者为"野"。

【译文】
子蒲死，哭的人呼喊着他的名字"灭"。子皋说："如此粗野啊!"哭的人便改了。

89. 杜乔之母之丧,宫中无相[1],以为沽也[2]。

【注释】
〔1〕宫中无相:宫,谓殡宫,即死者生前的正寝。相,指相礼者。
〔2〕沽:粗略。

【译文】
杜乔的母亲的丧事,殡宫中没有相礼者,人们以为太粗略了。

90. 夫子曰:"始死,羔裘、玄冠者,易之而矣[1]。"羔裘、玄冠,夫子不以吊。

【注释】
〔1〕羔裘、玄冠者,易之:羔裘、玄冠是吉服,是侍候亲人疾病时穿的,亲人始死则当易之以深衣(上衣与下裳连为一体的一种服装)。

【译文】
孔子说:"亲人刚死,穿羊皮袄、戴黑布冠的,换掉就行了。"羊皮袄、黑布冠,孔子不穿戴着去吊丧。

91. 子游问丧具。夫子曰:"称家之有亡。"子游曰:"有无恶乎齐[1]?"夫子曰:"有毋过礼。苟亡矣,敛手足形,还葬[2],县棺而封[3],人岂有非之者哉?"

【注释】

〔1〕齐：通"剂"。
〔2〕还：通"旋"。
〔3〕封：通"窆"（音 biǎn），下棺。

【译文】

子游问办丧事的器物怎样才算具备，孔子说："与家产的多少相称就行了。"子游说："怎样掌握家产的多少与丧具厚薄的关系呢？"孔子说："有家产的不要过礼厚葬。如果没有家产，殓时的衣被也要足以包裹死者的首足形体，殓毕即葬，用手悬棺落葬就行了，人们难道还有责备他的吗？"

92. 司士赍告于子游曰[1]："请袭于床[2]。"子游曰："诺。"县子闻之曰："汰哉叔氏，专以礼许人[3]。"

【注释】

〔1〕司士赍：司士，大司马的属官。赍，盖以官为氏者。
〔2〕请袭于床：袭，为死者穿衣，即殓。案据礼，小殓、大殓皆在床，后世失礼而袭殓于地，故司士赍告子游"请袭于床"。
〔3〕汰哉叔氏，专以礼许人：汰，谓自称大。叔氏，子游别字。

【译文】

司士赍告诉子游说："我想在床上给尸体袭殓。"子游说："行！"县子听到子游的回答说："叔氏的口气也太自大了，好像专门由他批准别人实行礼似的！"

93. 宋襄公葬其夫人，醯、醢百瓮[1]。曾子曰："既曰明器矣，而又实之！"

【注释】

〔1〕甕：音 wèng，一种陶制的容器。

【译文】

宋襄公葬他的夫人，陪葬的醋和肉酱上百甕。曾子说："既然叫做明器，而又盛满食物！"

94. 孟献子之丧[1]，司徒旅归四布[2]。夫子曰："可也。"

【注释】

〔1〕孟献子：鲁大夫，姓仲孙，名蔑，献是谥号。
〔2〕司徒旅归四布：司徒，名敬子，是孟献子的家臣；旅是下士；布是赙钱。

【译文】

孟献子的丧事，司徒使下士把剩余的赙钱归还四方的赠送者。孔子说："这事办得可以。"

95. 读赗[1]，曾子曰："非古也，是再告也。"

【注释】

〔1〕读赗：赗是赠给丧家的助送葬之物，凡所赠，丧家都记录下来。案宾客前来赠送赗物时，已经向死者致词了，到出葬时主人又使其吏向柩车读赗，故下文曾子讥之。

【译文】

宣读所收赗物的记录，曾子说："这不是古代的礼俗，这是向死者报告一遍又一遍。"

96. 成子高寝疾[1]，庆遗入请曰[2]："子之病革矣，如至乎大病[3]，则如之何？"子高曰："吾闻之也：'生有益于人，死不害于人。'吾纵生无益于人，吾可以死害于人乎哉？我死，则择不食之地而葬我焉。"

【注释】
〔1〕成子高：即齐国大夫国伯高父（音甫），成是谥号。
〔2〕庆遗：是齐大夫庆封的族人。
〔3〕大病：是死的讳词。

【译文】
成子高病卧在床，庆遗进去向他请示说："您的病已经很危急了，如果发展到大病，后事如何处理呢？"子高说："我听说过这样的话：'活着有益于人，死了无害于人。'我纵然活着无益于人，我难道可以死了而有害于人吗？我死后，就选择不长庄稼的地，把我葬在那里。"

97. 子夏问诸夫子曰："居君之母与妻之丧[1]。""居处、言语、饮食衎尔[2]。"

【注释】
〔1〕居君之母与妻之丧："丧"下盖脱"如之何"三字。
〔2〕居处、言语、饮食衎尔："居"上当有"夫子曰"三字。衎，音kàn，自得貌。案为君母、君妻虽皆服齐衰期，然恩义则浅，故居丧可衎尔自处。

【译文】
子夏问孔子说："为国君之母和国君之妻服丧应该怎样？"孔

子说:"起居、言谈、饮食都保持怡然自得的常态。"

98. 宾客至,无所馆,夫子曰:"生于我乎馆,死于我乎殡。"

【译文】
　　有宾客到来,没有地方住宿,孔子说:"活着住在我这里,死了就由我为他殓殡。"

99. 国子高曰[1]:"葬也者,藏也。藏也者,欲人之弗得见也。是故衣足以饰身,棺周于衣,椁周于棺,土周于椁。反壤树之哉!"

【注释】
　　[1] 国子高:即成子高,成是谥号。

【译文】
　　国子高说:"葬,是藏的意思。藏,就是不想让人看见。因此衣衾足衣遮掩身体,棺足以容纳衣衾,椁足以容纳棺,土足以埋住椁就行了。现在反而要在墓地上堆土种树呢!"

100. 孔子之丧,有自燕来观者,舍于子夏氏。子夏曰:"圣人之葬人,与人之葬圣人也,子何观焉?昔者夫子言之曰:'吾见封之若堂者矣,见若坊者矣,见若覆夏屋者矣,见若斧者矣,从若斧者焉。'马鬣封之谓也[1]。今一日而三斩板[2],而已封,尚行夫子之志乎哉[3]?"

【注释】

〔1〕马鬣封：鬣，马鬃毛。案马颈部长鬃鬣处，其肉薄似斧，故借以比喻如斧形之封。

〔2〕三斩板：这是说为孔子筑坟，是用板筑法。板宽二尺，长六尺，围其周，而用绳约束之，板中填土筑实，筑够一板，即斩断约板的绳索，再约板而筑之，这样筑三次，即所谓"三斩板"。

〔3〕尚：庶几，差不多。

【译文】

孔子的丧事，有一个从燕国来观丧礼的人，住在子夏氏家中。子夏说："圣人葬一般人，与一般人葬圣人，您观看哪一种呢？从前夫子谈到墓葬曾说：'我见有封土如堂基的，见有如堤防的，见有如夏屋屋顶的，见有如斧状的。我的坟墓就依照如斧状的。'这也就是俗称马鬣封的形状。现在为夫子筑坟，一天之内三次设板筑土，坟就筑成了，差不多实行了孔子的意愿吧？"

101. 妇人不葛带[1]。

【注释】

〔1〕带：在此指腰绖。

【译文】

妇人不变麻腰绖为葛绖。

102. 有荐新，如朔奠[1]。

【注释】

〔1〕有荐新，如朔奠：荐新，祭名。荐，献。新，谓五谷瓜果等时新之物。在殡棺期间，用时新之物奠祭死者就叫荐新之奠。朔，指每月

初一。在殡棺期间,每逢初一设奠以祭死者,叫做朔奠。

【译文】
　　如果举行荐新之奠,仪节与朔奠相同。

103. 既葬,各以其服除[1]。

【注释】
　　[1]各以其服除:这主要指服轻、服期短者。

【译文】
　　葬后,该除服的人便可各自除服了。

104. 池视重霤[1]。

【注释】
　　[1]池视重霤:重霤,即承霤,是屋檐下承接雨水的天沟。这里是指在棺柩柳墙的前边设池(剖竹为之)以象天沟(参见第 12 节)。

【译文】
　　柩饰的池,比照重溜。

105. 君即位而为椑[1],岁壹漆之,藏焉。

【注释】
　　[1]椑:音 bì,内棺。一般用杝(音 yí)木制作,故又称之为杝棺(见 114 节)。

【译文】
国君即位而开始制作内棺,一年漆一次,收藏好。

106. 复、楔齿、缀足、饭、设饰、帷堂并作[1]。父兄命赴者。

【注释】
[1] 楔齿、缀足、饭、设饰、帷堂并作:楔齿,用角柶(如马蹄形)楔入死者口中,这是为饭含做准备。缀足,固定死者的足以防变形,这是为穿屦做准备。饰,即殓。并作,谓并于一日而作。

【译文】
招魂、用角柶楔入死者齿间、固定死者的双脚、为死者饭含、为尸体着衣衾、在堂上设帷帐,这几件事在同一天进行。由死者的父辈或兄长派遣发讣告的人。

107. 君复,于小寝、大寝、小祖、大祖、库门、四郊[1]。

【注释】
[1] 小寝、大寝、小祖、大祖、库门:小寝即燕寝,大寝即正寝,小祖谓四亲庙(祢、祖、曾祖、高祖四庙),大祖谓太庙(始祖庙),库门指诸侯的外门。

【译文】
为国君招魂,在燕寝、正寝、四亲庙、太祖庙、库门和国都的四郊进行。

108. 丧不剥奠也[1],与祭肉也与。

【注释】

〔1〕不剥：剥，犹裸。不剥，谓覆之以巾。

【译文】

丧祭不裸露着奠祭物，是因为奠祭物中有祭肉吧。

109. 既殡，旬而布材与明器。

【译文】

殡棺后，过十天就要布告下人准备制造椁的材料和明器。

110. 朝奠日出，夕奠逮日[1]。父母之丧哭无时。使必知其反也。

【注释】

〔1〕朝奠日出，夕奠逮日：殡后，每天晨、夕都要为死者设奠，称为朝奠、夕奠。

【译文】

朝奠在日出时进行，夕奠趁太阳未落时进行。父母的丧事，孝子哀痛就哭没有一定的时候。奉君命出使和返回后一定要告祭父母之神让他们知道。

111. 练[1]，练衣黄里，缥缘[2]，葛要绖，绳屦无绚，角瑱[3]，鹿裘衡，长袪，袪[4]，裼之可也。

【注释】

〔1〕练：即小祥祭。

〔2〕练衣黄里,缥缘:衣,指内衣。缥,音 quàn,浅红色。
〔3〕瑱:音 tiàn,也叫充耳,塞耳所用。
〔4〕鹿裘衡,长袪,袪:衡,横,谓宽大。上"袪",指袖子。下"袪",指袖缘口。

【译文】
　　小祥祭之后,就可穿练布做的黄色里子的内衣,并饰以线红色的镶边,系葛布腰绖,穿麻绳编的鞋,鞋头上没有装饰,戴角质的瑱,鹿皮裘可以做得稍宽大一些,袖子长一些,袖口也可缘边,皮裘外边也可以加穿罩衣了。

112. 有殡,闻远兄弟之丧,虽缌必往。非兄弟,虽邻不往。

【译文】
　　殡棺期间,听说远房兄弟有丧事,即使亲缘疏远只不过服缌麻也一定要前往。如果不是兄弟,即使是邻居也不去。

113. 所识,其兄弟不同居者皆吊。

【译文】
　　如果与死者相识,死者的兄弟即使不与死者同住的,也当到他家去吊唁。

114. 天子之棺四重:水、兕革棺被之[1],其厚三寸;杝棺一;梓棺二。四者皆周[2]。棺束[3],缩二,横三,衽每束一[4]。柏椁以端[5],长六尺。

【注释】

〔1〕水、兕革棺被之：兕，音 sì，犀牛的一种。被之，谓合之。
〔2〕周：匝也。
〔3〕棺束：案古棺木无钉，用皮束合之。
〔4〕衽：即今所谓榫，用以使棺盖与棺身结合紧密牢固。
〔5〕端：犹头。

【译文】

　　天子的棺有四重：用水牛皮、兕皮合成的棺，厚三寸；杝木棺一重；梓木棺二重。这四重棺都有六个面。束棺的皮条，纵的两道，横的三道。每当束处设一衽。用柏木树根的一端做椁，椁长六尺。

115. 天子之哭诸侯也，爵弁绖，缁衣[1]。或曰使有司哭之，为之不以乐食。

【注释】

〔1〕爵弁绖，缁衣：爵弁，一种赤而微黑色的弁。缁，同"缁"。

【译文】

　　天子哭诸侯，头戴爵弁加首绖，身穿黑衣。也有人说天子是派官吏去代哭，而自己为死去的诸侯吃饭时不奏乐。

116. 天子之殡也，菆涂龙輴[1]，以椁，加斧于椁上[2]，毕涂屋，天子之礼也。

【注释】

〔1〕菆涂龙輴：菆，音 zōu，丛集，谓用木菆棺。輴，音 chūn，殡车。龙輴，车辕上画有龙的殡车，天子所用。
〔2〕加斧于椁上：斧，通"黼"，一种黑白相间的花纹，此处指绣有黼纹的幕布，即所谓棺衣。

【译文】

天子棺柩的殡法,是用树枝丛集在龙辅周围,用泥涂封起来,算作是椁,再把绣有黼纹的棺衣覆盖在椁上,然后全部涂封起来如屋形,这是天子的殡礼。

117. 唯天子之丧,有别姓而哭。

【译文】

只有天子的丧事,才按姓排列哭位。

118. 鲁哀公诔孔丘曰:"天不遗耆老,莫相予位焉。呜呼哀哉,尼父[1]!"

【注释】

〔1〕尼父:孔子的字。

【译文】

鲁哀公为孔丘作诔文道:"天不留下这位老人,没有人辅助我的君位了。啊,多么令人悲哀呀,尼父!"

119. 国亡大县邑,公、卿、大夫、士皆厌冠[1],哭于大庙三日,君不举[2]。或曰君举而哭于后土[3]。

【注释】

〔1〕厌冠:即丧冠。
〔2〕举:谓举乐。
〔3〕后土:本指土地神,此处指祀土地神的社坛。

【译文】

国家如果丧失了大的县邑,公、卿、大夫、士都要头戴丧冠,到太庙去哭三天,国君也三天不听音乐。也有人说国君仍可听音乐,而到社坛去哭。

120. 孔子恶野哭者[1]。

【注释】

[1] 野哭:谓哭非其地。

【译文】

孔子讨厌野哭的人。

121. 未仕者不敢税人[1],如税人则以父兄之命。

【注释】

[1] 税:谓以物赠人。

【译文】

没有做官的人不敢拿家中的财物送人,如果要送人,就要用父兄的名义。

122. 士备入而后朝夕踊[1]。

【注释】

[1] 士备入而后朝夕踊:备,犹尽。案殡棺期间,死者的亲属每天早晨和傍晚都要入殡宫哭死者,叫做朝夕哭。哭时亲属们依据与死者关系的亲疏远近都有一定的位置,叫做朝夕哭位。哭时为表示极度哀痛则当踊,即双脚跳起而顿地。

【译文】

士全都入朝就哭位了,然后开始朝哭踊,或夕哭踊。

123. 祥而缟。是月禫,徙月乐。

【译文】

大祥祭之后可以戴白色的冠。这个月举行禫祭,过一个月就可以奏乐歌唱了。

124. 君于士有赐帟[1]。

【注释】

〔1〕帟:音yì,小幕帐,张于所殡的棺枢之上以遮蔽尘土。

【译文】

国君赐给士有小幕帐。

檀弓下第四

1. 君之嫡长殇，车三乘[1]。公之庶长殇[2]，车一乘。大夫之嫡长殇，车一乘。

【注释】
〔1〕车：这是死者生前所乘车，在此用作载魂车。
〔2〕公：与上"君"，皆指诸侯国君。

【译文】
国君的嫡子长殇，送葬用三辆载魂车。国君的庶子长殇，送葬用一辆载魂车。大夫的嫡子长殇，送葬用一辆载魂车。

2. 公之丧，诸达官之长杖[1]。

【注释】
〔1〕达官之长杖：达官，指诸侯的卿、大夫、士。既为官，故称长。杖，谓服丧而拄杖。

【译文】
国君的丧事，各级长官都要拄丧杖。

3. 君于大夫，将葬，吊于宫；及出，命引之，三步则止，如是者三[1]，君退。朝亦如之[2]，哀次亦如之[3]。

【注释】

〔1〕"命引"至"者三"：案因为孝子思慕亲人，不忍柩车之行，故须君命之行。

〔2〕朝亦如之：朝，指葬前朝庙，即把棺柩从殡宫运到宗庙，行朝庙之礼。

〔3〕哀次亦如之：次，指大门外为接待宾客所设的次舍。这里是说在朝庙之后，柩车出大门，走到死者平生设次接待宾客的地方，孝子见其处又哀伤而停柩不行。

【译文】

国君对于大夫的丧事，将要出葬的时候，到殡宫去吊唁；等到柩车出了殡宫，国君要下命拉柩车，车行走三步就停住了，国君要再次命拉柩车，这样反复三次，国君退去。灵柩朝庙之后国君来吊唁也这样命拉柩车，或者等柩车走到大门外设次舍接待宾客的地方而孝子哀伤不前的时候国君来吊唁，也这样命拉柩车。

4. 五十无车者，不越疆而吊人。

【译文】

年过五十岁而没有车的人，不越过国界去吊唁别人。

5. 季武子寝疾，蟜固不说齐衰而入见曰[1]："斯道也[2]，将亡矣。士唯公门脱齐衰。"武子曰："不亦善乎！君子表微。"及其丧也，曾点倚其门而歌[3]。

【注释】

〔1〕蟜固：鲁人，姓蟜名固。

〔2〕道：犹礼。

〔3〕曾点：曾参之父，字皙，也是孔子的学生。

【译文】

　　季武子病卧在床，蟜固不脱齐衰服而进去见他，说："这见大夫不脱齐衰服的礼，将要灭亡了。士人只有进国君的门才脱齐衰服。"武子说："你做得好啊。君子就应该使衰微的礼发扬起来。"等到季武子死了，曾点靠在他的门上唱歌。

　　6. 大夫吊，当事而至，则辞焉[1]。吊于人，是日不乐。妇人不越疆而吊人。行吊之日，不饮酒食肉焉。吊于葬者，必执引。若从柩，及圹，皆执绋。

【注释】

　　[1] 辞：犹告。

【译文】

　　大夫前来吊唁，若正当丧家有〔小殓、大殓或殡棺等事〕时到来，丧家主人就使摈者告诉大夫不能出来迎接。到别人家去吊丧，这一天不演奏音乐。妇人不越过国界去吊唁人。行吊礼那天，不饮酒，不吃肉。吊唁送葬的人，一定要帮着拉柩车。如果跟从着柩车，到达墓穴时，都要帮着拉绳下棺。

　　7. 丧，公吊之，必有拜者，虽朋友、州、里、舍人可也。吊曰："寡君承事。"主人曰："临。"君遇柩于路，必使人吊之。

【译文】

　　臣死〔在异国〕，所在国的国君来吊唁，一定要有人前往拜谢国君，即使是由死者的朋友，或随死者在异国的同州、同乡里以及同住在一所馆舍的人前去拜谢也可以。君来吊唁时说："寡君来助承丧事。"主人说："感谢君屈尊降临。"君如果在路上遇见柩车，一定要使人吊唁。

8. 大夫之丧，庶子不受吊[1]。

【注释】
〔1〕庶子不受吊：案因庶子贱，不可为大夫主丧，故不受吊。

【译文】
大夫的丧事，庶子不可接受人吊唁。

9. 妻之昆弟为父后者死，哭之适室[1]。子为主[2]，袒，免，哭、踊。夫入门右[3]，使人立于门外，告来者。狎则入哭。父在，哭于妻之室。非为父后者，哭诸异室。

【注释】
〔1〕适室：即正寝（参见上篇第39节）。
〔2〕子为主：这是说外甥在己家为其舅做丧主。
〔3〕夫：谓此子，即丧主之父。

【译文】
妻的兄弟而做岳父继承人的死了，夫就到正寝去哭他。由儿子做丧主，袒露右臂，头上著免，为舅哭、踊。夫进入正寝站在门右边哭，使人站在门外，告诉听见哭声而来吊的人哭的原因。如果是很熟习的人就进去哭。如果夫的父亲健在，就到妻的室中去哭。如果妻的兄弟而不是岳父继承人的死了，夫就到别室去哭。

10. 有殡，闻远兄弟之丧[1]，哭于侧室[2]。无侧室,哭于门内之右。同国则往哭之。

【注释】
〔1〕远兄弟:谓在异国者。
〔2〕哭于侧室:案若不哭于侧室,则有哭殡之嫌。

【译文】
家中殡有棺柩,听说了远在异国的兄弟的丧事,就到偏房去哭。如果没有偏房,就在门内右边哭。如果兄弟同在一国,就要前去哭他。

11. 子张死,曾子有母之丧,齐衰而往哭之。或曰:"齐衰不以吊。"曾子曰:"我吊也与哉[1]?"

【注释】
〔1〕我吊也与哉:案哭与吊不同:吊者所以慰人之戚,哭者所以致其哀。

【译文】
子张死,曾子有母亲的丧事,就穿着齐衰服前去哭子张。有人说:"穿着齐衰服不可以吊丧。"曾子说:"难道我是去吊唁他的吗?"

12. 有若之丧,悼公吊焉[1],子游摈由左[2]。

【注释】
〔1〕悼公:战国初年鲁国国君。
〔2〕子游摈由左:案依礼,助君发布辞命居右,相助丧礼居左。因当时礼废,人多不明此,故子游正之。

【译文】

有若的丧事,鲁悼公前去吊唁,子游在悼公的左边相助丧礼。

13. 齐谷王姬之丧[1],鲁庄公为之大功。或曰:"由鲁嫁,故为之服姊妹之服[2]。"或曰:"外祖母也,故为之服[3]。"

【注释】

[1] 齐谷王姬之丧:"谷"是"告"字之误。王姬,周女,齐襄公之夫人。

[2] 由鲁嫁,故为之服姊妹之服:周女由鲁主婚而嫁,比同于鲁女,当为之服出嫁姊妹之服,故服大功。

[3] 外祖母也,故为之服:案此说误:一、王姬是鲁庄公的舅妻,而不是外祖母;二、假令是外祖母,则当为服小功,而不当服大功。

【译文】

齐国向鲁国赴告王姬的丧事,鲁庄公为王姬服大功。有人解释说:"因为王姬是由鲁国主婚出嫁的,所以庄公是为她服的出嫁姊妹之服。"也有人解释说:"王姬是鲁庄公的外祖母,所以为她服大功。"

14. 晋献公之丧,秦穆公使人吊公子重耳[1],且曰:"寡人闻之,亡国恒于斯,得国恒于斯。虽吾子俨然在忧服之中,丧亦不可久也,时亦不可失也,孺子其图之。"以告舅犯[2]。舅犯曰:"孺子其辞焉。丧人无宝,仁亲以为宝。父死之谓何,又因以为利,而天下其孰能说之?孺子其辞焉。"公子重耳对客曰:"君惠吊亡臣重耳。身丧,父死,不得与于哭泣之哀,以为君忧。父死之谓何，或敢有他志，以辱君义？"稽颡而不拜[3]，哭而起，起而不私。子显以致命于穆公[4]。穆公曰："仁夫，公子重耳！夫稽颡而不拜，则未为后也，故不成拜[5]。哭而起，则爱父也。起而不私，则远利也。"

【注释】

〔1〕公子重耳：参见上篇第15节。案重耳当时因避骊姬之乱而逃亡在狄国。

〔2〕舅犯：即狐突之子狐偃，字子犯，因是重耳的舅舅，故称舅犯（参见上篇第15节）。

〔3〕稽颡：以示自为父丧哀号（参见上篇第5节）。

〔4〕子显：即秦公子絷，字子显，当时任使者。

〔5〕不成拜：案据丧礼，只有父亲的法定继承人，才能做丧主，对来吊的宾客先稽颡而后行拜礼致谢，叫做成拜。重耳不是晋献公的继承人，不敢以丧主自居，所以不敢成拜。

【译文】

晋献公死，秦穆公派人吊唁公子重耳，使者又〔转达穆公的话〕说："寡人听说，失去国家常常是在国有大丧的时候，得到国家也常常是在国有大丧的时候。虽然您严肃地处在服丧的忧戚之中，但也不可长久地逃亡在外，时机不可失去，请后生考虑考虑。"重耳把使者的话告诉舅犯。舅犯说："请后生推辞他们的好意。逃亡的人没有什么宝物，只有把亲行仁义作为宝。父亲死了，是何等凶祸的事，又借此图利，天下的人将有谁能喜欢你？请后生推辞了吧。"于是重耳向客人回话说："贵国之君施恩惠吊唁逃亡之臣重耳。我逃亡在外，而父死，不能在国中同亲人们一起哭泣致哀，因此而使贵国之君为我操心担忧。父死是何等凶祸的事，我怎敢有一点别的念头，来玷辱贵国之君的厚义呢？"说罢稽颡哀号而不拜谢，哭着站起来，起来后不和使者私下交谈。子显回国向穆公报告出使情况。穆公说："真是个仁人啊！稽颡而不拜谢，说明他不敢以父亲的继承人自居,所以不成拜礼。稽颡后哭着站起来,这是爱父的表现。起来后不和使者说私话,说明他不想因丧以图利。"

15. 帷殡[1],非古也,自敬姜之哭穆伯始也[2]。

【注释】
〔1〕帷殡:案古人以为鬼神喜欢幽暗,故殡棺后,在殡宫堂上设有帷帐。按礼,朝夕哭时应当把帷帐撩起来。
〔2〕自敬姜之哭穆伯始也:敬姜,鲁大夫穆伯之妻。敬姜年轻丧夫,为避免人或以为其亡夫穆伯生前好色,因此她朝夕哭时就不撩起殡上的帷帐,此后遂相沿成俗。

【译文】
帷着殡而朝夕哭,不是古时的礼俗,是从敬姜哭穆伯开始的。

16. 丧礼,哀戚之至也,节哀顺变也[1],君子念始之者也。

【注释】
〔1〕变:谓父母死亡。

【译文】
丧礼,是当人悲哀之极的时候,节制人的悲哀以使人适应丧亲的剧变,这是因为君子考虑到父母最初生我之心〔而不敢因悲哀毁坏身体〕的缘故。

17. 复,尽爱之道也,有祷祠之心焉。望反诸幽[1],求诸鬼神之道也。北面,求诸幽之义也。

【注释】

〔1〕望反诸幽:"反"字是衍文。

【译文】

招魂,是孝子向亲人尽爱心的方式,有祈祷鬼神以求亲人复生的心情。招魂时望着幽暗处,这是祈求鬼神的方法。招魂时面朝北方,正是向幽暗处招求亲人亡灵的意思。

18. 拜、稽颡,哀戚之至隐也,稽颡,隐之甚也。

【译文】

对来吊的宾客行拜礼和稽颡,是孝子悲哀痛极的表现,而稽颡所表现的哀痛最厉害。

19. 饭用米、贝[1],弗忍虚也。不以食道,用美焉耳[2]。

【注释】

〔1〕饭用米、贝:米,即所含之饭。贝,扱米填入死者口中的工具。
〔2〕不以食道,用美焉耳:食道,指活人吃的饭食,因为是人所造作的,不洁,故为死者饭含不用。用美,即指用米、贝等,这些都是天性自然之物,故美。

【译文】

为死者饭含用米、用贝壳,这是因为孝子不忍心亲人死后口中空无所食。不用活人吃的饭食,而要用具有天然之美的米和贝壳为死者饭含。

20. 铭,明旌也[1],以死者为不可别已,故以其旗识之。爱之，斯录之矣；敬之，斯尽其道焉耳。

【注释】

〔1〕铭，明旌也：铭，记、识，即把死者的名字写在死者生前所用的旗帜上。明旌，即以旌明柩之意。

【译文】

把死者的名字写在死者生前所用的旗帜上，用作死者棺柩的标识，因为死者不再可按形貌来区别，所以用死者的旗帜来加以识别。因为孝子爱自己的亲人，所以把亲人的名字录写在旌旗上；因为孝子敬重自己的亲人，所以铭旌的大小严格依照尺度而不敢苟且。

21. 重，主道也[1]。殷主缀重焉，周主重彻焉。

【注释】

〔1〕重，主道也：重，是用木做成，士之重木长三尺。因人始死尚未及作主，故以重主为其神。案所谓主，即木主，也就是为死者所设的木制的牌位，祭祀死者时，死者之神即可依其主以受享祭物。但这种木主是要在死者安葬、并行虞祭之后才制作，在此之前，人始死时，则是以重为主以依神。

【译文】

重，起木主的作用。殷人为死者设木主之后还要把重联缀在木主下边。周人为死者设木主之后，就把重撤去了。

22. 奠以素器[1]，以生者有哀素之心也。唯祭祀之礼，主人自尽焉耳。岂知神之所飨，亦以主人有齐敬之心也。

【注释】

〔1〕素器：凡物无饰曰素。

【译文】

葬前奠祭死者用不加雕饰的器具，因为活着的人哀痛而无雕饰之心。只有葬后行祭祀之礼，主人才尽其敬神之心而加以文饰。要知道神之所以享用祭品，也是因为主人有一颗虔诚庄敬的心。

23. 辟踊，哀之至也，有算为之节文也[1]。

【注释】

〔1〕有算为之节文：算，数。案每一踊三跳，三踊九跳，为一节。士三踊，大夫五踊，诸侯七踊，天子九踊，即所谓"节文"。

【译文】

捶胸跳跃，表示哀痛到极点，但又规定了捶胸跳跃的次数作为节度。

24. 袒，括发，变也。愠[1]，哀之变也；去饰，去美也。袒，括发，去饰之甚也。有所袒，有所袭，哀之节也。

【注释】

〔1〕愠：是"袒"字之误。

【译文】

袒露左臂，用麻束发，是孝子形貌的改变。袒露左臂，是因哀伤而变；去掉头上的装饰〔而用麻束发〕，就是去掉华美。袒露左臂，用麻束发，是去掉装饰的极端的表现。有时要袒臂，有时又要穿好衣袖,说明悲哀应有节制。

25. 弁、绖葛而葬,与神交之道也,有敬心焉[1]。周人弁而葬,殷人冔而葬[2]。

【注释】
〔1〕"弁"至"心焉":孝子居丧时穿纯凶服,到葬时,将托亲人之遗体于地下,孝子当与山川土地之神交接,与神交则主敬,不可穿纯凶服,故去丧冠而戴素弁,又去麻绖而戴葛绖。
〔2〕冔:音 xǔ,殷代斋戒、祭祀时所戴冠名。冔与上文周人之弁,都是白色的。

【译文】
戴弁、系葛首绖而送葬,这是与神接交的方法,说明对神有虔敬之心。周人戴弁送葬,殷人戴冔送葬。

26. 歠主人、主妇、室老[1],为其病也,君命食之也。

【注释】
〔1〕歠主人、主妇、室老:歠,谓歠(饮)粥。主人,亡者之子。主妇,亡者之妻。室老,亡者的家臣头子。

【译文】
使主人、主妇、室老吃粥,因为他们都哀伤不食以致困病,所以国君命令他们吃粥。

27. 反哭升堂[1],反诸其所作也[2]。主妇入于室,反诸其所养也。

【注释】
〔1〕堂:指庙中之堂,下文室亦指庙中之室。
〔2〕所作:即作所(下"所养"仿此),谓死者生前行礼(如祭祀、冠、婚等)之处所。

【译文】
〔将亲人葬后〕返回来登上庙堂而哭,这是返回到亲人生前行礼的地方。主妇进入室中而哭,这是返回到平日供养亲人的地方。

28. 反哭之吊也,哀之至也:反而亡焉,失之矣,于是为甚。殷既封而吊[1],周反哭而吊。孔子曰:"殷已悫,吾从周[2]。"

【注释】
〔1〕封:通"窆",谓下棺。
〔2〕殷已悫,吾从周:悫,音què,简质少文之意。已悫,谓其质有余而文不足。

【译文】
葬后返回来哭时宾客来吊唁,这是孝子最悲哀的时候:返回来发现亲人不在了,失去了,悲痛之情这时最厉害。殷礼将棺柩下到墓穴之后宾客就对主人进行吊唁,周礼待主人返回来哭时宾客才对主人进行吊唁。孔子说:"殷礼过于简质,我遵从周礼。"

29. 葬于北方,北首,三代之达礼也,之幽之故也。

【译文】
　　人死了葬在都城的北方,头朝北,是夏商周三代的通礼,这是因为死者的灵魂要去幽暗地方的缘故。

30. 既封,主人赠[1],而祝宿虞尸[2]。

【注释】
　　[1]主人赠:主人,死者的嫡长子。赠,谓以币(玄纁束帛)送死者于圹。
　　[2]祝宿虞尸:祝,为主人掌神事者。宿,通"速",谓预招使来。虞,谓虞祭。虞祭应有尸(参见《曲礼上第一》第4节),故使祝预宿之。

【译文】
　　棺下入墓穴之后,主人向死者赠送玄纁束帛的时候,祝先回去约请虞祭时充任尸的人。

31. 既反哭,主人与有司视虞牲。有司以几、筵舍奠于墓左,反,日中而虞。

【译文】
　　葬罢返回来哭过之后,主人同他的属吏察看为虞祭所准备的牲。另有属吏将几、席和祭品放置在墓道左边以祭地神,祭毕返回来,到中午举行虞祭。

32. 葬日虞,弗忍一日离也。是月也,以虞易奠。卒哭曰:"成事。"

【译文】

葬的当天就举行虞祭,因为孝子一天也不忍心离开亲人的神灵。就在这个月,用虞祭代替葬前的奠祭。到行卒哭祭的时候致词说:"祭事到此已成。"

33. 是日也,以吉祭易丧祭[1],明日祔于祖父[2]。其变而之吉祭也,比至于祔,必于是日也接,不忍一日未有所归也。殷练而祔[3],周卒哭而祔,孔子善殷[4]。

【注释】

[1]以吉祭易丧祭:案自卒哭祭始,以后所行皆属吉祭,亦即吉礼。

[2]祔于祖父:祔,卒哭祭明日之祭名,即将死者的牌位(木主)附于宗庙,使之与其祖、父的神灵合而祭之。

[3]练:即小祥祭,人死一周年祭名。

[4]孔子善殷:案殷人在人死一周年后即把死者看作神,更符合于人情,所以孔子善之。

【译文】

行卒哭祭这天,开始用吉祭代替丧祭。卒哭祭的第二天,将死者的牌位附于宗庙而与他的祖、父的神灵一起进行祔祭。丧祭变到吉祭,接着就进入到祔祭,之所以一定要使祔祭与卒哭祭这一天相连接,是因为孝子不忍心亲人的神灵哪怕一天无所归依。殷人练祭而后举行祔祭,周人卒哭祭而后举行祔祭,孔子认为殷人的做法好。

34. 君临臣丧,以巫、祝桃、茢,执戈[1],恶之也,所以异于生也。丧有死之道焉,先王之所难言也。

【注释】

〔1〕桃、茢，执戈：桃，鬼所恶。茢，音 liè，苕帚，可扫除不祥。执戈，亦为驱除凶邪之气。执戈者为小臣，此处省文。

【译文】

君亲临吊唁臣丧，要使巫拿着桃枝，祝拿着苕帚，小臣拿着戈，因为厌恶死人的凶邪之气，所以不同于对待臣下活着时的礼节。〔人死后的状况实与鸟兽无异〕，不过先王不忍心说起罢了。

35. 丧之朝也〔1〕，顺死者之孝心也。其哀离其室也，故至于祖考之庙而后行。殷朝而殡于祖，周朝而遂葬。

【注释】

〔1〕朝：谓葬前迁柩于庙以行朝庙之礼（参见第3节）。

【译文】

丧礼葬前的朝庙礼，是顺遂死者对祖、父的孝心。死者的神灵因离弃他的家室而悲哀，因此要到祖、父之庙辞行而后上路。殷人朝庙后就将棺柩殡在祖庙中，周人朝庙后接着就安葬。

36. 孔子谓"为明器者〔1〕，知丧道矣，备物而不可用也。哀哉，死者而用生者之器也！不殆于用殉乎哉？其曰明器，神明之也。涂车，刍灵，自古有之，明器之道也"。孔子谓"为刍灵者善"，谓"为俑者不仁〔2〕，殆于用人乎者"！

【注释】

〔1〕明器：随葬的器物。

〔2〕俑：泥塑或木雕的人形。

【译文】
　　孔子认为"制作明器的人，懂得办丧事的道理，虽然器物具备而不可实用。多么可悲啊，死人而用活人的器物随葬！那不近乎于用人殉葬吗？之所以叫做明器，是因为把死者当作神明看待。泥做的车子，草扎的人、马，自古就有了，这就是制作明器的方法"。孔子认为"用草扎人、马的心地善良"，认为"制作人俑的人心地不仁，近乎于用人殉葬呢"！

37. 穆公问于子思曰："为旧君反服[1]，古与？"子思曰："古之君子进人以礼，退人以礼，故有旧君反复之礼也。今之君子进人若将加诸膝，退人若将队诸渊，毋为戎首[2]，不亦善乎？又何反服之礼之有？"

【注释】
　〔1〕为旧君反服：退休或因故而被罢官、被放逐之臣称以前之君为旧君。为旧君当服齐衰三月。
　〔2〕戎首：为他国主兵来攻伐故国。

【译文】
　　鲁穆公问子思说："故臣返回来为旧君服丧，是古礼吗？"子思说："古代的国君，依照礼进用人，依照礼辞退人，因此有故臣返回来为旧君服丧的礼。现在的国君，需要人才的时候好像要把人才抱在膝盖上似的，不需要的时候又好像要把臣抛落深渊一样。被放逐的臣不带领别国的兵来攻打故国，不也就算不错了吗？又哪里有什么返回来为旧君服丧之礼可言呢？"

38. 悼公之丧，季昭子问于孟敬子曰[1]："为君何食?"敬子曰:"食粥,天下之达礼也。吾三臣者之不能居公室也[2],四方莫不闻矣。勉而为瘠,则吾能,毋乃使人疑夫不以情居瘠者乎哉?我则食食。"

【注释】
〔1〕季昭子问于孟敬子:季昭子,孟敬子,皆鲁大夫。
〔2〕三臣:指孟孙氏、叔孙氏、季孙氏。此三臣强横,专国政,不把国君放在眼里。

【译文】
鲁悼公的丧事,季昭子问孟敬子说:"为了国君的丧事,吃什么饭呢?"孟敬子说:"吃粥,这是天下的通礼。但我们三个做臣子的不能安处国君之朝,天下四方没有不知道的。如果勉强节食而使身体变得瘦瘠,我们能做到,但那不是会让人怀疑我们并非出于真情而瘦瘠的吗?我还是照常吃我的饭吧。"

39. 卫司徒敬子死[1],子夏吊焉,主人未小敛,绖而往。子游吊焉,主人既小敛,子游出,绖,反哭。子夏曰:"闻之也与?"曰:"闻诸夫子,主人未改服[2],则不绖。"

【注释】
〔1〕司徒敬子:卫大夫。
〔2〕主人未改服:案主人小殓后袭绖,包括首绖和腰绖,即所谓"改服"。

【译文】
卫国司徒敬子死了,子夏去吊唁,主人还没有为死者小殓,子夏就著绖前往。子游去吊唁,等主人为死者小殓后,子游出来,著绖，再进去哭。子夏说："你听谁说过应该这样做吗？"子游说："我听先生说过，主人尚未改变常服，吊唁的人就不著绖。"

40. 曾子曰："晏子可谓知礼也已，恭敬之有焉。"有若曰："晏子一狐裘三十年，遣车一乘，及墓而反。国君七个，遣车七乘；大夫五个，遣车五乘。晏子焉知礼？"曾子曰："国无道，君子耻盈礼焉。国奢，则示之以俭；国俭，则示之以礼。"

【译文】
　　曾子说："晏子可以说是懂得礼了，有恭敬的言行。"有若说："晏子一件狐皮袍子穿了三十年，为亲人送葬只用一辆遣车，到达墓地下葬完毕就回家。依礼，装遣奠牲体国君用七个包，遣车用七辆；大夫五个包，遣车用五辆。晏子哪里懂得礼呢！"曾子说："如果国君治国无方，君子就耻于按礼数一一做到。国人奢侈成风，就应当向人们显示节俭；国人过于俭啬，就应当向人们显示礼数。"

41. 国昭子之母死[1]，问于子张曰："葬及墓男子、妇人安位？"子张曰："司徒敬子之丧，夫子相，男子西乡，妇人东乡。"曰："噫！毋。"曰："我丧也，斯沾[2]。尔专之，宾为宾焉，主为主焉，妇人从男子皆西乡。"

【注释】
　〔1〕国昭子：齐大夫。
　〔2〕斯沾：斯，此。沾，薄。

【译文】

国昭子的母亲死了,他问子张说:"送葬到墓地,男子和妇女的位置怎么排列?"子张说:"司徒敬子的丧事,夫子相礼,使男子面朝西,妇女面朝东。"国昭子说:"噫!不要这样。"又说:"我母亲的丧事,照这样排列待妇女太薄了。丧事专由你负责。要使宾与宾站在一起,主人与主人站在一起,主家的妇女随从男子都面朝西。"

42. 穆伯之丧,敬姜昼哭。文伯之丧,昼夜哭[1]。孔子曰:"知礼矣。"

【注释】

〔1〕"穆伯"至"夜哭":穆伯,鲁大夫。敬姜,穆伯之妻。文伯,穆伯之子。案丧夫不夜哭,以避思情之嫌。

【译文】

对丈夫穆伯的丧事,敬姜只在白天哭;对儿子文伯的丧事,敬姜昼夜哭。孔子说:"敬姜很懂礼啊。"

43. 文伯之丧,敬姜据其床而不哭,曰:"昔者吾有斯子也,吾以将为贤人也,吾未尝以就公室。今及其死也,朋友诸臣未有出涕者,而内人皆行哭失声。斯子也,必多旷于礼矣夫。"

【译文】

文伯的丧事,敬姜依着他的床而不哭,说:"从前我有这个孩子的时候,我以为他将成为一个贤人,我也就不曾到他的公署去观察过他的言行。现在到他死了,发现朋友和众臣没有为他流泪的,而他的妻妾们都为他痛哭失声。这个孩子,一定有许多废礼的地方吧。"

44. 季康子之母死,陈亵衣[1]。敬姜曰:"妇人不饰,不敢见舅姑。将有四方之宾来,亵衣何为陈于斯?"命彻之。

【注释】
〔1〕亵衣:即下身穿的衣服。

【译文】
季康子的母亲死了,陈殓衣时把下衣也陈列出来。敬姜说:"妇女不梳妆打扮,都不敢见公婆。现在将有四方的宾客来吊丧,下衣怎么能陈放在这里?"命人把下衣撤去。

45. 有子与子游立,见孺子慕者,有子谓子游曰:"予壹不知夫丧之踊也[1],予欲去之久矣。情在于斯,其是也夫?"子游曰:"礼有微情者[2],有以故兴物者[3]。有直情而径行者[4],戎狄之道也。礼道则不然。人喜则斯陶[5],陶斯咏,咏斯犹[6],犹斯舞,舞斯愠,愠斯戚,戚斯叹,叹斯辟,辟斯踊矣。品节斯,斯之谓礼。人死,斯恶之矣;无能也,斯倍之矣。是故制绞、衾,设蒌、翣[7],为使人勿恶也。始死,脯醢之奠;将行,遣而行之;既葬而食之[8]。未有见其飨之者也,自上世以来未之有舍也,为使人勿倍也。故子之所刺于礼者,亦非礼之訾也。"

【注释】

〔1〕壹：犹独。
〔2〕微：犹杀（音 shài）。
〔3〕物：谓衰、绖等丧饰。
〔4〕有直情而径行者："有"字乃涉上文而衍。
〔5〕陶：喜心鼓荡于内而欲发。
〔6〕犹：是"摇"字之误，谓身动摇。
〔7〕制绞、衾，设蒌、翣：绞、衾，参见上篇第 73 节。蒌，通"柳"，即柳车。翣，参见上篇第 12 节。
〔8〕食：谓虞祭。

【译文】

有子和子游站在一起，看见一个小儿号哭着找父母。有子对子游说："我单单不理解丧礼中为什么规定有踊的礼节，我早就想取消它了。孝子的哀情就表现在这小儿的号哭中，这不正是人的真情所在吗？"子游说："礼有使人的哀情得以节制减轻的，有故意设制衰绖等服物以使人睹物思哀的。至于听任哀情直接宣泄出来的，那是野蛮人的表达方式。礼的道理就和这不一样。人心里高兴就想表现出来，想表现因此就歌咏，歌咏而不由得身体摇动，身体摇动而不由得舞蹈起来，舞蹈快乐到极点就会生出愠怒之情，由愠怒而转变为哀戚，哀戚就会叹息，叹息不已就会用手捶胸，捶胸仍不足以表达就会顿足跳跃。对人的哀乐之情区分轻重等级而加以节制，这就叫做礼。人一死，就招人厌恶了；人死无能，就遭人背弃了。因此为死者制作绞带、衾被，设置柳车、翣扇，是为了使人们不厌恶死者。刚死的时候，设脯醢做奠祭物；将出葬，设遣奠而后出葬；葬毕回来又设虞祭以向死者的神灵献食。从没有人看见鬼神享用过这些祭品，但自古以来也没有人舍弃过这些礼仪，就是为了使人们不背弃死者。因此您对于丧礼的批评，也并非礼的弊病呢。"

46. 吴侵陈[1]，斩祀，杀厉。师还出竟，陈太宰嚭使于师[2]。夫差谓行人仪曰[3]："是夫也多言[4]，盍尝问焉？师必有名，人之称斯师也者，则谓之何？"太宰嚭曰："古之侵伐者，不斩祀，不杀厉，不获二毛。今斯师也，杀厉与？其不谓之杀厉之师与？"曰："反尔地，归尔子，则谓之何？"曰："君王讨敝邑之罪，又矜而赦之，师与，有无名乎？"

【注释】
〔1〕吴侵陈：在鲁哀公元年。
〔2〕陈太宰嚭：太宰，官名。嚭，太宰名，名同吴之太宰。
〔3〕夫差谓行人仪曰：夫差，吴王名。行人，官名。仪，行人名。
〔4〕多言：犹能言。

【译文】
　　吴国侵伐陈国，砍伐祀祠的树木，杀死有疫病的人。吴军回国，出了陈国国境，陈国太宰嚭出使到吴军中。夫差对行人仪说："此人很善于辞令，何不试问问他？军队一定都有个称号，人们对于我们这支军队，是怎么称呼的？"太宰嚭说："古时候侵伐别国的军队，不砍伐祀祠的树木，不杀死有疫病的人，不俘虏头发花白的人。现在这支军队，杀过有疫病的人吧？那不是可以称为'杀厉之师'吗？"又问："把攻取的土地归还给你们，把俘虏的臣民归还给你们，那将怎么称呼呢？"回答说："君王您讨伐敝国之罪，又同情而赦免敝国，如果是这样的军队，又怎么会没个好名称呢？"

47. 颜丁善居丧[1]，始死，皇皇焉如有求而弗得；及殡，望望焉如有从而弗及；既葬，慨焉如不及其反而息。

【注释】
〔1〕颜丁善：鲁人。

【译文】

　　颜丁善守丧，亲人刚死的时候，遑遑然如同寻求什么而得不到的样子；到殡棺的时候，望而又望如同追从亲人而达不到的样子；葬后，心中失落怅惘如同再也盼不到亲人回家来歇息的样子。

48. 子张问曰："《书》云，高宗三年不言，言乃讙[1]，有诸？"仲尼曰："胡为其不然也？古者天子崩，王世子听于冢宰三年。"

【注释】

　　[1]"《书》云"至"乃讙"：《书》，即《尚书》。高宗，殷王，名武丁。三年，指高宗居丧期间。讙，通"欢"。

【译文】

　　子张问道："《书》中记载说，高宗三年不谈国事，一谈国事，臣民们都很喜欢，有这回事吗？"仲尼回答说："为什么不是这样呢？古时候天子死，王太子守丧，听凭冢宰摄政三年。"

49. 知悼子卒[1]，未葬，平公饮酒[2]，师旷、李调侍，鼓钟。杜蒉自外来[3]，闻钟声，曰："安在？"曰："在寝！"杜蒉入寝，历阶而升，酌曰："旷，饮斯！"又酌曰："调，饮斯！"又酌，堂上北面坐饮之，降，趋而出。平公呼而进之曰："蒉，曩者尔心或开予，是以不与尔言。尔饮旷何也？"曰："子卯不乐[4]。知悼子在堂，斯其为子卯也，大矣。旷也，大师也[5]，不以诏，是以饮之也。""尔饮调何也？"曰："调也，君之亵臣也[6]，为一饮一食，亡君之疾，是以饮之也。"

"尔饮何也?"曰:"蒉也,宰夫也[7],非刀匕是共[8],又敢与知、防,是以饮之也。"平公曰:"寡人亦有过焉,酌而饮寡人。"杜蒉洗而扬觯[9]。公谓侍者曰:"如我死,则必无废斯爵也。"至于今,既毕献,斯扬觯,谓之"杜举"[10]。

【注释】

〔1〕知悼子:即晋大夫荀盈,鲁昭公九年卒。
〔2〕平公:即晋侯彪。
〔3〕杜蒉:蒉,音 kuài,《左传》作屠蒯。
〔4〕子卯不乐:据说商纣王是在甲子日死的,夏桀是在乙卯日灭亡的,因此王者把子卯日称为"忌日",不在这两天作乐和办吉事,以自戒惧。
〔5〕大师:乐官。
〔6〕褒臣:即嬖臣。
〔7〕宰夫:太宰的属官,掌宾客饮食者。
〔8〕刀匕:皆饮食器具。
〔9〕觯:饮酒器。
〔10〕既毕献,斯扬觯,谓之"杜举":献,献酒。案献酒完毕,晋国的燕礼还要加上一个仪节:特举觯于君,以体现鉴戒之义,即所谓"杜举"。

【译文】

知悼子死,还没有葬,晋平公就饮酒,由师旷、李调陪侍,并击钟奏乐。杜蒉从外面进来,听见钟声,说:"国君在哪里?"有人回答说:"在路寝。"杜蒉进入路寝,一脚一级台阶升到堂上,斟满一杯酒说:"旷,把这杯酒喝掉!"又斟一杯酒说:"调,把这杯酒喝掉!"又斟一杯酒,在堂上面朝北而坐,把酒饮干,然后下堂,快步走出去。晋平公叫住他,让他进前来,说:"蒉,刚才我以为你或许想对我有所启发,因此没有同你说话。〔现在我问你〕:你罚旷饮酒是为什么?"杜蒉回答说:"子卯日不作乐。现在有知悼子的棺柩殡在堂上，这不是更严重得多的子卯日吗？旷是太师，不告诫君，因此罚他饮酒。"平公又问："你罚调饮酒是为什么呢？"杜蒉说："调是君的贴身近臣，为贪吃喝，而忘了规劝君的过失，因此罚他饮酒。"平公又问："你自己饮酒又是为什么呢？"杜蒉回答说："我是个宰夫，不供应好餐具饮食，又敢于越职参与知而即谏、以防放逸的事，因此自饮罚酒。"平公说："寡人也有过错呢，斟酒罚寡人吧。"杜蒉便洗杯斟酒，高高举起献给平公。平公对陪侍的人说："如果我死了，一定不要废弃这个酒杯！"直到今天，在燕礼上献酒完毕之后，还要向君举起这只酒杯献酒，称之为"杜举"。

50. 公叔文子卒[1]，其子成请谥于君[2]，曰："日月有时，将葬矣，请所以易其名者。"君曰："昔者卫国凶饥，夫子为粥与国之饿者[3]，是不亦'惠'乎？昔者卫国有难[4]，夫子以其死卫寡人，不亦'贞'乎？夫子听卫国之政，修其班制[5]，以与四邻交，卫国之社稷不辱，不亦'文'乎？故谓夫子'贞惠文子'。"

【注释】
〔1〕公叔文子：卫大夫。
〔2〕君：卫灵公。
〔3〕夫子：对公叔文子的尊称。
〔4〕昔者卫国有难：指鲁昭公二十年卫大夫齐豹等作乱。
〔5〕班制：谓尊卑等差。

【译文】
公叔文子死，他的儿子公叔成向国君请求赐给谥号，说："日期有限，将要下葬了，请求赐给一个可以代替他的名字的称号。"国君说："从前卫国发生大饥荒，夫子煮粥给国中饥饿的人吃，这不是可以称为'惠'吗？从前卫国有难，夫子用生命捍卫寡人，这不是可以称为'贞'吗？夫子执掌卫国国政，修订了关于尊卑等差的制度，使卫国与四方邻国交好，使卫国的社稷没有受到玷侮，这不是可以称为'文'吗？因此称夫子为'贞惠文子'。"

51. 石骀仲卒[1]，无嫡子，有庶子六人，卜所以为后者。曰："沐浴佩玉则兆。"五人者皆沐浴佩玉。石祁子曰："孰有执亲之丧，而沐浴佩玉者乎？"不沐浴佩玉。石祁子兆，卫人以龟为有知也[2]。

【注释】
〔1〕石骀仲：卫大夫。骀，音 tái。
〔2〕以龟为有知：案占卜是用龟甲进行的，故以为龟有知。

【译文】
石骀仲死，没有嫡子，有庶子六人，通过占卜来决定由谁做继承人。卜人说："洗头洗澡佩玉，就能得吉兆。"五个庶子都洗头洗澡佩玉。石祁子说："哪里有为亲人办丧事，而洗头洗澡佩玉的呢？"便不洗头洗澡佩玉。占卜的结果石祁子得了吉兆，卫人都认为龟甲有灵验。

52. 陈子车死于卫[1]，其妻与其家大夫谋以殉葬[2]，定而后陈子亢至[3]，以告曰："夫子疾[4]，莫养于下，请以殉葬。"子亢曰："以殉葬，非礼也。虽然，则彼疾当养者，孰若妻与宰？得已，则吾欲已；不得已，则吾欲以二子者之为之也。"于是弗果用。

【注释】
〔1〕陈子车：齐大夫。

〔2〕家大夫：即下文所称之宰，家臣头子。
〔3〕陈子亢：是陈子车的弟弟，孔子的学生。
〔4〕夫子：对陈子车的尊称。

【译文】
　　陈子车死在卫国，他的妻子和他的家宰商议要用活人为他殉葬，商议定了之后陈子亢到来，便告诉他说："夫子有病，没有人在地下奉养他，请允许用活人为他殉葬。"子亢说："用活人殉葬，是不符合礼的。虽然如此，应当奉养他的病体的，有谁比妻子和家宰更合适？能取消这个决定，正是我的希望；不能取消，那我就想用你们二位为他殉葬。"结果用人殉葬的事没有实行。

53. 子路曰："伤哉，贫也！生无以为养，死无以为礼也。"孔子曰："啜菽[1]，饮水，尽其欢，斯之谓孝。敛手[2]、足、形，还葬而无椁[3]，称其财，斯之谓礼。"

【注释】
　　〔1〕菽：大豆。
　　〔2〕手：通"首"。
　　〔3〕还：音 xuán，犹疾，谓不到日期。

【译文】
　　子路说："贫穷，是多么令人忧伤啊！亲人在世没有钱赡养，死了又没有钱举行丧礼。"孔子说："即使煮豆吃，喝凉水，能使双亲精神愉快，这就叫做孝。亲人死后殓时仅能包裹他们的头、脚、形体，很快就出葬而又没有椁，但只要做到和自家的财力相称，这就叫符合礼。"

54. 卫献公出奔，反于卫，及郊，将班邑于从者而后入。柳庄曰："如皆守社稷，则孰执羁靮而从[1]？如皆从，则孰守社稷？君反其国而有私也[2]，毋乃不可乎。"弗果班。

【注释】
〔1〕羁靮：羁，马络头。靮，音dí，马缰绳。
〔2〕有私：谓偏私于跟从自己出奔的人。

【译文】
卫献公出奔，又返回卫国，到达国都郊区，将颁赐邑地给跟从他出奔的人，然后再进国都。柳庄说："如果做臣子的都留下守卫国家，那么谁为您牵马而跟从您呢？如果都跟从您，那么谁来守卫国家呢？君返回自己的国家而有偏私之心，大概不可以吧。"结果没有颁赐邑地。

55. 卫有大史曰柳庄，寝疾。公曰："若疾革，虽当祭必告。"公再拜稽首，请于尸曰："有臣柳庄也者，非寡人之臣，社稷之臣也，闻之死，请往。"不释服而往，遂以襚之[1]，与之邑裘氏与县潘氏[2]，书而纳诸棺，曰："世世、万子孙无变也。"

【注释】
〔1〕襚：音suí，赠送死者的衣衾。
〔2〕裘氏、县潘氏：皆邑名。

【译文】
卫国有个太史名叫柳庄，病卧在床。卫君说："如果病情危急,虽当我正在祭祀的时候,也一定要向我报告。"〔柳庄果然在卫君祭祀的时候死了〕。卫君行再拜稽首礼,向尸请求说:"有臣柳庄,他不是我个人的臣,而是国家的臣,听说他死了,请求前往吊唁。"说罢来不及脱祭服就到柳庄家去,于是就把祭服赠给柳庄,又封赐柳庄裘氏和县潘氏两个邑,并把赐邑的命令记录下来放进棺中,写道:"世世相传、万代子孙也不变。"

56. 陈乾昔寝疾,属其兄弟[1],而命其子尊己曰[2]:"如我死,则必大为我棺,使我二婢子夹我。"陈乾昔死,其子曰:"以殉葬,非礼也,况又同棺乎?"弗果杀。

【注释】

〔1〕属:犹合,聚。
〔2〕尊己:陈乾昔之子名。

【译文】

陈乾昔病卧在床,招集他的兄弟们,而命令他的儿子尊己说:"如果我死了,一定要为我做一口大棺材,使我的两个妾夹在我的两旁。"陈乾昔死,他的儿子说:"用活人殉葬,不符合礼,何况又共用一棺呢!"结果没有杀两个妾。

57. 仲遂卒于垂[1],壬午犹绎[2],万入去籥[3]。仲尼曰:"非礼也。卿卒不绎。"

【注释】

〔1〕仲遂卒于垂:仲遂,鲁庄公之子。垂,齐地名。
〔2〕壬午犹绎:案壬午的前一天则为辛巳日。绎,祭名,头一天举行了宗庙祭祀,第二天接着又祭,就叫绎祭(参见《郊特牲第十一》第

〔3〕万入去籥：万，是文、武二舞的总名。籥，文舞。舞以武舞为重，文舞为轻。万入去籥，则独用武舞，以示减杀。案武舞执干（盾牌），故又称干舞。文舞吹籥，故又称籥舞。籥，音 yuè，古代的一种管乐器。

【译文】
仲遂死在垂地，鲁宣公在壬午这天还要为他举行绎祭，只不过表演万舞的人进来后去掉其中的籥舞罢了。仲尼说："这是不符合礼的。卿死，不得举行绎祭。"

58. 季康子之母死，公输若方小〔1〕。敛〔2〕，般请以机封〔3〕。将从之，公肩假曰〔4〕："不可。夫鲁有初：公室视丰碑〔5〕，三家视桓楹〔6〕。般，尔以人之母尝巧，则其不得以〔7〕？其母以尝巧者乎〔8〕，则病者乎？噫！"弗果从。

【注释】
〔1〕公输若：鲁人，当时任匠师（工匠头子），负责窆事，但因年龄还小，尚不知礼。
〔2〕敛：谓下棺殓于圹。
〔3〕般：公输般，即鲁班，他见公输若年幼，便请求代替他主窆事而试其机巧。
〔4〕公肩假：鲁人。
〔5〕丰碑：丰，大。所谓碑，是用大木砍削而成，其形似碑，下棺时所用。案下棺时植碑于墓圹的前后和左右，碑上凿有孔，孔中安辘轳，辘轳上缠绳，绳的一端系棺，另一端由人反身背着，听击鼓声向后退行，这样逐渐将棺下入圹中。
〔6〕三家视桓楹：三家，谓仲孙氏、叔孙氏、季孙氏。桓楹，亦下棺所用。桓，大。楹，柱。因其形不似碑而似大柱子，故名桓楹。
〔7〕以：通"已"。

〔8〕母：当作"毋"。

【译文】

　　季康子的母亲死了，公输若年龄还小。当要下葬的时候，公输般请求用他设计的机械来下棺。主人将要听从他的意见，公肩假说："不可。鲁国有旧例：诸侯下棺比照天子所用的丰碑，三家下棺比照诸侯所用的桓楹。般，你用别人的母亲来试验你的机械，难道不这样做就不行吗？难道不用别人的母亲试验你的机械，你就不好受吗？噫！"结果没有听从公输般的意见。

59. 战于郎[1]。公叔禺人遇负杖入保者[2]，息曰："使之虽病也[3]，任之虽重也[4]，君子不能为谋也，士弗能死也，不可。我则既言矣。"与其邻重汪踦往[5]，皆死焉。鲁人欲勿殇重汪踦[6]，问于仲尼。仲尼曰："能执干戈以卫社稷，虽欲勿殇也，不亦可乎。"

【注释】

　　〔1〕郎：鲁国都附近的邑名。
　　〔2〕公叔禺人：鲁昭公之子。
　　〔3〕使：谓徭役。
　　〔4〕任之：谓赋税。
　　〔5〕重汪踦：重，当作"童"，下仿此。童，未冠者之称，姓汪，名踦。
　　〔6〕鲁人欲勿殇重汪踦：谓欲以成人之丧治之。

【译文】

　　鲁、齐两国在郎邑作战。公叔禺人看见一个扛着杖逃进城邑来避难的人，他叹息说："虽然徭役使民众疲困，虽然加给民众的赋税十分沉重，君子却不能为民众谋划，士不能为民众而死，不可以这样！我既然说了这话，〔就得有行动〕。"于是就和他同邻里的少年汪踦奔赴齐军,都战死了。鲁人想不把少年汪踦当作未成年的人来举行丧礼,并询问仲尼。仲尼说:"能手拿武器保卫国家,即使不把他当作未成年的人来治丧,不也可以吗?"

60. 子路去鲁,谓颜渊曰:"何以赠我?"曰:"吾闻之也,去国,则哭于墓而后行[1]。反其国不哭,展墓而入。"谓子路曰:"何以处我?"子路曰:"吾闻之也,过墓则式,过祀则下。"

【注释】
〔1〕哭于墓而后行:案这是指非受君命而去国,则主于孝,故当哭于墓;若受君命去国,则不得哭墓。

【译文】
子路要离开鲁国,对颜渊说:"用什么话赠送我?"颜渊说:"我听说,离开祖国,要到先人的墓上去哭告,然后上路。返回祖国不用哭,要到先人的墓地察看一番,然后进城。"又对子路说:"有什么话使我安处鲁国吗?"子路说:"我听说,经过墓地就要行式礼,经过神祠就要下车。"

61. 工尹商阳与陈弃疾追吴师[1],及之,陈弃疾谓工尹商阳曰:"王事也,子手弓而可。"手弓。"子射诸。"射之,毙一人,韔弓[2]。又及,谓之,又毙二人。每毙一人,掩其目。止其御曰:"朝不坐,燕不与,杀三人,亦足以反命矣。"孔子曰:"杀人之中,又有礼焉[3]。"

【注释】

〔1〕工尹商阳与陈弃疾追吴师：工尹，楚官名，即工正，掌百工及官营手工业。陈弃疾，即楚公子弃疾。追吴师，事在鲁昭公十二年。

〔2〕韔：音chàng，弓袋。

〔3〕有礼：是说商阳射毕即韔弓，掩死者之目，不穷追败亡之敌，不以多杀为功，等等。

【译文】

工尹商阳和陈弃疾追击吴军，追上了，陈弃疾对工尹商阳说："这是为了君王的事业，您可以把弓拿在手里。"商阳把弓拿在手里。〔陈弃疾又说〕："您射箭吧。"商阳射箭，射死一人，把弓放进弓袋。又追上吴军，〔陈弃疾又让商阳拿弓射箭〕，商阳又射死二人。每射死一人，商阳就把死者的眼合上。商阳制止他的驾车人说："我们朝见国君而不得参加在路寝中坐议国事，参加燕礼也没有坐席，杀死三个敌人，也足可以回去交差了。"孔子说："在杀人的过程中，又有礼呢。"

62. 诸侯伐秦，曹桓公卒于会。诸侯请含，使之袭[1]。

【注释】

〔1〕诸侯请含，使之袭：含，读去声，谓行含礼，即为死者含玉，与饭含有别，统言之，则亦可谓之饭含之礼。袭，为死者穿殓衣。

【译文】

诸侯国联合讨伐秦国，曹宣公在会盟时死了。诸侯们请求为他行含礼，曹人又让诸侯为曹宣公穿殓衣。

63. 襄公朝于荆[1]，康王卒，荆人曰："必请袭。"鲁人曰："非礼也。"荆人强之。巫先拂柩，荆人悔之。

【注释】
〔1〕荆：即楚。

【译文】
鲁襄公到楚国去朝见，赶上楚康王死，楚人对襄公说："请务必为王穿衣。"鲁人说："这不符合礼。"楚人强要襄公这样做。于是襄公让巫拿着桃枝在前先把棺柩拂了拂，结果楚人很后悔。

64. 滕成公之丧[1]，使子叔敬叔吊[2]，进书。子服惠伯为介[3]。及郊，为懿伯之忌[4]，不入。惠伯曰："政也，不可以叔父之私，不将公事。"遂入。

【注释】
〔1〕滕成公：滕国国君。
〔2〕子叔敬叔：鲁大夫。
〔3〕子服惠伯：鲁大夫。
〔4〕为懿伯之忌：懿伯，是敬叔的从祖父，惠伯的叔父。忌，谓忌日，即死日，因此敬叔想缓一天再进城。

【译文】
滕成公的丧事，鲁国派子叔敬叔前往吊唁，并呈递鲁君的吊唁书。子服惠伯做副手。到达滕国都城近郊这天，正是懿伯的忌日，敬叔不想在这天进城。惠伯说："我们是奉行君命，不可因为我对叔父的私情而不行公事。"就进城了。

65. 哀公使人吊蒉尚[1]，遇诸道，辟于路，画宫而受吊焉。曾子曰："蒉尚不如杞梁之妻之知礼也[2]。齐庄公袭莒于夺[3]，杞梁死焉。其妻迎其柩于路而哭之哀。庄公使人吊之，对曰：君之臣不免于罪，则将肆诸市朝，而妻妾执。君之臣免于罪，则有先人之敝庐在，君无所辱命。"

【注释】
〔1〕蒉尚：鲁臣。
〔2〕杞梁：名殖，齐大夫。
〔3〕夺：即遂，地名。

【译文】
鲁哀公派人去吊唁蒉尚，在路上遇见了灵柩，于是蒉尚扫除道路，就地画殡宫的形状而接受吊唁。曾子说："蒉尚还不如杞梁的妻子懂礼呢。齐庄公从狭路袭击莒国，杞梁战死，杞梁的妻子在路上迎接杞梁的棺柩而哭他，哭得很哀痛。齐庄公派人吊唁，她回答说：君的臣如果不能免罪，就将把他陈尸在市朝，而妻妾也当被捕。如果君的臣能得免罪，那还有先人留下的破旧的住宅在，不可在路上接受吊唁而屈辱君命。"

66. 孺子䵍之丧[1]，哀公欲设拨[2]，问于有若。有若曰："其可也。君之三臣犹设之。"颜柳曰[3]："天子龙辅而椁帱[4]。诸侯辅而设帱。为榆沈，故设拨[5]。三臣者废辅而设拨，窃礼之不中者也，而君何学焉！"

【注释】
〔1〕䵍：音 tūn，鲁哀公的小儿子。
〔2〕拨：即绋，拉柩车的大绳。
〔3〕颜柳：即孔子的学生颜辛，字子柳。
〔4〕椁、帱：椁，参见上篇第116节所谓"菆涂龙辅，以椁"。帱，音 dào，覆，谓覆盖于棺椁上，即上篇第116节所谓"加斧于椁上"。

〔5〕为榆沈，故设拨：沈，汁。案辁车载柩，十分笨重，为减少地表阻力，故用榆树皮汁给地面加滑。设拨则可执以控制辁车滑行的快慢和方向。

【译文】

少子赣的丧事，鲁哀公想在辁车上设拨，询问有若。有若说："这是可以的。君的三个臣子还设拨呢。"颜柳说："天子殡棺用龙辁，封涂丛木为椁，再覆盖棺衣。诸侯殡棺用辁车而覆盖棺衣。浸榆树皮汁为辁车加滑，因此要设拨。现在三臣已经不用辁车了，而仍然设拨，这是盗用天子、诸侯之礼而又不中用，君何必学他们呢！"

67. 悼公之母死[1]，哀公为之齐衰。有若曰："为妾齐衰，礼与[2]？"公曰："吾得已乎哉？鲁人以妻我。"

【注释】

〔1〕悼公：鲁哀公之子，名宁，当时尚未为鲁君。
〔2〕为妾齐衰，礼与：案依礼，天子、诸侯于妾无服，故有若讥之。

【译文】

鲁悼公的母亲死了，鲁哀公为她服齐衰之丧。有若说："为妾服齐衰，这符合礼吗？"哀公说："我不为她服齐衰能行吗？鲁人都以为她就是我的妻呢。"

68. 季子皋葬其妻[1]，犯人之禾，申祥以告，曰："请庚之。"子皋曰："孟氏不以是罪予[2]，朋友不以是弃予，以吾为邑长于斯也，买道而葬，后难继也。"

【注释】

〔1〕季子皋：即孔子弟子高柴。
〔2〕孟氏：即鲁三臣之一的孟孙氏，当时子皋做他的成邑的邑宰。

【译文】

季子皋葬他的妻子，踏坏了人家的禾苗，申祥把这情况告诉他，说："请赔偿人家。"子皋说："孟氏不会因为这事而怪罪我，朋友不会因为这事而离弃我，因为我是这里的邑长。如果掏钱买路而出葬，恐怕后人也难继续这样做呢！"

69. 仕而未有禄者，君有馈焉曰"献"，使焉曰"寡君"，违而君薨，弗为服也。

【译文】

初任公职还没有确定俸禄的，对国君有所馈赠称作"献"，出使异国称己君为"寡君"，离职而国君死，不为君服丧。

70. 虞而立尸，有几、筵。卒哭而讳，生事毕而鬼事始已。既卒哭，宰夫执木铎以命于宫曰："舍故而讳新[1]。"自寝门至于库门[2]。

【注释】

〔1〕舍故而讳新：案中国古代宗法制度，有所谓毁庙、迁庙之制。诸侯五庙，即祢（父）庙、祖庙、曾祖庙、高祖庙、太祖（即始封君）庙。太祖庙不毁；高祖以下的四庙，即所谓四亲庙，若有新死者加入，原来的高祖庙就当毁而迁其牌位于太祖庙，原来的曾祖则依次升居高祖之位，而新死者则居祢庙，这样就可始终保持五庙之制。活着的人只避其四亲庙父祖之名讳，而对庙已毁迁之祖，则不再避讳其名。
〔2〕自寝门至于库门：案诸侯三门，最外曰库门，其内曰雉门，最里曰路门（即此所谓寝门）。

【译文】

举行虞祭要立尸,并设有几、筵。卒哭祭之后避讳说死者的名字,这意味着把死者当活人一样侍奉已经结束,而开始当作鬼神来敬奉。卒哭祭之后,宰夫敲着木铎在宫中宣告说:"取消旧的名讳,而开始避新的名讳。"从寝门一直宣告到库门。

71. 二名不偏讳[1]。夫子之母名征在,言"在"不称"征",言"征"不称"在"。

【注释】

〔1〕偏:当作"徧(遍)"。

【译文】

如果是双字名,对这两个字可以不同时都避讳。孔子的母亲名叫征在,说"在"字就不说"征"字,说"征"字就不说"在"字。

72. 军有忧,则素服哭于库门之外[1],赴车不载櫜韔[2]。

【注释】

〔1〕素服哭:素服,谓缟冠。哭,谓君率其群臣而哭。案这是以丧礼处之。
〔2〕櫜:音 gāo,盛甲衣的袋子。

【译文】

军队打了败仗,就头戴白冠在库门外哭,回国来报告败耗的军车上所载的战甲和武器不收藏在袋子里。

73. 有焚其先人之室，则三日哭。故曰"新宫火"[1]，亦"三日哭"。

【注释】
〔1〕新宫火：在鲁成公三年。新宫是鲁宣公的庙。

【译文】
　　如果有人烧毁先人的宗庙，就要哭上三天。因此说"新宫被烧"，也"哭三天"。

74. 孔子过泰山侧，有妇人哭于墓者而哀。夫子式而听之，使子路问之曰："子之哭也，壹似重有忧者。"而曰："然。昔者吾舅死于虎，吾夫又死焉，今吾子又死焉。"夫子曰："何为不去也？"曰："无苛政。"夫子曰："小子识之，苛政猛于虎也。"

【译文】
　　孔子路过泰山旁，见有个妇人在墓前哭得很哀痛。孔子依着车轼听她哭，让子路去问她说："听您的哭声，很像有深重的忧伤。"妇人说："是啊。从前我的公公被虎咬死，我的丈夫又被虎咬死，现在我的儿子又被虎咬死了。"孔子说："为什么不离开这个地方呢？"妇人说："这里没有苛暴的政令。"孔子说："学生们记住，苛暴的政令比虎还厉害呢！"

75. 鲁人有周丰也者，哀公执挚请见之，而曰"不可"。公曰："我其已夫。"使人问焉曰："有虞氏未施信于民而民信之，夏后氏未施敬于民而民敬之，何施而得斯于民也?"对曰:"墟墓之间,未施哀于民而民哀;社稷、宗庙之中,未施敬于民而民敬。殷人作誓而民始畔,周人作会而民始疑。苟无礼义忠信诚悫之心以莅之,虽固结之,民其不解乎?"

【译文】

鲁国有个叫周丰的人,鲁哀公拿着见面礼去请求见他,而他说"不敢当"。哀公说:"那我就不勉强他了。"哀公派人去询问他说:"有虞氏没有采取措施使民众信任他而民众却信任他,夏后氏没有采取措施使民众尊敬他而民众却尊敬他,用什么办法使民众能够这样呢?"周丰回答说:"在废墟和墓地之间,没有教人悲哀而人自然地悲哀;在社稷和宗庙中,没有教人肃敬而人自然地肃敬。殷人作誓词而民众开始背叛,周人兴起会盟而民众开始生疑。假如没有礼义忠信诚实之心来对待民众,即使强行与民众交结,民众难道就不会离散吗?"

76. 丧不虑居,毁不危身。丧不虑居,为无庙也。毁不危身,为无后也。

【译文】

守丧不考虑居宅的安适,哀痛憔悴而不可危及生命。守丧不考虑居宅的安适,是因为死者的神灵还没有归附宗庙;哀痛憔悴而不可危及生命,是因为怕失去后继人。

77. 延陵季子适齐[1],于其反也,其长子死,葬于嬴、博之间[2]。孔子曰:"延陵季子,吴之习于礼者也。"往而观其葬焉。其坎深不至于泉,其敛以时服,既葬而封,广轮揜坎,其高可隐也。既封,左袒,右还其封,且号者三,曰:"骨肉归复于土,命也!若魂气则无不之也,无不之也。"而遂行。孔子曰:"延陵季子之于礼也,其合矣乎!"

【注释】
〔1〕延陵季子:即吴公子季札。
〔2〕嬴、博:皆齐地名。

【译文】
延陵季子到齐国去,在他返回的路上,他的长子死了,葬在嬴、博之间的地方。孔子说:"延陵季子,是吴国熟习礼的人。"便前去看他安葬儿子。只见墓坑的深度不到地下的泉水处,入殓时用的是当时穿的衣服,下葬后封土起坟,坟的宽度和长度正好够掩住墓坑,高度当人蹲下时可用手按住坟。坟垒好后,袒露左臂,向右绕坟,一边哭喊了三遍,说:"骨肉回归到土中,这是命啊!至于灵魂精气就无所不往了,无所不往了。"接着就离去了。孔子说:"延陵季子对于礼,很符合啊!"

78. 邾娄考公之丧[1],徐君使容居来吊、含。曰:"寡君使容居坐含,进侯玉[2],其使容居以含。"有司曰:"诸侯之来辱敝邑者,易则易,于则于[3]。易于杂者,未之有也。"容居对曰:"容居闻之:'事君不敢忘其君,亦不敢遗其祖。'昔我先君驹王[4],西讨济于河,无所不用斯言也。容居鲁人也,不敢忘其祖。"

【注释】
〔1〕邾娄考公:邾娄,参见上篇第20节。考公,"考"是"定"之误,案下第82节即作"邾娄定公"。

〔2〕使容居坐含,进侯玉:案行含礼不可使比死者地位低贱的人,君死就当由君亲往行含礼,只不过使大夫致词,把含玉授给主人。

〔3〕易则易,于则于:易谓臣礼,于谓君礼。

〔4〕昔我先君驹王:案徐先君僭号称王,容居即其子孙。

【译文】

邾娄定公的丧事,徐国国君派容居来吊唁,并行含礼。容居说:"寡君使我来坐行含礼,进送玉给侯,请让我行含礼。"邾娄国的官吏说:"诸侯屈尊到敝国来的,该行臣礼的就行臣礼,该行君礼的就行君礼,君礼臣礼不分的,还没有过呢。"容句回答说:"我听说:'侍奉国君的不敢忘记他的国君,也不敢遗忘他的祖先。'从前我的先君驹王,向西讨伐渡过了河,所到之处没有不用这种口气说话的。我是个生性鲁钝的人,不敢忘记自己的祖先。"

79. 子思之母死于卫[1],赴于子思。子思哭于庙。门人至曰:"庶氏之母死[2],何为哭于孔氏之庙乎?"子思曰:"吾过矣!吾过矣!"遂哭于他室。

【注释】

〔1〕子思之母死于卫:案子思之父伯鱼死后,母亲改嫁到了卫国。

〔2〕庶氏:是子思之母后夫家的姓。

【译文】

子思的母亲死在卫国,向子思报了丧。子思到宗庙去哭。他的弟子到来说:"庶氏家的母亲死了,为什么要在孔氏的庙里哭呢?"子思说:"我错了!我错了!"就到别的房间去哭。

80. 天子崩,三日,祝先服[1];五日,官长服;七日,国中男女服[2];三月,天下服[3]。虞人致百祀之木[4]，可以为棺椁者斩之。不至者，废其祀，刎其人。

【注释】
〔1〕祝先服：祝，天子的祝官。服，谓服杖，即拄杖。
〔2〕国中男女服：国中指畿内；服，谓服齐衰三月。
〔3〕天下服：谓诸侯之大夫服。
〔4〕虞人：掌山泽之官。

【译文】
　　天子死，三天，祝官先服杖；五天，官长们服杖；七天，国都及其周围地区的男女民众都服丧；三月，天下各诸侯国的大夫都服丧。虞人要送来百年老木，都是砍伐的那些可以做棺椁的树。虞人中如有不能把木材送到的，就要废弃他掌管的山的神祠，并杀死这个虞人。

81. 齐大饥，黔敖为食于路，以待饿者而食之。有饿者，蒙袂，辑屦，贸贸然来。敖左奉食，右执饮，曰："嗟，来食！"扬其目而视之，曰："予唯不食'嗟，来'之食，以至于斯也。"从而谢焉，终不食而死。曾子闻之，曰："微与。其'嗟'也可去，其谢也可食[1]。"

【注释】
〔1〕"微与"至"可食"：微，犹无。无与，止之之词。

【译文】
　　齐国发生大饥荒，黔敖做了食物放在路边，等待饥饿的人而供他们吃。有个饥饿的人，用衣袖遮着脸，拖拉着鞋，垂头丧气地走过来。黔敖左手捧食，右手拿水，说："喂，来吃！"饥饿者抬起眼来看着黔敖，说："我就是因为不吃由别人呼'喂，来吃'的食物，才变成这个样子的。"黔敖上前向饥饿者道歉，饥饿者终于不吃而饿死。曾子听说了这件事，说："不必这样嘛。他呼'喂'时可以离去，他既道歉就可以吃了。"

82. 邾娄定公之时，有弑其父者，有司以告，公瞿然失席，曰："是寡人之罪也。"曰："寡人尝学断斯狱矣。臣弑君，凡在官者，杀无赦。子弑父，凡在宫者，杀无赦。杀其人，坏其室，洿其宫而豬焉[1]。盖君逾月而后举爵。"

【注释】
〔1〕豬：都、聚。

【译文】
邾娄定公的时候，有人杀了自己的父亲，官吏把这事报告给邾娄公，邾娄公大惊而倾离了坐席，说："这是寡人的罪过啊。"又说："寡人曾经学过断这类案子。臣杀君，凡在官位的人，都可杀死凶手，不可宽赦。子杀父，凡在家的人，都可杀死凶手，不可宽赦。杀死这个人，还要拆毁他的房子，把他的宅地挖成池塘而蓄满水。国君大概要过一个月才举杯饮酒。"

83. 晋献文子成室[1]，晋大夫发焉[2]。张老曰[3]："美哉，轮焉！美哉，奂焉！歌于斯，哭于斯，聚国、族于斯。"文子曰："武也，得歌于斯，哭于斯，聚国族于斯，是全要领以从先大夫于九京也[4]。"北面再拜稽首。君子谓之善颂、善祷。

【注释】

〔1〕晋献文子：即晋卿赵武，献文是其谥号。

〔2〕发：谓发言为颂。

〔3〕张老：晋大夫。案下面记张老的话，是讽新宅之奢。

〔4〕全要领以从先大夫于九京：要，"腰"的本字。领，颈。先大夫，赵武的祖先。九京，"京"当作"原"，晋国卿大夫的墓地在九原。

【译文】

晋献文子的住宅落成，晋国大夫们都发言称颂。张老说："多么美好啊，新宅如此高大！多么美好啊，房屋如此众多！可以在这里奏乐举行祭祀，可以在这里哭泣举行丧礼，可以在这里聚集国宾、族人举行宴会。"文子说："我赵武，能够在这里奏乐举行祭祀，能够在这里哭泣举行丧礼，能够在这里聚集国宾、族人举行宴会，这就说明我可以不受刑戮而死，到九原追从先大夫们了。"说罢面朝北行再拜稽首礼。君子称他俩一个善于讽颂，一个善于祝祷。

84. 仲尼之畜狗死，使子贡埋之，曰："吾闻之也，敝帷不弃，为埋马也；敝盖不弃，为埋狗也。丘也贫，无盖，于其封也〔1〕，亦予之席，毋使其首陷焉。"路马死，埋之以帷〔2〕。

【注释】

〔1〕封：通"窆"。

〔2〕路马死，埋之以帷：这两句是作记者因孔子的事，而并记及埋路马之法。

【译文】

仲尼养的狗死了，让子贡去埋掉，说："我听说，破旧的帷帐不抛弃，为的是可以用来埋马；破旧的伞盖不抛弃，为的是可以用来埋狗。我家贫，没有伞盖，在把这狗下入坑穴时，也要给它一领席，不要使狗的头直接陷在泥土中。"为国君驾车的马死了，就用帷帐埋葬。

85. 季孙之母死，哀公吊焉。曾子与子贡吊焉，阍人为君在[1]，弗内也。曾子与子贡入于其厩而修容焉。子贡先入，阍人曰："乡者已告矣。"曾子后入，阍人辟之，涉内溜，卿大夫皆辟位，公降一等而揖之[2]。君子言之曰："尽饰之道，斯其行者远矣。"

【注释】
〔1〕阍人：守门人。
〔2〕揖：拱手为礼。

【译文】
季孙的母亲死了，鲁哀公去吊唁。曾子和子贡也去吊唁，阍人因为国君在里边，不让他二人进去。曾子和子贡便到季孙的马厩去修整仪容。修整后子贡先进去，阍人说："刚才已经替您通报过了。"曾子后进去，阍人为他让路，走到门内屋檐流水处的时候，卿大夫们都让位，鲁哀公也为他俩下堂阶一级，揖请他俩就位。君子谈论这件事说："人应当尽力修整仪容的道理，一定可以流传得很久远呢。"

86. 阳门之介夫死[1]，司城子罕入而哭之哀[2]。晋人觇宋者，反报于晋侯曰："阳门之介夫死，而子罕哭之哀，而民说，殆不可伐也。"孔子闻之曰："善哉，觇国乎！《诗》云：'凡民有丧，扶服救之。'虽微晋而已[3]，天下其孰能当之？"

【注释】

〔1〕阳门：宋国国都的城门名。

〔2〕司城子罕：司城，官名，掌城郭营建。子罕，即乐喜，宋戴公之后。

〔3〕微：犹非。

【译文】

阳门的一名甲衣卫士死了，司城子罕到他家去哭，哭得很哀痛。晋国的一个窥探宋国情报的人，回国报告晋侯说："阳门的一名甲衣卫士死了，而子罕哭他哭得很哀痛，宋国人民对此都很满意，恐怕不可以进攻宋国。"孔子听说了这件事，说："干得真不错啊，这个窥探别国情报的人！《诗》中说：'别人家有死丧事，我都尽力去救助。'即使不是晋国，天下又将有哪个国家能进攻宋国呢？"

87. 鲁庄公之丧，既葬，而绖不入库门；士大夫既卒哭，麻不入〔1〕。

【注释】

〔1〕"鲁庄"至"麻不入"：麻，犹绖。案鲁庄公在位三十二年而死，太子般立而被弑，时年仅八岁的闵公被立而为丧主，又有庆父作乱，因此闵公不敢按常礼居丧，既葬即除凶服而穿吉服（国君日常穿的服装）入朝，以正定君臣之位，所以"绖不入库门"。群臣也就跟着提前除服，卒哭之后，就"麻不入"了。

【译文】

鲁庄公的丧事，葬后，丧主闵公就去绖除服而进入库门；士大夫们行卒哭祭之后，就去绖除服而进入库门了。

88. 孔子之故人曰原壤，其母死，夫子助之沐椁[1]。原壤登木曰："久矣，予之不托于音也。"歌曰："狸首之班然，执女手之卷然[2]。"夫子为弗闻也者而过之。从者曰："子未可以已乎[3]？"夫子曰："丘闻之：'亲者毋失其为亲也，故者毋失其为故也。'"

【注释】

〔1〕沐：治。
〔2〕狸首之班然，执女手之卷然：狸，野猫，有数种，大小似狐，毛杂黄黑，有斑。卷，通"婘"，好貌。
〔3〕子未可以已乎：案原壤母丧而歌，非礼之甚，故孔子之从者劝其与之"已"（绝交）。

【译文】

孔子有个老朋友叫原壤，他的母亲死了，孔子帮助他修整棺椁。原壤登上椁木说："我不用歌声来寄托感情，已经很久了。"于是唱道："野猫头上的花纹斑斓，握着你的手呵，你的手多么好看。"孔子装作没有听见而走过去了。跟从他的人说："您不可以和他绝交吗？"孔子说："我听说：'是亲人不要丧失亲缘关系，是老朋友不要丧失老朋友关系。'"

89. 赵文子与叔誉观乎九原[1]。文子曰："死者如可作也，吾谁与归？"叔誉曰："其阳处父乎[2]？"文子曰："行并植于晋国，不没其身[3]，其知不足称也。""其舅犯乎？"文子曰："见利不顾其君，其仁不足称也。我则随武子乎[4]。利其君，不忘其身；谋其身，不遗其友。"晋人谓文子知人。文子其中退然如不胜衣[5]，其言呐呐然如不出其口，所举于晋国，管库之士七十有余家[6]。生不交利，死不属其子焉。

【注释】

〔1〕叔誉：即叔向，晋大夫。

〔2〕阳处父：晋襄公的太傅。

〔3〕行并植于晋国，不没其身：并，谓兼揽众权。植，犹独立。没，终。案阳处父后来被晋大夫狐射姑所杀。

〔4〕武子：即士会，晋大夫。

〔5〕其中退然：中，谓身。退，柔和貌。

〔6〕管库之士：泛指低级小吏。

【译文】

赵文子和叔誉在九原游观。文子说："死人如果可以活起来，我们跟谁一路回去？"叔誉说："大概是阳处父吧。"文子说："阳处父在晋国专权独断，不能使自身善终，他的智慧不值得称道。"叔誉说："那大概要数舅犯了吧。"文子说："舅犯见利而不顾他的君，在仁的方面不值得称道。要我说，就随同武子吧。他为国君谋利，而又不忘记自身；为自身谋利，又能不遗弃他的朋友。"晋国人认为文子善于了解人。文子身体柔弱，好像连衣服也承受不了，说起话来口齿迟钝，好像说不出口，他所荐举给晋国的人才，职位低贱的小吏被举荐的就有七十多家。他活着的时候不以利与人相交往，死了也不把自己的儿子托付给受过自己恩惠的人。

90. 叔仲皮学子柳[1]。叔仲皮死，其妻鲁人也，衣衰而缪绖[2]。仲叔衍以告[3]，请缌衰而环绖[4]，曰："昔者吾丧姑、姊妹，亦如斯，末吾禁也。"退而使其妻缌衰而环绖。

【注释】

〔1〕叔仲皮学子柳：叔仲皮，鲁国叔孙氏的族人。学，音 xiào，教，谓教子柳学礼，而子柳终不知礼，还不如他的鲁钝的妻子能守礼之本。子柳，叔仲皮之子。

〔2〕衣衰而缪绖：衣，当为"齐"。缪，当为"樛"，是士妻为舅姑

之服。案樛，音 jiū，结。

〔3〕叔仲衍：叔仲皮之弟，子柳之叔。

〔4〕缌衰而环绖：缌衰，是一种介乎大功与小功之间的丧服，其服细而稀疏。环绖，谓缪状如环，加之于首。

【译文】

叔仲皮教儿子子柳学礼。叔仲皮死，子柳的妻子是个老实人，为她的公公服齐衰丧而著樛绖。叔仲衍把这情况告诉子柳，请子柳让他的妻子服缌衰而著环绖，并说："从前我为姑姑和姊妹服丧也是这样的，没有人禁止我呢。"子柳便退下去让他的妻子服缌衰而著环绖。

91. 成人有其兄死而不为衰者[1]，闻子皋将为成宰，遂为衰。成人曰："蚕则绩而蟹有匡，范则冠而蝉有緌。兄则死而子皋为之衰[2]。"

【注释】

〔1〕成：孟孙氏的邑名。

〔2〕"蚕则"至"之衰"：这几句是成邑人用来讥笑那个兄死而"不为衰者"的歌谣。绩，指蚕绩丝作茧。匡，通作"筐"，指蟹壳，蟹壳似筐，故云"蟹有匡"。蚕茧须用筐装，但蟹的筐却不装蚕茧而自装，是蟹之筐不为蚕而生，犹如那个成人非为其兄而服丧。范，蜂。蝉，知了。緌，冠下的缨饰（参见上篇第 11 节）。这是说蜂之冠需要有緌饰，而蝉口下的緌饰却并非为蜂而长。

【译文】

成邑有个死了哥哥而不为哥哥服丧的人，听说子皋将做成邑的宰，就为他哥哥服丧了。成邑人唱道："蚕儿作茧须用筐，蟹筐不为蚕茧长；蜂儿戴冠须緌饰，緌饰长在蝉口上。那个死了哥哥的人，因为子皋才服丧。"

92. 乐正子春之母死，五日而不食，曰："吾悔之[1]，自吾母而不得吾情，吾恶乎用吾情？"

【注释】

〔1〕吾悔之：这是乐正子春后悔自己不该勉强五日不食。按照丧礼，只需三日不食，而乐正子春过礼二日，却非出于真情，故对自己的做法表示后悔。

【译文】

乐正子春的母亲死了，他五天不吃东西，事后说："我已经后悔了。连我的母亲都得不到我的真情，我还在哪里用我的真情呢？"

93. 岁旱，穆公召县子而问然[1]，曰："天久不雨，吾欲暴尪而奚若[2]？"曰："天久不雨，而暴人之疾子，虐，毋乃不可与。""然则吾欲暴巫而奚若[3]？"曰："天则不雨，而望之愚妇人，于以求之，毋乃已疏乎？""徙市则奚若[4]？"曰："天子崩，巷市七日[5]；诸侯薨，巷市三日。为之徙市，不亦可乎？"

【注释】

〔1〕县子：即县子琐（参见上篇第79节）。
〔2〕尪：音 wāng，一种仰面朝天的疾病。
〔3〕巫：以接鬼神、替人祈祷为职业的人。女曰巫，男曰觋。
〔4〕徙市：徙，迁，实即罢市。案徙市本是庶人的丧礼，今徙市是为忧戚于旱而若丧。
〔5〕巷市：既言徙市，又言巷市者，是说徙交易之物于巷，此国人为国之大丧，忧戚罢市，而日用所须又不可缺，故徙市于巷。

【译文】

　　年成干旱,鲁穆公召县子来询问,说:"天久不下雨,我想暴晒有尪病的人你看怎样?"县子说:"天久不下雨,而暴晒别人家有疾病的儿子,太酷虐,大概不可以吧。"穆公说:"那么我想暴晒巫者你看怎样?"县子说:"是天不下雨,而寄希望于愚妇人,想通过她来求雨,大概太迂阔了吧。"穆公说:"罢市怎么样?"县子说:"天子死,庶民在里巷中交易七天;诸侯死,庶民在里巷中交易三天。为天旱而罢市,不也可以吗?"

　　94. 孔子曰:"卫人之祔也,离之[1]。鲁人之祔也,合之,善夫!"

【注释】

　　[1]离之:谓将新死者的神主祔于宗庙时,按照昭穆制度,是同其祖的神主放在同一个祏(藏神主的石盒)中,但当中要用物隔开,故曰"离之"。下文"合之",则谓不隔。

【译文】

　　孔子说:"卫人把新死者附于宗庙,使祖、孙的神主相隔离;鲁人把新死者附于宗庙,使祖、孙的神主合在一起,鲁人的做法好啊!"

王制第五

1. 王者之制禄爵，公、侯、伯、子、男，凡五等。诸侯之上大夫卿、下大夫、上士、中士、下士，凡五等。

【译文】
　　王者制定俸禄和爵位的等级，爵位分为公、侯、伯、子、男，总共五等；诸侯的上大夫即卿、下大夫、上士、中士、下士，总共五等。

2. 天子之田方千里，公侯方百里，伯七十里，子男五十里。不能五十里者，不合于天子，附属于诸侯，曰附庸。天子之三公之田视公侯，天子之卿视伯，天子之大夫视子男，天子之元士视附庸[1]。

【注释】
　　[1]元士：即上士。

【译文】
　　天子的田一千平方里，公侯的田一百平方里，伯的田七十平方里，子男的田五十平方里。田不足五十平方里的，不参加朝会天子，附属于〔近处的〕大诸侯国，叫做附庸。天子的三公的田比照公侯，天子的卿的田比照伯，天子的大夫的田比照子男，天子的元士的田比照附庸。

3. 制农田百亩。百亩之分，上农夫食九人，其次食八人，其次食七人，其次食六人，下农夫食五人。庶人在官者[1]，其禄以是为差也。诸侯之下士视上农夫，禄足以代其耕也。中士倍下士，上士倍中士，下大夫倍上士，卿四大夫禄，君十卿禄。次国之卿三大夫禄，君十卿禄。小国之卿倍大夫禄，君十卿禄。

【注释】
〔1〕庶人在官者：即庶人而在官府任职事者。

【译文】
制度规定一个农夫受田百亩。百亩土地按肥瘠分类，上等土地一个农夫可以供养九人，次一等的可以供养八人，再次一等的可以供养七人，再次一等的可以供养六人，下等土地一个农夫可以供养五人。庶人在官者的俸禄，依照这五等农夫的收入区分等差。诸侯的下士的俸禄比照上等土地的农夫，使他们的俸禄足以代替他们亲自耕种所得。中士的俸禄比下士多一倍，上士的俸禄比中士多一倍，下大夫的俸禄比上士多一倍，卿的俸禄是大夫的四倍，君的俸禄是卿的十倍。次一等诸侯国的卿的俸禄是大夫的三倍，君的俸禄是卿的十倍。小国的卿的俸禄比大夫多一倍，君的俸禄是卿的十倍。

4. 次国之上卿，位当大国之中，中当其下，下当其上大夫。小国之上卿，位当大国之下卿，中当其上大夫，下当其下大夫。其有中士、下士者，数各居其上之三分。

【译文】
次等诸侯国的上卿，地位相当于大国的中卿，中卿相当于大国的下卿，下卿相当于大国的上大夫。小诸侯国的上卿，地位相当于大国的下卿，中卿相当于大国的上大夫，下卿相当于大国的下大夫。小国而有设中士、下士的，人数各占上士人数的三分之一。

5. 凡四海之内九州岛，州方千里。州建百里之国三十，七十里之国六十，五十里之国百有二十，凡二百一十国。名山大泽不以封。其余以为附庸、间田[1]。八州，州二百一十国。

【注释】
〔1〕间田：指无定主而可供调济之田（参见第55节）。

【译文】
总计四海之内分为九州岛，每州一千平方里。每州建立一百平方里的国家三十个，七十平方里的国家六十个，五十平方里的国家一百二十个，总共二百一十国。每州的名山和大泽不分封。分封后所剩余的土地，作为附庸之国和供调济的间田。

6. 天子之县内，方百里之国九，七十里之国二十有一，五十里之国六十有三，凡九十三国。名山大泽不以朌，其余以禄士，以为间田。

【译文】
天子畿内，有一百平方里的国家九个，七十平方里的国家二十一个，五十平方里的国家六十三个，总计九十三国。畿内的名山大泽不颁赐臣下。其余的土地用作供给士的禄田，并用作供调济的间田。

7. 凡九州岛千七百七十三国，天子之元士、诸侯之附庸不与。

【译文】
总计九州岛一千七百七十三国，天子的元士的禄田、诸侯的附庸之国，不包括在内。

8. 天子百里之内以共官，千里之内以为御。

【译文】
天子都城周围百里之内的赋税供王朝官府办公开支，千里之内的赋税供天子的衣食。

9. 千里之外设方伯。五国以为属，属有长；十国以为连，连有帅；三十国以为卒，卒有正；二百一十国以为州，州有伯。八州，八伯，五十六正，百六十八帅，三百三十六长。八伯各以其属属于天子之老二人[1]，分天下以为左右，曰二伯。

【注释】
[1] 天子之老：即天子的上公。

【译文】
在王畿千里之外设立方伯。五国为一属，每属设一长；十国为一连，每连设一帅；三十国为一卒，每卒设一正；二百一十国为一州，每州设一伯。八州，八个伯，五十六个正，一百六十八个帅，三百三十六个长。八个伯各率他们的下属，上属于二位天子之老。把天下分为左右两部分，〔由这二老掌管而〕称之为二伯。

10. 千里之内曰甸，千里之外曰采，曰流[1]。

【注释】

〔1〕曰采，曰流：采，谓九州岛之内地；流，谓九州岛之外夷狄之地。

【译文】

王畿千里之内叫做甸，千里之外叫做采，叫做流。

11. 天子三公、九卿、二十七大夫、八十一元士。

【译文】

天子的官有三公、九卿、二十七大夫、八十一元士。

12. 大国三卿，皆命于天子，下大夫五人，上士二十七人。次国三卿，二卿命于天子，一卿命于其君，下大夫五人，上士二十七人。小国二卿，皆命于其君，下大夫五人，上士二十七人。

【译文】

大诸侯国设三卿，都由天子任命，另有下大夫五人，上士二十七人。次一等的诸侯国设三卿，其中二卿由天子任命，一卿由国君任命，另有下大夫五人，上士二十七人。小诸侯国设二卿，都由国君任命，另有下大夫五人，上士二十七人。

13. 天子使其大夫为三监[1]，监于方伯之国，国三人。

【注释】
〔1〕三监：官名，盖因每州设三人，因以为名。

【译文】
天子派遣他的大夫担任三监，监察各方伯属下的诸侯国，每州委派三人。

14. 天子之县内诸侯，禄也。外诸侯，嗣也。

【译文】
天子畿内诸侯的土地，只是他们在王朝做官期间的俸禄。畿外诸侯的土地，子孙可以继承。

15. 制：三公一命卷[1]，若有加则赐也，不过九命；次国之君不过七命，小国之君不过五命。

【注释】
〔1〕三公一命卷：命，犹等级、级别。卷，通"衮"，是古代王公所穿绣有卷龙的礼服。案三公本为八命之官，当服鷩（音 bì）冕，即穿鷩服而戴冕。所谓鷩服，是指衣裳上面绘有华虫（一种有五色文采的虫类）、火、宗彝（一种长尾猿）、藻、粉米（白米状）、黼（白黑相间）、黻（黑青相间）等七种花纹或图案的礼服，称为七章之服。若加一命，为九命（命数止于九），是为上公，则可服衮冕，即穿衮服而戴冕。所谓衮服，就是在鷩服的七章上再加绘龙、山两种图案，称为九章之服。冕，其形制参见第 47 节。

【译文】

　　制度规定：三公如果加一命就可穿衮服，如果天子再加给恩惠就叫做赐，公的级别不超过九命；次一等诸侯国的国君不超过七命，小国的国君不超过五命。

16. 大国之卿不过三命，下卿再命。小国之卿与下大夫一命。

【译文】

　　大国的卿不超过三命，下卿二命。小国的卿与下大夫都是一命。

17. 凡官民材，必先论之[1]，论辨[2]，然后使之。任事，然后爵之；位定，然后禄之。

【注释】

　　[1] 论：谓考其德行道艺。
　　[2] 辨：谓考问而确定。

【译文】

　　凡任用庶民中的人才，一定先要对他的德才进行考察，考察确定了，然后使用他。先让他承担工作，然后授给爵位；爵位确定了，然后授给俸禄。

18. 爵人于朝，与士共之。刑人于市，与众弃之。是故公家不畜刑人，大夫弗养，士遇之涂弗与言也。屏之四方，唯其所之，不及以政，亦弗故生也[1]。

【注释】

〔1〕亦弗故生：故，当为"欲"。

【译文】

在朝廷上授人爵位，一定要同着士人公开进行。在街市上对人施刑，是表示与民众共同抛弃罪犯。因此公家不畜养受过刑的人，大夫也不收养他们，士在路上遇见受过刑的人不同他说话。把受过刑的罪犯放逐到四方，任其漂流，不让他参与公事，也不希望他活下去。

19. 诸侯之于天子也，比年一小聘，三年一大聘，五年一朝。

【译文】

诸侯对于天子，一年进行一次小聘问，三年进行一次大聘问，五年亲往朝见一次。

20. 天子五年一巡守。岁二月，东巡守，至于岱宗[1]，柴[2]，而望祀山川[3]。觐诸侯，问百年者，就见之。命大师陈诗，以观民风。命市纳贾，以观民之所好恶，志淫好辟。命典礼考时月，定日，同律、礼、乐、制度、衣服，正之。山川神祇有不举者为不敬[4]，不敬者君削以地；宗庙有不顺者为不孝，不孝者君绌以爵；变礼易乐者为不从，不从者君流；革制度衣服者为畔，畔者君讨。有功德于民者，加地进律[5]。五月南巡守，至于南岳[6]，如东巡守之礼。八月西巡守，至于西岳[7]，如南巡守之礼。十有一月北巡守，至于北岳[8]，如西巡守之礼。归假于祖祢[9],用特[10]。

【注释】
〔1〕岱宗:即泰山。
〔2〕柴:祭天礼名,即积柴,柴上加牲,烧之而祭天。
〔3〕望:祭四方山川的祭名,即用望的方法表示祭祀。
〔4〕举:犹祭。
〔5〕律:谓爵命之等级。
〔6〕南岳:谓衡山,在今湖南。
〔7〕西岳:谓华山,在陕西。
〔8〕北岳:谓恒山,在今河北。
〔9〕假:音gé,通"格",至。
〔10〕特:谓特牲,即一头牛。

【译文】
　　天子每五年对天下巡视一次。巡视之年的二月,巡视东方,到达岱宗,烧柴祭天,望祭山川。接见东方诸侯,询问哪里有百岁老人,前去访见。命乐官陈诵当地的诗歌,从中了解民情风俗。命典市官报告各种物品的价格,从中了解人民的好恶,如果心志淫邪,所喜好的物品就邪僻不正。命典礼官考校东方各国的四季和月份的大小是否准确,确定日的干支,统一法律、礼仪、乐律、制度、衣服,有偏差的加以纠正。对山川之神有不祭祀的就是不敬,不敬的国君就要削减封地;对宗庙有不顺的就是不孝,不孝的国君就要贬低爵位;对礼和乐加以改变的就是不从,不从的国君就要流放;对制度和衣服加以改变的就是叛逆,对叛逆的国君要加以讨伐。对人民有功德的国君,要加地进爵。五月巡视南方,到达南岳,如同巡视东方的礼仪。八月巡视西方,到达西岳,如同巡视南方的礼仪。十一月巡视北方,到达北岳,如同巡视西方的礼仪。回到京师,要到祖庙和父庙中去报告巡视归来,各杀一头牛进行祭祀。

21. 天子将出,类乎上帝[1],宜乎社,造乎祢。诸侯将出，宜乎社，造乎祢。

【注释】
〔1〕类：及下文"宜"、"造"，皆祭名，其礼亡。

【译文】
天子将外出，要用类祭祭上帝，用宜祭祭社神，用造祭祭祢庙。诸侯将外出，要用宜祭祭社神，用造祭祭祢庙。

22. 天子无事与诸侯相见曰朝。考礼，正刑，一德，以尊于天子。天子赐诸侯乐，则以柷将之[1]；赐伯、子、男乐，则以鼗将之[2]。诸侯赐弓矢然后征，赐鈇钺然后杀[3]，赐圭瓒然后为鬯[4]。未赐圭瓒，则资鬯于天子。

【注释】
〔1〕以柷将之：柷，音 zhú，木制的敲击乐器，形似方斗，上宽下窄，以椎撞击之。将，谓将命，即致词。
〔2〕鼗：音 táo，一种小鼓，类今所谓拨浪鼓。
〔3〕赐鈇钺然后杀：鈇钺，音 fǔ yuè，同"斧钺"，古代军法行刑用的斧子。
〔4〕圭瓒：一种柄似圭的玉勺，用作酌酒器。

【译文】
天子在正常情况下与诸侯相见叫做朝。考察诸侯国的礼仪，正定诸侯国的刑律，整齐诸侯们的德行，这样来使诸侯们尊崇天子。天子赐给诸侯乐器，就由使者拿着柷向诸侯致词而赐；赐给伯、子、男乐器，就由使者拿着鼗致词而赐。诸侯由天子赐给弓矢然后有出兵征伐权，赐给鈇钺然后有诛杀权，赐给圭瓒然后可以酿造鬯。没有赐给圭瓒的诸侯,从天子那里获取鬯。

23. 天子命之教,然后为学。小学在公宫南之左,大学在郊。天子曰辟廱,诸侯曰頖宫。

【译文】
　　天子命令开展教育,然后设立学校。小学设在国君宫廷南边左侧,大学设在国都郊区。天子设立的大学叫做辟廱,诸侯设立的大学叫做頖宫。

24. 天子将出征,类乎上帝,宜乎社,造乎祢,禡于所征之地[1]。受命于祖[2],受成于学[3]。出征执有罪反,释奠于学,以讯馘告[4]。

【注释】
　　[1] 禡:音 mà,军祭名,其礼亡。
　　[2] 受命于祖:谓卜于庙。
　　[3] 成:谓定兵谋。
　　[4] 馘:音 guó,杀死敌人后割取敌人的左耳以计功,亦用以指代所杀之敌。

【译文】
　　天子将要出征,先要用类祭祭上帝,用宜祭祭社神,用造祭祭祢庙,在所征伐的地方举行禡祭。出征前还要在祖庙占卜以示受命于祖先,在大学里决定军事谋略。出征抓获了有罪的人回来,在学校放置奠祭物,把所俘虏和杀死的敌人数向先圣、先师报告。

25. 天子、诸侯无事,则岁三田:一为干豆[1],二为宾客，三为充君之庖[2]。无事而不田曰不敬，田不以礼曰暴天物。天子不合围，诸侯不掩群。天子杀则下大绥[3]，诸侯杀则下小绥，大夫杀则止佐车[4]，佐车止则百姓田猎。獭祭鱼[5]，然后虞人入泽梁[6]。豺祭兽[7]，然后田猎。鸠化为鹰[8]，然后设罻罗[9]。草木零落然后入山林。昆虫未蛰，不以火田。不麛，不卵，不杀胎，不殀夭[10]，不覆巢。

【注释】
　　[1] 干豆：谓风干猎物盛于豆中用于祭祀。
　　[2] 庖：今之厨。
　　[3] 下大绥：绥，一种旗。下，偃仆之。
　　[4] 佐车：是用于驱赶、拦截野兽的车。
　　[5] 獭祭鱼：獭，即水獭。水獭常捕鱼陈列水边以待食，如陈物而祭，即所谓"祭鱼"。
　　[6] 虞人入泽梁：虞人，管山泽的官。梁，即鱼梁。
　　[7] 豺祭兽：据说豺杀兽而围陈之如祭，故曰"祭兽"。
　　[8] 鸠化为鹰：案古人缺乏科学知识，以为鸠与鹰可互相变化。
　　[9] 罻：音 wèi，小网。
　　[10] 殀夭：殀，音 yāo，斩杀。夭，禽兽之稚者。

【译文】
　　天子、诸侯在正常情况下，每年打猎三次：一为用于宗庙祭祀，二为款待宾客，三为供君食用。没有特殊情况而不打猎叫做不敬，打猎而不遵循有关的礼就叫做暴殄天物。天子打猎不采取合围的办法，诸侯不尽杀成群的野兽。天子杀死了猎物就把指挥用的大旗放倒，诸侯杀死了猎物就把指挥用的小旗放倒，大夫杀死了猎物就让佐车停下。佐车停下之后，老百姓就可以开始打猎了。獭入水取鱼陈列水边如祭，然后虞人可进入湖泊和筑鱼梁捕鱼。豺杀兽陈列在周围如祭，然后可以开始打猎。鸠鸟变化为鹰，然后可以设网罗捕鸟。草和树叶零落,然后可以进山林砍伐木材。昆虫还没有冬眠,不可放火烧草来肥田。不捕获幼兽,不取鸟卵,不杀怀孕的母兽,不杀兽仔,不倾覆鸟巢。

26. 冢宰制国用[1],必于岁之杪[2]。五谷皆入,然后制国用。用地小大,视年之丰耗,以三十年之通,制国用,量入以为出。祭用数之仂[3]。丧,三年不祭,唯祭天地社稷,为"越绋而行事"[4]。丧用三年之仂。丧、祭,用不足曰"暴",有余曰"浩"。祭,丰年不奢,凶年不俭。国无九年之蓄曰"不足",无六年之蓄曰"急";无三年之蓄曰"国非其国"也。三年耕,必有一年之食;九年耕,必有三年之食。以三十年之通,虽有凶旱水溢,民无菜色,然后天子食,日举以乐。

【注释】
〔1〕冢宰:天子之下的最高行政长官。
〔2〕杪:音 miǎo,树的末梢,引申为年月季节之末。
〔3〕仂:音 lè,十分之一。
〔4〕越绋而行事:绋,拉柩车的大绳,此处指代丧事。丧在内,祭天地社稷在外,故为"越绋而行事"。

【译文】
冢宰制定国家的财政预算,一定要在年末。各种农作物都收藏入库,然后制定国家的预算。根据耕地的大小,年成的丰欠,以三十年收入的平均数为基准,来制定国家的预算,衡量收入,来预算支出。祭祀费用占全年开支的十分之一。国有大丧,三年不祭祀宗庙,只祭祀天地和社稷,这叫做"越过丧事而行祭事"。丧事的费用占三年开支的十分之一。丧事、祭祀的费用,〔过于奢侈〕按预算开支还嫌不足就叫做"暴";预算〔做得过大而使〕

钱物有多余就叫做"浩"。祭祀,丰年不可奢侈,灾年不可过俭。国家没有九年的储备就叫做"不足",没有六年的储备就叫做"急",没有三年的储备就叫做"国不成为国"了。三年耕种,一定可以余有一年的粮食;九年耕种,一定可以余有三年的粮食。按三十年的平均收入来看,即使有大旱和水灾,民众也不会挨饿,然后天子才能安心用膳,天天听音乐。

27. 天子七日而殡,七月而葬;诸侯五日而殡,五月而葬;大夫、士、庶人三日而殡,三月而葬。三年之丧,自天子达。庶人县封[1],葬不为雨止,不封,不树。丧事不贰,自天子达于庶人。丧从死者,祭从生者。支子不祭。

【注释】

〔1〕县封:即悬窆。

【译文】

天子死七日而殡,殡七月而葬;诸侯死五日而殡,殡五月而葬;大夫、士、庶人死三日而殡,殡三月而葬。为父母服丧三年的制度,是从天子下通于庶人都实行的。葬庶人用悬棺而下的方法,葬事不因下雨而停止,葬后不封土起坟,也不种树。守丧期间不做其他事,从天子下通于庶人都一样。丧礼依照死者生前的级别举行,祭礼依照孝子的级别举行。支子不主持宗庙祭祀。

28. 天子七庙:三昭、三穆[1],与大祖之庙而七。诸侯五庙:二昭、二穆[2],与大祖之庙而五。大夫三庙:一昭、一穆,与大祖之庙而三。士一庙。庶人祭于寝[3]。

【注释】

〔1〕三昭、三穆：昭、穆之制，参见《曲礼上第一》第44节。三昭、三穆，是天子有六亲庙，比诸侯多二亲庙，即于祢、祖、曾祖、高祖庙之上，又多二祖庙。如有新死者祔庙，即将原六世祖之神位迁入太庙，以下诸祖依次递迁，如此始终保持六亲庙，加太祖庙为七庙。

〔2〕二昭、二穆：这是诸侯的四亲庙，加太祖庙为五庙。

〔3〕庶人祭于寝：案庶人无庙，故祭于寝。

【译文】

天子立七庙：三昭庙，三穆庙，与太祖庙共为七庙。诸侯立五庙：二昭庙、二穆庙，与太祖庙共为五庙。大夫立三庙：一昭庙、一穆庙，与太祖庙共为三庙。士立一庙。庶人就在家中祭祀先人。

29. 天子、诸侯宗庙之祭，春曰礿[1]，夏曰禘，秋曰尝，冬曰烝。天子祭天地，诸侯祭社稷，大夫祭五祀。天子祭天下名山大川：五岳视三公[2]，四渎视诸侯[3]。诸侯祭名山大川之在其地者。天子诸侯祭因国之在其地而无主后者[4]。

【注释】

〔1〕礿：音yuè，与下文"禘"、"尝"、"烝"，皆祭名。

〔2〕视三公：谓视其牲器之数。

〔3〕四渎：指江、淮、河、济四条河流。

〔4〕无主后者：谓先公、先王，如夏禹之类，曾有功德于民，应世代享受祭祀，而现已绝后，无人为之主祭者。

【译文】

天子、诸侯对宗庙的祭祀，春天叫做礿，夏天叫做禘，秋天叫做尝，冬天叫做烝。天子祭祀天地，诸侯祭祀社稷，大夫祭祀五祀。天子祭祀天下的名山大川：祭五岳比照祭祀三公，祭四渎比照祭祀诸侯。诸侯祭祀在自己封地内的名山大川。天子、诸侯还应祭祀那些从前居其境内、现在已经绝后而无人为他们主持祭祀的先王、先公。

30. 天子牷礿[1]，袷禘[2]，袷尝，袷烝。诸侯礿则不禘，禘则不尝，尝则不烝，烝则不礿。诸侯礿牷，禘一牷一袷[3]，尝袷，烝袷。

【注释】
〔1〕牷：同"特"，一。
〔2〕袷：音 xiá。谓合祭祖先于太庙。
〔3〕禘一牷一袷：谓一岁牷祭，一岁袷祭。案下"尝袷，烝袷"，是"尝一牷一袷，烝一牷一袷"的省文。

【译文】
天子春天特选一庙举行礿祭，夏天把群庙的神主集合到太庙举行禘祭，秋天把群庙的神主集合到太庙举行尝祭，冬天把群庙的神主集合到太庙举行烝祭。诸侯举行了春天的礿祭就不举行夏天的禘祭，举行了夏天的禘祭就不举行秋天的尝祭，举行了秋天的尝祭就不举行冬天的烝祭，举行了冬天的烝祭就不举行春天的礿祭。诸侯春天的礿祭也是特选一庙而祭；夏天的禘祭是一年特祭，一年合祭；秋天的尝祭，冬天的烝祭，〔也是一年特祭，一年合祭〕。

31. 天子社稷皆大牢[1]。诸侯社稷皆少牢[2]。大夫、士宗庙之祭，有田则祭，无田则荐[3]。庶人春荐韭，夏荐麦，秋荐黍，冬荐稻；韭以卵，麦以鱼，黍以豚，稻以雁。祭天地之牛角茧、栗，宗庙之牛角握，宾客之牛角尺。诸侯无故不杀牛，大夫无故不杀羊，士无故不杀犬、豕，庶人无故不食珍。庶羞不逾牲[4]，燕衣不逾祭服，寝不逾庙。

【注释】
〔1〕大牢：牛羊豕三牲具备曰大（太）牢。
〔2〕少牢：仅有羊豕二牲曰少牢。
〔3〕荐：献，谓行荐新之礼，即向先人供献四时新物，详下。
〔4〕庶羞不逾牲：庶，众。羞，美味食物。不逾牲，谓用羊祭祀则不以牛肉为羞。

【译文】
　　天子祭祀社神和稷神都用太牢，诸侯祭祀社神和稷神都用少牢。大夫、士的宗庙祭祀，有封地的就祭祀，无封地的就行荐新礼。庶人春天荐韭菜，夏天荐麦，秋天荐黍，冬天荐稻；荐韭菜配以蛋，荐麦配以鱼，荐黍配以猪肉，荐稻配以雁。祭天地用角如蚕茧或栗子的牛犊，祭宗庙用角长一握的小牛，燕飨宾客用角长一尺的牛。诸侯无故不杀牛，大夫无故不杀羊，士无故不杀狗、猪，庶人无故不吃珍物。祭神的各种美味食物不可用超越级别规定的牲肉，日常穿的衣服不可比祭服更好，居宅不可比宗庙更好。

32. 古者公田藉而不税[1]，市廛不税[2]，关讥而不征[3]，林麓川泽以时入而不禁，夫圭田无征[4]，民之力岁不过三日，田里不粥[5]，墓地不请。

【注释】
〔1〕藉：借。
〔2〕廛：即今所谓店铺。
〔3〕讥：稽查，盘问。
〔4〕夫圭田：夫，犹治。圭田，卿大夫士的祭田。

〔5〕粥：卖。

【译文】

古时候借助民力耕种公田而不征收民的田税，贸易场所只征收店铺税而不征收货物税，关卡只负责稽查而不征税，森林山麓河泽按时节进去樵采渔猎就不加禁止，耕种圭田不征税，征用民力一年不超过三天，田地和居邑不得出卖，墓地不得要求划定的墓葬区以外的地方。

33. 司空执度度地居民[1]。山川沮泽，时四时[2]，量地远近，兴事任力。凡使民，任老者之事，食壮者之食。

【注释】

〔1〕司空：掌管邦国城郭都邑营建的官。
〔2〕时四时：谓观寒暖燥湿。

【译文】

司空负责拿丈尺度量土地使民居住。如果是山川沼泽地带，要按时观察那里气候的寒暖燥湿，并测量土地的远近〔以确定居邑和水井的位置〕，然后兴起工程，使用民力〔建造城郭居邑〕。凡使用民力，让他们承担老年人也能干的活，而供给壮年人的粮食。

34. 凡居民材[1]，必因天地寒暖燥湿，广谷大川异制。民生其间者异俗：刚、柔、轻、重、迟、速异齐[2]，五味异和，器械异制，衣服异宜。修其教不易其俗，齐其政不异其宜。中国、戎夷五方之民，皆有性也，不可推移。东方曰夷，被发文身，有不火食者矣；南方曰蛮，雕题交趾[3]，有不火食者矣；西方曰戎，被发衣皮，有不粒食者矣；北方曰狄，衣羽毛穴居，有不粒食者矣。中国、夷、蛮、戎、狄，皆有安居，和味，宜服，利用，备器。五方之民，言语不通，嗜欲不同，达其志，通其欲，东方曰寄[4]，南方曰象，西方曰狄鞮，北方曰译。

【注释】
〔1〕材：在此盖指城郭居邑等。
〔2〕齐：谓分量。
〔3〕交趾：谓两足相向。
〔4〕寄：及下文"象"、"狄鞮"、"译"，皆今翻译之异名。

【译文】
　　凡使民居住的城邑，一定要根据气候的寒暖燥湿，以及宽广的谷地或大河流域等不同的地理条件，采取不同的建制。人民生活在不同的气候和地理条件下有不同的习俗：性情中刚强、柔弱、轻捷、滞重、迟缓、迅疾等成分不相同，口味不一致，器械的规格不一样，衣服也各自适宜不同的地理条件和气候条件。加强对各地人民的教化而不改变他们的风俗，统一政令而不改变人民与当地条件相适应的习尚。中原地区以及各方少数民族，都有自己的习性，不可改变。东方的少数民族叫做夷，他们披散头发，身刺花纹，有的人不吃熟食；南方的少数民族叫做蛮，他们在额上刻花纹，两脚向里勾，有的人不吃熟食；西方的少数民族叫做戎，他们披散头发，穿兽皮，有的人不吃谷类；北方的少数民族叫做狄，他们穿禽兽的羽毛，住洞穴，有的人也不吃谷类。中原人和夷、蛮、戎、狄，都各有安居的处所，合适的口味，适宜的衣服，便利的用具，充备的器材。各方人民，言语不通，嗜好不同，表达他们的意思，通晓他们的想法，东方叫做寄，南方叫做象，西方叫做狄鞮,北方叫做译。

35. 凡居民,量地以制邑,度地以居民。地、邑、居民,必参相得也。无旷土,无游民,食节事时,民咸安其居,乐事劝功,尊君亲上,然后兴学。

【译文】
　　凡是安置人民的居处,要根据地势的广狭决定居邑的大小,度量土地面积来决定居民的多少。地理条件、居邑建制、居民的多少,一定要使这三方面都相称。没有旷废的土地,没有无业游民,饮食有节制,举事遵农时,这样就可以使民众都安于他们的居所,喜欢他们的工作而努力做出成绩,尊敬国君而亲敬长上,然后就可以兴学施教了。

36. 司徒修六礼以节民性[1],明七教以兴民德,齐八政以防淫,一道德以同俗,养耆老以致孝,恤孤独以逮不足,上贤以崇德,简不肖以绌恶[2]。命乡简不帅教者以告,耆老皆朝于庠[3],元日习射上功,习乡上齿[4],大司徒帅国之俊士与执事焉[5];不变,命国之右乡简不帅教者移之左,命国之左乡简不帅教者移之右,如初礼;不变,移之郊,如初礼;不变,移之遂[6],如初礼;不变,屏之远方,终身不齿[7]。

【注释】
　　[1] 司徒修六礼:司徒,掌土地、人民和教化的官。六礼,及下文"七教"、"八政",皆见篇末第60节。
　　[2] 简:选择。
　　[3] 耆老皆朝于庠:耆老,是指退休的官吏和乡中老而贤者;朝,

会。庠，乡的学校名。

〔4〕习乡上齿：乡，谓乡饮酒礼。齿，谓年齿。

〔5〕大司徒帅国之俊士：大司徒，即司徒。俊士，是指从乡里选拔出来升入大学学习之士。

〔6〕遂：郊以外曰遂。

〔7〕齿：犹录。

【译文】

司徒修习六礼来节制人民的情性，宣明七教来提高人民的德行，整齐八政来防止淫邪，规范道德来统一社会风俗，赡养老人来诱导人民孝敬长上，抚恤孤独的人来诱导人们帮助贫乏的人，尊重贤能的人以崇尚道德，检举不听教化的人而摒除邪恶。司徒命乡里检举不遵循教化的人报告上来，命退休官吏和年高而贤德的人都会集到庠中，在挑选出来的好日子里演习乡射礼而以射中为有功，演习乡饮酒礼而以年长者为尊，大司徒率领被选拔到国都的俊士回乡来参加乡射礼和乡饮酒礼；如果不遵循教化的人不因此受感化而改变，就命国都的右乡检举不遵循教化的人把他们迁移到左乡，命国都的左乡检举不遵循教化的人把他们迁移到右乡，在新乡里也像当初一样通过习礼来对他们进行教化；如果这样还不改变，就把不遵教化的人迁移到郊区，同当初一样通过习礼来对他们进行教化；如果还不改变，就把他们迁移到郊外的遂去，也同当初一样对他们进行教化；如果还不改变，就把他们摒弃到远方，终身不再收录。

37. 命乡论秀士，升之司徒，曰选士。司徒论选士之秀者而升之学，曰俊士。升于司徒者，不征于乡；升于学者，不征于司徒[1]，曰造士。乐正崇四术，立四教[2]，顺先王《诗》《书》《礼》《乐》以造士。春秋教以《礼》《乐》，冬夏教以《诗》《书》。王大子、王子、群后之大子、卿大夫、元士之嫡子、国之俊选，皆造焉。凡入学以齿。将出学[3]，小胥、大胥、小乐正简不帅教者[4]，以告于大乐正，大乐正以告于王。王命三公、九卿、大夫、元士皆入学；不变，王亲视学；不变，王三日不举，屏之远方：西方曰棘[5]，东方曰寄，终身不齿。大乐正论造士之秀者，以告于王，而升诸司马[6]，曰进士。

【注释】
〔1〕不征于司徒：即免服国家的徭役；上文说"不征于乡"，是仅免服乡中的徭役。
〔2〕乐正崇四术，立四教：乐正，乐官之长，掌对国子（贵族子弟）的教育。四术、四教，皆谓《诗》《书》《礼》《乐》。
〔3〕出学：犹今毕业。
〔4〕小胥、大胥、小乐正：小胥、大胥，是大乐正的属官；小乐正，是大乐正的副手。
〔5〕棘：及下文"寄"，都是放逐的异名，并无深义。
〔6〕司马：掌军政的官。

【译文】
命各乡考察优秀人才，上报司徒，叫做选士。司徒再考察选士中的优秀者，而升入大学，叫做俊士。上报到司徒那里的选士，乡里不征派他们服徭役；升入大学的俊士，司徒不征派他们服徭役，叫做造士。乐正提倡四种学术，设立四门课程，即依照先王流传下来的《诗》《书》《礼》《乐》四书来造就人才。春秋教《礼》《乐》，冬夏教《诗》《书》。王太子、王子、众诸侯的太子、卿大夫和元士的嫡子，以及国中的俊士和选士，都要学习这四门课程。凡入学，按照年龄长幼安排课程。将毕业的时候，小胥、大胥、小乐正检举不遵循教导的子弟，报告大乐正，大乐正报告给王。王命三公、九卿、大夫、元士都到学校去帮助对这些子弟进行教育；如果不改变，王就亲自视察学校；如果还不改变，王三天用膳不演奏音乐,把不遵循教导的子弟摒弃到远方:摒弃到西方叫做棘,摒弃到东方叫做寄,终身不收录。大乐正考察造士中的优秀者,报告给王,而把他们提拔到司马属下,叫做进士。

38. 司马辨论官材,论进士之贤者,以告于王而定其论。论定然后官之,任官然后爵之,位定然后禄之。大夫废其事,终身不仕,死以士礼葬之。有发,则命大司徒教士以车甲。

【译文】
司马辨别、考察、任用人才,考察进士中的优秀者,报告给王,而由王下定论。定论然后委任官职,出任官职然后授予爵位,爵位确定然后发给俸禄。大夫放弃自己的职责,就终身不用他做官,死了用士礼埋葬。有军事行动要征发士卒,就命大司徒教进士们乘兵车、穿战甲。

39. 凡执技,论力:适四方,裸股肱,决射御。凡执技以事上者,祝、史、射、御、医、卜及百工。凡执技以事上者,不贰事,不移官,出乡不与士齿;仕于家者,出乡不与士齿。

【译文】
凡是怀有技艺的人,就考察他们的力量:派他们到各地去,挽起裤腿,露着胳膊,比试射箭、驾车以决本领的高下。凡拿技艺为君王服务的,是指祝、史、弓箭手、驾车人、医生、卜人,以及各种工匠。凡拿技艺为君王服务的人,不可从事专业以外的行业,也不迁调他们做官,出了乡就不可按年龄长幼与士排列位次;如果是在卿大夫家中任职,出了乡也不可按年龄长幼与士排列位次。

40. 司寇正刑明辟[1]，以听狱讼。必三刺[2]，有旨无简不听[3]，附从轻，赦从重。凡制五刑[4]，必即天论，邮罚丽于事[5]。凡听五刑之讼，必原父子之亲，立君臣之义，以权之；意论轻重之序，慎测浅深之量以别之[6]；悉听聪明，致其忠爱，以尽之。疑狱，泛与众共之；众疑，赦之。必察大小之比以成之。成狱辞，史以狱成告于正[7]；正听之，正以狱成告于大司寇；大司寇听之棘木之下[8]，大司寇以狱之成告于王；王命三公参听之，三公以狱之成告于王；王三又[9]，然后制刑。凡作刑罚，轻无赦。刑者，侀也。侀者，成也，一成而不可变，故君子尽心焉。

【注释】
〔1〕司寇：掌刑罚的官。
〔2〕三刺：一曰讯群臣，二曰讯群吏，三曰讯万民。
〔3〕有旨无简：旨，意，指犯罪动机；简，指犯罪事实。
〔4〕制五刑：制，断。五刑，指墨（在额上刺字）、劓（割鼻子）、剕（断足）、宫（残坏男女生殖器）、大辟（死刑）五者。
〔5〕必即天论，邮罚丽于事：论，理。邮，过。丽，附。
〔6〕浅深：此谓俱有罪，而本心有善恶。
〔7〕史以狱成告于正：史，掌文书之吏。正，是负责刑辟的廷尉的属吏。
〔8〕大司寇听之棘木之下：是听于天子外朝的棘木之下。据说天子之朝有五门，从外向内依次为皋门、库门、雉门、应门、路门。外朝在皋门与库门之间。外朝东西两边种有棘树。
〔9〕三又：又，当作"宥"。

【译文】
　　司寇负责审定刑律，明辨罪法，以审理诉讼。审案时一定要再三探讯案情。对于那些有作案动机而无作案事实的不予受理，对于非主谋而只是附从犯罪的人从轻处理，对于曾经宽赦而重新犯罪的人从重量刑。凡判定罪犯应受五刑的哪一刑，一定要遵从天理，定罪施罚一定要附合事实。凡审理应判处五刑的案件，一定要从体谅父子的亲情，确立君臣关系大义的角度，来进行权衡；要考虑犯罪情节的轻重程度，审慎地分析作案动机的深浅分量，来区别对待；要充分发挥自己的聪明才智，奉献自己的忠君爱民之心，来彻底弄清案情。有疑虑的案件，要广泛地同大家商讨；大家都疑而不能决，就赦免被告。审案时一定要参考同类大小案件的成例来定案。经过审理核定罪犯的供词后，史把审案结果报告给正；正又审理一番，再把审理结果报告大司寇；大司寇在外朝在棘树下再审理一番，然后把审理结果报告给王；王命三公参加案件的审，三公再把审理结果报告给王；王又对罪犯三次提出宽宥的理由，然后才判定罪刑。凡制定刑罚，对于轻法不作赦免的规定。刑，是侀的意思。侀，是成型的意思，人体一受刑成型就不可改变了，因此君子对审理案件十分尽心。

41. 析言破律，乱名改作，执左道以乱政，杀。作淫声、异服、奇技、奇器以疑众，杀。行伪而坚，言伪而辩，学非而博，顺非而泽以疑众，杀。假于鬼神、时日、卜筮以疑众，杀。此四诛者，不以听。凡执禁以齐众，不赦过。

【译文】
　　剖析言词破坏法令，变乱名义更改制度，拿异端邪道来挠乱国政，处死。制作淫邪的音乐、奇装异服、诡异的技巧、奇邪的器物，用以疑惑民众，处死。行为虚伪却使人坚信不疑，言论虚伪而辩不可屈，学非正道而涉猎甚广，顺从错误而加以文饰，用以疑惑民众，处死。假托鬼神祸福、时日吉凶、卜筮休咎，来疑惑民众，处死。对于这四种该杀的人，不用审理。凡是拿禁令来统一民众的，不用赦免罪过的例子。

42. 有圭、璧、金、璋不粥于市，命服、命车不粥于市，宗庙之器不粥于市，牺牲不粥于市，戎器不粥于市，用器不中度不粥于市，兵车不中度不粥于市，布帛精粗不中数、幅广狭不中量不粥于市，奸色乱正色不粥于市，锦文珠玉成器不粥于市，衣服饮食不粥于市，五谷不时、果实未孰不粥于市，木不中伐不粥于市，禽兽鱼鳖不中杀不粥于市。关执禁以讥，禁异服，识异言。

【译文】
　　有圭、璧、金、璋等贵重物品不拿到市上去卖，国君颁赐的官服、官车不拿到市上去卖，宗庙的祭器不拿到市上去卖，祭祀用的牲畜不拿到市上去卖，军用器械不拿到市上去卖，日用器物不合规格不拿到市上去卖，兵车不合规格不拿到市上去卖，布帛精粗不合要求、幅的宽窄不合尺寸不拿到市上去卖，色彩奇邪而淆乱正色的不拿到市上去卖，饰有锦绣花纹或镶嵌珠玉制成的器物不拿到市上去卖，服装和饮食不拿到市上去卖，粮食作物没有长到时候、瓜果尚未成熟不拿到市上去卖，未成材的树木不拿到市上去卖，幼小的禽兽鱼鳖不拿到市上去卖。关卡依据禁令稽查过往的人，禁止奇装异服，识别不同语言。

43. 大史典礼，执简记，奉讳恶。

【译文】

太史掌管礼事，负责拿简策记录，并向王进奏应当避讳的先王的名字和忌日。

44. 天子齐戒受谏。司会以岁之成[1]，质于天子，冢宰齐戒受质。大乐正、大司寇、市三官[2]，以其成从质于天子。大司徒、大司马、大司空齐戒受质，百官各以其成，质于三官。大司徒、大司马、大司空，以百官之成质于天子。百官齐戒受质，然后休老劳农。成岁事，制国用。

【注释】

〔1〕司会：总掌会计事务的官。
〔2〕市：即司市，掌管市场贸易的官。

【译文】

天子先斋戒而后接受群臣进谏。司会把年终财务总结〔上奏天子〕，由天子平断，而由冢宰斋戒然后接受平断结果。大乐正、大司寇、司市三官，相从把年终财务总结上奏天子，由天子平断。大司徒、大司马、大司空先斋戒然后接受各自属官的年终财务总结进行平断，百官都把各自的财务总结分别上报给这三官以接受平断。大司徒、大司马、大司空再把百官的财务总结上奏天子，由天子平断。百官都先斋戒再接受平断的结果，然后回去休养老人，慰劳农夫。年终财务总结平断完毕，制定来年的财政预算。

45. 凡养老[1]，有虞氏以燕礼，夏后氏以飨礼，殷人以食礼，周人修而兼用之。五十养于乡，六十养于国，七十养于学[2]，达于诸侯。

【注释】

〔1〕养老：是一种礼，通过这种礼可诱导人们尊重和孝敬老人。
〔2〕学：谓大学。

【译文】

凡养老之礼，有虞氏用燕礼，夏后氏用飨礼，殷人用食礼，周人对三代的养老礼斟酌取舍而兼用之。年五十的人在乡中行养老礼，年六十的人在国都行养老礼，年七十的人在大学行养老礼，〔这种分级举行养老礼的办法〕从天子到诸侯都实行。

46. 八十拜君命，一坐再至[1]，瞽亦如之；九十使人受。五十异粻[2]，六十宿肉，七十贰膳，八十常珍，九十饮食不离寝，膳饮从于游可也。六十岁制，七十时制，八十月制，九十日修，唯绞、紟、衾、冒，死而后制。五十始衰，六十非肉不饱，七十非帛不暖，八十非人不暖[3]，九十虽得人不暖矣。五十杖于家，六十杖于乡，七十杖于国，八十杖于朝。九十者，天子欲有问焉，则就其室，以珍从。七十不俟朝，八十月告存[4]，九十日有秩[5]。五十不从力政，六十不与服戎，七十不与宾客之事，八十齐衰之事弗及也。五十而爵[6]，六十不亲学[7]，七十致政，唯衰麻为丧。

【注释】

〔1〕至：谓头至地。
〔2〕粻：音 zhāng，粮。
〔3〕非人不暖：案如何以人取暖，不详。
〔4〕存：慰问。
〔5〕秩：常。

〔6〕爵：谓大夫之爵。

〔7〕六十不亲学：案因为六十已不能备弟子礼。

【译文】

　　年高八十的人拜谢君的赏赐，一次下跪而头两次至地就可以了，盲人也是这样；九十岁的人可以使别人代受君赐〔而不亲自拜谢了〕。年五十就可比年轻人吃精细一些的粮食，年六十隔一天吃一次肉，年七十除吃肉外还要附加一样美食，年八十可以经常吃珍贵的食物，年九十饮食不离居室，而且美食和饮料可以伴随送到他游观的地方。年六十每年都要准备丧具，年七十每季都要准备丧具，年八十每月都要准备丧具，年九十每天都要修整丧具，只有殓时用的绞、纷、衾、冒等，是到人死后才赶制的。年五十人开始衰老，年六十不吃肉就不能满足身体需要，年七十不穿丝织物就不暖和，年八十不靠别人的体温就不暖和，年九十即使依靠别人的体温也不暖和了。年五十可以在家里拄杖，年六十可以在乡里拄杖，年七十可以在国都拄杖，年八十就可以在朝廷上拄杖。年九十的人，天子想询问什么事情，就要亲自到他家，还要随带一些珍贵的物品去。年七十可以不在朝廷上侯立，年八十国君每月派人去询问国事并进行慰问，年九十国君每天派人向他馈送常用的美食。年五十不服力役，年六十不服兵役，年七十不参与宾客应酬，年八十可以不参加祭礼和丧事。年五十而受爵位，年六十不亲往学校学习，年七十退休，若有丧事只须穿丧服、系麻绖带就行了。

47. 有虞氏养国老于上庠，养庶老于下庠；夏后氏养国老于东序，养庶老于西序；殷人养国老于右学，养庶老于左学；周人养国老于东胶，养庶老于虞庠，虞庠在国之西郊[1]。有虞氏皇而祭，深衣而养老[2]；夏后氏收而祭，燕衣而养老[3]；殷人冔而祭，缟衣而养老[4]；周人冕而祭，玄衣而养老[5]。

【注释】

〔1〕"有虞"至"国之西郊":案这里的上庠、下庠、东序、西序、右学、左学、东胶、虞庠,皆四代大学与小学之异名;凡养国老皆在大学,凡养庶老皆在小学。又庶老,谓士。国老,指大夫以上退休者。

〔2〕有虞氏皇而祭,深衣而养老:皇,及下文"收"、"冔"、"冕",皆冠冕名。皇、收、冔,其形制皆不可考;冕的形制,上有一长方形的木板叫做延,延下有一冠圈叫做武,延的前沿挂着一串串的小玉珠叫做旒,据说天子十二旒,公九旒,下以二数递减。深衣,参见《檀弓上第三》第61节,此处的深衣是用白布做成的。

〔3〕燕衣:是与群臣燕饮时穿的服装,黑色。

〔4〕缟衣:是一种白布做的深衣。

〔5〕玄衣:即朝服,缁衣而素裳。

【译文】

有虞氏在上庠为国老举行养老礼,在下庠为庶老举行养老礼;夏后氏在东序为国老举行养老礼,在西序为庶老举行养老礼;殷人在右学为国老举行养老礼,在左学为庶老举行养老礼;周人在东胶为国老举行养老礼,在虞庠为庶老举行养老礼,虞庠在国都的西郊。有虞氏头戴皇进行祭祀,穿深衣而行养老礼;夏后氏头戴收进行祭祀,穿燕衣而行养老礼;殷人头戴冔进行祭祀,穿缟衣而行养老礼;周人头戴冕进行祭祀,穿玄衣而行养老礼。

48. 凡三王养老皆引年[1]。八十者,一子不从政;九十者,其家不从政;废疾非人不养者,一人不从政;父母之丧,三年不从政;齐衰、大功之丧,三月不从政;将徙于诸侯,三月不从政;自诸侯来徙家,期不从政。

【注释】

〔1〕引年:即挨户校年。

【译文】
　　凡三代君王举行养老礼之后,都要按户校核居民的年龄。年八十的人,可以有一个儿子不服徭役;年九十的人,全家都可以不服徭役;残废或有疾病、无人照顾就不能生活的人,家中可以有一人不服徭役;有父母的丧事在身,三年不服徭役;服齐衰或大功丧的人,三个月不服徭役;将从大夫采地迁徙到诸侯采地的人,三个月不服徭役;从别的诸侯国迁来安家的,一年不服徭役。

49. 少而无父者谓之孤,老而无子者谓之独,老而无妻者谓之矜,老而无夫者谓之寡。此四者,天民之穷而无告者也,皆有常饩。

【译文】
　　年幼而失去父亲的叫做孤,年老而没有儿子的叫做独,年老而没有妻室的叫做矜,年老而失去丈夫的叫做寡。这四种人,是天所降生的民众中穷困而又无处可求告的人,都应有经常性的粮食救济。

50. 瘖、聋、跛、躃、断者、侏儒,百工各以其器食之。

【译文】
　　哑巴、聋子、跛子、瘸子、四肢残缺的人、矮小畸形的人,由各种工匠用各自的技能供养他们。

51. 道路,男子由右,妇人由左,车从中央。父之齿随行,兄之齿雁行[1],朋友不相逾。轻任并,重任分,班白不提挈。君子耆老不徒行,庶人耆老不徒食。

大夫祭器不假，祭器未成，不造燕器[2]。

【注释】
〔1〕雁行：谓并行而稍后。
〔2〕"大夫"至"燕器"：案这三句与上文不类，盖错简于此。

【译文】
　　道路，男人从右边走，妇女从左边走，车从中间走。遇见父亲的同龄人应该跟随其后而行，遇见兄长的同龄人应该与他并行而稍后一些，和朋友一起走路不抢先。轻担子一人独担，重担子帮人分担，头发斑白的人不应让他拿东西走路。君子中的老年人不徒步而行，庶人中的老年人不白口吃饭而无菜肴。大夫所用的祭器不向别人借，祭器没有制造完成，不制造生活器具。

52. 方一里者为田九百亩。方十里者为方一里者百，为田九万亩。方百里者为方十里者百，为田九十亿亩[1]。方千里者为方百里者百，为田九万亿亩。

【注释】
〔1〕亿：今十万。

【译文】
　　一平方里的土地划分田九百亩。十平方里的土地为一平方里的一百倍，划分田九万亩。一百平方里的土地为十平方里的一百倍，划分田九十亿亩。一千平方里的土地为一百平方里的一百倍，划分田九万亿亩。

53. 自恒山至于南河[1]，千里而近。自南河至于江[2]，千里而近。自江至于衡山[3]，千里而遥。自东河至于东海[4],千里而遥。自东河至于西河[5],千里而近。自西河至于流沙[6],千里而遥。西不尽流沙,南不尽衡山,东不尽东海,北不尽恒山,凡四海之内,断长补短,方三千里,为田八十万亿一万亿亩。方百里者,为田九十亿亩,山陵、林麓、川泽、沟渎、城郭、宫室、涂巷,三分去一,其余六十亿亩。

【注释】

〔1〕自恒山至于南河:冀州域。案此处的"南河",以及下文"东河"、"西河",皆就冀州而言。

〔2〕自南河至于江:豫州域。

〔3〕自江至于衡山:荆州域。

〔4〕自东河至于东海:徐州域。

〔5〕自东河至于西河:亦冀州域。

〔6〕自西河至于流沙:雍州域。流沙,指今哈密(属新疆)东南之大沙海。

【译文】

从恒山到南边的黄河,将近千里。从南边的黄河到长江,将近千里。从长江到衡山,超过千里。从东边的黄河到东海,超过千里。从东边的黄河到西边的黄河,将近千里。从西边的黄河到流沙,超过千里。西不包括流沙以西,南不包括衡山以南,东不包括东海,北不包括恒山以北,凡属此四海之内的地方,截长补短,总计三千平方里,划分田八十万亿零一万亿亩。一百平方里土地,划分田九十亿亩,高山峻岭、森林和山坡、河流和湖泊、沟渠和水道、城郭、房屋、大路和街巷,占去三分之一,剩余六十亿亩。

54. 古者以周尺八尺为步[1],今以周尺六尺四寸为步。古者百亩，当今东田百四十六亩三十步[2]。古者百里，当今百二十一里六十步四尺二寸二分。

【注释】
〔1〕古者：指周以前。
〔2〕东田：谓齐鲁一带的田。

【译文】
　　古时候以相当周尺的八尺为一步，今天以周尺的六尺四寸为一步。古时候百亩，相当今天东方之田一百四十六亩零三十步。古时候一百里，相当于今天一百二十一里六十步零四尺二寸二分。

　　55. 方千里者，为方百里者百。封方百里者三十国，其余方百里者七十。又封方七十里者六十，为方百里者二十九，方十里者四十。其余方百里者四十，方十里者六十。又封方五十里者百二十，为方百里者三十，其余方百里者十，方十里者六十。名山大泽不以封，其余以为附庸间田。诸侯之有功者，取于间田以禄之。其有削地者，归之间田。

【译文】
　　一千平方里的土地，是一百平方里的一百倍。封一百平方里的国家三十个，剩余七十个一百平方里。又封七十平方里的国家六十个，相当于二十九个一百平方里，另加四十个十平方里，剩余四十个一百平方里，以及六十个十平方里。又封五十平方里的国家一百二十个，相当于三十个一百平方里，还剩余十个一百平方里，以及六十个十平方里。名山大湖不分封，再剩余的作为诸侯的附庸小国和供调济的间田。诸侯中有功的人，就从间田中拿出土地来作为赏赐给他的禄地。诸侯中有削地的，所削的地就归并到间田中。

56. 天子之县内，方千里者为方百里者百。封方百里者九，其余方百里者九十一；又封方七十里者二十一，为方百里者十，方十里者二十九，其余方百里者八十，方十里者七十一；又封方五十里者六十三，为方百里者十五，方十里者七十五，其余方百里者六十四，方十里者九十六。

【译文】
　　天子畿内，一千平方里的土地，包含着一百个一百平方里。封一百平方里的国家九个，还余九十一个一百平方里；又封七十平方里的国家二十一个，相当于十个一百平方里，另加二十九个十平方里，还剩余八十个一百平方里，以及七十一个十平方里；又封五十平方里的国家六十三个，相当于十五个一百平方里，另加七十五个十平方里，还余六十四个一百平方里，以及九十六个十平方里。

57. 诸侯之下士禄食九人，中士食十八人，上士食三十六人，下大夫食七十二人，卿食二百八十八人，君食二千八百八十人。次国之卿食二百一十六人，君食二千一百六十人。小国之卿食百四十四人，君食千四百四十人。次国之卿命于其君者，如小国之卿。

【译文】
　　诸侯的下士的俸禄可以供养九人，中士可以供养十八人，上士可以供养三十六人，下大夫可以供养七十二人，卿可以供养二百八十八人，君可以供养二千八百八十人。次国的卿可以供养二百一十六人，君可以供养二千一百六十人。小国的卿可以供养一百四十四人，君可以供养一千四百四十人。次国的卿而由他的国君任命的，俸禄如同小国的卿。

58. 天子之大夫为三监，监于诸侯之国者，其禄视诸侯之卿，其爵视次国之君，其禄取之于方伯之地。方伯为朝天子，皆有汤沐之邑于天子之县内[1]，视元士。

【注释】
〔1〕汤沐之邑：供来朝方伯止宿的封邑。

【译文】
　　天子的大夫担任三监、监察诸侯国的，俸禄比照诸侯国的卿，爵位比照次国的国君，他们的俸禄由方伯的管辖地供给。方伯为朝见天子，在天子畿内都有汤沐邑，比照天子元士的封邑。

59. 诸侯世子世国；大夫不世爵，使以德，爵以功[1]。未赐爵[2]，视天子之元士，以君其国；诸侯之大夫不世爵禄。

【注释】
〔1〕"诸侯"至"以功"：这是指畿内诸侯、大夫的爵禄之制。
〔2〕未赐爵：自此以下是记畿外诸侯、大夫的爵禄之制。

【译文】
　　诸侯的太子世袭封国；大夫不世袭爵位，按他的德行来任用，按他的功劳授予爵位。诸侯的太子未得天子赐爵之前,比照天子的元士的身份,来统治他的国家;诸侯的大夫不世袭爵位和俸禄。

60. 六礼:冠、昏、丧、祭、乡、相见。七教:父子、兄弟、夫妇、君臣、长幼、朋友、宾客。八政:饮食、衣服、事为、异别、度、量、数、制。

【译文】

六礼是指:冠礼、婚礼、祭礼、丧礼、乡饮酒和乡射礼、相见礼。七教是指:有关父子、兄弟、夫妇、君臣、长幼、朋友、宾客等七种关系的教化。八政是指:有关饮食、衣服、技艺、器物品类、长度单位、容量单位、计数方法、物品规格等八个方面的制度和规定。

月令第六

一

1. 孟春之月，日在营室[1]，昏参中[2]，旦尾中[3]。其日甲乙[4]，其帝大皞[5]，其神句芒[6]，其虫鳞[7]，其音角[8]，律中大蔟[9]，其数八[10]，其味酸，其臭膻[11]，其祀户[12]，祭先脾。

【注释】
〔1〕日在营室：营室，二十八宿之一，即室宿，其位置在十二次的娵訾。案古人把黄道（太阳周年视运动的轨迹）附近的一周天按照由西向东的方向分为十二个等分，叫做十二次，并给每次都取了个名称。十二次是从太阳冬至时所在的次开始数，这一次叫做星纪，第二次叫玄枵，第三次就是娵訾。而室宿正当娵訾的位置，所以就用室宿（即营室）指代太阳运行所在的次，以说明时节已进入到孟春。以下诸月皆放次。

〔2〕参：二十八宿之一，有星七颗。

〔3〕尾：二十八宿之一。

〔4〕其日甲乙：案古代以十天干纪日，十日一循环。古代的阴阳五行学家将十天干分属五行，以为甲乙属木行；以四季分属五行，以为春季属木行，故以甲乙为春之主日，也就是有代表性的、最为重要的日子。后文夏季"其日丙丁"，秋季"其日庚辛"，冬季"其日壬癸"，义皆仿此。

〔5〕大皞：是传说中的上古东方部落首领，死后为东方之帝，于五行则为木帝，故主春。

〔6〕句芒：音 gōu méng，传说中上古另一部落首领叫少皞，他的儿

子叫重,因辅佐木德之帝即大(太)皞有功,故死后为木神,是为句芒。

〔7〕其虫鳞:案龙为鳞类的代表性动物,按照五行学说,苍龙属木行,主东方,故以鳞类为春虫。

〔8〕角:古代五声音阶的第三个音,相当于今简谱上的"3"音。按照五行学说,角音属木,故为春音。

〔9〕律中大蔟:案古人观测月气,是用十二支律管进行的,这十二支律管的名称与十二乐律同(参见《乐记第十九》第26节)。十二支律管的长度各异,相互之间有一定的比例,将这十二支律管埋入地中,其上与地平,其下则依长度的不同而深入地中各异,管中各填以芦灰,某月月气至,相应律管中的芦灰便会飞出,即所谓"吹灰",这就是律管候气之法。

〔10〕其数八:这是举春月之成数而言。据说五行有生数,有成数。所谓生数,是指五行排列顺序之数,即一水,二火,三木,四金,五土,这是天生之数。所谓成数,是指奇偶相配相成之数。除去五生数,尚余六、七、八、九、十五个数。单数为阳,偶数为阴。故水一的成数是六,火二的成数是七,木三的成数就是八。木为春,故春月之成数为八。金四、土五与九、十亦互为成数。

〔11〕其味酸,其臭膻:这也是用五行学说来排列、规范万物之例,以为酸味和膻气于五行皆属木。

〔12〕户:门的一扇叫做户,此处是指户神,为五祀之一。

【译文】

春正月,太阳运行到了室宿的位置,黄昏时参星出现在南方天空的正中,拂晓时尾星出现在南方天空的正中。这个月的日以甲乙为主日,主宰这个月的天帝是太皞,天神是句芒,这个月的动物以鳞类为主,声音以角音为主,候气律管应着太蔟,数以八为成数,味道以酸为主,气味以膻为主,祭祀对象是户神,祭品以牲畜的脾为上。

2. 东风解冻,蛰虫始振,鱼上冰,獭祭鱼,鸿雁来。

【译文】

东风化解冰冻,冬眠的虫类开始活动,鱼儿上跃到水面的薄冰上,獭入水取鱼陈列水边如祭,大雁从南方飞来。

3. 天子居青阳左个[1],乘鸾路[2],驾仓龙[3],载青旗,衣青衣,服仓玉,食麦与羊,其器疏以达。

【注释】

〔1〕青阳左个:案青阳是明堂的一部分。明堂的建制,外圆而中方,四方及中央建堂:东方之堂叫做青阳,南方之堂叫做明堂(此堂与总体建筑之名同),西方之堂叫做总章,北方之堂叫做玄堂;各方的正堂叫做太庙,太庙各有左右室,叫做个,青阳之堂北头的室就叫做青阳左个;各堂皆有门朝其所在之方;明堂的中央之堂叫做太庙,无左右个,唯有堂称太室(参见第61节),其门亦朝南。案明堂据说是古代天子宣明政教和举行祭祀的地方,凡有重大的典礼,均在明堂举行。

〔2〕鸾:通"銮",车铃。

〔3〕仓龙:仓,通"苍"。马八尺以上为龙。

【译文】

天子居住在明堂的青阳堂的左室,乘有鸾铃的车,驾青龙马,插青色的旗,穿青色的衣服,佩带青色的玉,食物以麦和羊肉为主,所用器物上镂刻的花纹粗疏而通达。

4. 是月也以立春。先立春三日,大史谒之天子曰:"某日立春,盛德在木。"天子乃齐。立春之日,天子亲帅三公、九卿、诸侯、大夫以迎春于东郊,还反赏公[1]、卿、诸侯、大夫于朝。

【注释】

〔1〕还反:当作"还乃"。案后文"还反"皆仿此。

【译文】

这个月立春。立春的前三天,太史进见天子报告说:"某日立春,天的盛德在五行的木行。"天子于是斋戒。到立春那天,天子亲自率领三公、九卿、诸侯和大夫到东郊举行迎春典礼,回来后便在朝廷上赏赐公、卿、诸侯和大夫们。

5. 命相布德,和令[1],行庆,施惠,下及兆民。庆赐遂行,毋有不当。

【注释】

〔1〕和:通"宣"。

【译文】

天子命令相颁布德教,宣布有关禁令,表彰善行,普施恩惠,一直向下施及广大民众。表彰和施惠的工作于是进行,进行得无不恰当。

6. 乃命大史守典奉法,司天日月星辰之行,宿离不贷[1],毋失经纪,以初为常[2]。

【注释】

〔1〕宿离不贷:宿,犹止。离,犹行。贷,与"忒"同,差错。
〔2〕初:旧。

【译文】

于是命令太史奉守典章法度,负责观测天上日月星辰的运行,对于它们运行所经过的位置观测不得有差错，对它们运行度次的记载不得有失误，要把传统的方法作为观测的常法。

7. 是月也，天子乃以元日祈谷于上帝[1]。乃择元辰，天子亲载耒耜，措之于参保介之御间[2]，帅三公、九卿、诸侯、大夫，躬耕帝藉[3]。天子三推，三公五推，卿、诸侯九推。反，执爵于大寝[4]。三公、九卿、诸侯、大夫皆御，命曰劳酒。

【注释】
〔1〕元日：指一个月中上旬的辛日。比如正月初一是甲日，那么上辛就是初八。
〔2〕措之于参保介之御间：参保介，就是参乘，亦即车右（参见《曲礼上第一》第59节）。保，犹衣。介，甲。参保介，就是"衣甲居右而参乘"之意。御，驾车人。"之御"二字误倒。
〔3〕帝藉：帝，谓天帝。藉，谓藉田。因为藉田的收获主要用于祭祀上帝及诸天神，故称帝藉。
〔4〕执爵于大寝：大寝，即正寝，亦即路寝，在路门内。

【译文】
这个月，天子在第一个辛日祭祀上帝以祈求保佑粮食丰收。又选择一个吉日，天子亲自用车载着耒耜，把它放在穿甲衣的参乘和御者之间，率领三公、九卿、诸侯、大夫们，亲自耕种供祭祀上帝用的藉田。天子把耒耜推动三下，接着三公推五下，卿和诸侯推九下。回来后，天子在大寝举行酒宴，三公、九卿、诸侯、大夫们都参加，名叫"劳酒"。

8. 是月也，天气下降，地气上腾，天地和同，草木萌动。王命布农事，命田舍东郊[1]，皆修封疆，审端经术[2],善相丘陵、阪险、原隰,土地所宜,五谷所殖,以教导民,必躬亲之。田事既饬,先定准直,农乃不惑。

【注释】

〔1〕田:谓田畯,主农事之官。

〔2〕经术:经,通"径"。术,通"遂",是农夫与农夫所耕百亩土地之间的小沟。遂上有径。

【译文】

这个月,天气下降,地气上升,天地之气混合为一,草和树木开始萌芽。天子下令部署农事,命田畯住到东郊去,〔督促农民们〕都修整地界,审察并修正田间小道和沟渠,好好地察看丘陵、坡地和山泽、高原和低湿地,斟酌不同的土地适宜种什么样的庄稼,以决定各种粮食作物的种植,这样来教导农民,这些工作田畯都必须亲自去做。农田和渠道修整好了以后,还得先确定种植的标准,农民才不疑惑。

9. 是月也,命乐正入学习舞,乃修祭典,命祀山林川泽,牺牲毋用牝。禁止伐木,毋覆巢,毋杀孩虫、胎、夭、飞鸟[1],毋麛,毋卵,毋聚大众,毋置城郭,掩骼埋胔[2]。

【注释】

〔1〕胎、夭、飞鸟:胎,谓在腹中未出者。夭,已出生者。飞鸟,此谓初飞之鸟。

〔2〕胔:肉腐曰胔。

【译文】

这个月,天子命乐正到大学教习舞蹈,修订祭礼。命令祭祀山林河湖，祭祀用的牲畜不得是雌性的。这个月禁止砍伐木材，不可倾覆鸟巢，不可杀害幼虫，以及未出生或刚出生的动物和幼鸟，不可捕杀幼兽，不可掏取鸟卵，不可聚集大众，不可建筑城郭，遇见枯骨腐尸要掩埋。

10. 是月也，不可以称兵，称兵天必殃。兵戎不起，不可从我始。毋变天之道，毋绝地之理，毋乱人之纪。

【译文】
这个月，不可举兵征伐，举兵征伐天一定会降灾殃。不可采取军事行动，采取军事行动也不可从我开始。不可违背天道，不可断绝地理，不可扰乱人伦纲纪。

11. 孟春行夏令，则雨水不时，草木蚤落，国时有恐。行秋令，则其民大疫，猋风暴雨緫至[1]，藜莠蓬蒿并兴。行冬令，则水潦为败，雪霜大挚[2]，首种不入。

【注释】
[1] 猋：音 biāo，暴风。
[2] 挚：谓伤折。

【译文】
春正月实行夏季的政令，雨水就不会适时降临，草和树木就会早凋落，国家不时会有恐惧的事情发生。实行秋季的政令，人民中就会有疫病大流行，狂风暴雨就会一起到来，藜莠蓬蒿等各种杂草就会一起疯长。实行冬季的政令，就会有水涝败坏农田，并将有雪霜造成大伤害，致使早春作物不能播种。

二

12. 仲春之月，日在奎^[1]，昏弧中^[2]，旦建星中^[3]。其日甲乙，其帝大皞，其神句芒，其虫鳞，其音角，律中夹钟，其数八，其味酸，其臭膻，其祀户，祭先脾。

【注释】
〔1〕奎：二十八宿之一，有星十六颗，其位置当十二次的第四次，即降娄之次。
〔2〕弧：即弧矢，星名，又称"天弓"，简称"弧"。
〔3〕建星：在南斗（即二十八宿的斗宿）之上。

【译文】
春二月，太阳运行到了奎宿的位置，黄昏时候弧星出现在南方天空的正中，拂晓时候建星出现在南方天空的正中。这个月的日以甲乙为主，主宰这个月的天帝是太皞，天神是句芒，这个月的动物以鳞类为主，声音以角音为主，候气律管应着夹钟，数以八为成数，味道以酸为主，气味以膻为主，祭祀对象是户神，祭品以牲畜的脾为上。

13. 始雨水^[1]，桃始华，仓庚鸣^[2]，鹰化为鸠。

【注释】
〔1〕雨水：二十四节气之一。案此所记节气与今不同：今之雨水在正月，惊蛰在二月，据此记则这两个节气的顺序正好相反。
〔2〕仓庚：即黄鹂。

【译文】

　　这个月开始进入雨水节气,桃树开始开花,黄鹂开始鸣唱,鹰变化为鸠。

14. 天子居青阳大庙,乘鸾路,驾仓龙,载青旗,衣青衣,服仓玉,食麦与羊,其器疏以达。

【译文】

　　天子居住在明堂的青阳堂的正堂,乘有鸾铃的车,驾青龙马,插青色的旗,穿青色的衣服,佩带青色的玉,食物以麦和羊肉为主,所用器物上镂刻的花纹粗疏而通达。

15. 是月也,安萌牙,养幼少,存诸孤。择元日,命民社。命有司省囹圄[1],去桎梏,毋肆掠,止狱讼。

【注释】

〔1〕囹圄:音 líng yǔ,牢狱。

【译文】

　　这个月,要使植物的幼芽安稳地生长,要注意养育幼婴和少儿,要抚恤那些孤苦无靠的人。选择一个好日子,命令民众祭祀社神,命令官吏减少拘禁的人,解除他们的镣铐,不可肆意鞭笞犯人,并停止打官司。

16. 是月也,玄鸟至[1]。至之日,以大牢祀于高禖[2],天子亲往,后妃帅九嫔御[3]。乃礼天子所御[4],带以弓韣[5],授以弓矢,于高禖之前。

【注释】

〔1〕玄鸟:即燕。
〔2〕高禖:即郊禖,古代帝王求子所祀之神。
〔3〕九嫔御:九嫔,泛指天子的众妻妾。御,谓从往侍祠。
〔4〕礼天子所御:礼,当作"醴"。御,谓有娠者。
〔5〕韣:音dú,弓袋子。

【译文】

这个月,燕子飞来。燕子飞到的那一天,用太牢祭祀高禖,天子亲自前往,后妃率领众妻妾陪同天子去祭祀。于是向天子的受孕的妻妾进醴酒,给她带上弓套,授给她弓矢,这些都在高禖面前进行。

17. 是月也,日夜分[1],雷乃发声,始电,蛰虫咸动,启户始出。先雷三日,奋木铎以令兆民曰[2]:"雷将发声,有不戒其容止者,生子不备,必有凶灾。"日夜分,则同度、量、钧、衡、石,角斗、甬,正权、概[3]。

【注释】

〔1〕日夜分:即春分。
〔2〕木铎:木舌的铃。
〔3〕"则同"至"权、概":同、角、正,皆谓平。丈尺曰度,斗斛曰量,三十斤曰钧,称上曰衡,百二十斤曰石。甬,即斛。称锤曰权。概,木制,括平斗斛所用,形如尺。

【译文】

这个月,进入春分,有雷声发作,开始出现闪电,冬眠的虫类都开始活动,破洞穴而出。在打雷的前三天,要摇动木铎告诫广大民众说:"雷声将发作,如果有不慎修容貌举止的,生下的小孩将会有残疾，一定会造成灾害。"进入春分，要统一长度单位、容量单位、钧、称和石，使斗、斛都合乎标准，使称锤和刮斗斛的平尺都准确无误。

18. 是月也，耕者少舍[1]，乃修阖扇[2]，寝庙毕备[3]。毋作大事[4]，以妨农之事。是月也，毋竭川泽，毋漉陂池[5]，毋焚山林。天子乃鲜羔[6]，开冰，先荐寝庙。

【注释】
〔1〕舍：犹止。
〔2〕阖扇：皆谓门户。
〔3〕寝庙：即宗庙。
〔4〕大事：谓如征伐之事。
〔5〕漉：音 lù，竭。
〔6〕鲜：当为"献"。

【译文】
这个月，耕种的人稍停息，〔用木材或竹子芦苇等〕修理门户，寝庙的门户都修理完备。不要采取军事行动，以免妨害农事。这个月，不要放干河湖的水，不要放尽陂塘和池子里的水，不要焚烧山林。天子献上羔羊〔祭祀司寒之神〕，开窖取冰，先献给寝庙。

19. 上丁，命乐正习舞，释菜[1]，天子乃帅三公、九卿、诸侯、大夫亲往视之。仲丁，又命乐正入学习舞[2]。

【注释】
〔1〕释菜：祭名，是指用菜祭祀学校里的先师之神。

〔2〕舞：是"乐"字之误。

【译文】

　　这个月上旬的丁日，命令乐正教习舞蹈，用释菜礼祭祀先师，天子率领三公、九卿、诸侯、大夫亲自前去观看释菜礼。到中旬的丁日，又命乐正到太学教习音乐。

20. 是月也，祀不用牺牲，用圭璧，更皮币[1]。

【注释】

　　〔1〕更：代。

【译文】

　　这个月，祭祀不杀牲，而用圭璧、鹿皮和束帛来代替。

21. 仲春行秋令，则其国大水，寒气揔至，寇戎来征。行冬令，则阳气不胜，麦乃不熟，民多相掠。行夏令，则国乃大旱，暖气早来，虫螟为害。

【译文】

　　春二月实行秋季的政令，国家就会发生大水灾，寒气一起迫来，敌军将会来侵略。实行冬季的政令，阳气就会为阴气所败，麦子就不会成熟，民众中会发生许多互相掠夺的事。实行夏季的政令，国家就会发生大旱，暖气就会提前到来，就会有病虫为害庄稼。

三

22. 季春之月，日在胃[1]，昏七星中[2]，旦牵牛中[3]。其日甲乙，其帝大皞，其神句芒，其虫鳞，其音角，律中姑洗，其数八，其味酸，其臭膻，其祀户，祭先脾。

【注释】
〔1〕胃：二十八宿之一，有星三颗，其位置当十二次的第五次，即大梁之次。
〔2〕七星：即星宿，二十八宿之一，有星七颗。
〔3〕牵牛：即牛宿，二十八宿之一，有星六颗。

【译文】
春三月，太阳运行到了胃宿的位置，黄昏时候七星出现在南方天空的正中，拂晓时候牵牛星出现在南方天空的正中。这个月的日以甲乙为主，主宰这个月的天帝是太皞，天神是句芒，这个月的动物以鳞类为主，声音以角音为主，候气律管应着姑洗，数以八为成数，味道以酸为主，气味以膻为主，祭祀对象是户神，祭品以牲畜的脾为上。

23. 桐始华，田鼠化为鴽[1]，虹始见，萍始生。

【注释】
〔1〕鴽：音rú，是鹌鹑类的鸟。

【译文】
桐树开始开花，田鼠变化为鴽鸟，天空开始有彩虹出现，池塘开始生长浮萍。

24. 天子居青阳右个，乘鸾路，驾仓龙，载青旗，衣青衣，服仓玉，食麦与羊，其器疏以达。

【译文】

天子居住在明堂的青阳堂的右室,乘有鸾铃的车,驾青龙马,插青色的旗,穿青色的衣服,佩带青色的玉,食物以麦和羊肉为主,所用器物上镂刻的花纹粗疏而通达。

25. 是月也,天子乃荐鞠衣于先帝[1],命舟牧覆舟,五覆,五反,乃告舟备具于天子焉,天子始乘舟。荐鲔于寝庙[2],乃为麦祈实。

【注释】

〔1〕鞠衣:是一种颜色如初生的桑叶般嫩黄的礼服。先帝,大皞之属。

〔2〕鲔:音 wěi,鱼名,属金枪鱼科。

【译文】

这个月,天子进献嫩桑色的礼服祭祀先帝,命令舟牧把船反扣过来检查船底。舟牧五次把船反扣过来,又五次正过来进行检查,然后向天子报告船体完好,天子才开始乘船。进献鲔鱼祭祀寝庙,是为祈求麦子丰收。

26. 是月也,生气方盛,阳气发泄,句者毕出,萌者尽达,不可以内。天子布德行惠:命有司发仓廪,赐贫穷,振乏绝;开府库,出币帛,周天下;勉诸侯聘名士,礼贤者。

【译文】

这个月,生气正盛,阳气发泄,屈生的幼芽都出土,直生的幼苗都上达地表,不可以做收敛赋税财货的事情。天子要布德政,施恩惠:命令官吏开粮仓,赏赐贫穷的人,赈济困乏断炊的人;

开府库，拿出财物来，周济天下；勉励诸侯们慰问名士，优礼贤人。

27. 是月也，命司空曰："时雨将降，下水上腾，循行国邑，周视原野，修利堤防，道达沟渎，开通道路，毋有障塞。田猎罝罘、罗网、毕、翳[1]，餧兽之药[2]，毋出九门。"

【注释】

〔1〕罝罘、罗网、毕、翳：罝罘，音 jiē fú，是一种捕兽的网。罗网，是捕鸟的网。毕，是一种长柄的小网。翳，是"弋"的假借字，是一种末端系绳用以射飞鸟的箭。
〔2〕餧："喂"的异体字。

【译文】

这个月，命令司空说："雨季将到，地下水往上升，要巡视国都和城邑，并普遍视察原野，修好堤防，疏通沟渠，开通道路，使水流和道路不要有壅塞。打猎用的捕兽的网、捕鸟的网、捕兔的长柄小网、射鸟的弋、喂兽的毒药，都不得出都城九门。"

28. 是月也，命野虞无伐桑柘[1]。鸣鸠拂其羽[2]，戴胜降于桑[3]。具曲、植、籧、筐[4]。后妃齐戒，亲东乡躬桑。禁妇女毋观，省妇使，以劝蚕事。蚕事既登，分茧、称丝效功。以共郊[5]、庙之服，无有敢惰。

【注释】

〔1〕野虞：主田及山林之官。
〔2〕鸣鸠：即班鸠。

〔3〕戴胜：一种小鸟。

〔4〕曲、植、籧、筐：皆养蚕用具。曲，即薄曲。植，是放置薄曲的木架。籧，音jǔ，同"筥"，竹编的圆筐。筐，竹编的方筐。

〔5〕郊：祭天礼名。

【译文】

这个月，命令野虞禁止人们砍伐桑树和柘树。班鸠迫击翅膀，戴胜降落在桑树上。这时要准备好薄曲、木架、圆筐、方筐等养蚕用具。后妃要斋戒，然后亲自去东郊采桑叶。禁止妇女游玩，减少妇女其他方面的差使，以鼓励她们养蚕。蚕事完成后，区分蚕茧的多少，称量缫丝的斤两，来论定成绩的高低。所缫的丝是供郊祭天和宗庙祭祀做祭服用的，不得有人胆敢偷懒。

29. 是月也，命工师令百工审五库之量[1]，金、铁、皮、革、筋、角、齿、羽、箭、干、脂、胶、丹、漆，毋或不良。百工咸理，监工日号："毋悖于时！毋或作为淫巧，以荡上心！"

【注释】

〔1〕工师：百工之长。

【译文】

这个月，命令工师，让他命令众工匠检查分藏在五库中的器材的数量，如铜和锡、铁、皮、革、筋、角、齿、做箭杆的小竹、弓干、油脂、胶、朱砂、漆等等，不要有不好的。众工匠都各自从事制作，监工的每天都发出号令警告他们："不要违背工期！不要有人制作淫邪奇巧的玩艺，用来动摇君王的心志！"

30. 是月之末，择吉日大合乐，天子乃率三公、九卿、诸侯、大夫，亲往视之。

【译文】
　　这个月的月末，选择吉日举行舞乐大会演，天子率领三公、九卿、诸侯、大夫们，亲自前去观看。

　　31. 是月也，乃合累牛腾马[1]，游牝于牧。牺牲、驹、犊，举书其数。命国难[2]，九门磔禳[3]，以毕春气[4]。

【注释】
　　[1] 合累牛腾马：累、腾，皆雌雄相配之名。
　　[2] 难：音 nuó，是一种驱逐疫鬼的活动。
　　[3] 磔禳：磔，分裂牲体以祭鬼神。禳，谓禳除凶灾疫鬼。
　　[4] 春气：此指春时的疫气。

【译文】
　　这个月，使牛马雌雄结合交配，放出雌牲任它在牧场游走交配。可用于祭祀的牲畜、马驹、牛犊，都要记载它们的头数。命令从国都驱除疫鬼，并在都城的九门刳碎牲体祭祀门神以祈禳除疫鬼，这样来结束春天的疫气。

　　32. 季春行冬令，则寒气时发，草木皆肃，国有大恐。行夏令，则民多疾疫，时雨不降，山林不收[1]。行秋令，则天多沈阴，淫雨蚤降，兵革并起。

【注释】
　　[1] 山林不收："林"是"陵"字之误。

【译文】

春三月实行冬季的政令,寒气就会时时发作,致使草木都萎缩,国中会有使人大恐惧的事情发生。实行夏季的政令,民众中就会多发疾病和瘟疫,雨水不适时而降,高地农作物没有收成。实行秋季的政令,就会多阴沉的天气,雨季就会提前降临,战争就会纷纷而起。

四

33. 孟夏之月,日在毕[1],昏翼中[2],旦婺女中[3]。其日丙丁[4],其帝炎帝[5],其神祝融[6],其虫羽[7],其音徵[8],律中中吕,其数七,其味苦,其臭焦,其祀灶,祭先肺。

【注释】

[1] 毕:二十八宿之一。
[2] 翼:二十八宿之一。
[3] 婺女:二十八宿之一。
[4] 其日丙丁:古代的阴阳五行学家以为丙丁日属火,夏亦属火,故以丙丁为夏季之主日(参见第1节)。
[5] 炎帝:传说上古姜姓部落的首领,死后为火德之帝。
[6] 祝融:传说是颛顼的后代,死后成为火官之神。
[7] 其虫羽:按照五行学说,因为夏属火,而二十八宿之南方七宿有鸟象,称为"朱雀",故以羽类为夏虫。
[8] 徵:音 zhǐ,古代五声音阶的第四个音,相当今简谱上的"5"音。

【译文】

夏四月,太阳运行到了毕宿的位置,黄昏时候翼星出现在南方天空的正中,拂晓时候翼星出现在南方天空的正中。这个月的日以丙丁为主,主宰这个月的天帝是炎帝,天神是祝融,这个月的动物以羽类为主,声音以徵音为主,候气律管应着中吕,数以七为成数,味道以苦为主,气味以焦为主,祭祀对象为灶神,祭品以牲畜的肺为上。

34. 蝼蝈鸣[1],蚯蚓出,王瓜生[2],苦菜秀[3]。

【注释】
〔1〕蝼蝈:即蛙。
〔2〕王瓜:亦称土瓜,葫芦科。
〔3〕苦菜:一种野菜,又名荼。

【译文】
这个月蛙类鸣叫,蚯蚓出土,王瓜生长,苦菜开花。

35. 天子居明堂左个,乘朱路,驾赤骝[1],载赤旗,衣朱衣,服赤玉,食菽与鸡,其器高以粗。

【注释】
〔1〕骝:音liú,赤身黑鬃的马。

【译文】
天子居住在明堂的南方之堂的左室,乘红色的车,驾红色的马,插红色的旗,穿红色的衣,佩带红色的玉,食物以豆类和鸡肉为主,所用的器物高而粗放。

36. 是月也以立夏。先立夏三日,大史谒之天子曰:"某日立夏,盛德在火。"天子乃齐。立夏之日,天子亲帅三公、九卿、大夫以迎夏于南郊。还反行赏,封诸侯,庆赐遂行,无不欣说。

【译文】
　　这个月立夏。立夏的前三天,太史进见天子报告说:"某日立夏,天的盛德在五行的火行。"天子于是斋戒。到立夏那天,天子亲自率领三公、九卿和大夫们到南郊举行迎夏典礼。回来后进行赏赐,分封诸侯,表彰和赏赐的工作于是进行,没有人不高兴。

　　37. 乃命乐师习合礼乐,命太尉赞桀俊,遂贤良[1],举长大,行爵出禄,必当其位。是月也,继长增高,毋有坏堕,毋起土功,毋发大众,毋伐大树。是月也,天子始絺。命野虞出行田原,为天子劳农劝民,毋或失时。命司徒巡行县鄙[2],命农勉作,毋休于都。是月也,驱兽毋害五谷,毋大田猎。农乃登麦,天子乃以彘尝麦[3],先荐寝庙。是月也,聚畜百药。靡草死,麦秋至[4],断薄刑,决小罪,出轻系。蚕事毕,后妃献茧,乃收茧税,以桑为均,贵贱长幼如一,以给郊、庙之服。

【注释】
　　[1]太尉赞桀俊,遂贤良:太尉,掌武事的官。遂,犹进。
　　[2]县鄙:在此泛指乡里。
　　[3]彘:音zhì,即猪。
　　[4]靡草死,麦秋至:靡草,草名。秋,在此是成熟的意思。

【译文】

于是命令乐师演习礼仪和音乐的配合,命令太尉提拔俊桀,进献贤良,荐举高大有力的人,授给被荐举的人爵位和俸禄,一定要和他们的德才所当处的地位相符。这个月,草木都在继续生长增高,不要做毁坏城郭房屋之类的事,不要兴起土木工程,不要征发大众服役,不要砍伐大树。这个月,天子开始穿细葛布衣。命令野虞到田地和原野巡视,为天子慰劳和鼓励农民,让农民不要有违误农时的。命令司徒巡视乡间,以命令农民努力耕作,不要在都邑中休息。这个月,要驱逐野兽,不要使它们伤害农作物,也不要大规模打猎。农官进上新麦,天子于是用猪肉配合尝新麦,先献给寝庙。这个月,要积蓄各种药草。靡草死亡了,却是麦子成熟季节的到来。可以审理一些轻刑的案件,判决一些小罪犯,赦免一些被拘禁的轻罪犯人。养蚕的工作结束,后妃要向天子献茧,于是开始收取茧税,茧税是依照所用桑叶的多少来按比例收取的,养蚕的妇女不论贵贱老少都按统一的标准收取茧税,以供给郊祭天和宗庙祭祀制作祭服用。

38. 是月也,天子饮酎[1],用礼乐。

【注释】

〔1〕饮酎:酎,音 zhòu,是一种重复酿造的醇酒。

【译文】

这个月,天子举行饮酎礼,依照一定的礼仪并演奏音乐。

39. 孟夏行秋令,则苦雨数来[1],五谷不滋,四鄙入保[2]。行冬令,则草木蚤枯,后乃大水败其城郭。行春令,则蝗虫为灾,暴风来格,秀草不实[3]。

【注释】

〔1〕苦雨：伤害庄稼的雨。
〔2〕四鄙入保：鄙，边界上的居邑。保，小城。
〔3〕秀草不实：即"草不秀实"之意。

【译文】

夏四月实行秋季的政令，就有苦雨频繁到来，农作物不能滋生，四周边境上的人民就会逃入城堡躲避寇敌。实行冬季的政令，草木就会早日枯萎，此后还有大水毁坏城郭。实行春季的政令，就有蝗虫灾害，并有暴风来到，草木不开花结果。

五

40. 仲夏之月，日在东井[1]，昏亢中[2]，旦危中[3]。其日丙丁，其帝炎帝，其神祝融，其虫羽，其音徵，律中蕤宾，其数七，其味苦，其臭焦，其祀灶，祭先肺。

【注释】

〔1〕东井：二十八宿之一。
〔2〕亢：二十八宿之一。
〔3〕危：二十八宿之一。

【译文】

夏五月，太阳运行到了井宿的位置，黄昏时候亢星出现在南方天空的正中，拂晓时候危星出现在南方天空的正中。这个月的日以丙丁为主，主宰这个月的天帝是炎帝，天神是祝融，这个月的动物以羽类为主，声音以徵音为主，候气律管应着蕤宾，数以七为成数，味道以苦为主，气味以焦为主，祭祀对象为灶神，祭品以牲畜的肺为上。

41. 小暑至，螳螂生，䴗始鸣[1]，反舌无声[2]。

【注释】

〔1〕䴗：音jú，鸟名，即伯劳。
〔2〕反舌：鸟名，即百舌鸟。

【译文】

小暑节气到来，螳螂生长，伯劳开始鸣叫，反舌不发声。

42. 天子居明堂太庙，乘朱路，驾赤骊，载赤旗，衣朱衣，服赤玉，食菽与鸡，其器高以粗。养壮佼[1]。

【注释】

〔1〕佼：通"强"。

【译文】

天子居住在明堂的南方之堂的正堂，乘红色的车，驾红色的马，插红色的旗，穿红色的衣，佩带红色的玉，食物以豆类和鸡肉为主，所用的器物高而粗放。这个月要养育好身体健壮的人。

43. 是月也，命乐师修鼗、鞞[1]、鼓，均琴、瑟、管[2]、箫，执干、戚、戈、羽，调竽[3]、笙、竾、簧[4]，饬钟、磬、柷、敔[5]。

【注释】

〔1〕鼗、鞞：鼗，音táo，即鼗鼓。鞞，同"鼙"，音pí，一种小鼓。

〔2〕管：古代的一种像笛的竹制管乐器。
〔3〕竽：古代的一种簧管乐器，形似笙而较大，管数亦较多。
〔4〕箎、簧：箎，音 chí，同"篪"，古代的一种竹制管乐器。簧，乐器名，也是一种竹制管乐器，似笛。
〔5〕柷、敔：音 zhú yǔ，都是古代的打击乐器。

【译文】
这个月，命令乐师修整鼗、鞞、鼓等各种鼓类，调匀琴、瑟、管、箫等各种管弦乐器，清理盾、斧、戈、羽毛等各种舞具，调理好竽、笙、箎、簧等各种管簧乐器，整饬好钟、磬、柷、敔等各种打击乐器。

44. 命有司为民祈祀山川百源，大雩帝[1]，用盛乐[2]。乃命百县雩祀百辟卿士有益于民者，以祈谷实。

【注释】
〔1〕雩：音 yú，古代为求雨而举行的祭祀。
〔2〕盛乐：谓鼗、鞞以下十九种乐器并奏。

【译文】
命令官吏祭祀各山川水流的发源地以为民众祈求水源丰沛，举行大雩祭来祭祀上帝，祭祀时各种乐器一起演奏。接着又命畿内各县用雩祭来祭祀先代的百君和卿士中有益于民众的人，以求他们保佑谷物籽粒饱满。

45. 农乃登黍。是月也，天子乃以雏尝黍。羞以含桃，先荐寝庙。

【译文】

　　农官进上黍。这个月,天子用小鸡配合尝黍。又向天子进上樱桃,鸡、黍和樱桃都先献给寝庙。

46. 令民毋艾蓝以染[1],毋烧灰[2],毋暴布[3],门闾毋闭,关市毋索。挺重囚[4],益其食。

【注释】

　　[1]毋艾蓝:艾,通"刈"。蓝,草名,可作染料,染物为青碧色。
　　[2]毋烧灰:灰,是"炭"的误字。
　　[3]暴:晞、晒。
　　[4]挺:犹宽。

【译文】

　　命令民众不要割取蓝草用作染料,不要伐木烧炭,不要晒布,城门和闾门不要关闭,关卡和市场不搜索检查。给重罪犯减刑,增加他们的食物。

47. 游牝别群[1],则絷腾驹[2],班马政。

【注释】

　　[1]牝:雌马,此指已怀孕者。
　　[2]絷腾驹:腾驹,指已变得强壮而能腾跃的马驹。絷,马络头的一部分,此指代马络头。

【译文】

　　游走交配而怀孕的雌马要和马群区别开来,这时就要把已能腾跃的马驹套上络头举行絷驹典礼,并颁布有关养马的政令。

48. 是月也，日长至[1]，阴阳争[2]，死生分[3]。君子齐戒，处必掩身，毋躁；止声色，毋或进；薄滋味，毋致和；节耆欲[4]，定心气，百官静，事毋刑，以定晏阴之所成[5]。

【注释】
〔1〕日长至：即夏至。
〔2〕阴阳争：按照阴阳家的说法，此月阳气已达到极盛，盛极而衰，故从夏至以后，白天即一天天变短，是阴气起而与阳气增长，故曰"阴阳争"。
〔3〕分：犹半。
〔4〕耆：通"嗜"。
〔5〕晏阴：晏，阳。晏阴，犹阴阳。

【译文】
这个月，进入夏至，阴气与阳气相争，死物和生物各半。君子要斋戒，居处一定要遮掩住身体，举动不要轻躁；要停止享用舞乐和女色，舞乐和女色不要有进献给君子的；饮食滋味要清淡，不要追求五味调和；要节制嗜欲，平定心气，身体各个器官都要守静，凡事不要急于求成，这样来使阴阳二气所成就的事物得到确定。

49. 鹿角解，蝉始鸣，半夏生[1]，木堇荣[2]。

【注释】
〔1〕半夏：药草名。
〔2〕木堇：即木槿，花木名。

【译文】
鹿脱下头上的角，蝉开始鸣叫，半夏生长，木槿开花。

50. 日月也，毋用火南方，可以居高明，可以远眺望，可以升山陵，可以处台榭[1]。

【注释】
〔1〕台榭：台上有屋曰台榭。

【译文】
这个月，不要在南边的方位用火，可以居住在高敞明亮的地方，可以眺望远方，可以登上山陵，可以居住在台榭。

51. 仲夏行冬令，则雹冻伤谷，道路不通，暴兵来至。行春令，则五谷晚熟，百螣时起[1]，其国乃饥。行秋令，则草木零落，果实早成，民殃于疫。

【注释】
〔1〕螣：音 tè，一种小青虫，在此泛指损伤庄稼的害虫。

【译文】
夏五月实行冬季的政令，就会有雹灾和霜冻伤害庄稼，道路不畅通，并会有盗贼来攻劫。实行春季的政令，粮食作物就会延期成熟，各种病虫害就会时时兴起，国家就会发生饥荒。实行秋季的政令，草和树木就会零落，果实不到期就成熟，民众就会遭受瘟疫的灾殃。

六

52. 季夏之月，日在柳[1]，昏火中[2]，旦奎中[3]。

其日丙丁，其帝炎帝，其神祝融，其虫羽，其音徵，律中林钟，其数七，其味苦，其臭焦，其祀灶，祭先肺。

【注释】
〔1〕柳：二十八宿之一，其位置在十二次的第八次，即鹑火之次。
〔2〕火：亦称"商星"、"大火"、"大辰"，即心宿，二十八宿之一。
〔3〕奎：亦称"天豕"、"封豕"，二十八宿之一。

【译文】
　　夏六月，太阳运行到了柳宿的位置，黄昏时候火星出现在南方天空的正中，拂晓时候奎星出现在南方天空的正中。这个月的日以丙丁为主，主宰这个月的天帝是炎帝，天神是祝融，这个月的动物以羽类为主，声音以徵音为主，候气律管应着林钟，数以七为成数，味道以苦为主，气味以焦为主，祭祀对象为灶神，祭品以牲畜的肺为上。

53. 温风始至，蟋蟀居壁，鹰乃学习，腐草为萤。

【译文】
　　这个月温风开始吹来，蟋蟀居住在墙隙中，雏鹰开始学习飞翔，腐草中生出萤火虫。

54. 天子居明堂右个，乘朱路，驾赤骝，载赤旗，衣朱衣，服赤玉，食菽与鸡，其器高以粗。命渔师伐蛟，取鼍，登龟，取鼋[1]。命泽人纳材苇[2]。

【注释】
〔1〕"命渔师"至"取鼋"：渔师，掌渔之官。蛟，是鼍、鳄之类的动物。鼍，音 tuó，即扬子鳄。鼋，音 yuán，鳖科动物，大者可长达一

米以上。

〔2〕泽人纳材苇：泽人，即泽虞，掌池泽的官。材苇，蒲苇之属。

【译文】

天子居住在明堂的南方之堂的右室，乘红色的车，驾红色的马，插红色的旗，穿红色的衣，佩带红色的玉，食物以豆类和鸡肉为主，所用的器物高而粗放。命令渔师斩杀蛟，捕取鼍，进献龟，获取鼋。命令泽人收取蒲苇。

55. 是月也，命四监大合百县之秩刍[1]，以养牺牲，令民无不咸出其力，以共皇天上帝[2]、名山大川、四方之神，以祠宗庙、社稷之灵，以为民祈福。

【注释】

〔1〕命四监大合百县之秩刍：案周制，县大于郡，一县有四郡，四监即县大夫，因监一县之四郡而得"四监"之名。秩，常。

〔2〕皇天上帝：即天帝、上帝。

【译文】

这个月，命令四监大规模收集畿内百县按常制所应缴纳的饲草，用来饲养供祭祀用的牲畜。命令民众都要出力，来供应祭祀皇天上帝、名山大川之神、四方之神所用，来祭祀宗庙、社稷的神灵，这样来为民众求福。

56. 是月也，命妇官染采[1]。黼、黻、文、章[2]，必以法故，无或差贷[3]；黑、黄、仓、赤，莫不质良，毋敢诈伪。以给郊、庙祭祀之服，以为旗章[4]，以别贵贱等给之度[5]。

【注释】

〔1〕妇官:即染人,掌染丝帛的官。
〔2〕黼、黻、文、章:白与黑谓之黼,黑与青谓之黻,青与赤谓之文,赤与白谓之章。
〔3〕差贷:同"差忒"。
〔4〕章:服。
〔5〕等给:即等级。

【译文】

这个月,命令妇官给丝帛染色彩。所染的黼、黻、文、章等各种色彩一定要遵循旧有的标准,不得有差错;所用的黑、黄、仓、赤等各种颜料,没有不是质地优良的,不敢有虚假。这样染出的丝帛用来供给郊祭天和宗庙祭祀制作祭服所用,并用来制作旗帜和官服,以区别贵贱等级的差别。

57. 是月也,树木方盛,乃命虞人入山行木,毋有斩伐。不可以兴土功,不可以合诸侯,不可以起兵动众。毋举大事[1],以摇养气。毋发令而待,以妨神农之事也。水潦盛昌,神农将持功,举大事则有天殃。

【注释】

〔1〕大事:谓兴徭役。

【译文】

这个月,树木的生长正旺盛,于是命令虞人入山巡视树木,不得有砍伐树木的。不可以兴起土木工程,不可以会合诸侯,不可以兴师动众。不要征发徭役,以干扰季夏养育万物之气。也不要预先下达征发徭役的命令而让民众等待,以妨害神农所掌管的农事。这个月雨水充沛,神农将用这些雨水来成就人间的农功,征发徭役就会遭受天降的灾殃。

58. 是月也，土润溽暑⁽¹⁾，大雨时行。烧薙行水⁽²⁾，利以杀草，如行热汤。可以粪田畴，可以美土强⁽³⁾。

【注释】
〔1〕溽：音 rǔ，湿润。
〔2〕薙：音 tì，除草。
〔3〕强：坚硬难耕的土地。

【译文】
这个月，土壤又润湿又热，大雨应时而降。这时焚烧已芟割的草莱，蓄以雨水，有利于杀死田中的杂草，如同用热汤浇在烂草中一样。沤烂的腐草又可以肥田，并可以使那坚硬难耕的土地得到改善。

59. 季夏行春令，则谷实鲜落⁽¹⁾，国多风欬，民乃迁徙。行秋令，则丘湿水潦⁽²⁾，禾稼不熟，乃多女灾⁽³⁾。行冬令，则风寒不时，鹰、隼蚤鸷⁽⁴⁾，四鄙入保。

【注释】
〔1〕鲜：少。
〔2〕丘：此指盆地。
〔3〕女灾：谓生子不育。
〔4〕隼：音 sǔn，一种猛禽。

【译文】
夏六月实行春季的政令，粮食作物就会籽粒寡少而多散落，国中多患风寒咳嗽的人，人民就会迁徙他邦。实行秋季的政令，盆地和低湿地就会发生水潦，庄稼长不熟，妇女生子大多不能成活。实行冬季的政令，风寒就会不时地袭来，鹰、隼之类的鸟就会早日变得凶猛，四周边境上的民众就会逃入城堡以避寇敌。

60. 中央土[1]，其日戊己[2]，其帝黄帝[3]，其神后土[4]，其虫倮[5]，其音宫[6]，律中黄钟之宫[7]，其数五，其味甘，其臭香，其祀中霤[8]，祭先心。

【注释】

〔1〕中央土：案五行学家以五行分配于东南西北中五方，中央为土。按季节说，则季夏亦当中央，故亦属土。

〔2〕戊己：案以十天干纪日，戊己正处于十日的中央。

〔3〕黄帝：传说中上古时代中原各部落的首领。

〔4〕后土：传说中的上古部落首领共工氏的儿子，名叫句龙，死后被祀为土神。

〔5〕其虫倮：倮（裸）虫，区别于鳞羽之类。

〔6〕宫：古代五声音阶的第一个音，相当于今简谱上的"1"。

〔7〕律中黄钟之宫：此黄钟指的是十二乐律之黄钟律。用黄钟律来定宫音的音高，就是黄钟宫（参见《乐记第十九》第26节）。

〔8〕中霤：室的中央。

【译文】

四季的中央属土行，此时的日以戊己为主，主宰此时的天帝是黄帝，天神是后土，此时的动物以无鳞羽的裸类为主，声音以宫音为主，而宫音用黄钟律来定音高，数以五为生数，味道以甘为主，气味以香为主，祭祀对象为中霤，祭品以牲畜的心为上。

61. 天子居大庙大室，乘大路[1]，驾黄骝，载黄旗，衣黄衣，服黄玉，食稷与牛，其器圜以闳。

【注释】

〔1〕大路：据说是殷代的车。

【译文】

天子居住在明堂中央太庙的太室，乘殷代的车子，驾黄色的马，插黄色的旗，穿黄色的衣服，佩带黄色的玉，食物以高粱和牛肉为主，所用的器物圆而阔大。

七

62. 孟秋之月，日在翼[1]，昏建星中，旦毕中。其日庚辛，其帝少皞[2]，其神蓐收[3]，其虫毛，其音商[4]，律中夷则，其数九，其味辛[5]，其臭腥，其祀门[6]，祭先肝。

【注释】

〔1〕翼：翼宿的位置在十二次的第九次，即鹑尾之次。
〔2〕少皞：一作少昊，传说中的上古部落首领，死后为西方之帝，于五行则为金帝，故主秋。
〔3〕蓐收：传说是少皞之子，名该，生前为主金之官，死后被祀为金神。
〔4〕商：五声音阶的第二个音，相当于今简谱上的"2"音，按五行家的说法，商音属金，故为秋音。
〔5〕辛：指葱、蒜等的带刺激性的味道。
〔6〕其祀门：案门，是指双扇相阖之门，与单扇之户异。

【译文】

秋七月，太阳运行到了翼宿的位置，黄昏时候建星出现在南方天空的正中，拂晓时候毕星出现在南方天空的正中。这个月的日以庚辛为主，主宰这个月的天帝是少皞，天神是蓐收，这个月的动物以毛皮类为主，声音以商音为主，候气律管应着夷则，数以九为成数，味道以辛为主，气味以腥为主，祭祀对象是门神，祭品以牲畜的肝为上。

63. 凉风至，白露降[1]，寒蝉鸣[2]，鹰乃祭鸟[3]，用始行戮。

【注释】

〔1〕白露：案因秋天阴气盛而露重，故色白。
〔2〕寒蝉：蝉的一种，似蝉而小。
〔3〕鹰乃祭鸟：案是月鹰杀鸟于大泽之中，四面陈之如祭，故曰祭鸟。

【译文】

凉风吹来，夜降白露，寒蝉鸣叫，鹰杀鸟四面陈之如祭，因此可以开始处决罪犯。

64. 天子居总章左个，乘戎路，驾白骆[1]，载白旗，衣白衣，服白玉，食麻与犬[2]，其器廉以深。

【注释】

〔1〕白骆：白马黑鬣曰骆。
〔2〕麻：是"䵖"的省文，䵖通"穈"，即穈子，是黍的一种。

【译文】

这个月天子居住在明堂的总章的左室，乘兵车，驾带黑色鬃毛的白马，插白色的旗，穿白色的衣服，佩带白色的玉，食物以糜子和狗肉为主，所用的器物有棱角而深邃。

65. 是月也以立秋。先立秋三日，大史谒之天子曰："某日立秋，盛德在金。"天子乃齐。立秋之日，天子亲帅三公、九卿、诸侯、大夫，以迎秋于西郊。还反赏军帅武人于朝。天子乃命将帅，选士厉兵，简练桀俊，专任有功，以征不义，诘诛暴慢，以明好恶，顺彼远方[1]。

【注释】
〔1〕远方：谓天下。

【译文】
这个月立秋。立秋的前三天，太史进见天子报告说："某日立秋，天的盛德在五行的金行。"天子于是斋戒。到立秋那天，天子亲自率领三公、九卿、诸侯和大夫到西郊举行迎秋典礼，回来后便在朝廷上赏赐军队的将帅和军人们。天子于是命令将帅们，挑选战士，磨砺兵器，选练骨干，全权委任有功的将帅，征伐不遵道义的人，责问并诛伐暴虐无礼的人，以表明朝廷提倡什么，痛恨什么，使天下的人都顺服。

66. 是月也，命有司修法制，缮囹圄，具桎梏，禁止奸，慎罪邪，务搏执。命理瞻伤、察创、视折、审断[1]。决狱讼，必端平。戮有罪，严断刑。天地始肃，不可以赢[2]。

【注释】
〔1〕"命理"至"审断"：瞻、察、视、审，皆察看之意。伤、创、折、断，指因受轻重不同的刑罚所致不同程度的伤残。

〔2〕嬴：犹懈。

【译文】
这个月，命令官吏严明法制，修缮监狱，具备镣铐，禁止违法行为，慎察犯罪和邪恶的人，务必把这些人全都捕获。命令狱官察看那些因受刑而致伤残的人。叛决案件，必须公平。惩罚有罪的人，要严格依法判刑。天地之气开始变为严厉，不可以宽纵懈怠。

67. 是月也，农乃登谷，天子尝新，先荐寝庙。

【译文】
这个月，农官进上新谷，天子尝新谷，先献给宗庙。

68. 命百官始收敛；完堤坊，谨壅塞，以备水潦；修宫室，坏墙垣[1]，补城郭。

【注释】
〔1〕坏："培"的假借字。

【译文】
命令官吏们开始征收赋税；修固堤防，谨防河道壅塞，以防备水潦灾害；修缮房屋，增高墙垣，修补城郭。

69. 是月也，毋以封诸侯、立大官，毋以割地，行大使，出大币[1]。

【注释】
〔1〕大币：即重币。

【译文】

　　这个月,不要分封诸侯、设立大官,不要割地赏赐臣下,不要派出高级使者,不要出重礼。

70. 孟秋行冬令,则阴气大胜,介虫败谷,戎兵乃来。行春令,则其国乃旱,阳气复还,五谷无实。行夏令,则国多火灾,寒热不节,民多疟疾。

【译文】

　　秋七月实行冬季的政令,就会导致阴气太重,甲虫败坏庄稼,并有敌寇来侵。实行春季的政令,国家就会遭受旱灾,阳气复回,粮食作物不结籽粒。实行夏季的政令,国家就会多发火灾,寒热没有规律,民众就会多患疟疾。

八

71. 仲秋之月,日在角[1],昏牵牛中,旦觜觿中[2]。其日庚辛,其帝少皞,其神蓐收,其虫毛,其音商,律中南吕,其数九,其味辛,其臭腥,其祀门,祭先肝。

【注释】

〔1〕角:二十八宿之一,其位置在十二次的第十次,即寿星之次。
〔2〕觜觿:音 zī xī,即觜宿,二十八宿之一。

【译文】

　　秋八月,太阳运行到了角宿的位置,黄昏时候牵牛星出现在南方天空的正中,拂晓时候觜觿星出现在南方天空的正中。这个月的日以庚辛为主,主宰八月的天帝是少皞,天神是蓐收,这个月的动物以毛皮类为主,声音以商音为主,候气律管应着南吕,数以九为成数,味道以辛为主,气味以腥为主,祭祀对象是门神,祭品以牲畜的肝为上。

72. 盲风至[1],鸿雁来,玄鸟归,群鸟养羞[2]。

【注释】
〔1〕盲风:疾风。
〔2〕养羞:羞,美食。养羞,谓藏之以备冬月之用。

【译文】
疾风吹来,大雁从北方飞来,燕子飞回南方去,各种鸟都储藏过冬的食物。

73. 天子居总章大庙,乘戎路,驾白骆,载白旗,衣白衣,服白玉,食麻与犬,其器廉以深。

【译文】
天子居住在明堂的总章堂的正堂,乘兵车,驾带黑色鬃毛的白马,插白色的旗,穿白色的衣服,佩带白色的玉,食物以糜子和狗肉为主,所用的器物有棱角而深邃。

74. 是月也,养衰老,授几杖,行糜粥饮食[1]。

【注释】
〔1〕行糜粥:行,犹赐。糜,粥。

【译文】

这个月,要注意抚养衰老的人,授给他们几和杖,赐粥给他们做饮食。

75. 乃命司服[1],具饬衣裳:文绣有恒,制有小大,度有长短;衣服有量,必循其故;冠带有常。

【注释】

〔1〕司服:掌服装的官。

【译文】

命令司服,准备和整理衣裳:绘绣的花纹有一定,规格有大小,尺度有长短;缝制的各种衣服都有一定的要求,必须遵循旧法;冠冕和佩带物都有定制。

76. 乃命有司,申严百刑,斩杀必当,毋或枉桡;枉桡不当,反受其殃。

【译文】

命令官吏,申明并严格执行各种刑罚,斩杀罪犯一定要恰当,不要有人被枉曲;枉曲人而量刑不当,自己反而会遭受灾殃。

77. 是月也,乃命宰、祝循行牺牲:视全具,案刍豢[1],瞻肥瘠,察物色;必比类;量小大,视长短,皆中度。五者备当[2],上帝其飨。

【注释】

〔1〕刍豢:养牛羊曰刍,犬豕曰豢。

〔2〕五者：谓所视、所案、所瞻、所察、所量。

【译文】
　　这个月，命令宰和太祝巡视准备祭祀用的牲畜：察看牲体是否完好，检查饲草和谷物是否充足，看看牲畜养得是肥是瘦，观察毛色如何；一定要根据不同祭祀的需要将牲畜分类；量度牲畜的大小，察看牲体的长短，都必须符合标准。上述五个方面都达到要求，祭祀时上帝才会享用。

78. 天子乃难，以达秋气；以犬尝麻，先荐寝庙。

【译文】
　　天子于是驱除残余的夏阳之气，以使秋气畅达；用狗肉配合尝新糜子，先献给宗庙。

79. 是月也，可以筑城郭，建都邑，穿窦窖，修囷仓。乃命有司趣民收敛，务畜菜，多积聚。乃劝种麦，毋或失时，其有失时，行罪无疑。

【译文】
　　这个月，可以建筑城郭，修建都邑，穿洞挖窖，修缮仓库。于是命令官吏督促农民做好收藏工作，务求多蓄干菜，多积聚过冬物资。鼓励农民种麦，不要有违失农时的，如有人违失农时，就要进行责罚无疑。

80. 是月也日夜分[1]，雷始收声，蛰虫坏户[2]，杀气浸盛[3]，阳气日衰，水始涸。

【注释】

〔1〕日夜分：即秋分。
〔2〕坏户：坏，参见第68节。户，谓穴。
〔3〕杀气：秋属金，金主杀，故称秋气为杀气。

【译文】

这个月进入秋分，开始停止打雷，将要蛰伏的虫类在洞穴四周培土，杀气越来越盛，阳气一天天衰减，河湖的水开始干涸。

81. 日夜分，则同度、量，平权、衡，正钧、石，角斗、甬。是月也，易关市，来商旅，纳货贿，以便民事。四方来集，远乡皆至，则财不匮，上无乏用，百事乃遂。

【译文】

进入秋分，就要统一长度单位和容量单位，使称锤和称符合要求，使钧和石正确无误，使斗和斛符合标准。这个月，减轻关市的税收，吸引商贾前来贸易，使财货流入国内，以方便民众的生产和生活。四方的商贾都来聚集，远乡的民众都来交易，财货就不会匮乏，国家就不乏开支，各种事业才可以顺利进行。

82. 凡举大事，毋逆大数[1]，必顺其时，慎因其类。

【注释】

〔1〕大数：当作"天数"。

【译文】

凡举行大事，不要违反天道，一定要顺应时令，谨慎地依照时令的阴阳属性来办事。

83. 仲秋行春令，则秋雨不降，草木生荣，国乃有恐。行夏令，则其国乃旱，蛰虫不藏，五谷复生。行冬令，则风灾数起，收雷先行，草木蚤死。

【译文】
秋八月实行春季的政令，就不下秋雨，草木又会开花，国家就会有恐惧的事情发生。实行夏季的政令，国家就会有旱灾，该蛰伏的虫类不掩藏自身，粮食作物又会生长出来。实行冬季的政令，就会有风灾频繁发生，先期停止打雷，草木早日死亡。

九

84. 季秋之月，日在房[1]，昏虚中[2]，旦柳中。其日庚辛，其帝少皞，其神蓐收，其虫毛，其音商，律中无射，其数九，其味辛，其臭腥，其祀门，祭先肝。

【注释】
〔1〕房：二十八宿之一，其位置在十二次的第十一次，即大火之次。
〔2〕虚：二十八宿之一。

【译文】
秋九月，太阳运行到了房宿的位置，黄昏时候虚星出现在南方天空的正中，拂晓时候柳星出现在南方天空的正中。这个月的日以庚辛为主，主宰这个月的天帝是少皞，天神是蓐收，这个月的动物以毛皮类为主，声音以商音为主，候气律管应着无射，数以九为成数，味道以辛为主，气味以腥为主，祭祀对象是门神，祭品以牲畜的肝为上。

85. 鸿雁来宾[1]，爵入大水为蛤[2]，鞠有黄华[3]，豺乃祭兽，戮禽[4]。

【注释】
〔1〕来宾：此指客止而未离去。
〔2〕爵入大水为蛤：爵，通"雀"。大水，谓海。
〔3〕鞠：通"菊"。
〔4〕豺乃祭兽，戮禽：参见《王制第五》第25节。禽，亦兽。

【译文】
大雁飞来暂停作客，雀入海变化为蛤，菊开出了黄花，豺杀兽陈列周围如祭，然后杀兽而食。

86. 天子居总章右个，乘戎路，驾白骆，载白旗，衣白衣，服白玉，食麻与犬，其器廉以深。

【译文】
天子居住在明堂的总章堂的右室，乘兵车，驾带黑色鬃毛的白马，插白色的旗，穿白色的衣服，佩带白色的玉，食物以糜子和狗肉为主，所用的器物有棱角而深邃。

87. 是月也，申严号令，命百官贵贱无不务内，以会天地之藏，无有宣出。

【译文】
这个月，严申号令，命令上下各级官吏都要致力于做好收藏工作,以符合此时天地主闭藏的时令,而不可有宣出的行为。

88. 乃命冢宰:"农事备收,举五谷之要[1],藏帝藉之收于神仓[2],祗敬必饬[3]。"

【注释】
〔1〕举五谷之要:谓定其租税之簿。
〔2〕神仓:藏祭祀之谷的粮仓。
〔3〕祗敬必饬:祗,谓谨其事。敬,谓一其心。饬,谓致其力。

【译文】
于是命令冢宰:"农作物都收获完毕,要把农业赋税收入登记在簿;要把藉田收获的粮食藏入神仓,收仓必须小心谨慎、用心专一而又努力。"

89. 是月也,霜始降,则百工休。乃命有司曰:"寒气緫至,民力不堪,其皆入室。"

【译文】
这个月,开始下霜,各种工匠都停止工作。于是命令官吏说:"寒气一总到来,民众的体力已难忍受,让他们都回家吧。"

90. 上丁,命乐正入学习吹。是月也,大飨帝[1],尝牺牲[2],告备于天子。

【注释】
〔1〕大飨:祭礼名。
〔2〕尝:祭礼名。

【译文】
九月上旬的丁日,命令乐正到大学教习吹奏乐器。这个月,用大飨礼祭祀上帝,并用牲肉向群神行尝祭礼,祭后官吏向天子报告祭事已完备。

91. 合诸侯,制百县[1]:为来岁受朔日[2];与诸侯所税于民轻重之法[3];贡职之数,以远近土地所宜为度,以给郊、庙之事,无有所私。

【注释】
〔1〕制:犹敕。
〔2〕为来岁受朔日:案秦以十月为岁首,故季秋九月为年终,故于此月颁布来岁之朔日,以统一历法。朔日,指来年十二个月的初一之日。
〔3〕与诸侯:当曰与诸侯、百县,此处文略。

【译文】
会合诸侯,并敕命畿内各县:为明年受取朝廷统一颁布的朔日;授予诸侯〔和畿内各县〕有关向民征税轻重的法度;确定诸侯和各县向天子进贡的数额,这数额要依照地域的远近和当地出产的情况来确定等差,进贡的物品是供给郊祭天和宗庙祭祀等大事所用,天子并不把贡物据为私有。

92. 是月也,天子乃教于田猎,以习五戎[1],班马政。命仆及七驺咸驾[2],载旌旐,授车以级,整设于屏外。司徒搢扑[3],北面誓之[4]。天子乃厉饰[5],执弓挟矢以猎。命主祠祭禽于四方[6]。

【注释】
〔1〕五戎:谓弓矢、殳、矛、戈、戟五兵。

〔2〕仆及七驺：仆，即戎仆，掌驾军车者。七驺，皆天子之马官。

〔3〕扑：以荆制成，长三尺。

〔4〕北面誓之："誓"上脱"以"字。

〔5〕厉饰：即戎服。

〔6〕主祠：掌祭祀者。

【译文】

这个月，天子通过打猎教民战法，学习五种兵器的用法，同时颁布有关用马的政令。命令仆和七驺都驾车，车上插旌旗，并按级别授军车给臣下，在军门的屏外整顿好队列。司徒把扑插在腰带间，面朝北而向众人宣告军法。天子于是穿着军服，手拿弓矢开始率众打猎。〔打猎结束〕，命令主祠官用所猎获的禽兽祭祀四方之神。

93. 是月也，草木黄落，乃伐薪为炭。蛰虫咸伏在内[1]，皆墐其户。

【注释】

〔1〕内：是"穴"字之误。

【译文】

这个月，草和树叶枯黄零落，于是开始砍柴烧炭。需冬眠的虫类都蜷伏在洞穴中，并且都把洞口涂塞起来。

94. 乃趣狱刑，毋留有罪。收禄秩之不当，供养之不宜者。

【译文】

于是督促审案定刑，不要使罪犯有遗留而不审理的。对于不当加给的禄位,以及不当提供的给养,都要收回。

95. 是月也,天子乃以犬尝稻,先荐寝庙。

【译文】
这个月,天子用狗肉配合尝稻米,先献给宗庙。

96. 季秋行夏令,则其国大水,冬藏殃败[1],民多鼽嚏[2]。行冬令,则国多盗贼,边竟不宁,土地分裂。行春令,则暖风来至,民气懈惰,师兴不居。

【注释】
〔1〕冬藏殃败:谓窖藏之物为水所侵。
〔2〕鼽嚏:鼽,音qiú,鼻塞不通。嚏,即喷嚏。

【译文】
秋九月实行夏季的政令,国家就会发生大水灾,准备过冬的储藏物将遭水灾而毁坏,民众多患鼻塞而打喷嚏。实行冬季的政令,国家就会多有盗贼为患,边境不得安宁,土地将被邻国所分裂。实行春季的政令,就会有暖风吹来,民众的精神就会懈惰,战争不得停息。

十

97. 孟冬之月,日在尾[1],昏危中,旦七星中[2]。其日壬癸,其帝颛顼[3],其神玄冥[4],其虫介[5],其音羽[6]，律中应钟，其数六，其味咸，其臭朽，其祀行[7]，祭先肾。

【注释】
〔1〕尾：二十八宿之一，其位置在十二次的第十二次，即析木之次。
〔2〕七星：即星宿。
〔3〕颛顼：传说中上古部落首领，死后为北方之帝，于五行属水帝，于四季则主冬。
〔4〕玄冥：水神名。
〔5〕介：甲虫类，龟、鳖之属。
〔6〕羽：五声音阶的第五个音，相当于今简谱上的"6"音。
〔7〕行：路神之名，其神位在宗庙门外西边。

【译文】
冬十月，太阳运行到了尾宿的位置，黄昏时候危星出现在南方天空的正中，拂晓时候七星出现在南方天空的正中。这个月的日以壬癸为主。主宰十月的天帝是颛顼，天神是玄冥。这个月的动物以甲虫类为主，声音以羽音为主，候气律管应着应钟，数以六为成数，味道以咸为主，气味以朽为主，祭祀对象是行神，祭品以牲畜的肾为上。

98．水始冰，地始冻，雉入大水为蜃，虹藏不见。

【译文】
水开始结冰，地开始上冻，野鸡入海变为大蛤，彩虹藏敛不再出现。

99．天子居玄堂左个，乘玄路，驾铁骊[1]，载玄旗，衣黑衣，服玄玉，食黍与彘，其器闳以奄。

【注释】

〔1〕铁骊：纯黑色的马。

【译文】

天子居住在明堂的玄堂的左室，乘黑色的车，驾铁黑色的马，插黑色的旗，穿黑色的衣服，佩带黑色的玉，食物以黍和猪肉为主，所用的器物体大而口小。

100. 是月也以立冬。先立冬三日，大史谒之天子曰："某日立冬，盛德在水。"天子乃齐。立冬之日，天子亲帅三公、九卿、大夫以迎冬于北郊，还反赏死事，恤孤寡。

【译文】

这个月立冬。立冬的前三天，太史进见天子报告说："某日立冬，天的盛德在五行的水行。"天子于是斋戒。到立冬那天，天子亲自率领三公、九卿和大夫到北郊举行迎冬典礼。回来后便赏赐为国事而死的人，并抚恤他们的遗孤和遗孀。

101. 是月也，命大史衅龟、筴〔1〕，占兆，审卦吉凶。

【注释】

〔1〕衅龟、筴：衅，谓以牲血涂之。筴，同"策"，谓蓍草。

【译文】

这个月，命令太史用牲血涂附占卜用的龟甲和占筮用的蓍草，通过占卜得龟兆，并审视〔占筮所得〕卦的吉凶。

102. 是察阿党[1]，则罪无有掩蔽。

【注释】
〔1〕阿党：谓治狱而枉法的官吏。

【译文】
检举那些徇私枉法的司法官吏，犯罪的人就无法得到庇护。

103. 是月也，天子始裘。命有司曰："天气上腾，地气下降，天地不通，闭塞而成冬。"命百官谨盖藏，命司徒循行积聚，无有不敛。

【译文】
这个月，天子开始穿皮衣。天子命令官吏说："天气向上升腾，地气向下沉降，天地二气不相交通，各自闭塞而形成冬季。"命令各级官吏谨慎地做好遮盖和收藏工作，命令司徒巡视收积聚收藏的物资，不要有尚未收藏的。

104. 坏城郭，戒门闾，修键闭，慎管钥，固封疆，备边竟，完要塞，谨关梁，塞徯径。

【译文】
增筑城郭，加强城门和闾里的警戒，修理好门栓，当心锁和钥匙，加强对封印的管理，加强边境的守备，完善要塞的修筑，慎守关卡桥梁，堵塞野地小路。

105. 饬丧纪，辨衣裳，审棺椁之薄厚，茔丘垄之大小、高卑、厚薄之度^{〔1〕}、贵贱之等级。

【注释】
〔1〕茔丘垄之大小、高卑、厚薄之度："茔"当作"营","大小",当作"小大","厚薄"当作"薄厚"。

【译文】
整顿有关丧事的制度，分辨丧服的尊卑，审察棺椁的厚薄，以及营造坟墓的小大、高低、薄厚的尺度和贵贱的等级。

106. 是月也，命工师效功〔1〕，陈祭器，按度程〔2〕，毋或作为淫巧，以荡上心，必功致为上。物勒工名，以考其诚。功有不当，必行其罪，以穷其情。

【注释】
〔1〕工师：工官之长。
〔2〕程：法。

【译文】
这个月，命令工师报告工作成绩，陈列所制造的祭器，考察是否符合法度，不要有人制造淫邪奇巧的器物，用来动摇君王的心志，一定要以做工细致的为上乘。器物上都要刻上工匠的名字，以便考察他们的实绩。所造器物不合要求，一定要治罪，彻底查究事故的原委。

107. 是月也，大饮、烝〔1〕。天子乃祈来年于天宗〔2〕，大割祠于公社及门闾〔3〕，腊先祖、五祀〔4〕。劳农以休息之。

【注释】

〔1〕大饮、烝：大饮，谓十月农功毕，天子、诸侯与其群臣饮酒于大学。烝，冬祭。
〔2〕天宗：谓日月星辰。
〔3〕公社：即国社，谓后土。
〔4〕腊先祖、五祀：腊，祭名，以田猎所获祭之。五祀，即户、灶、中霤、门、行五种神。

【译文】

这个月，举行大饮之礼，并用烝祭祭祀宗庙。天子于是向日月星辰祈求明年丰收，大杀牲祭祀国社后土之神，以及城门和闾里，并用腊祭祭祀祖先和五祀之神。慰劳农民，让农民休息。

108. 天子乃命将帅讲武，习射御，角力。

【译文】

天子于是命令将帅讲习武事，操练射箭和驾车的本领，较量勇力。

109. 是月也，乃命水虞、渔师收水泉池泽之赋[1]，毋或敢侵削众庶兆民，以为天子取怨于下。其有若此者，行罪无赦。

【注释】

〔1〕水虞、渔师：是分掌水泽和渔政的官。

【译文】

这个月，命令水虞和渔师征收水泉池泽的赋税，不得有人敢于侵削广大民众的利益，以使下面的民众归怨于天子。如果有人这样做，治罪不赦。

110. 孟冬行春令，则冻闭不密，地气上泄，民多流亡。行夏令，则国多暴风，方冬不寒，蛰虫复出。行秋令，则雪霜不时，小兵时起，土地侵削。

【译文】
　　冬十月实行春季的政令，就会导致封闭不严密〔而遭受寒冻〕，地气就会向上泄出，民众就会有许多人流亡。实行夏季的政令，国家就会多发生暴风灾害，正值冬季而不寒冷，冬眠的虫类又会出来。实行秋季的政令，雪霜就会不按时节而降，小的战争时时发生，国家的土地就会遭到侵削。

十一

111. 仲冬之月，日在斗[1]，昏东壁中[2]，旦轸中[3]。其日壬癸，其帝颛顼，其神玄冥，其虫介，其音羽，律中黄钟，其数六，其味咸，其臭朽，其祀行，祭先肾。

【注释】
　〔1〕斗：二十八宿之一，其位置在十二次的第一次，即星纪之次。
　〔2〕东壁：即壁宿，二十八宿之一。
　〔3〕轸：二十八宿之一。

【译文】
　　冬十一月，太阳运行到了斗宿的位置，黄昏时候东壁星出现在南方天空的正中，拂晓时候轸星出现在南方天空的正中。这个月的日以壬癸为主。主宰十一月的天帝是颛顼，天神是玄冥。这个月的动物以甲虫类为主，声音以羽音为主，候气律管应着黄钟，数以六为成数,味道以咸为主,气味以朽为主,祭祀对象是行神,祭品以牲畜的肾为上。

112. 冰益壮,地始坼,鹖旦不鸣[1],虎始交。

【注释】
〔1〕鹖旦:鹖,音 hé。鹖旦,一种山鸟。

【译文】
冰更加坚厚,地开始冻裂,鹖旦不叫,虎开始交配。

113. 天子居玄堂大庙,乘玄路,驾铁骊,载玄旗,衣黑衣,服玄玉,食黍与彘,其器闳以奄。

【译文】
天子居住在明堂的玄堂的正堂,乘黑色的车,驾铁黑色的马,插黑色的旗,穿黑色的衣服,佩带黑色的玉,食物以黍和猪肉为主,所用的器物体大而口小。

114. 饬死事[1]。命有司曰:"土事毋作,慎毋发盖,毋发室屋及起大众,以固而闭地,气沮泄[2],是谓发天地之房,诸蛰则死,民必疾疫,又随以丧。"命之曰畅月[3]。

【注释】
〔1〕饬死事:饬,通"敕",谓饬军士战必有死志。
〔2〕以固而闭地,气沮泄:"固而"当作"固天"。固,闭。"气"上夺"阳"字。"沮"当作"且"。

〔3〕畅月：谓民人空闲无事之月。

【译文】
　　饬命军士立下为国捐躯之志。命令官吏说："不要兴起土功，当心不要揭开覆盖物，不要拆毁宫室房屋以及兴起大众，这样来封闭天地之气，否则阳气将泄漏，这就叫做开天地的房门，各种冬眠的虫类就会死去，民众一定会发生疾病瘟疫，又随之为避瘟疫而逃亡。"这个月被命名为畅月。

115. 是月也，命奄尹申宫令[1]，审门闾[2]，谨房室，必重闭。省妇事，毋得淫[3]，虽有贵戚近习[4]，毋有不禁。

【注释】
　　[1] 命奄尹申宫令：奄尹，主领奄竖（宦者）之官。宫令，谓稽察出入及宫门之开闭等。
　　[2] 审门闾："门闾"当作"门闱"。
　　[3] 淫：谓女功奢伪，好出新花样。
　　[4] 贵戚近习：贵戚，姑姊妹之属。近习，天子所亲幸者。

【译文】
　　这个月，命令奄尹申明有关宫门的禁令，慎察宫中门闱，当心宫中房室，一定要把内外门都关闭好。减少妇女的劳作，禁止制作奢侈奇巧的东西，即使贵戚或天子所亲幸的人，也不得违反禁令。

116. 乃命大酋[1]，秫稻必齐[2]，曲蘖必时[3]，湛炽必絜[4]，水泉必香，陶器必良，火齐必得，兼用六物[5]，大酋监之，毋有差贷。

【注释】

〔1〕大酋：酒官之长。
〔2〕秫稻必齐：秫，粘高粱。齐，剂量。
〔3〕曲糵：酿酒用的发酵剂。
〔4〕湛炽：湛，渍。炽，炊。
〔5〕六物：即指以上所述秫稻、曲糵、湛炽、水泉、陶器、火齐六者。

【译文】

于是命令大酋，秫稻的多少必须合适，曲糵的制作必须及时，浸泡米和炊蒸时必须洁净，泉水必须香美，陶器必须质地优良，炊蒸时火候必须得当，兼顾好以上六个方面，而由大酋加以监督，不得有差错。

117. 天子命有司祈祀四海、大川、名源、渊泽、井泉。是月也，农有不收藏积聚者，马牛畜兽有放佚者，取之不诘。

【译文】

天子命令官吏祈祷和祭祀四海、大河、著名的水源、深渊湖泊、水井和水泉。这个月，如果有农民不收藏积聚好农作物，或马牛等牲畜有散放而不收入栏厩的，别人获取了，不加罪责。

118. 山木薮泽，有能取蔬食、田猎禽兽者，野虞教导之。其有相侵夺者，罪之不赦。

【译文】

山林和沼泽，有能获取野生食物和猎取禽兽的，由野虞指导民众去做。如果发生互相侵害或争夺的，治罪而不宽恕。

119. 是月也日短至[1]，阴阳争[2]，诸生荡[3]。君子齐戒，处必掩身，身欲宁，去声色，禁耆欲，安形性，事欲静，以待阴阳之所定。

【注释】
〔1〕日短至：即冬至。
〔2〕阴阳争：阴方盛，阳欲起，故曰争。
〔3〕诸生荡：荡，动。案仲冬虽阴气方盛，然犹有阳气与之争而欲起，故有生机萌动。

【译文】
这个月进入冬至，阴阳相争，万物生机萌动。君子要斋戒，居处一定要遮掩好身体，身体要宁静，撤去音乐和女色，禁止个人嗜欲，使自己的形体和心性都保持安静，凡事都要守静，以等待阴阳自然消长而定其盛衰。

120. 芸始生[1]，荔挺出[2]，蚯蚓结[3]，麋角解，水泉动。

【注释】
〔1〕芸：一种香草。
〔2〕荔挺出：荔，草名。挺，生出。
〔3〕蚯蚓结：结，犹屈。

【译文】
芸草开始萌生，荔草开始生出，蚯蚓屈首向下，麋鹿解脱了角，泉水开始涌动。

121. 日短至，则伐木取竹箭[1]。是月也，可以罢官之无事，去器之无用者。涂阙廷门闾[2]，筑囹圄，此所以助天地之闭藏也[3]。

【注释】
〔1〕竹箭：凡竹大曰竹，小曰箭。
〔2〕阙廷：即廷阙。
〔3〕此所以：案原文脱"所"字。

【译文】
进入冬至，就可以伐取木材和大小竹子。这个月，可以罢弃无所事事的官员，废弃无用的器物。要涂塞好官廷的门阙和闾巷的门，修筑好监狱，这样来帮助天地做好闭藏工作。

122. 仲冬行夏令，则其国乃旱，氛雾冥冥，雷乃发声。行秋令，则天时雨汁[1]，瓜瓠不成[2]，国有大兵。行春令，则蝗虫为败，水泉咸竭，民多疥疠。

【注释】
〔1〕雨汁：谓雨雪杂下。
〔2〕瓜瓠：即瓠瓜，也就是葫芦。

【译文】
冬十一月实行夏季的政令，国家就会发生旱灾，经常雾气蒙蒙，并有雷声发作。实行秋季的政令，天就会时时下起雨夹雪，瓠瓜生长不成，国家将发生大战争。实行春季的政令，就会有蝗虫出来为害，水泉都将枯竭，民众就会多患皮肤病。

十二

123. 季冬之月，日在婺女[1]，昏娄中[2]，旦氐中[3]。其日壬癸，其帝颛顼，其神玄冥，其虫介，其音羽，律中大吕，其数六，其味咸，其臭朽，其祀行，祭先肾。

【注释】
　　[1] 婺女：即女宿，其位置在十二次的第二次，即玄枵之次。
　　[2] 娄：二十八宿之一。
　　[3] 氐：二十八宿之一。

【译文】
　　冬十二月，太阳运行到了婺女宿的位置，黄昏时候娄星出现在南方天空的正中，拂晓时候氐星出现在南方天空的正中。这个月的日以壬癸为主，主宰这个月的天帝是颛顼，天神是玄冥，这个月的动物以甲虫类为主，声音以羽音为主，候气律管应着大吕，数以六为成数，味道以咸为主，气味以朽为主，祭祀对象是行神，祭品以牲畜的肾为上。

124. 雁北乡，鹊始巢，雉雊[1]，鸡乳[2]。

【注释】
　　[1] 雊：音 gòu，雉鸣。
　　[2] 乳：谓卵。

【注释】

大雁开始向北飞,喜鹊开始筑巢,野鸡鸣叫,母鸡生蛋。

125. 天子居玄堂右个,乘玄路,驾铁骊,载玄旗,衣黑衣,服玄玉,食黍与彘,其器闳以奄。

【译文】

天子居住在明堂的玄堂的右室,乘黑色的车,驾铁黑色的马,插黑色的旗,穿黑色的衣服,佩带黑色的玉,食物以黍和猪肉为主,所用的器物体大而口小。

126. 命有司大难[1],旁磔,出土牛[2],以送寒气。

【注释】

[1] 大难:为逐尽阴气,以导阳气。
[2] 出土牛:出,犹作。冬于五行属水,而土能胜水,故作土牛以毕送寒气。

【译文】

命令官吏驱除阴气,在国门旁剎碎牲体以攘除疫鬼,作土牛,用来送走寒气。

127. 征鸟厉疾[1]。乃毕山川之祀,及帝之大臣[2],天之神祇[3]。

【注释】

[1] 征鸟:鹰隼之属,善击。
[2] 帝之大臣:谓五帝之佐,如句芒、祝融之属。
[3] 天之神祇:谓司中、司命、风师、雨师等。

【译文】

征鸟变得猛厉而迅疾。于是遍祭山川之神,和天帝的大臣们,以及天上的众神。

128. 是月也,命渔师始渔,天子亲往。乃尝鱼,先荐寝庙。

【译文】

这个月,命令渔师开始打鱼,天子亲自前去察看所打的鱼,于是尝鱼,先献给宗庙。

129. 冰方盛,水泽腹坚。命取冰。冰以入。

【译文】

这时正是冰冻最厉害的时候,河湖的冰又厚又坚实。天子命令取冰。所取的冰藏入冰窖里。

130. 令告民出五种[1],命农计耦耕事[2],修耒耜,具田器。

【注释】

[1] 出五种:五种,五谷之种。出,谓出于仓而简择之。
[2] 耦耕:两人各执一耜并肩而耕。

【译文】

下令告诉农民拿出五谷来挑选良种,命令农官计划耦耕的事,修理好耒耜,准备好农具。

131. 命乐师大合吹而罢。

【译文】
命令乐师集合各种吹奏乐器进行表演,然后停止乐器的教习。

132. 乃命四监收秩薪柴[1],以共郊、庙及百祀之薪燎。

【注释】
〔1〕四监:畿内县大夫(参见第55节)。

【译文】
于是命令四监收集按常制所当缴纳的柴禾,以供给郊祭天、宗庙以及各种祭祀所需焚烧的薪柴。

133. 是月也,日穷于次,月穷于纪[1],星回于天,数将几终,岁且更始,专而农民,毋有所使。天子乃与公卿大夫共饬国典,论时令,以待来岁之宜。

【注释】
〔1〕月穷于纪:纪,会。谓去年季冬,日月会于玄枵,至此复会于玄枵。

【译文】
这个月,太阳已经走完了十二次,月亮又回到了去年此月与太阳的会合处,星星也都走完一周天〔而回到去年此月所在的位置〕,一年的日子将近终结,新的一年将要开始,专门使农民们乘这时得稍休息,不要向他们征派徭役。天子于是同公、卿和大夫们共同整理国家的典章制度,讨论四时所实行的政令,以待来年实行更加适宜的政令。

134. 乃命太史,次诸侯之列,赋之牺牲,以共皇天上帝、社稷之飨。乃命同姓之邦共寝庙之刍豢[1]。命宰历卿、大夫至于庶民土田之数,而赋牺牲,以供山林名川之祀。凡在天下九州岛之民者,无不咸献其力,以共皇天上帝、社稷、寝庙、山林、名川之祀。

【注释】
〔1〕刍豢:在此犹言"牺牲"。

【译文】
于是命令太史,排列诸侯国的大小,来决定所当进献祭祀用牲的多少,以供皇天上帝和社稷之神享用。命令同姓诸侯国供奉宗庙祭祀所需的牺牲。命令宰排列卿、大夫采地的多少,以至各邑庶民的多少,来决定所当进献的祭祀用牲的多少,以供山林和名川祭祀之用。凡生活在天下九州岛的人民,没有不贡献自己的力量,以供奉皇天上帝、社稷、寝庙、山林和名川的祭祀。

135. 季冬行秋令,则白露蚤降,介虫为妖,四鄙入保。行春令,则胎夭多伤,国多固疾,命之曰逆。行夏令,则水潦败国,时雪不降,冰冻消释。

【译文】
冬十二月实行秋季的政令,就会早降白露,甲虫会变成妖怪为害，四周边境上的人民就将逃入城堡躲避寇敌。实行春季的政令，胎儿就会多夭伤，国内就会多久病不愈的人，这就叫做"逆"。实行夏季的政令，就会有水潦灾害败坏国家，按时节该下的雪也不下，冰冻就会消释。

曾子问第七

1. 曾子问曰："君薨而世子生，如之何？"孔子曰："卿、大夫、士从摄主[1]，北面于西阶南。大祝裨冕[2]，执束帛，升自西阶，尽等，不升堂，命毋哭。祝声三[3]，告曰：'某之子生，敢告。'升，奠币于殡东几上，哭降。众主人[4]、卿、大夫、士、房中皆哭[5]，不踊，尽一哀，反位，遂朝奠[6]。小宰升，举币[7]。三日，众主人、卿、大夫、士如初位[8]，北面。大宰、大宗、大祝皆裨冕。少师奉子以衰[9]。祝先，子从，宰、宗人从，入门，哭者止。子升自西阶，殡前北面。祝立于殡东南隅，祝声三，曰：'某之子某[10]，从执事，敢见。'子拜稽颡，哭[11]。祝、宰、宗人、众主人、卿、大夫、士哭，踊三者三[12]，降，东反位，皆袒。子踊。房中亦踊三者三。袭[13]，衰，杖。奠出[14]。大宰命祝史，以名遍告于五祀、山川。"

【注释】
〔1〕摄主：谓冢宰。摄，代理。
〔2〕大祝裨冕：案裨衣有五种，它们的区别在于服上所绘绣花纹图案的不同。自天子至诸侯的卿大夫，根据等级的不同，可穿不同的裨服。穿裨服再配以相应等级的冕，即所谓裨冕。
〔3〕祝声三：谓祝发出三声"噫歆"声音以警神。
〔4〕众主人：是指已死之君的父兄们。
〔5〕房中：指妇人们。

〔6〕反位，遂朝奠：反位，返于朝夕哭时所在之位。朝夕哭，谓殡棺期间，早、晚入殡宫哭死者。

〔7〕小宰升，举币：小宰，大宰的属官。小宰是将祝所奠于殡东几上的币（即帛）举而下堂，埋在堂下的两阶之间。

〔8〕初位：即西阶南之位。

〔9〕少师奉子以衰：少师，主养子之官。案子初生未能服衰，故用衰捧之。

〔10〕某之子某：下"某"，世子名。

〔11〕子拜稽颡，哭：案实际是捧子者（即少师）拜、哭。

〔12〕踊三者三：即成三踊之礼。案踊以跳跃三次为一节，是为一踊；如此者三节，即跳跃九次，是为三踊；三踊则踊礼成。

〔13〕袭：谓掩好袒时解开的衣襟。

〔14〕奠出：奠，原误作"亦"。此奠谓朝奠。

【译文】

曾子问道："国君死而太子出生，该怎样行礼？"孔子说："卿、大夫、士跟从摄主，面朝北站在西阶的南边。太祝穿裨服而戴冕，拿着一束帛，从堂的西阶而上，上到阶的最上一级，但不上到堂上，命令大家不要哭。太祝先发出三声'噫歆'的声音，然后向神报告说：'某夫人的儿子降生，谨向您报告。'说罢升到堂上，把所拿的帛放在殡东边的几上，然后哭着下堂。众主人、卿、大夫、士和妇人们都哭，但不踊，哭一阵尽哀之后，各自返回到行朝夕哭礼的位置，接便为死者设朝奠。这时小宰到堂上，将太祝放在殡东几上的帛拿下堂去。到第三天，众主人、卿、大夫、士站在当初的位置上，面朝北。太宰、太宗、太祝都穿裨服而戴冕。少师用丧服抱着太子。太祝在前，少师抱着太子在后，太宰、太宗跟从在太子后面，进入殡宫门，人们都停哭。少师抱着太子从西阶上堂，在殡前面朝北而立。太祝站在殡的东南角，发出三声'噫歆'的声音，然后向殡报告说：'某夫人所生的儿子某，谨率臣属前来拜见。'由少师代太子行稽颡拜礼，拜毕而哭。太祝、太宰、太宗、众主人、卿、大夫、士都哭，成三踊之礼，踊毕下堂，返回到东阶下行朝夕哭礼的位置，然后都袒露左臂。少师抱着太子踊。妇女们也都成三踊之礼。少师为太子穿好衣服，并用丧服包好,又替太子拄丧杖。这时朝奠撤出。太宰命令太祝和太史把太子的名遍告五祀和山川之神。"

2. 曾子问曰:"如已葬而世子生,则如之何?"孔子曰:"大宰、大宗从大祝而告于祢。三月,乃名于祢,以名遍告及社稷、宗庙、山川。"

【译文】
曾子问道:"如果死去的国君已葬而太子出生,如何行礼?"孔子说:"由太宰、太宗跟随着太祝,到祢庙去向君父的神灵报告。太子出生满三个月,在祢庙为他取名,并把太子的名遍告社稷、宗庙、山川之神。"

3. 孔子曰:"诸侯适天子,必告于祖,奠于祢,冕而出视朝[1],命祝史告于社稷[2]、宗庙、山川,乃命国家五官而后行[3]。道而出[4]。告者五日而遍,过是非礼也。凡告用牲币,反亦如之。诸侯相见,必告于祢,朝服而出视朝,命祝史告于五庙、所过山川,亦命国家五官,道而出。反必亲告于祖祢,乃命祝史告至于前所告者,而后听朝而入。"

【注释】
〔1〕冕:是"裨冕"的省文。
〔2〕祝史:实即太祝,掌神事的官。
〔3〕五官:谓主国事的五位大夫。
〔4〕道:祭名,即行軷祭之礼,以祈神保佑一路平安。其礼,出行者到了国都城门外即停下来,排列好车马,设置酒脯,以祭路神。祭前须筑一小土山,作为路神的神位,并杀牲置其上。祭毕,车马辗土山及

牲体而过，这才正式出发上路。

【译文】
孔子说："诸侯到天子那里去朝见，必须先到宗庙去向祖、父的神灵报告并行奠币礼，然后穿裨服戴冕临朝听政，命令祝史把将朝见天子的事向社稷、宗庙和山川之神报告，接着又向国家的五官下达指示，而后出行。出了国都城门还要行道祭礼祭祀路神，而后出发上路。出发前当告的神要在五天内都告遍，超过五天就不符合礼。凡行告祭礼都要杀牲并用束帛，返回之后向神报告的礼仪也是这样。如果同别国诸侯相见，也必须先到祢庙报告，然后穿朝服临朝听政，命令祝史向五庙以及将要经过的山川的神灵报告，也要向国家的五官下达指示，并行道祭礼祭祀路神而后出发上路。返回后还必须亲自向祖庙和父庙报告，接着命令祝史向出行前所告的诸神报告，而后入朝听政。"

4. 曾子问曰："并有丧[1]，如之何？何先何后？"孔子曰："葬，先轻而后重；其奠也，先重而后轻：礼也。自启及葬，不奠[2]，行葬不哀次；反葬奠，而后辞于殡[3]，遂修葬事；其虞也，先重而后轻：礼也。"

【注释】
[1] 并有丧：谓父母或亲人同月而死。
[2] 自启及葬，不奠：启，谓葬前启（开）殡，这里是指先启恩轻者之殡而葬之。不奠，指不为后葬者（即恩重者）设朝夕奠。
[3] 而后辞于殡："殡"当为"宾"。辞于宾，谓告将葬而启殡之期。

【译文】
曾子问道："如果亲人中有两人同时办丧事，应该如何行礼？谁先，谁后？"孔子说："葬，先葬恩轻的，后葬恩重的；行奠祭礼，先祭恩重的，后祭恩轻的：这就是应遵循的礼。在为恩轻的从启殡到下葬这段时间里，对恩重未葬的暂不设朝夕奠，柩车出葬经过恩重的生前在大门外设次舍接待宾客的地方时也不停车致哀；葬毕恩轻的返回之后即为恩重的设奠，而后把为恩重的启殡的日期告诉宾客，接着就准备葬事；葬后行虞祭，先祭恩重的而后祭恩轻的：这就是应遵循的礼。"

5. 孔子曰："宗子虽七十，无无主妇[1]。非宗子，虽无主妇可也。"

【注释】

〔1〕宗子虽七十，无无主妇：宗子，兼大宗、小宗言。主妇，宗子之妻。案凡人年六十无妻者，即不复娶。而宗子虽年七十，亦当娶而以为主妇，使之领宗女，故云"无无主妇"。

【译文】

孔子说："宗子即使年高七十，也没有无主妇的。不是宗子，即使没有主妇也是可以的。"

6. 曾子问曰："将冠子，冠者至[1]，揖让而入，闻齐衰、大功之丧，如之何？"孔子曰："内丧则废[2]，外丧则冠而不醴[3]，彻馔而埽[4]，即位而哭。如冠者未至，则废。如将冠子而未及期日，而有齐衰、大功、小功之丧，则因丧服而冠。""除丧不改冠乎？"孔子曰："天子赐诸侯、大夫冕、弁[5]，服于大庙，归设奠[6]，服赐服，于斯乎有冠醮，无冠醴[7]。父没而冠，则已冠，埽地而祭于祢，已祭而见伯父、叔父[8]，而后飨冠者。"

【注释】

〔1〕冠者：指主人（将冠者的父兄）专门请来为子行加冠礼者。

〔2〕内丧：谓同门之丧。

〔3〕冠而不醴：案行冠礼要先后向子加冠三次，三次加冠毕，要向受冠之子进醴（一种甜酒），叫做行醴礼，或曰醴子。

〔4〕彻馔而埽：馔，谓脯醢等，本来是为醴子准备的，现在既不醴子，则脯醢也都撤去不用。埽，谓埽除行冠礼之处，以示更新，而后即位哭。

〔5〕冕、弁：谓冕服、弁服。

〔6〕设奠：谓设奠于宗庙，这是因为以天子赐服为荣，故设奠以告祖，其具体礼仪不详。

〔7〕有冠醮，无冠醴：案冠礼的正礼是向受冠者进醴，但冠礼还有一种变例，即进酒而不用醴，其礼仪较用醴为简，即所谓冠醮，而前者即所谓冠醴。

〔8〕见伯父、叔父：这是以成人之礼与他们相见，表示自己已成人。

【译文】

曾子问道："将为子举行冠礼，冠者来到，主人与冠者行揖让之礼而进入庙门，这时主人忽然听说有齐衰或大功的丧事，该怎样处理？"孔子说："如果是同门中的丧事，就废止冠礼；如果不是同门中人的丧事，那么冠者就只向子加冠而不向子进醴，并将馔具撤去，把地面打扫干净，然后各自就位而哭。如果冠者尚未到来〔而主人听说了丧事〕，就废止冠礼。如果将为子举行冠礼而尚未到预定的日期，而有了齐衰、大功或小功的丧事，到时就穿着丧服举行冠礼。"曾子问："除丧之后不再改行一次冠礼吗？"孔子说："如果天子在太庙中赐给诸侯、大夫有冕服或弁服，受赐回来后在太庙设奠祭以告祖，然后穿上天子所赐之服，这时可以举行醮冠之礼，而不再举行醴冠。父亲死了而举行冠礼，加冠之后，就在祢庙中清扫地面而告祭亡父，告祭之后再行见伯父、叔父之礼，而后酬劳冠者。"

7. 曾子问曰："祭如之何则不行旅酬之事矣[1]？"

孔子曰："闻之小祥者[2]，主人练祭而不旅，奠酬于宾，宾弗举[3]，礼也。昔者鲁昭公练而举酬行旅[4]，非礼也。孝公大祥[5]，奠酬弗举，亦非礼也[6]。"

【注释】

〔1〕旅酬：旅，众。向人劝酒曰酬。凡祭祀或燕饮之礼，参加者按照地位的尊卑，从尊者开始，往下依次递相劝酒（或曰进酬酒），是谓旅酬。

〔2〕小祥：人死一周年的祭名。又称练祭，因主人戴练冠而祭，故名。练冠，谓用加灰捶洗得较白的布做的冠。

〔3〕奠酬于宾，宾弗举：宾，指祭礼上的主宾。凡行旅酬礼，皆从宾开始，先由一执事者向宾进酬酒，宾受酬饮毕，旅酬就正式开始了，然后由宾酬主人，主人再依次递酬诸参加祭祀者。因小祥祭不行旅酬礼，所以执事者向宾进酬酒后，宾就"弗举"。

〔4〕鲁昭公：春秋时鲁国国君。

〔5〕孝公大祥：孝公，西周时期鲁君。大祥，人死两周年的祭名。

〔6〕亦非礼也：案大祥祭当行旅酬礼，当行而不行，故曰"亦非礼也"。

【译文】

曾子问道："祭礼在什么样的情况下不行旅酬礼？"孔子说："听说举行小祥祭礼，主人戴练冠而祭，可以不行旅酬礼，当把酬酒放置在宾的席位前时，宾不举杯而饮，这是符合礼的。从前鲁昭公举行练祭而行旅酬礼，是不符合礼的。孝公举行大祥祭，不举酬酒行旅酬礼，也是不符合礼的。"

8. 曾子问曰："大功之丧，可以与于馈奠之事乎[1]？"孔子曰："岂大功耳？自斩衰以下皆可，礼也。"曾子曰："不以轻服而重相为乎[2]？"孔子曰："非此之谓也[3]。天子、诸侯之丧，斩衰者奠[4]；大夫齐衰者奠[5]；士则朋友奠[6]，不足则取于大功以下者，不足则反之[7]。"曾子问曰："小功可以与于祭乎[8]？"孔子曰："何必小功耳？自斩衰以下与祭，礼也。"曾子曰："不以轻丧而重祭乎？"孔子曰："天子、诸侯之丧祭也，不斩衰者不与祭，大夫齐衰者与祭；士祭不足，则取于兄弟大功以下者。"曾子问曰："相识有丧服，可以与于祭乎？"孔子曰："缌不祭[9]，又何助于人？"曾子问曰："废丧服，可以与于馈奠之事乎？"孔子曰："说衰与奠，非礼也。以摈相可也。"

【注释】
〔1〕馈奠：谓殡棺期间向死者所行奠祭礼。
〔2〕不以轻服而重相为乎：案曾子问的是自己有大功之丧在身可否参加别人家的馈奠之事，孔子答的是自斩衰以下都可以为所为服者行奠祭之礼，所以孔子这里实际是所答非所问，而曾子又没有听出孔子之答非己问，因此又提出此问题。
〔3〕非此之谓也：此，代曾子所说参加别人家的馈奠之事。案孔子这才发现自己与曾子互相对对方的意思有误解，故又作以下的解释。
〔4〕天子、诸侯之丧，斩衰者奠：这以下是孔子举例说明自己所说的是为所服者馈奠。
〔5〕大夫齐衰者奠：案因天子、诸侯是由服斩衰者奠，为避尊者，故大夫之丧降一等，由为其服齐衰的兄弟们为之奠。
〔6〕士则朋友奠：亦为避尊者，即避天子、大夫。
〔7〕不足则取于大功以下者，不足则反之：不足，是指设奠的人手不够。案这里不是指平日的朝夕奠，而是指的殷奠。殷，盛。殷奠即盛奠。平日朝夕奠不杀牲，殷奠则须杀牲，礼盛于平日之奠，故曰殷奠。大夫以上之丧每月要举行两次殷奠，即在月朔（初一）与月半（十五），各举行一次。士则月半不殷奠，只有月朔之殷奠。大功以下，是指服大功、小功、缌麻者。反之，谓反取于大功以上者。
〔8〕祭：指虞祭和卒哭祭等。
〔9〕缌不祭：案服缌麻者依亲疏关系尚在五服之内。

【译文】

曾子问道:"自己服有大功之丧,可以参加馈奠死者的事吗?"孔子说:"哪里只是服大功之丧的?从服斩衰以下各等丧服的人,都可以参加馈奠死者,这是礼的要求。"曾子问:"这不是轻视自己所服之丧而重视参加别人家的丧事吗?"孔子说:"不是这个意思。我是说天子或诸侯的丧事,就由为他服斩衰的人设奠;大夫的丧事,就由为他服齐衰的人设奠;士的丧事,就由朋友们为他设奠,如果朋友人手不够,就找服大功以下之丧的人帮忙设奠,如果人手还不够,就可以反过来找为他服大功以上之丧的人帮忙设奠。"曾子问道:"服小功丧的人可以参加丧祭吗?"孔子说:"何必只是服小功丧的?从服斩衰以下各等丧服的都要参加丧祭,这是礼的要求。"曾子问:"这不是轻视自己的丧事而重视别人的祭事吗?"孔子说:"天子、诸侯的丧祭,不是服斩衰的不参加;大夫的丧事,服齐衰的参加丧祭;士的丧祭如果朋友人手不够,就可以找服大功的兄弟以下的人来帮忙。"曾子问道:"相识的人死了,而自己有丧服在身,可以参加对他的丧祭吗?"孔子说:"服缌麻之丧的人还不得参加对所服者的丧祭,又何况是帮助别人行丧祭呢?"曾子问道:"丧满除服,可以参加别人家为殡设馈奠的事吗?"孔子说:"一脱下丧服就参加别人家的馈奠,不符合礼。如果以摈相的身份参加或许还可以。"

9. 曾子问曰:"昏礼既纳币[1],有吉日,女之父母死,则如之何?"孔子曰:"婿使人吊。如婿之父母死,则女之家亦使人吊。父丧称父;母丧称母;父母不在,则称伯父世母。婿已葬,婿之伯父致命女氏曰[2]:'某之子有父母之丧[3],不得嗣为兄弟[4],使某致命[5]。'女氏许诺而弗敢嫁,礼也。婿免丧,女之父母使人请,婿弗取而后嫁之,礼也。女之父母死,婿亦如之。"曾子问曰:"亲迎女在涂[6],而婿之父母死,如之何?"

孔子曰："女改服布深衣，縓緣，以趋丧。女在涂而女之父母死，则女反。""如壻亲迎，女未至，而有齐衰、大功之丧，则如之何？"孔子曰："男不入，改服于外次[7]。女入，改服于内次[8]。然后即位而哭。"曾子问曰："除丧则不复昏礼乎？"孔子曰："祭，过时不祭，礼也，又何反于初[9]？"孔子曰："嫁女之家，三夜不息烛，思相离也。取妇之家，三日不举乐，思嗣亲也。三月而庙见，称'来妇'也[10]；择日而祭于祢，成妇之义也[11]。"曾子问曰："女未庙见而死，则如之何？"孔子曰："不迁于祖[12]，不祔于皇姑[13]，壻不杖，不菲，不次[14]，归葬于女氏之党，示未成妇也。"曾子问曰："取女有吉日，而女死，如之何？"孔子曰："壻齐衰而吊，既葬而除之。夫死亦如之。"

【注释】

〔1〕纳币：即纳征，婚礼的"六礼"之一。纳征是男女双方婚姻关系正式确立的标志。

〔2〕壻之伯父致命女氏：案男家父母死，孝子当服三年之丧，怕因丧而耽误了女方，故"致命女氏"，谓使之别嫁她人。

〔3〕某之子：某，指代壻父的姓和官位。

〔4〕不得嗣为兄弟：犹言继此不得为夫妇。夫妇同等，有兄弟之义。

〔5〕某：代使者名。

〔6〕亲迎：婚礼"六礼"的最后一礼，即由壻亲自去女家迎娶妇。

〔7〕次：舍，是在大门外用席或幕布等临时搭起的供客人休息和更衣之处。

〔8〕内次：设于大门内、寝门外之次，这是为接待女宾而设的。

〔9〕"祭"至"于初"：案孔子认为祭礼重于婚礼，祭礼过时尚不得再祭，何况婚礼？

〔10〕三月而庙见，称"来妇"也：案如舅姑（公婆）已死，则新妇

当行三月庙见之礼,即成婚三个月后要到祢庙去拜见舅姑的神灵,拜见时由祝向舅姑报告说"某氏来妇"。

〔11〕择日而祭于祢,成妇之义也:案只有行过三月庙见礼,妇的名分才正式成立。

〔12〕迁:谓葬前迁柩于庙,行朝庙之礼。

〔13〕皇姑:即祖姑。

〔14〕婿不杖,不菲,不次:夫为妻当服齐衰期,服齐衰期则当扶杖,穿菲(草鞋),而此处曰"不杖,不菲",是虽服齐衰而不备礼。不次,案凡居丧,当于寝门外用席和草苫之类搭起临时的窝棚而居,叫做次。此曰"不次",亦不备礼。

【译文】

曾子问道:"婚礼已经行过纳币礼了,并确定了亲迎的吉日,这时女家父母死了,该怎么办?"孔子说:"那就由婿派人前去吊唁。如果是婿的父母死了,女家也派人去吊唁。如果一方死的是父亲,另一方就得以父亲的名义前去吊唁;如果死的是母亲,就得以母亲的名义前去吊唁;如果父母已经不在,那就以伯父或伯母的名义前去吊唁。如果婿已经安葬了父母,婿的伯父就要派人去向女家致词说:'某的儿子有父母的丧事,不能继续成就婚姻,特派我前来表达此意。'女家答应了,但不敢把女儿嫁给别家,这是礼的要求。婿丧满除服后,女方父母派人前来请求继续婚姻关系,如果婿不娶,而后再把女儿嫁给别家,这是符合礼的。如果是女方的父母死了,婿也要这样做。"曾子问道:"婿行亲迎礼,女子已在出嫁途中,而这时婿的父母死了,该怎么办?"孔子说:"女子改穿布制的深衣,用白绢束发,迅速奔丧。如果女子在出嫁途中,而女子的父母死了,女子就返回奔丧。"曾子问道:"如果婿亲迎,所迎娶的女子还没有到家,而婿家有了齐衰或大功的丧事,该怎么办?"孔子说:"男子先不进家门,在大门外的次舍中更换服装;女子进入大门,在大门内的次舍中更换服装。然后各自就哭位而哭。"曾子问道:"丧满除服之后就不再补行婚礼了吗?"孔子说:"祭礼过了日期就不再祭了,这是礼的规定,又何必反过来补行当初的婚礼呢?"孔子说:"嫁女的人家,一连三夜不熄烛,是因为想到亲骨肉即将分离。娶妇的人家,三天不演奏音乐，是因为想到后辈将代替前辈。婚后三个月新妇行庙见礼，向舅姑的神灵报告'某氏来做妇'；要选择一个好日子到祢庙祭祀舅姑，这是表示妇的名分正式成立的意思。"曾子问道："新妇还没有等到三月庙见就死了，该怎么办？"孔子说："葬前不迁柩到祖庙行朝庙礼，她的牌位也不和祖姑的牌位放在一起，婿不为她执丧杖、穿丧鞋，也不住到丧次中去，并将她的棺柩送回到娘家的茔地去安葬，表示她尚未正式成为男家的妇。"曾子问道："娶妻已经定下了吉日，而女子死了，该怎么办？"孔子说："婿穿齐衰丧服前去吊唁，女子葬后就除服。如果未婚夫死了，女方也这样做。"

10. 曾子问曰："丧有二孤，庙有二主，礼与？"孔子曰："天无二日，土无二王，尝、禘、郊、社，尊无二上[1]。未知其为礼也。昔者齐桓公亟举兵，作伪主以行[2]，及反，藏诸祖庙。庙有二主，自桓公始也。丧之二孤，则昔者卫灵公适鲁，遭季桓子之丧。卫君请吊，哀公辞不得命，公为主，客入吊。康子立于门右，北面。公揖让，升自东阶，西乡。客升自西阶吊。公拜，兴，哭。康子拜稽颡于位，有司弗辩也[3]。今之二孤，自季康子之过也。"

【注释】
〔1〕尝、禘、郊、社，尊无二上：案尝、禘虽合祭诸父祖，而以太祖为主；郊祭兼及天上诸神，而以上帝为主；社祭兼及四方之神，而以后土为主，即所谓"尊无二上"。
〔2〕作伪主以行：案古代天子、诸侯出行要用车载迁庙主（即新近迁入太庙的祖先牌位）而行，但因迎取庙主以及事后奉还庙主，礼仪甚繁琐，到齐桓公时期因为征战匆遽，顾不上这些礼仪，就造了一个假神主牌位以代替真神主随军而行，回来后就把这个假牌位放入庙，于是宗庙

里同一个祖先就有了两个神主。

〔3〕康子拜稽颡于位，有司弗辩：案季康子是季桓子的嗣子，本为丧主。但因卫灵公来吊，鲁哀公出来暂代为丧主。按照丧礼的规定，只有丧主才对来吊之宾行拜礼，现在鲁哀公已经向卫灵公行了拜礼，而季康子又"拜稽颡于位"，这就等于有两个丧主了。据说，在这种情况下，季康子只用哭踊就行了，但当时他的属吏们却"弗辩"。

【译文】

曾子问道："办丧事有两个丧主，宗庙有两个神主，符合礼吗？"孔子说："天上没有两个太阳，地上没有两个君王。尝祭、禘祭、郊祭、社祭，都没有两个最尊的祭祀对象。我不知道有你说的那种礼。从前齐桓公屡次兴兵征讨，制造假的神主随军而行，等到回军返国，便把假神主藏到祖庙中，所谓庙中有两个神主，就是从齐桓公开始的。至于办丧事有两个丧主，〔起源于下面这件事〕：从前卫灵公到鲁国去，碰上季桓子的丧事。卫灵公请求吊唁季桓子，鲁哀公加以推辞而未能推辞得了，于是就由鲁哀公做丧主，卫国客人进去吊唁。季康子站在门内右侧，面朝北。哀公与客人行揖让之礼，然后从东阶上堂，面朝西而立。客人从西阶上堂吊唁。哀公向客人行拜礼，拜罢起身而哭。季康子在他的位置上向客人行稽颡拜礼，而属吏们却未能对季康子的做法加以指正。现在社会上有两个丧主的做法，就是从季康子的错误开始的。"

11. 曾子问曰："古者师行，必以迁庙主行乎[1]？"孔子曰："天子巡守，以迁庙主行，载于齐车[2]，言必有尊也。今也取七庙之主以行，则失之矣。当七庙、五庙无虚主[3]；虚主者，唯天子崩，诸侯薨，与去其国，与祫祭于祖为无主耳。吾闻诸老聃曰[4]：'天子崩，国君薨，则祝取群庙之主而藏诸祖庙，礼也。卒哭成事，而后主各反其庙。君去其国，大宰取群庙之主以从，礼也。祫祭于祖，则祝迎四庙之主[5]。主出庙、入庙，必踊。'老聃云。"曾子曰："古者师行无迁主，则何主？"孔子曰："主命。"问曰："何谓也？"孔子曰："天子、诸侯将出，必以币帛、皮、圭，告于祖祢，遂奉以出[6]，载于齐车以行。每舍奠焉，而后就舍。反必告，设奠，卒，敛币玉，藏诸两阶之间，乃出，盖贵命也。"

【注释】
〔1〕迁庙主：指最新迁入太庙的神主。
〔2〕齐车：指王的五路(车)之一的金路。
〔3〕七庙、五庙无虚主：案天子七庙，诸侯五庙，若取太庙之一主，太庙迁主甚多，尚不至虚其庙；若取太庙以下的六亲庙，或四亲庙之一主，而各亲庙本只有一主，是虚其庙矣。
〔4〕老聃：陈国苦县人，姓李，名耳，字聃，即世所称老子，与孔子同时。
〔5〕祝迎四庙之主：这是就诸侯而言，天子则当迎六庙之主。
〔6〕遂奉以出：案既以币玉告于祖庙，则奉此币玉，犹奉祖宗之命也，故曰"主命"。

【译文】
曾子问道："古时行军，一定要搬出迁庙的神主随行吗？"孔子说："天子外出巡视，要搬出迁庙的神主随行，把神主载在斋车上，说是为了表示有尊崇的对象。现在的天子从七庙中任取一神主随行，就有失于礼了。天子的七庙、诸侯的五庙都不可以空虚无主；空虚无主，只有在天子死，诸侯死，或诸侯离国，以及将各庙的神主集中到太庙进行合祭，在上述情况下太庙以下各庙才无主。我听老聃说：'天子死，国君死，就由太祝收取群庙的神主而藏到太庙中，这是礼的规定。等到卒哭祭事毕，而后把各神主送还原庙。国君离国，就由太宰收取群庙的神主随君而行，这也是礼的要求。如果在太庙中举行合祭祖先之礼，就由太祝迎取四亲庙的神主入太庙。凡迎送神主出庙、入庙，都要禁止行人通行。'这都是老聃说的。"曾子问道："古时行军不载迁庙的神主随行,那载什么主呢?"孔子说:"载主命。"曾子问:"什么叫主命?"孔子说:"天子、诸侯将出行,一定要拿着币帛、兽皮和玉圭,到祖庙和祢庙去行告祭礼,然后捧着币帛、兽皮和玉圭出来,载在斋车上随同出行,〔这就叫做载主命〕。每当要停宿的时候,就要奠祭主命,然后就馆舍休息。返回之后必须设奠告祭宗庙,礼毕,把币帛、圭玉等收起来,埋藏在庙堂下两阶之间的地方,然后出庙,这是表示尊崇主命的意思。"

12. 子游问曰:"丧慈母如母,礼与?"孔子曰:"非礼也。古者男子外有傅,内有慈母,君命所使教子也,何服之有?昔者鲁昭公少丧其母,有慈母良,及其死也,公弗忍也,欲丧之。有司以闻曰:'古之礼,慈母无服。今也君为之服,是逆古之礼而乱国法也。若终行之,则有司将书之,以遗后世,无乃不可乎。'公曰:'古者天子练冠以燕居[1]。'公弗忍也,遂练冠以丧慈母。丧慈母,自鲁昭公始也[2]。"

【注释】
　　[1]古者天子练冠以燕居:案昭公说这话又错了。因为练冠以燕居,是指庶子做了王侯,才为他的生母服练冠,而不是指的为慈母服练冠。
　　[2]丧慈母,自鲁昭公始:案昭公的母亲名叫归齐,到昭公三十岁的时候才死,是昭公丧母时年已不少。又归齐死时,昭公竟无哀戚之容,又怎能为慈母服丧?因此认为丧慈母者,并非昭公。至于始于何公,已不详。

【译文】
　　子游问道:"为慈母服丧如同为生母一样,符合礼吗?"孔子说:"不符合礼。古时男孩子外有师傅,内有慈母,都是国君命他们前来教育孩子的,有什么丧可服?从前鲁昭公从小丧母,有个慈母很善良，到慈母死的时候，昭公于心不忍，想为她服丧。官吏告诉他说：'依照古礼，为慈母不服丧。现在君为慈母服丧，这既违背古礼，又乱了国法。如果最终这样做，官吏就将记载入史册，流传到后世，恐怕不可以这样做吧。'昭公说：'古时的天子不是在闲暇时候〔为慈母〕服练冠吗？'昭公到底不忍心，于是为慈母服练冠之丧。为慈母服丧，就是从鲁昭公开始的。"

13. 曾子问曰："诸侯旅见天子[1]，入门，不得终礼，废者几？"孔子曰："四。""请问之。"曰："大庙火，日食，后之丧，雨沾服失容，则废。如诸侯皆在而日食，则从天子救日，各以其方色与其兵[2]。大庙火，则从天子救火，不以方色与兵。"曾子问曰："诸侯相见，揖让入门，不得终礼，废者几？"孔子曰："六。""请问之。"曰："天子崩，大庙火，日食，后夫人之丧，雨后服失容，则废。"曾子问曰："天子尝、禘、郊、社、五祀之祭，簠簋既陈[3]，天子崩，后之丧，如之何？"孔子曰："废。"曾子问曰："当祭而日食，大庙火，其祭也如之何？"孔子曰："接祭而已矣[4]。如牲至未杀，则废。天子崩，未殡，五祀之祭不行。既殡而祭，其祭也，尸入[5]，三饭，不侑；酳不酢而已矣[6]。自启至于反哭[7]，五祀之祭不行。已葬而祭，祝毕献而已矣[8]。"曾子问曰："诸侯之祭社稷，俎豆既陈，闻天子崩，后之丧，君薨，夫人之丧，如之何？"孔子曰："废。自薨比至于殡，自启至于反哭，奉帅天子。"曾子问曰："大夫之祭，鼎俎既陈，笾豆既设，不得成礼，废者几？"孔子曰："九。""请问之？"曰：

"天子崩、后之丧、君薨、夫人之丧、君之大庙火、日食、三年之丧、齐衰、大功：皆废。外丧自齐衰以下，行也。其齐衰之祭也，尸入，三饭，不侑；酳不酢而已矣。大功，酳而已矣。小功、缌，室中之事而已矣[9]。士之所以异者，缌不祭；所祭，于死者无服则祭。"

【注释】
〔1〕旅：众。
〔2〕各以其方色与其兵：这是说的诸侯从天子救日之法，如东方诸侯穿青色衣，用戟；南方诸侯穿赤色衣，用矛，等等。
〔3〕簠簋：簠，音 fǔ。簋，音 guǐ。皆盛黍稷稻粱等之食器。
〔4〕接祭：接，通"捷"，就是减省其礼而迅速祭祀，也不立尸。
〔5〕尸：指活人扮作五祀之神的形象以受祭者。
〔6〕三饭，不侑；酳不酢：饭，指黍、稷等。侑，劝。三饭不侑，案在正常情况下行祭礼，对于所立的尸，士礼当九饭，大夫礼当十一饭，诸侯礼当十三饭，天子礼当十五饭；当尸三饭之后，祝应当劝侑尸继续用饭，一直到用满礼所规定之数。但因现在有天子之丧，故尸三饭之后而祝就不再劝侑了。又案在正常情况下行祭礼，尸饭后，主人当向尸献酒以酳尸（供尸饮酒以洁口），尸受献之后，还当酢（回敬）主人。此时皆因丧而杀礼，故唯酳而不酢。
〔7〕反哭：案死人安葬毕，送葬的人返回后，要到祖庙和殡宫去哭，叫做反哭。
〔8〕已葬而祭，祝毕献而已矣：案因葬而返哭之后，哀情已杀于前，故祭礼（属吉礼）稍隆于葬前殡棺期间。
〔9〕室中之事而已矣：室中之事，即指全部的尸祭礼。案祭祀立尸以象征所祭之神，所以祭神实际就是祭尸，而祭尸的全部礼仪都是在庙堂后的室中进行的，室中之礼完毕之后，尸祭礼就结束了。正常情况下，还要请尸到堂上行傧尸礼（即把尸当做宾客加以款待），现在都省略了。

【译文】
　　曾子问道："众诸侯朝见天子，进了门，却不能把朝见礼进行到底，导致朝礼废止的有几种情况？"孔子说："有四种。"曾子说："请问哪四种？"孔子说："太庙失火，日食，王后死，被雨淋湿了衣服致使丧失礼容，出现以上情况就可废止朝礼。如果诸侯都在朝而发生日食，就随从天子救日，各自穿上象征自己封国所在方位的颜色的衣服，并拿起相应的兵器。太庙失火，就随从天子救火，救火不考虑方色和所用兵器。"曾子问道："诸侯相见，已经行揖让礼进了门，却不能把相见礼进行到底，导致相见礼废止的有几种情况？"孔子说："有六种。"曾子说："请问哪六种？"孔子说："天子死，太庙失火，日食，王后或国君夫人死，被雨淋湿衣服致使丧失礼容，出现以上情况就可废止相见礼。"曾子问道："天子举行尝祭、禘祭、郊祭、社祭，以及祭五祀之礼，簠簋等馔具都陈设好了，这时天子死了，或王后死了，该怎么办？"孔子说："废止祭礼。"曾子问道："正当祭祀时出现日食，或太庙失火的情况，祭事该怎么办？"孔子说："迅速进行祭祀就是了。如果祭祀用的牲畜已经牵来而还没有杀，就废止祭礼。天子死了，还没有入殡，不举行祭五祀之礼。入殡之后而祭五祀，祭祀的时候，尸进来，吃罢三口饭，就不劝尸继续吃了；向尸献酳酒之后，尸也不再回敬献酒者。从启殡，到葬后返回来哭，这期间不举行祭五祀之礼。葬毕之后而举行祭礼，进行到向祝献酒就结束了。"曾子问道："诸侯祭祀社稷，俎豆等馔具都已经陈设好了，听说天子死，王后死，国君死，或国君夫人死的报告，该怎么办？"孔子说："废止祭礼。从始死到入殡，从启殡到葬后返回来哭，〔对于社稷祭礼的处理〕，都遵循上述天子处理五祀之祭的原则。"曾子问道："大夫举行祭祀，鼎俎等都已经陈列出来，笾豆等也已经陈设好了，却不能完成祭礼，有几种情况可以导致废止祭礼？"孔子说："有九种。"曾子说："请问哪九种？"孔子说："天子死，王后死，国君死，国君夫人死，国君的太庙失火，日食，有三年之丧，或有齐衰、大功之丧：出现以上情况都要废止祭礼。如果服的不是同门中的丧，从齐衰以下，仍可举行祭礼。如果身服齐衰之丧而行祭礼，尸进来，吃罢三口饭，就不再劝尸继续吃了；向尸进献酳酒之后，尸不再回敬主人酒，祭礼就结束了。如果身服大功之丧，尸〔接受主人所献酳酒之后〕再回敬主人酒，祭礼就结束了。如果是服小功或缌麻之丧，那么把在室中的祭礼进行完就行了。士与大夫的不同之处在于，士如果有缌麻之丧在身，就不举行祭礼；士只有在不为死者服丧的情况下，才举行祭礼。"

14. 曾子问曰："三年之丧，吊乎？"孔子曰："三年之丧，练，不群立，不旅行。君子礼以饰情。三年之丧而吊哭，不亦虚乎[1]？"

【注释】

〔1〕三年之丧而吊哭，不亦虚乎：案三年之丧，哀己之亲不暇，怎可分心为人哀呢？如从而哭吊，就是无其哀情而虚行吊礼。

【译文】

曾子问道："身服三年之丧，可以吊唁别人吗？"孔子说："服三年之丧，即使行过小祥祭礼，也不同众人站在一起，不同众人一起行走。君子通过行礼来表答自己的感情。自己身服三年之丧，而去别人家吊唁哭泣，不是虚假而不真诚吗？"

15. 曾子问曰："大夫、士有私丧[1]，可以除之矣，而有君服焉，其除之也？如之何？"孔子曰："有君丧服于身，不敢私服，又何除焉？于是乎有过时而弗除也。君之丧服除，而后殷祭[2]，礼也。"

【注释】

〔1〕私丧：自家之丧。
〔2〕殷祭：谓小祥、大祥二祭。

【译文】

　　曾子问道:"大夫、士有私丧,已经到了可以除服的时候了,而这时有君丧须服,私丧服除不除呢?该怎么办呢?"孔子说:"当服有君丧在身的时候,即使又发生私丧也不敢服,又怎么谈得上先为私丧除服呢!这样就有了过时而不除的丧服。等到君丧期满除服之后,再补行私丧的小祥、大祥祭礼,这是符合礼的。"

16. 曾子曰:"父母之丧弗除,可乎?"孔子曰:"先王制礼,过时弗举,礼也。非弗能勿除也,患其过于制也。故君子过时不祭,礼也。"

【译文】

　　曾子说:"为父母服丧,期满而不除服,可以吗?"孔子说:"先王制定礼〔都有时间规定〕,超过时间就不再举行了,这是礼的要求。为父母服丧不是不能做到期满不除服,是怕这样做超过了制度的规定。所以君子如果过了时间就不再举行祭礼,这是礼的要求。"

17. 曾子问曰:"君薨既殡,而臣有父母之丧,则如之何?"孔子曰:"归居于家,有殷事[1],则之君所,朝夕否。"曰:"君既启,而臣有父母之丧,则如之何?"孔子曰:"归哭而反送君。"曰:"君未殡,而臣有父母之丧,则如之何?"孔子曰:"归殡,返于君所,有殷事则归,朝夕否:大夫室老行事,士则子孙行事。大夫内子有殷事,亦之君所,朝夕否。"

【注释】

　　[1]殷事:指朔月奠、月半(每月十五)奠,以及荐新之奠等(参见

《檀弓上第三》第102节)。

【译文】
　　曾子问道:"国君死,已经入殡了,而这时臣遭逢父母的丧事,该怎么办?"孔子说:"那就回家为父母守丧,有重大的祭奠礼时,就到国君那里去参加,平日为国君举行的朝夕哭奠之礼就不参加了。"曾子说:"国君的棺柩已经开殡准备安葬,而这时臣遭逢父母的丧事,该怎么办?"孔子说:"先回家哭父母,然后返回来为国君送葬。"曾子说:"国君死了还没有入殡,而这时臣遭逢父母的丧事,该怎么办?"孔子说:"回家为父母殓殡,然后返回到国君那里,有重大的奠祭礼时就回家主持,平日为父母举行的朝夕哭奠之礼就不参加了;如果是大夫,就由室老住持;如果是士,就由儿子或孙子主持。大夫的嫡妻,当国君有大的奠祭礼时,也要到国君那里去参加,而平日为国君举行的朝夕哭奠之礼就不参加了。"

18. "贱不诔贵,幼不诔长,礼也。唯天子称天以诔之〔1〕。诸侯相诔,非礼也〔2〕。"

【注释】
　〔1〕天子称天以诔之:依礼,当由尊者、长者为贱者、幼者作诔词,但天子至尊,无更尊之者,故称天以诔之。
　〔2〕诸侯相诔,非礼也:案依礼,诸侯当请诔于天子。

【译文】
　　"地位低的人不为地位高的人作诔词,年幼的人不为年长的人作诔词,这是礼的规定。只有对天子,假称天的名义为他作诔词。诸侯互相致诔词,是不符合礼的。"

19. 曾子问曰:"君出疆,以三年之戒,以椑从〔1〕,

君薨，其人如之何？"孔子曰："共殡服，则子麻弁绖[2]，疏衰[3]，菲，杖。入自阙[4]，升自西阶。如小敛，则子免而从柩，入自门，升自阼阶。君、大夫、士，一节也。"

【注释】
〔1〕椑：内棺。
〔2〕麻弁绖：即首绖。弁，皮弁，以麻系于弁，故曰麻弁绖。
〔3〕疏衰：疏，粗。粗衰，即斩衰。
〔4〕入自阙：阙，是毁的意思，即将殡宫门西边的墙打开一个缺口，使棺柩由此而入，这是为了表示"异于生时"。

【译文】
曾子问道："君出国界，事前做了服三年丧的准备，并用椑棺跟从着，而君死在外国，所在国的人该怎么办？"孔子说："应当供给殓殡时所当穿的丧服，要供给国君的儿子系在皮弁上用作首绖的麻，还有斩衰丧服，草制的丧鞋，以及丧杖。国君的棺柩〔运回国后〕从殡官门边打开的缺口处运进来，从西阶升到堂上。如果君的遗体回国前只是小殓了，儿子就头上著免跟在棺柩后边，并让国君的遗体从正门运入，从阼阶升到堂上。不论是国君，还是大夫、士，死在国外，都实行上述同一种礼节。"

20. 曾子问曰："君之丧，既引，闻父母之丧，如之何？"孔子曰："遂既封而归，不俟子[1]。"曾子问曰："父母之丧，既引，及涂，闻君薨，如之何？"孔子曰："遂既封，改服而往[2]。"

【注释】
〔1〕既封而归，不俟子：封，及下文"封"字，皆通"窆"。案国

君之子（即嗣君）要等到封墓之后才能回来，此臣则既窆即归，故曰"不俟子"。

〔2〕改服：这里是脱去斩衰服，用麻束发，赤脚，穿布做的深衣。

【译文】

曾子问道："参加国君的丧礼，已经拉起了送葬柩车上的大绳，这时听说父母死了，该怎么办？"孔子说："棺柩下到墓穴里就回来，不等到同国君的儿子一起回来。"曾子问道："为父母办丧事，已经拉起了送葬柩车上的大绳，柩车已经上路了，这时听说国君死了，该怎么办呢？"孔子说："把父母的棺柩下入墓穴后，就改变丧服前往奔丧。"

21. 曾子问曰："宗子为士，庶子为大夫，其祭也如之何？"孔子曰："以上牲祭于宗子之家[1]，祝曰：'孝子某为介子某荐其常事[2]。'若宗子有罪，居于他国，庶子为大夫，其祭也，祝曰：'孝子某，使介子某执其常事。'摄主不厌祭[3]；不旅[4]；不假[5]；不绥祭[6]；不配；布奠于宾，宾奠而不举；不归肉[7]。其辞于宾曰：'宗兄（宗弟、宗子）在他国，使某辞[8]。'"

【注释】

〔1〕上牲：指少牢，即一头羊和一头羊猪。案少牢是大夫祭祀用礼，士则仅用特牲（一头猪），少牢相对于特牲为上，故曰上牲。

〔2〕孝子某为介子某荐其常事：孝子，指宗子。上"某"，代宗子之名。介子，指庶子；介，副。庶子贱，故于宗子为副。下"某"，代庶子名。下"孝子某"、"介子某"意同此。常事，岁时祭祀之常礼。

〔3〕摄主不厌祭：摄主，指庶子。厌祭，谓饫神，即让神吃饱、吃足。

〔4〕旅：谓旅酬。

〔5〕不假："假"，通"嘏"，福。案在行尸祭礼时，尸要授给主人

一个饭团子,并向主人致祝福词,以示神向主人赐福,谓之嘏词。

〔6〕绥祭:谓由佐食帮助尸或主人行食前祭礼。

〔7〕不归肉:案在祭祀时,尸和宾席前都放有俎,俎上盛有牲肉,在正常情况下,祭礼完毕,尸和宾出庙后,主人要使人把尸和宾席前俎上剩余的牲肉分别送到他们家中,叫做归俎。然而摄主执祭则否。

〔8〕使某辞:某,主祭的庶子自称其名。

【译文】

曾子问道:"宗子做士,庶子做大夫,祭祀应当怎样行礼?"孔子说:"用少牢之礼在宗子家进行祭祀,祝向父祖的神灵致词说:'孝子某替介子某奉献祭品以行岁时祭祀之常礼。'如果宗子有罪,被放逐而居住在别国,庶子做大夫,祭祀的时候,祝向父祖的神灵致词说:'孝子某使介子某主持岁时祭祀的常礼。'做代理祭主的不举行厌祭;不行旅酬礼;尸不向主人致祝福词;不用人帮助尸和主人行食前祭礼;不用父祖之妻与父祖配享祭祀;做代理主人的〔向参加祭祀的宾劝酒〕,把酒杯放置在宾席前〔俎醢的北边〕,宾把酒杯移放到一边而不饮;不向尸和宾馈送牲肉。祭前做代理祭主的庶子要向宾致词说:'宗兄(或宗弟,或宗子)在别国,使某〔代主祭事〕并报告诸位。'"

22. 曾子问曰:"宗子去在他国,庶子无爵而居者,可以祭乎?"孔子曰:"祭哉!""请问其祭如之何?"孔子曰:"望墓而为坛,以时祭。若宗子死,告于墓,而后祭于家。宗子死,称名不言孝〔1〕,身没而已〔2〕。子游之徒有庶子祭者以此〔3〕,若义也。今之祭者,不首其义,故诬于祭也。"

【注释】

〔1〕称名不言孝:案只有宗子才能自称孝子。

〔2〕身没而已:案庶子身死,其嫡子则可以称孝。

〔3〕子游之徒有庶子祭者以此：学者以为此十一字是郑玄的《注》文误入正文。

【译文】

曾子问道："宗子离开祖国而在别国，庶子没有爵位而留居本国，可以主持祭祀吗？"孔子说："当然可以祭啊！"曾子说："请问祭礼怎样？"孔子说："在接近父祖坟墓的地方筑坛，按时进行祭祀。如果宗子死了，就先祭告父祖之墓，而后在家中祭祀。宗子死了，庶子祭祀时只自称己名而不自称孝子，一直到死就算了。子游的学生中有身为庶子而主持祭祀的，就是按照上面所说的这种礼，这正是顺理行事。现在有的庶子祭祀，不根据上面的道理，因此祭礼多诬妄。"

23. 曾子问曰："祭必有尸乎？若厌祭，亦可乎？"孔子曰："祭成丧者必有尸，尸必以孙，孙幼则使人抱之。无孙则取于同姓可也。祭殇必厌，盖弗成也。祭成丧而无尸，是殇之也。"

【译文】

曾子问道："祭祀一定要有尸吗？如果只举行厌祭，也可以吗？"孔子说："成人死后的祭礼一定要有尸，尸一定要用死者的孙子来充当，孙子幼小就让人抱着。如果没有孙子，就可以用同姓中人来充当尸。祭祀未成年而死的人，必须用厌祭，就因为死者尚未成人的缘故。祭祀成年死者而没有尸，这就是把死者当作未成年而死看待了。"

24. 孔子曰："有阴厌，有阳厌。"曾子问曰："殇不祔祭[1]，何谓阴厌、阳厌？"孔子曰："宗子为殇而死，庶子弗为后也。其吉祭特牲[2]，祭殇不举[3]，无肵俎[4]，无玄酒[5]，不告利成[6]，是谓阴厌[7]。凡殇与无后者[8]，祭于宗子之家，当室之白[9]，奠于东房，是谓阳厌。"

【注释】
〔1〕不祔祭："祔"是"备"字之误。
〔2〕其吉祭特牲：案人死行过卒哭祭之后，凶礼就结束了，此后所行祭礼即谓之吉祭。祭成人用特牲（一头牛），祭殇者用特豚（一头猪）。但为表示尊宗子，故从成人之礼。
〔3〕祭殇不举：举，此谓行食前祭礼。按实谓殇祭无尸，故无佐食助行食前祭礼。
〔4〕肵俎：肵，音qí，敬。肵俎，尸祭所用俎名，用以为尸盛牲体的心和舌。祭殇无尸，故亦无肵俎。
〔5〕玄酒：以水当酒，称为玄酒，设玄酒有返本尚朴之义，凡尸祭皆当设之。
〔6〕不告利成：若行尸祭，尸依礼享食毕，叫做利成，且由祝向主从报告尸之"利成"。祭殇无尸，故不告利成。
〔7〕阴厌：案因祭殇无尸，只行尸祭前的馔神礼以祭殇者，而馔神之物设于祖庙室奥阴暗处（西南隅），故名阴厌。
〔8〕凡殇：谓非宗子之殇。
〔9〕当室之白：谓室的西北隅门窗的光线可以照射处。

【译文】
　　孔子说："〔祭未成年而死者〕有阴厌，有阳厌。"曾子说："未成年而死的人，祭礼简略而不完备，又怎么说有阴厌、阳厌之祭呢?"孔子说："宗子未成年而死，庶子不可做他的后继人。为殇死的宗子行吉祭之礼用一头牛，祭祀殇死的宗子不用佐食者举肺脊助祭，也不设肵俎，不用玄酒，祝也不向主人报告养尸之礼完毕，这就叫做阴厌。凡未成年而死者以及死而无儿孙的，在宗子家中进行祭祀，将祭品摆设在庙室中阳光可以照射到的地方，盛酒的尊设在东房中，这就叫做阳厌。"

25. 曾子问曰:"葬引至于堩[1],日有食之,则有变乎?且不乎?"孔子曰:"昔者吾从老聃助葬于巷党[2],及堩,日有食之。老聃曰:'丘,止柩就道右,止哭以听变。'既明反,而后行。曰:'礼也。'反葬而丘问之,曰:'夫柩不可以反者也。日有食之,不知其已之迟数[3],则岂如行哉?'老聃曰:'诸侯朝天子,见日而行,逮日而舍奠[4]。大夫使,见日而行,逮日而舍。夫柩不蚤出,不莫宿,见星而行者,唯罪人与奔父母之丧者乎。日有食之,安知其不星见也?且君子行礼,不以人之亲痁患[5]。'吾闻诸老聃云。"

【注释】
〔1〕堩:音gèng,道。
〔2〕巷党:党名。
〔3〕数:读为"速"。
〔4〕舍奠:谓每将停宿,奠祭行主。行主,即出行所载迁主(参见第10节)。
〔5〕不以人之亲痁患:痁,音diān,病。案这句是说,如果出现日食而柩车不止行,或天空晦暗以至出现星星,便是使所葬人之父母贱若罪人,就是病辱人之亲。

【译文】
曾子问道:"葬死者已拉柩车上道,出现了日食,葬礼有变化吗?还是照旧不变呢?"孔子说:"从前我跟从老聃在巷党帮助人家行葬礼,柩车上道,出现了日食。老聃说:'丘,柩车停止前进,靠在路右边,停哭,以听任日食变化。'等到太阳复返光明,而后柩车前进。老聃说:'这样做是符合礼的。'葬毕返回来后我问老聃说:'柩车一上路就不可以返回,出现日食,不知要等多长时间日食才停止,难道让柩车继续前进不比停止不前好吗?'老聃说：'诸侯朝见天子，见日出而动身，到日落时就停宿并祭奠行主。大夫出使，见日出而动身，到日落时就停宿。柩车不早出，也不耽搁到黄昏时而中途停宿。天空出现星星而赶路的，大概只有罪人和奔父母之丧的人吧。出现日食，怎知天空不会暗到出现星星呢？〔所以要让柩车停止前进，以等待日食的变化〕。况且君子行礼，不可使别人的双亲遭受辱患。'我听老聃是这样说的。"

26. 曾子问曰："为君使而卒于舍，礼曰：'公馆复，私馆不复。'凡所使之国，有司所授舍，则公馆已，何谓私馆不复也？"孔子曰："善乎，问之也。自卿大夫之家曰私馆。公馆，与公所为曰公馆。公馆复，此之谓也。"

【译文】
曾子问道："为国君出使而死在馆舍，礼书上说：'死在公馆就为死者招魂，死在私馆就不招魂。'凡所出使的国家，由该国的官吏安排馆舍，就是公馆了，怎么还存在死于私馆而不招魂的问题呢？"孔子说："你的问题问得很好。出使者自宿于卿大夫家中，就叫做私馆。住宿在公家所建造的馆舍，以及由该国国君所安排的馆舍，就叫做公馆。所谓死在公馆要为死者招魂，就是指此而言。"

27. 曾子问曰："下殇土周葬于园[1]，遂舆机而往[2]，涂迩故也。今墓远[3]，则其葬也如之何？"孔子曰："吾闻诸老聃曰，昔者史佚有子而死[4]，下殇也，墓远。召公谓之曰：'何以不棺敛于宫中[5]？'史佚曰：'吾敢乎哉？'召公言于周公。周公曰：'岂不可？'史佚行之。下殇用棺，衣棺，自史佚始也。"

【注释】

〔1〕下殇土周葬于园：下殇，指年八岁至十一岁而死者。土周，本是夏后氏的葬法，即烧土为砖附于棺周围，亦即塈周，周人用此法葬下殇者(参见《檀弓上第三》第12节)。下殇者不葬于墓地，而葬于园圃，故下文曰"涂迩"。

〔2〕舆机而往：舆，抗。机，盛尸具，似床。殇者盛于机，抗而往园中所设塈周之棺中殓葬之。

〔3〕今墓远：案今人葬下殇者用成人的葬法，殓于棺而葬于墓地，故墓远。

〔4〕史佚：是西周成王时的一位贤史官。

〔5〕何以不棺敛于宫中：这是召公为史佚出主意，让他用成人礼，棺殓殇者于宫中，然后就可用车载往墓地，墓地再远也不怕了。

【译文】

曾子问道："周人原先对于下殇者用以砖围棺法葬在园圃中，于是用机盛着殇者的尸体抗着前往埋葬，是因为路途近的缘故。现在下殇者的坟墓很远，今人的这种葬法，您看怎样呢？"孔子说："我听老聃说，从前史佚有个儿子死了，属于下殇，而嫌墓地太远。召公对他说：'你何不在家中用棺把殇子装殓好〔而用车载到墓地去〕呢？'史佚说：'我怎么敢那样做呢？'召公把这事告诉周公。周公说：'难道不可以吗？'于是史佚便照召公说的办法做了。葬下殇者用棺，而且为死者穿衣装殓于棺，就是从史佚开始的。"

28. 曾子问曰："卿大夫将为尸于公，受宿矣，而有齐衰内丧，则如之何？"孔子曰："出舍于公馆以待事，礼也。"孔子曰："尸弁、冕而出，卿大夫士皆下之，尸必式，必有前驱。"

【译文】

曾子问道："卿大夫中有人将为国君的祭礼充当尸，已经接受了君命独宿而斋戒了，而有同门中齐衰之丧发生，该怎么办呢？"

孔子说："那就出去住在公家的馆舍中以等待祭事，这是礼的要求。"孔子说："尸或戴爵弁，或戴冕而出，卿大夫士见了都要下车，尸一定要在车上行轼礼。尸出行必须有车马在前面为他开路。"

29. 子夏问曰："三年之丧，卒哭，金革之事无辟也者，礼与？初有司与？"孔子曰："夏后氏三年之丧，既殡而致事；殷人既葬而致事。《记》曰：'君子不夺人之亲，亦不可夺亲也。'此之谓乎。"子夏曰："金革之事无辟也者，非与？"孔子曰："吾闻诸老聃曰：'昔者鲁公伯禽[1]，有为为之也[2]。'今以三年之丧从其利者，吾弗知也。"

【注释】
〔1〕鲁公伯禽：伯禽，是周公的长子，封于鲁，故称鲁公。
〔2〕有为为之：案伯禽初封于鲁，即有徐戎作难，情况紧急，当时伯禽正为母丧卒哭，不得已而举兵征之。

【译文】
子夏问道："服三年之丧，举行卒哭祭之后，服兵役的事就不可推避了，这符合礼吗？或者当初是官吏命令孝子这样做的？"孔子说："夏后氏的时候服三年之丧，孝子将亲人殡后就辞官守丧；殷人将亲人葬后就辞官守丧。《记》说：'君子不可剥夺别人亲爱自己亲人之情，孝子也不可被人剥夺亲爱自己亲人之心。'就是说的夏、殷时期的情况吧。"子夏说："〔照这样说有丧服在身而〕服兵役的事不可推避的情况，不符合礼吧？"孔子说："我听老聃说：'从前鲁公伯禽，因为有特殊原因才在举行卒哭祭之后兴兵征伐的。'现在征发服三年丧的人从军攻伐以求利的，我不知道是根据的什么礼。"

文王世子第八

1. 文王为世子，朝于王季日三[1]。鸡初鸣而衣服，至于寝门外，问内竖之御者曰[2]："今日安否？何如？"内竖曰："安。"文王乃喜。及日中又至，亦如之。及莫又至，亦如之。其有不安节[3]，则内竖以告文王，文王色忧，行不能正履。王季复膳，然后亦复初。食上，必在视寒暖之节。食下，问所膳，命膳宰曰[4]："末有原[5]。"应曰："诺。"然后退。

【注释】
〔1〕王季：周文王之父。
〔2〕内竖之御者：内竖，内庭之小臣。御，值日，当值。
〔3〕节：意同于"适"。
〔4〕膳宰：主饮食的官。
〔5〕末有原：末，犹勿。原，再。

【译文】
文王做太子的时候，每天三次探视他的父亲王季。鸡叫头遍就穿衣起床，到王季的寝门外，问值日的小臣说："今天王安好吗？身体怎样？"小臣说："身体安好。"文王于是很高兴。到中午又来到寝门外，如同清早一样请安。到黄昏时候又来到寝门外，也像清早那样请安。如果王季身体不安适，小臣告诉文王，文王就显出忧虑的神色，走路连脚步也迈不稳。王季的饮食恢复正常，然后文王也恢复了原来的神态。供给王季的食物进上，文王必在场察看食物的冷热程度。食物撤下来的时候，文王要问王吃得怎么样，并且命令膳宰说："不要把吃剩下的食物再给王进上。"膳宰答应说："是。"然后文王才退下。

2. 武王帅而行之，不敢有加焉。文王有疾，武王不说冠带而养[1]。文王一饭，亦一饭；文王再饭，亦再饭。旬有二日乃间[2]。

【注释】
〔1〕带：本指束于衣外的大带，此处指代衣裳。
〔2〕间：谓病愈。

【译文】
　　武王遵循文王的榜样行事，而不敢希求比文王做得更好。文王有病，武王不脱衣帽侍候在身边。文王吃一口饭，武王也只吃一口饭；文王吃两口饭，武王也吃两口饭。这样一直过了十二天，文王的病才好。

3. 文王谓武王曰："女何梦矣？"武王对曰："梦帝与我九龄。"文王曰："女以为何也？"武王曰："西方有九国焉，君王其终抚诸[1]。"文王曰："非也。古者谓年龄，齿亦龄也。我百，尔九十，吾与尔三焉。"文王九十七乃终。武王九十三而终。

【注释】
〔1〕抚：犹有。

【译文】
　　文王对武王说："你做了个什么梦？"武王回答说："梦见天帝给我九颗牙齿。"文王说："你以为这是什么意思？"武王说：

"西方有九国,君王最终将抚有这九国。"文王说:"不是这个意思。古时称年齿为龄,齿也就是年龄。我将活一百岁,你九十岁。我给你三岁吧。"于是文王九十七岁而死,武王九十三岁而死。

4. 成王幼,不能莅阼[1]。周公相,践阼而治。抗世子法于伯禽,欲令成王之知父子、君臣、长幼之道也。成王有过,则挞伯禽,所以示成王世子之道也。《文王之为世子》也[2]。

【注释】
〔1〕莅阼:莅,临也。阼,指阼阶上主人之位,在此指代君主之位。
〔2〕《文王之为世子》:这是篇内小题。案此篇共由六篇合成,即当有六个小题,实际篇中只有一、二、三、六四个小题,第四、五题已不可考。

【译文】
成王年幼,不能登临王位。周公为相,〔代理成王〕就王位治理天下。周公拿做太子的规则要求伯禽,想让成王从伯禽身上了解有关父子、君臣、长幼关系的道理。成王如果有过失,周公就鞭打伯禽,这样来使成王懂得做太子的道理。以上是《文王之为世子》篇。

5. 凡学世子,及学士,必时。春夏学干戈[1],秋冬学羽籥[2],皆于东序[3]。小乐正学干,大胥赞之;籥师学戈,籥师丞赞之[4]。胥鼓《南》[5]。春诵,夏弦,大师诏之。瞽宗秋学礼,执礼者诏之。冬读《书》,典《书》者诏之。礼在瞽宗,《书》在上庠。

【注释】

〔1〕干戈:武舞所执的道具,此处指代武舞。
〔2〕羽籥:文舞所用的道具,此处指代文舞。
〔3〕东序:夏后氏的学名。案下文瞽宗,是殷学名;上庠,是有虞氏之学名。周学则名为辟雍。
〔4〕"小乐正"至"赞之":小乐正、大胥、籥师、籥师丞,皆乐官名。此四乐官武舞、文舞皆教,此处只记怎样教武舞,乃省文。
〔5〕胥鼓《南》:胥,即大胥。《南》,南夷之乐。

【译文】

凡教太子,以及教学士,必须按照四季来安排教学内容。春夏教武舞,秋冬教文舞,都在东序中进行。小乐正教武舞怎样运用干,由大胥协助他;籥师教武舞怎样运用戈,由籥师丞协助他。由大胥击鼓为节奏以教授《南》乐。春季教读《诗》,夏季教弹琴,由太师来教。秋季在瞽宗教礼,由掌礼官来教。冬季教读《书》,由掌《书》官来教。教礼在瞽宗进行,教《书》在上庠进行。

6. 凡祭与养老乞言、合语之礼[1],皆小乐正诏之于东序。大乐正学舞干戚,语说[2]、命乞言,皆大乐正授数[3],大司成论说在东序[4]。凡侍坐于大司成者,远近间三席[5]。可以问,终则负墙。列事未尽,不问。

【注释】

〔1〕养老乞言、合语:养老,礼名。乞言,乞可行之善言。合语,是指行乡射、乡饮酒、大射、燕射诸礼,进行到行旅酬礼的阶段时,便可以交谈了,这就叫做"合语"。在此之前,因盛行威仪,是不可以语的。
〔2〕舞干戚,语说:戚,斧,也是武舞的道具。语说,即合语之说,说即辞令。古人甚重辞令,故学子皆须学之。
〔3〕数:篇数。

〔4〕大司成：谓有道德而在国学任教者。
〔5〕三席：案席之制，宽三尺三寸三分寸之一，三席则为一丈。

【译文】

凡有关祭祀与养老而请老人发表高论、旅酬而相互交谈的礼仪，都由小乐正在东序进行教授。大乐正教拿盾牌和大斧进行武舞，相互交谈时的言词、受命请老人发表高论的礼仪，都由大乐正授给所当学习的教材篇数，而由大司成在东序进行讲授。凡陪坐在大司成跟前听讲的，要与大司成保持三席的距离。不懂可以提问，问罢就后退靠墙而坐。如果大司成还没有讲叙完，不可以插言提问。

7. 凡学，春官释奠于其先师[1]，秋冬亦如之。凡始立学者必释奠于先圣、先师[2]，及行事必以币[3]。凡释奠者必有合也，有国故则否[4]。凡有大合乐，必遂养老。

【注释】

〔1〕官释奠于其先师：官，谓学官。释奠，放置祭品于先师之神位前，以行祭祀先师之礼。先师，学官中有道德者，死后被奉为先师。
〔2〕先圣：指周公、孔子等。
〔3〕及行事必以币：案始立学的释奠礼重于四时之常礼，故必有币（帛）。
〔4〕凡释奠者必有合也，有国故则否：合，谓合乐。春释菜合舞，秋颁学合声，释奠则合之。有国故，谓如国君死，或有灾荒、有战争等，则不合乐。

【译文】

凡学校，春季要由学官举行释奠礼以祭祀先师，秋季和冬季也要举行释奠礼。凡开始建立学校，一定要举行释奠礼以祭祀先圣和先师,举行释奠礼时一定要用帛。凡举行释奠礼一定要演奏合乐,如果国家遭逢变故就不演奏合乐了。凡演奏大合乐,一定就此举行养老礼。

8. 凡语于郊者[1],必取贤敛才焉:或以德进,或以事举,或以言扬。曲艺皆誓之[2],以待又语。三而一有焉,乃进其等,以其序,谓之"郊人",远之。于成均,以及取爵于上尊也[3]。

【注释】
〔1〕语于郊:语,考论。郊,谓郊学,即国都周围的六乡在国郊办的学校。
〔2〕曲艺皆誓之:曲艺,小技能。誓,谨。
〔3〕于成均,以及取爵于上尊:成均,据说是五帝时期的大学之名,在此泛指大学。上尊,指设于堂上的酒尊。案此谓天子来大学行饮酒礼,至最后行旅酬礼时,被进用的曲艺之人(即郊人)也能参与旅酬而饮酌自堂上之尊的酒,所以荣之也。

【译文】
凡在郊学中考论学士的才能,一定要录取贤才:或通过考察他们的德行而加以进用,或通过考察他们的办事能力而加以荐举,或通过听取他们的言谈议论而加以提拔。即使怀有小技能的人,都谨慎地进修自己的技艺,以等待再次考论人才〔而能被录用〕。对于这些身怀小技的人,献其三技而有一技可用,就可以从他们的同等人中被进用,并按照技艺的高低排列名次,这种人被称作"郊人",仍被疏远而不加重用。但在天子来大学行饮酒礼时,郊人有资格〔参与旅酬礼而〕饮酌自堂上的酒尊中的酒。

9. 始立学者,既兴器[1],用币,然后释菜,不舞不授器[2],乃退,侯于东序[3],一献[4],无介、语可也[5]。《教世子》。

【注释】

〔1〕既兴器:"兴"是"衅"字之误。案古代器物新成,杀牲以祭,因以牲血涂器,叫做衅。

〔2〕不舞不授器:案因释菜礼轻于释奠礼,故不舞。释奠礼则须舞。

〔3〕傧:谓以一定的礼仪招待宾。此释菜礼以何人为宾?不详。或以为以大司乐主之,而以大司成为宾。

〔4〕一献:谓主人向宾行一献之礼。一献之礼包括献、酢、酬三个部分。主人先敬宾酒叫做献;宾回敬主人酒叫做酢;主人先自饮一杯,然后再酌酒以劝宾饮叫做酬;宾则奠爵而不举,即把主人所进酬酒放在一边不再饮,以示礼成:此即一献之礼的全过程。

〔5〕无介、语:介,副,指宾的副手。案凡礼盛者宾皆有介,以助宾行礼事。语,在此指代旅酬礼,因行礼至旅酬始可以语。然释菜礼轻,故可无介、无语。

【译文】

开始建立学校,给新制成的礼乐器物涂上牲血之后,要用帛行释奠礼以告祭先圣、先师,然后再行释菜礼,不表演舞蹈,因此也不授给舞蹈所用的道具,然后退入东序招待宾,向宾行一献之礼,不为宾设介、不行旅酬礼也是可以的。以上是《教世子》篇。

10. 凡三王教世子,必以礼乐。乐所以修内也,礼所以修外也。礼乐交错于中,发形于外,是故其成也怿,恭敬而温文。立大傅、少傅以养之,欲其知父子、君臣之道也。大傅审父子、君臣之道以示之;少傅奉世子以观大傅之德行而审喻之。大傅在前,少傅在后,入则有保,出则有师[1],是以教喻而德成也。师也者,教之以事,而喻诸德者也。保也者,慎其身以辅翼之,而归诸道者也。《记》曰:"虞夏商周有师、保,有疑、丞[2]。设四辅及三公,不必备,唯其人。"语使能也。君子曰:"德,德成而教尊,教尊而官正,官正而国治。"君之谓也。

【注释】

〔1〕入则有保,出则有师:保、师,即保氏、师氏。保氏负责教太子以德行,师氏负责教太子以六艺。

〔2〕有师、保,有疑、丞:案师、保、疑、丞,即下文所谓"四辅",皆负责教育太子之官。疑、丞的具体职掌不详。

【译文】

凡夏商周三代教育太子,一定要用礼乐来进行教育。乐是用来提高内心修养的,礼是用来指导外在行为的。礼乐交互作用在内心,而通过外在的行为表现出来,因此能成就愉悦的心境,恭敬而又温文尔雅的仪态。设立太傅、少傅以负责培养太子,要使太子懂得有关父子、君臣的道理。太傅审慎地遵循父子、君臣的道理行事,以为太子做榜样;少傅侍奉太子观察太傅的德行,而仔细地把其中的道理讲解给太子听。太傅在前面做榜样,少傅在后面作讲解,入宫有保氏负责教导,外出有师氏负责教导,因此教育太子而能成就太子的德行。做师氏的,是用事实来教育太子,而把其中的所体现的德行告诉太子。做保氏的,审慎自身的言行来辅助太子,而使太子的言行能够符合于道德。《记》中说:"虞夏商周有师、保,有疑、丞。为太子设立以上四辅以及三公,不一定全设,只看有合格的人才设。"这是说要使真正能胜任的人做教育太子的官。君子说:"修养德行,德行修养成了,发出的教导就会受到尊重,教导受到尊重官吏就会廉正,官吏廉正国家就能治理好。"这是针对国君而言的。

11. 仲尼曰:"昔者周公摄政,践阼而治,抗世子法于伯禽,所以善成王也。闻之曰:'为人臣者,杀其身有益于君,则为之。'况于其身以善其君乎?周公优为之。"是故知为人子,然后可以为人父;知为人臣,然后可以为人君;知事人,然后能使人。成王幼,不能莅阼,以为世子,则无为也。是故抗世子法于伯禽,使之与成王居,欲令成王之知父子、君臣、长幼之义也。

【译文】

仲尼说:"从前周公代理成王执政,即天子位而治天下,拿做太子的法则要求伯禽,用以教育成王学习善道。我听说:'做人臣的,牺牲自己的生命,只要对国君有好处,就去做。'何况只是用自身的言行来引导他的国君学习善道呢?周公在这方面是做得很出色的。"因此说,懂得了做儿子的道理,然后才可以做父亲;懂得了做人臣的道理,然后才可以做人君;懂得了侍奉别人的道理,然后才能指使别人。成王年幼,不能即王位,让他学做太子,〔因父亲武王已死〕,又没有学做太子的条件了。所以周公就拿了做太子的规则来要求伯禽,让伯禽同成王居住在一起,想让成王从伯禽身上学习有关父子、君臣、长幼的道理。

12. 君之于世子也,亲则父也,尊则君也。有父之亲,有君之尊,然后兼天下而有之,是故养世子不可以不慎也。行一物而三善皆得者,唯世子而已,其齿于学之谓也[1]。世子齿于学,国人观之曰:"将君我,而与我齿让,何也?"曰:"有父在则礼然。"然而众知父子之道矣。其二曰:"将君我,而与我齿让,何也?"曰:"有君在则礼然。"然而众著于君臣之义也。其三曰:

"将君我,而与我齿让,何也?"曰:"长长也。"然而众知长幼之节矣。故父在斯为子,君在斯谓之臣,居子与臣之节,所以尊君、亲亲也。故学之为父子焉,学之为君臣焉,学之为长幼焉。父子、君臣、长幼之道得而国治。语曰:"乐正司业,父师司成[2],一有元良,万国以贞。"世子之谓也。《周公践阼》。

【注释】

〔1〕齿于学:谓与同学之人以年齿为序。
〔2〕父师:"父"与"甫"通,甫,大。父师,即大师。

【译文】

　　国君对于太子来说,论亲是父亲,论尊是国君。有做父亲的亲爱之心,有做国君的尊贵地位,然后才能据有天下,因此培养太子不可以不慎重。做一件事而能兼有三项好处的,只有太子罢了,这是说太子在学校里能按年龄长幼与同学排列尊卑次序。太子按年龄与同学论尊卑,国人见了不理解的就会问:"太子将做我们的君,而谦让地与我们按年龄论尊卑,为什么这样做呢?"理解的就会说:"因为太子上有父在,所以处处执谦让之礼。"然而众人由此懂得了父子关系的道理,〔这是其一〕。其二,国人不理解的会问:"太子将做我们的君,而谦让地与我们按年龄论尊卑,为什么这样做呢?"理解的就会说:"因为太子上有君在,所以处处执谦让之礼。"然而众人由此明白了君臣关系的道理。其三,国人不理解的会问:"太子将做我们的君,而谦让地按年龄与我们论尊卑,为什么这样做呢?"理解的就会说:"这体现出太子尊敬年长的人。"然而众人由此懂得了长幼关系的秩序。因此上有父在太子就是儿子,有君在太子就是臣,处于做儿子和做臣的地位,所以就应该尊敬国君而亲爱自己的双亲。因此教太子有关父子关系的道理,教太子有关君臣关系的道理,教太子有关长幼关系的道理;有关父子、君臣、长幼关系的道理都懂得了,国家就可以治理好了。俗话说:"乐正掌管学业,大师总掌学成,一人德行善良,天下都得端正。"就是针对太子说的。以上是《周公践阼》篇。

13. 庶子之正于公族者[1],教之以孝弟、睦友、子爱[2],明父子之义,长幼之序。其朝于公,内朝则东面[3],北上;臣有贵者以齿。其在外朝[4],则以官,司士为之[5]。其在宗庙之中,则如外朝之位,宗人授事[6],以爵,以官。

【注释】
〔1〕庶子:官名,其职掌详下文。
〔2〕子:通"慈"。
〔3〕内朝:即路寝,在路门内。
〔4〕外朝:在此实指治朝,在路门外、雉门内。因治朝相对于内朝则在外,故亦可称外朝。
〔5〕司士:是司马的属官,负责排列朝廷官位。
〔6〕宗人:是负责掌管礼事和宗庙的官。

【译文】
庶子所掌管的公族的政事,是教导公族中的人敬顺长上、和睦亲友、慈爱待人,使他们懂得有关父子关系的道理,以及长幼的尊卑次序。公族的人朝见国君,如果在内朝,就面朝东而立,以北边为上位;公族中的臣即使有地位尊贵的,也按年龄长幼排列位次。如果在外朝,就按官位高低就朝位,由司士负责排列位次。如果在宗庙中,就如同在外朝的位次,是由宗人负责,按照爵位来排列位次,按照官职来分派祭祀时所担任的职事。

14. 其登餕、献、受爵,则以上嗣[1]。

【注释】

〔1〕"其登馂"至"上嗣"：登，谓登堂。馂，食尸之余。献、受爵，皆属国君宗庙祭祀之礼，其详已不可考。上嗣，指嫡长子。

【译文】

宗庙祭祀时上堂吃尸所剩下的饭食、行献酒礼和受爵礼，都使嫡长子进行。

15. 庶子治之，虽有三命，不逾父兄。

【译文】

庶子负责排列内朝公族中人的位次，即使有三命之官，也不可超越他的父兄的位次。

16. 其公大事[1]，则以其丧服之精粗为序[2]，虽于公族之丧亦如之，以次主人[3]。若公与族燕，则异姓为宾，膳宰为主人[4]。公与父兄齿。族食，世降一等[5]。

【注释】

〔1〕大事：谓死丧。
〔2〕以其丧服之精粗为序：这是记庶子治君丧而为公族服丧者排列位次。为国君虽皆服斩衰，但根据亲疏关系的不同，丧服的精粗则不一样，亲者粗而疏者精，故其位次即据服之精粗排之。
〔3〕以次主人：主人，主丧者。
〔4〕膳宰为主人：案这是由膳宰代君为主人，以向宾献酒。
〔5〕族食，世降一等：族食，指国君与族人在一起行燕食礼，亦即今所谓聚餐。燕食与燕饮不同：燕食主吃饭，而燕饮主饮酒。据说国君一年要举行四次燕食礼，但族人则根据与国君关系的亲疏，以决定参加次数的多少，关系最亲的可参加四次，以下隔一代人就少参加一次，故曰"世降一等"。

【译文】

　　国君有丧事,就按服丧者丧服的粗细来排列哭位的次序,即使是公族中人的丧事也这样排列哭位,以接续在主人的后边。如果国君同族人举行燕饮礼,就用异姓的人担任燕礼上的宾,而用膳宰充当主人。国君同族中父兄们按长幼排列尊卑位次。国君与族人举行燕食礼,族人与国君的亲缘关系远一辈就减少一次参加的机会。

17. 其在军,则守于公祢[1]。公若有出疆之政,庶子以公族之无事者守于公宫:正室守太庙[2],诸父守贵宫贵室,诸子诸孙守下宫下室[3]。

【注释】

　　[1]公祢:即行主,亦即迁主。祢,父的神主。迁主而称公祢,是因为行军在外,表示亲切。
　　[2]正室:谓嫡子。这是指公族中凡做卿、大夫、士者的嫡子。
　　[3]诸父守贵宫贵室,诸子诸孙守下宫下室:宫,即庙。贵宫谓群公之庙,即四亲庙;下宫谓群公之下者,如鲁仲子之庙之类,即别庙。宫,是统言;室则是宫中之室。

【译文】

　　庶子在军中,就负责守护迁主。国君如果有出国的政事,庶子就率领公族中没有担任公职的人守护国君的宫庙;让公族中的嫡子们守太庙,伯父、叔父们守四亲庙,诸侄儿、侄孙们守别庙。

18. 五庙之孙,祖庙未毁[1],虽为庶人,冠、取妻必告;死必赴[2];练、祥则告。族之相为也,宜吊不吊,宜免不免[3],有司罚之。至于赗、赙、承、含[4],皆有正焉。

【注释】

〔1〕五庙之孙，祖庙未毁：太祖庙与四亲庙为五庙。太祖庙不毁，以下四亲庙亲尽则递相迁毁。故此处"五庙"，实当言"四庙"，而之所以言"五庙"者，容诸侯有立国未久，自始封之君传至己，方满五世，甚或未满五世者，其庙皆不毁。

〔2〕赴：谓告于君。

〔3〕宜吊不吊，宜免不免：免，谓袒免，即袒左臂而首著免以致哀。凡同高祖者，即四世以内之亲，则当相互服丧；至五世则亲尽，不服丧，仅为死者袒免；至六世以外，则袒免亦不必，唯行吊礼而已。

〔4〕赗、赙、承、含：赗，谓赠给丧家助送葬之物，如车马。赙，谓赠丧家财物以助办丧事，如钱或币帛。承，是"赠"字之误。赠，谓赠给死者随葬物，如束帛、明器。含，谓珠玉，饭含所用。

【译文】

诸侯五庙祖先的子孙们，凡祖庙尚未迁毁的，即使是平民，有了举行冠礼、娶妻等事，也必须互相通告；有了死丧的事，必须报告国君；为死者举行小祥祭或大祥祭，也必须互相通告。公族中人互相行礼，应该吊唁的而不吊唁，应该袒免的而不袒免，主管的官吏就要责罚违礼者。至于所当行赗、赙、赠、含等礼，都有具体规定。

19. 公族其有死罪，则磬于甸人[1]。其刑罪，则纤剸亦告于甸人[2]。公族无宫刑。狱成，有司谳于公[3]，其死罪，则曰："某之罪在大辟。"其刑罪，则曰："某之罪在小辟。"公曰："宥之。"有司又曰："在辟[4]。"公又曰："宥之。"有司又曰："在辟。"及三宥，不对，走出，致刑于甸人。公又使人追之曰："虽然，必赦之。"有司对曰："无及也。"反命于公。公素服，不举[5]，为之变，如其伦之丧，无服，亲哭之[6]。

【注释】

〔1〕磬于甸人：磬，谓缢杀之，即绞死，可保全尸。甸人，是掌郊野之官。之所以交由甸人磬之而不行刑于市，是为了隐而不使人知，因是公族中人，有家丑不可外扬之意。

〔2〕纤刭亦告于甸人：纤，通"针"，刺。刭，音 tuán，割。针割，在此泛指肉刑。告，通"造"，适，往。

〔3〕谳：音 yàn，言。

〔4〕在辟：谓罪在大辟。

〔5〕不举：谓不听乐。

〔6〕亲哭之：是哭于异姓之庙。

【译文】

公族中人犯了死罪，就交由甸人绞死。如果犯的是当用刑的罪，或刺或割，也要押送到甸人那里去施刑。对公族中人不用官刑。罪犯定案后，司法官要报告国君，如果判的是死罪，就报告说："某的罪在大辟。"如果判的是用刑的罪，就报告说："某的罪在小辟。"国君说："〔再审查一下看是否可以〕从宽处理。"司法官〔重审后〕又报告说："罪在大辟。"公又说"〔再审查一下看是否可以〕从宽处理。"司法官〔再次审查后〕又报告说："罪在大辟。"等到国君第三次提出对罪犯从宽处理的时候，司法官就不回答了，迅速出去，把罪犯押送到甸人那里去行刑。国君又派人追来说："即使罪有应得，也一定要宽赦他。"司法官回答说："已经来不及了。"行刑后司法官回来报告国君。国君为死者穿白衣，不听音乐，为死者改变日常生活，就如同自己的亲属有丧，不为死者服丧，要亲自〔到异姓的庙中〕去哭死者。

20. 公族朝于内朝，内亲也；虽有贵者以齿，明父子也。外朝以官，体异姓也。宗庙之中，以爵为位，崇德也；宗人授事以官，尊贤也[1]。登馂、受爵以上嗣，尊祖之道也[2]。丧纪以服之轻重为序，不夺人亲也。公与族燕则以齿，而孝弟之道达矣。其族食世降一等，亲亲之杀也[3]。战则守于公祢，孝爱之深也。正室守大庙，尊宗室而君臣之道著矣；诸父诸兄守贵室，子弟守下室，而让道达矣[4]。五庙之孙，祖庙未毁，虽及庶人，冠、取妻必告，死必赴，不忘亲也；亲未绝而列于庶人，贱无能也。敬吊临、赗、赙，睦友之道也。古者庶子之官治，而邦国有伦；邦国有伦，而众乡方矣[5]。公族之罪，虽亲不以犯有司，正术也，所以体百姓也。刑于隐者，不与国人虑兄弟也。弗吊，弗为服，哭于异姓之庙，为忝祖远之也；素服，居外，不听乐，私丧之也，骨肉之亲无绝也。公族无宫刑，不翦其类也[6]。

【注释】

〔1〕"公族"至"尊贤也"：这是申释第13节之义。体异姓，体犹连结。

〔2〕"登馂"至"道也"：这是申释第14节之义。尊祖之道，案中国古代实行嫡长子继承制，只有嫡长子才是继承祖先的正体，故尊重嫡长子，即体现了尊祖。

〔3〕"丧纪"至"杀也"：这是申释第16节之义。纪，犹事。

〔4〕"战则"至"让道达矣"：这是申释第17节之义，而文字稍有不同。正室守太庙，尊宗室，而君臣之道著矣，这是说，因为嫡子是宗室的正体，而太庙是祖先的正宗，以正体守正宗，而不敢以支庶之子守之，正是出于"尊宗室"之义。

〔5〕"五庙"至"乡方矣"：这是申释第18节之义。

〔6〕"公族之罪"至"不翦其类也"：这是申释第19节之义。不与国人虑兄弟，与，犹许。刑于甸师隐僻之处，是不许国人见而议论吾兄弟之过恶。

【译文】

公族的人朝见国君在内朝，这说明国君以同宗亲人为自己内部的人；族人中即使有地位尊贵的，在内朝也按长幼排列位次，这是为了彰明有关父子关系的道理。外朝按官位排列位次，这是为了团结异姓。宗庙中按爵位排列位次，这是为了表示尊崇有德行的人；宗人按官职分派祭祀所担任的职事，这是为了表示尊重贤才。上堂吃尸所剩下的饭食、行受爵礼而由嫡长子进行，这是〔通过尊重嫡长子〕来体现尊敬祖先的道理。办丧事按照丧服的轻重来排列哭位，这体现了不〔以疏者〕夺亲者的亲情。国君与族人燕饮时按照长幼排列位次，孝顺父母、尊敬兄长的道理就体现出来了。国君与族中人举行燕食礼，关系疏远一辈就减少一次参加的机会，这说明国君亲爱其亲族的感情也随关系的疏远而递减。出外征战时守护迁主，这说明国君对祖先的孝爱之深。由公族中的嫡子们守护太庙，这说明对宗室的尊崇，而有关君臣关系的道理也由此体现出来；由国君的伯父、叔父和宗兄们守护四亲庙，而由子侄和宗弟守护别庙，这样贱当让贵的道理就体现出来了。诸侯五庙祖先的子孙们，凡祖庙尚未迁毁的，即使下降到做了平民，有了举行冠礼、娶妻等事，也必须互相通告，有了死丧的事必须报告国君，这说明国君没有遗忘自己的亲属；与国君的亲属关系尚未断绝，而被下列于平民之中，这体现了对无能者的鄙视。族人有丧必须恭敬地前往哭吊，并行赙、赠之礼，这体现了和睦友爱族人的道理。古时候庶子这种官把公族治理得好，国家就有了伦理；国家有了伦理，民众就知道努力的方向了。公族中的人犯了罪，即使与国君很亲近，也不因此而干犯司法官执法，这是为了端正法纪，并以此来团结百姓。公族中的罪犯在隐避的地方行刑，这是为了避免国人议论国君兄弟的过恶。国君对被处死的族人不吊唁，不为之服丧，而到异姓的庙里去哭他，是为了避免玷辱自己的祖先而疏远他；为死者穿白衣，住在宫寝外面，不听音乐，这说明国君私下里悼念他，与死者的骨肉亲情并未断绝。对公族的罪犯不施宫刑，这是为了不使公族的人断绝后代。

21. 天子视学，大昕鼓征[1]，所以警众也。众至，然后天子至。乃命有司行事[2]，兴秩节[3]，祭先师、先圣焉。有司卒事反命，始之养也。适东序，释奠于先老[4]，遂设三老、五更、群老之席位焉[5]。适馔省醴，养老之珍具，遂发咏焉。退修之以孝养也[6]。反。登歌《清庙》[7]，既歌而语，以成之也：言父子、君臣、长幼之道，合德音之致[8]，礼之大者也。下管《象》[9]，舞《大武》[10]，大合众以事，达有神，兴有德也。正君臣之位，贵贱之等焉，而上下之义行矣。有司告以乐阕，王乃命公、侯、伯、子、男及群吏曰："反养老幼于东序[11]。"终之以仁也。

【注释】

〔1〕大昕：黎明时候。
〔2〕有司：教《诗》《书》《礼》《乐》之官。
〔3〕兴秩节：兴，犹举。秩，常。节，犹礼。
〔4〕先老：谓先世之为三老、五更者（详下注）。
〔5〕遂设三老、五更、群老之席：三老、五更，是从年老退休的官吏中选出的有德行而又明达事理的模范人物。群老，亦老而贤者，无定数。
〔6〕修：读为"羞"，进献。
〔7〕《清庙》：《诗·周颂》中的一篇。
〔8〕德音之致：德音，指《清庙》诗。致，极致，最美好的德行。
〔9〕下管《象》：管，参见《月令第六》第43节。《象》，乐曲名，据说是周武王伐纣之乐。
〔10〕《大武》：是表现武王伐纣的舞蹈，其内容、结构和意义，参看《乐记第十九》第44节。
〔11〕反养老幼于东序："幼"是衍字。

【译文】

　　天子视察学校，天刚亮的时候就击鼓征召学士，以使学士们做好准备。众人都到来，然后天子到来。于是命令学官各行其职，按照常礼，祭祀先师、先圣。学官们祭祀完毕，向天子报告，然后开始行养老礼。天子来到东序，奠祭先老，接着就为三老、五更和群老在东序设置席位。天子要察看为养老礼准备的食物和醴酒，以及珍肴和餐具，然后命奏乐迎接三老、五更和群老入席。天子退下去捧着酒食献上，这样来体现对老人的孝养。天子反回坐席。乐工上堂演唱《清庙》。演唱完毕，老人们开始交谈，以成就天子养老礼的意义：所谈的都是有关父子、君臣、长幼的道理，以与《清庙》诗所歌颂的文王的美德相配合，这是养老礼中最重要的部分了。堂下用管演奏《象》乐，跳《大武》舞，集合广大学士都来参加跳舞。通过乐舞来体达天神之意，使有德的人兴盛，使君臣关系得到端正，使贵贱不同的人明确各自的等级，从而使有关上下关系的原则得到遵行。乐官向天子报告音乐演奏结束，天子于是命令公、侯、伯、子、男以及众官吏说："回去后，都要像在东序这样行养老礼。"这是天子用他的仁心给养老礼做了终结。

22. 是故圣人之记事也[1]，虑之以大，爱之以敬，行之以礼，修之以孝养[2]，纪之以义[3]，终之以仁[4]。是故古之人一举事，而众皆知其德之备也。古之君子举大事必慎其终始，而众安得不喻焉？《兑命》曰[5]："念终始典于学[6]。"

【注释】
〔1〕记事：记，通"纪"，犹综理。纪事，犹言理事。
〔2〕修之以孝养：这是就上节天子"退修之以孝养也"而言。
〔3〕纪之以义：这是就上节"既歌而语，以成之也"而言。
〔4〕终之以仁：这是就天子命"反养老（幼）于东序"而言。
〔5〕《兑命》：即《说命》，《尚书》篇名。
〔6〕念终始典于学：典，常。是说人经常想着学习，就能增进德行。

【译文】

　　因此圣人处理事情，都从大处考虑，对老人爱而尊敬，依礼行事，亲行孝养之礼，言谈都围绕义理，而又能用仁爱之心来结束所做的事。因此古代的圣人办一件事，民众就都能从中看出他的德行的完备了。古代的君子办大事都一定慎始善终，民众怎能不从中了解到君子的完备德行呢？《说命》中说："要始终常想着学校〔的养老礼〕。"

　　23.《世子》之《记》曰[1]："朝夕至于大寝之门外[2]，问于内竖曰：'今日安否？何如？'内竖曰：'今日安。'世子乃有喜色。其有不安节，则内竖以告世子，世子色忧，不满容。内竖言'复初'，然后亦复初。朝夕之食上，世子必在，视寒暖之节。食下，问所膳。羞，必知所进，以命膳宰，然后退。若内竖言疾，则世子亲齐，玄而养[3]。膳宰之馔，必敬视之；疾之药，必亲尝之。尝馔善[4]，则世子亦能食；尝馔寡，则世子亦不能饱。以至于复初，然后亦复初。"

【注释】

　　〔1〕《世子》之《记》：这是古《世子礼》篇后之《记》的遗文。
　　〔2〕大寝：即正寝，亦即路寝。
　　〔3〕玄：谓玄冠、玄端。玄端是服名，上衣为缁衣，下裳则玄裳、黄裳、杂裳（一种前玄后黄的裳）皆可。
　　〔4〕善：谓多于前。

【译文】

　　《世子》之《记》说："做太子的早晨和傍晚都要到大寝门外，问小臣说：'今天王安好吗？身体怎样？'小臣说：'今天王的身体安好。'太子脸上才有喜色。王如果不安适，小臣报告给太子，太子脸上便显出忧虑的神色，不能〔像平日那样〕充满优雅的容态。小臣报告说'王已恢复健康'，然后太子也恢复平日的神情。早餐或晚餐给王送上时，太子一定要在场，察看食物的冷热程度。饭后食物撤下来时，太子要问王吃得怎么样。进送食物，一定要〔了解王的胃口〕知道所当进的是什么食物，以此命令膳宰去做，然后才退下。如果小臣报告王生病了，太子就亲自斋戒，头戴玄冠、身穿玄端服侍候王养病。膳宰为王做的养病的食物，太子一定要谨慎察看；治病的药物，太子一定要亲自尝一尝。王吃饭比以前多，太子也就能多吃饭；王的饭量减少，太子也就不能吃饱。一直到王恢复健康，然后太子也恢复正常生活。"

礼运第九

1. 昔仲尼与于蜡宾[1]，事毕，出游于观之上[2]，喟然而叹。仲尼之叹，盖叹鲁也。言偃在侧曰[3]："君子何叹？"孔子曰："大道之行也[4]，与三代之英[5]，丘未之逮也，而有志焉。大道之行也，天下为公，选贤与能，讲信修睦。故人不独亲其亲，不独子其子，使老有所终，壮有所用，幼有所长，矜寡孤独废疾者，皆有所养；男有分，女有归；货恶其弃于地也，不必藏于己；力恶其不出于身也，不必为己。是故谋闭而不兴，盗窃乱贼而不作，故户外而不闭，是谓大同。"

【注释】

〔1〕蜡：音 zhà，祭名，于每年十二月举行，是合聚万物之神而祭之。行蜡祭还当聚民于学校以行饮酒礼，行饮酒礼当设宾主，而孔子"与于蜡宾"。

〔2〕观：于门两旁建高台，台上建可观望之楼，即所谓观，又名门阙。

〔3〕言偃：即孔子的学生子游。

〔4〕大道：此谓五帝时期的治理天下之道，实际是儒家学者所理想的社会制度，即"大同"社会，详下文。

〔5〕三代之英：三代，夏、商、周。英，指下文所提到的禹、汤、文、武、成王、周公一流的人物。

【译文】

从前仲尼参加蜡祭并做了饮酒礼上的宾，祭礼完毕，出来在门阙的楼观上游览，不禁发出叹息声。仲尼的叹息，大概是叹息鲁国吧。言偃在旁说："君子为什么叹息？"孔子说："大道实行的时代，和三代时期的英杰人物，我都未能赶上，而有书记载那时的情况。大道实行的时代，天下是人民所公有的，选择贤能的人而把领袖的地位传给他，人与人之间讲信用而和睦相处。因此人们不只是亲爱自己的双亲，不只是抚养自己的子女，而使老年人能得终养，壮年人有用武之地，幼童能得到抚育，年老丧夫或丧妻而孤独无靠的人以及残疾人都能得到照顾和赡养；男子都有自己的职业，女子都能适时婚嫁；嫌恶财物被糟踏浪费，但并不必为己所有；嫌恶有力气偷懒不用，但并不必为自己服务。因此阴谋诡计被扼制而不得施展，盗窃和乱臣贼子不会产生，外出可以不用关门，这就叫做大同社会。"

2."今大道既隐，天下为家，各亲其亲，各子其子，货力为己，大人世及以为礼，城郭沟池以为固，礼义以为纪，以正君臣，以笃父子，以睦兄弟，以和夫妇，以设制度，以立田里，以贤勇知，以功为己，故谋用是作，而兵由此起。禹、汤、文、武、成王、周公，由此其选也。此六君子者，未有不谨于礼者也，以著其义，以考其信[1]，著有过，刑仁讲让，示民有常。如有不由此者，在埶者去，众以为殃。是谓小康。"

【注释】
　　[1] 考：成。

【译文】
　　"当今社会大道已经隐没不行了，天下成了君王一家的天下，人们各自亲爱自己的双亲，各自抚养自己的子女，财物和人力都据为己有，把国君世袭作为礼，修筑城郭和护城河来加固防守，把礼义作为纲纪,用来端正君臣关系,加深父子感情,使兄弟和睦,使夫妻和美,并据以建立制度,划分田里,尊重勇士和才智之士,以为己建立功业,故阴谋由此而生,战争由此而起。夏禹、商汤、周文王、武王、成王、周公,就是用礼义治国的英杰人物。这六位君子,没有不谨慎地实行礼制的,借以彰明道义,成就信用,照察过失,提倡仁爱而讲究谦让,向民众显示治国有常法。如果有不遵行礼义的,做君主的将被废黜,民众将把他看成是祸殃。这就叫做小康社会。"

3. 言偃复问曰:"如此乎,礼之急也?"孔子曰:"夫礼,先王以承天之道,以治人之情,故失之者死,得之者生。《诗》曰:'相鼠有体,人而无礼;人而无礼,胡不遄死!'是故夫礼,必本于天,殽于地,列于鬼神[1],达于丧、祭、射、御、冠、昏、朝、聘。故圣人以礼示之,故天下国家可得而正也。"

【注释】
〔1〕列于鬼神:谓取法度于鬼神。

【译文】
言偃又问道:"礼是如此急需吗?"孔子说:"礼,是先王禀承天道,用来治理人的情欲的。因此丧失礼的就将死,遵行礼的就能生存。《诗》说:'看那老鼠有肢体,做人反而没有礼;做人反而没有礼,为何还不快快死!'因此礼,必须根据天道,仿效地理,取法于鬼神,而贯彻于丧事、祭祀、射箭、驾车、冠礼、婚礼、朝礼、聘礼等等之中。因此圣人用礼来诱导民众,天下国家就可以治理好了。"

4. 言偃复问曰:"夫子之极言礼也,可得而闻与?"

孔子曰："我欲观夏道，是故之杞[1]，而不足征也，吾得《夏时》焉[2]。我欲观殷道，是故之宋[3]，而不足征也，吾得《坤乾》焉[4]。《坤乾》之义，《夏时》之等，吾以是观之。"

【注释】
〔1〕杞：夏禹的后代所建立的国家。
〔2〕《夏时》：传说是夏代的历法书。
〔3〕宋：商汤的后代所建立的国家。
〔4〕《坤乾》：是一部运用阴阳理论进行占筮的书。

【译文】
言偃又问道："先生竭力强调礼的重要，可以把礼的来源和内容告诉我们吗？"孔子说："我想了解夏代的礼，因此到杞国去，而发现杞国的文献已不足征信，我从那里只获得了一部名为《夏时》的书。我想了解殷代的礼，因此到宋国去，而发现宋国的文献已不足征信，我从那里只获得了一部名为《坤乾》的书。《坤乾》中所体现的事物变化的道理，《夏时》中所记载的四时运转的程序，我就据此来考察夏、殷时代的礼。"

5. "夫礼之初始诸饮食。其燔黍捭豚[1]，污尊而抔饮[2]，蒉桴而土鼓[3]，犹若可以致其敬于鬼神。及其死也，升屋而号告曰：'皋某复[4]。'然后饭腥而苴孰[5]。故天望而地藏也[6]，体魄则降，知气在上。故死者北首，生者南乡[7]，皆从其初。昔者先王未有宫室，冬则居营窟，夏则居橧巢[8]。未有火化，食草木之实，鸟兽之肉，饮其血，茹其毛[9]。未有麻丝，衣其羽皮。后圣有作，然后修火之利，范金，合土，以为台榭、宫室、牖户，以炮，以燔，以亨，以炙，以为醴酪[10]。治其麻丝以为布帛，以养生送死，以事鬼神上帝：皆从其朔。故玄酒在室，醴、醆在户[11]，粢醍在堂，澄酒在下[12]。陈其牺牲，备其鼎俎，列其琴、瑟、管、磬、钟、鼓，修其祝嘏，以降上神与其先祖，以正君臣，以笃父子，以睦兄弟，以齐上下，夫妇有所，是谓承天之祜。作其祝号，玄酒以祭，荐其血毛，腥其俎，孰其殽，与其越席[13]，疏其布幂，衣其澣帛[14]，醴、醆以献，荐其燔炙[15]。君与夫人交献，以嘉魂魄，是谓合莫。然后退而合亨[16]，体其犬、豕、牛、羊[17]，实其簠、簋、笾、豆、铏羹，祝以孝告，嘏以慈告，是谓大祥，此礼之大成也。"

【注释】

〔1〕捭豚：捭，通"擘"。豚，在此泛指兽肉。

〔2〕污尊而抔饮：污，本指小池塘，在此是挖坑池的意思。抔，音póu，捧。

〔3〕蒉桴而土鼓："蒉"是"凷"字之误。凷，谓抟土为桴（鼓椎）。土，筑土为鼓。

〔4〕号告曰："皋某复"：皋，拉长了声音呼唤。某，代死者名。

〔5〕饭腥而苴孰：生米曰腥。苴，即苞苴，也就是蒲包。

〔6〕天望而地藏：天望，谓始死升屋向天号告以招魂。地藏，谓不用棺椁，埋尸于土中。

〔7〕死者北首，生者南乡：案古人的观念，以为人死归阴，北方为阴，故死者北首；生人属阳，故生者南向而居。

〔8〕橧巢：橧，音zēng，谓聚薪柴而居其上。

〔9〕茹其毛：茹，食。案因上古未有火化，去毛不能尽，故并而食之。

〔10〕酪：醋。

〔11〕醴、醆在户：醴、醆，皆酒名，即所谓醴齐和盎齐。前者是一种未将糟滓滤去的酒，类似后世的甜酒；后者是一种葱白色的酒，因盛在盏中，故又名之为盏。在户，是指在室内靠近门的地方。

〔12〕粢醍在堂，澄酒在下："粢"是"齐"字之误。醍，音 tǐ，即缇齐，一种浅红色清酒。澄酒，即沈齐，是一种有糟滓沉在下面的红赤色而稍清澄的酒。

〔13〕越其席：越，音 huó，通"括"，结。谓结蒲为席。

〔14〕瀞帛：煮染以为祭服。

〔15〕燔炙：谓燔肉炙肝也。

〔16〕合亨：案上文云"孰其殽"，其实并未真正煮熟，故此时又合亨（烹）之。

〔17〕体其犬、豕、牛、羊：谓分别骨肉之贵贱以为众俎。案牲之骨体有贵贱之分，就左右来说，右体贵于左体；就前后来说，前体贵于后体；就上下来说，上体贵于下体。

【译文】

"礼最初是从饮食开始的。古时候人们把黍米和擘开的肉〔放在石上烧熟来吃〕，在地上挖坑蓄水用手捧着喝，抟土做鼓椎而用土做鼓来敲，仍然可以向鬼神表达敬意。等到死了人，就升到屋顶上，拉长了声音对天呼告说：'某，回来吧！'然后用生米为死者行饭含礼，用蒲包包裹熟肉为死者送葬。因此望天招魂，葬地藏尸，身体虽降入地下，精气却升到天上。因此今天死人头朝北而葬，活人屋朝南而居，都是从初民的习俗沿袭下来的。从前先王没有宫室，冬天居住在所营造的洞穴中，夏天居住在用薪柴搭起的窝巢里。不会用火熟食，吃草木的果实，鸟兽的肉，饮鸟兽的血，连带鸟兽的毛也吃下去了。没有麻丝，用羽毛和兽皮遮身。后来有圣人出来，然后教人利用火，铸造用器，和泥〔烧制砖瓦〕，用以建造台榭、宫室、窗和门，并将食物或裹泥而烧，或放在火上烤，或放在镬中煮，或直接贯入火中烧，用火蒸酿醴酒和醋，煮染麻丝织成布帛，用来养生送死，祭祀鬼神上帝：所有这些都是从当初圣人教会人用火开始的。因此〔祭祀时〕玄酒放在室中，醴和醆放在室门边，醍齐放在堂上，澄酒放在堂下，陈列祭祀用的牲畜，具备鼎俎等器物，又陈列琴、瑟、管、磬、钟、鼓等乐器，撰作祝告神之辞和尸向主人祝福之辞，用来使上天之神和祖先之神降临，通过祭祀来正定君臣名分，加深父子感情，促使兄弟和睦，整齐上下关系，使夫妇各有所职，这就叫做承受天赐的福。制作祝辞和各种祭祀的名号，用玄酒祭祀，进献杀牲的血和毛，奉上盛有生肉的俎，又进上煮熟的牲肉，铺设蒲编的席，用粗布覆盖酒尊，穿经过煮染的帛做的祭服，献上醴和醆，进上经过烧烤的牲肉和肝，国君和夫人交替向尸献酒，以使祖先的灵魂快乐，这叫做与虚漠中的神灵相契合。然后退下来将各种半生不熟的牲肉合在一起烹煮，煮熟后区别狗、猪、牛、羊牲体的贵贱〔而分盛在俎上〕，并将簠、簋、笾、豆和盛羹汤的铏都分别盛满食物，祝把孝孙某前来祭祖报告祖先，〔而尸代祖先之神〕向主人祝福则说一番慈惠的话，这叫做大吉祥，也是祭礼最圆满的了。"

6. 孔子曰："於呼，哀哉！我观周道，幽、厉伤之。吾舍鲁何适矣！鲁之郊、禘，非礼也[1]。周公其衰矣。杞之郊也，禹也；宋之郊也，契也：是天子之事守也[2]。故天子祭天地，诸侯祭社稷。

【注释】

〔1〕鲁之郊、禘，非礼也：案郊、禘之礼，只有天子才能举行，鲁僭行天子之礼，故曰"非礼也"。又案禘，是将诸庙之祖合祭于始祖庙（即太庙），鲁是周的同姓国，与周天子同一始祖，故只有周天子才有权行禘祭礼。

〔2〕是天子之事守也：案因杞、宋之祖，分别为夏、殷之天子，故其子孙可世守其事而行郊天礼，其他诸侯国则不可引以为例。

【译文】

孔子说："啊，多么可悲啊！我考察周的治理天下之道，从幽王和厉王时期，就令人悲伤了。我除了鲁国，还能到哪里去呢？

但鲁国行郊祭天之礼和禘祭礼，却是不符合礼的。周公〔所制定的礼〕，到他的子孙手里却衰微了。杞行郊祭天之礼，用禹配祭；宋行郊祭天之礼，用契配祭：这是从前的天子的祭礼而子孙所应当继续遵守的。因此只有天子才有权祭天地，诸侯只能祭祀本国的社稷之神。

7."祝嘏莫敢易其常古，是谓大假[1]。祝嘏辞说，藏于宗、祝、巫、史，非礼也，是谓幽国[2]。盏、斝及尸君[3]，非礼也，是谓僭君。冕、弁、兵革，藏于私家，非礼也，是谓胁君。大夫具官，祭器不假，声乐皆具，非礼也，是谓乱国。故仕于公曰臣，仕于家曰仆。三年之丧，与新有昏者，期不使。以衰裳入朝，与家仆杂居齐齿，非礼也，是谓君与臣同国[4]。故天子有田以处其子孙，诸侯有国以处其子孙，大夫有采以处其子孙，是谓制度。故天子适诸侯，必舍其祖庙，而不以礼籍入[5]，是谓天子坏法乱纪。诸侯非问疾吊丧，而入诸臣之家，是谓君臣为谑。是故礼者，君之大柄也，所以别嫌明微，傧鬼神，考制度，别仁义，所以治政安君也。故政不正则君位危，君位危则大臣倍，小臣窃。刑肃而俗敝，则法无常，法无常而礼无列，礼无列则士不事也。刑肃而俗敝，则民弗归也，是谓疵国。

【注释】
〔1〕假：大。
〔2〕"祝嘏"至"幽国"：辞说，指礼文。这几句是说礼文只由宗、祝、巫、史掌管，国君和大夫都不知礼、不明礼，礼不明则无以治国，其国政必昏暗，故谓之"幽国"。

〔3〕盏、斝及尸君：斝，音 jiǎ，酒器名，其形略与爵相似。据说盏是夏代的酒杯，斝是殷代的酒杯，只有夏、殷的后代即杞、宋二国之君祭祀时，才能用以献尸，其他诸侯国君若用之则为僭礼。尸君，即尸。

〔4〕"以衰"至"同国"：按照家天下的观念，国是君的国而非臣的国，有丧者不居丧于家，而穿着丧服入朝，是视君之朝如己之家，则有君与臣同其国之嫌；又大夫乃其仆之君，而仆亦犹大夫之臣，大夫而与其仆"杂居齐齿"，无上下之分，是亦犹君臣同国。

〔5〕以礼籍入：礼籍，记载礼的简策，上面载有入诸侯国之宗庙所当注意的忌讳。

【译文】

"告神词和祝福词，不敢改变自古以来的常法，这叫做礼中最大的礼。有关告神词和祝福词说的礼文，只是收藏在宗、祝、巫、史等官那里，这是不符合礼的，这叫做幽暗之国。用盏或斝向尸君献酒，是不符合礼的，这叫做僭礼之君。国君的衮冕、皮弁和保卫国君用的兵器、甲衣，收藏在私人家里，这是不符合礼的，这叫做被劫胁之君。作为大夫而设置全备的职官，祭器也全备而无须向人借用，所拥有的乐器和乐人也都全备，这是不符合礼的，这叫做乱礼之国。因此，在国君那里任职叫做臣，在大夫那里任职叫做仆。服三年之丧的臣和有新婚的臣，一年之内国君不派他差事。但如果臣穿着丧服入朝，或身为大夫而与家仆杂处等列，是不符合礼的，这叫做君与臣共有国家。因此天子有田地用以安置他的子孙们，诸侯有国土用以安置他的子孙们，大夫有采地用以安置他的子孙们，这叫做制度。因此天子到诸侯国去，必须下榻在诸侯的祖庙里，而如果不按照礼册上的规定进入祖庙，这叫做天子坏法乱纪。诸侯如果不是因为问候疾病或吊唁丧事，而到臣的家中去，这叫做君臣相戏谑。因此礼，是国君持以治国的重要手段，是用来辨别嫌疑，明察幽微，礼敬鬼神，考察制度，区别不同对象而运用仁或义的，是用来治理国政而安定君位的。因此国政不正君位就危机了，君位危机大臣就会背叛，小臣就会窃权。如果刑法严峻而礼俗败坏，法律就会变动不定，法律不定而礼〔又因败坏而〕不能区别上下等级，礼不能区别上下等级做官为士的就不会恪尽职守了。刑法严峻而礼俗败坏，民众就不会归心于国家，这就叫做病国。

8. "故政者，君之所以藏身也。是故夫政必本于天，殽以降命。命降于社之谓殽地[1]，降于祖庙之谓仁义，降于山川之谓兴作，降于五祀之谓制度，此圣人所以藏身之固也。

【注释】
〔1〕命降于社：社即土地。案土地，以及下文所云祖庙、山川、五祀，古人以为皆体现有天理在其中，故当本之而出政令。

【译文】
"因此国政，是国君用来安身的。因此国政必须根源于天理，效法天理来下达政令。政令根据土地的需要来下达叫做效地利，政令根据祭祀祖庙的需要来下达叫做仁义，政令根据利用山川的需要来下达叫做兴制作，政令根据建造宫室的需要来下达叫做制度，这些就是国君用来牢固安身的国政。

9. "故圣人参于天地，并于鬼神以治政也[1]。处其所存，礼之序也；玩其所乐，民之治也。故天生时，而地生财，人其父生，而师教之：四者君以正用之，故君者立于无过之地也。

【注释】
〔1〕并：比方。

【译文】
"因此圣人参照天地，比照鬼神来治理国政。处在圣人所存在的时代，到处是礼的秩序；体味圣人所引以为乐的，是民众得到治理。因此天产生四时，而地生出财富，人由他的父亲所生，而由老师来教育：以上四方面国君以正道来加以运用，因此做国君的就可以立于无过失的境地。

10."故君者所明也[1]，非明人者也；君者所养也，非养人者也；君者所事也，非事人者也。故君明人则有过，养人则不足，事人则失位。故百姓则君以自治也，养君以自安也，事君以自显也。故礼达而分定。故人皆爱其死，而患其生。

【注释】
〔1〕所明：谓通过善采众议而使自己变得聪明，与下"所养"、"所事"为同一词例。

【译文】
"因此做国君的是利用别人的智慧来使自己聪明，而不是使别人聪明；做国君的是被别人所供养，而不是供养别人；做国君的是被别人所服事，而不是服事别人。因此国君〔专断自用、想用个人的智慧〕使别人聪明就难免犯错误，供养别人就缺乏资财，服事别人就丧失君位。因此百姓是效法国君的榜样来管理自己的，供养国君来使自己生活安定的，为国君做事来求得显贵的。因此礼教得到贯彻，上下名分就确定了。因此人人都向慕守义而死，怕做不义而生的人。

11."故用人之知去其诈，用人之勇去其怒，用人之仁去其贪。

【译文】

"因此国君要利用别人的智慧而抛弃别人的伪诈,利用别人的勇敢而抛弃别人的怒狠,利用别人的仁爱而抛弃别人的贪欲。

12."故国有患,君死社稷,谓之大义;大夫死宗庙,谓之变〔1〕。

【注释】

〔1〕变:是"辩"字之误。辩,犹正。

【译文】

"因此国家遭患难,国君为守卫社稷而死,叫做大义;大夫为守卫国君的宗庙而死,叫做正道。

13."故圣人耐以天下为一家〔1〕,以中国为一人者,非意之也。必知其情,辟于其义〔2〕,明于其利,达于其患,然后能为之。何谓人情?喜、怒、哀、惧、爱、恶、欲,七者弗学而能。何谓人义?父慈、子孝、兄良、弟弟、夫义、妇听、长惠、幼顺、君仁、臣忠十者,谓人之义。讲信修睦,谓之人利。争夺相杀,谓之人患。故圣人之所以治人七情,修十义,讲信修睦,尚辞让,去争夺,舍礼何以治?饮食男女,人之大欲存焉。死亡贫苦,人之大恶存焉。故欲恶者,心之大端也。人藏其心,不可测度也。美恶皆在其心,不见其色也。欲一以穷之,舍礼何以哉?

【注释】

〔1〕耐：古"能"字。

〔2〕辟：亦明，谓明于"父慈、子孝"以下十义。

【译文】

"因此圣人能用来把天下团结为一家，把中国团结得如同一人的，并不是臆想。必须了解人情，明白做人的义理，知道人的利益所在，清楚人的祸患是什么，然后才能做到。什么是人情？指的是喜、怒、哀、惧、爱、恶、欲，这七个方面不学就会。什么是做人的义理？父亲慈爱、儿女孝顺、兄长善良、弟敬兄长、丈夫守义、妻子听从、年长的关怀年幼的、年幼的顺从年长的、国君仁慈、臣下忠心，这十个方面就是做人的义理。讲究信用而加强友好，就是人的利益所在。互相争夺撕杀，就是人的祸患。因此圣人用来治理人的七情，培养人的十义，使人讲究信用，加强友好，崇尚谦让，放弃争夺，除了礼还用什么来治理呢？吃喝男女，人们最基本的欲望就在其中。死亡贫苦，人们最厌恶的事情就在其中。因此欲望和厌恶，是人心的两个最基本的出发点。人人都藏有一颗心，不可测度。是好是坏，都在于人心，从表面上看不出形迹。要想使人心的好坏彻底显露出来，除了用礼来测度还能用什么呢？"

14. "故人者，其天地之德，阴阳之交，鬼神之会，五行之秀气也。故天秉阳，垂日星。地秉阴，窍于山川。播五行于四时，和而后月生也。是以三五而盈，三五而阙。五行之动，迭相竭也。五行、四时、十二月，还相为本也。五声、六律、十二管，还相为宫也[1]。五味、六和、十二食，还相为质也[2]。五色、六章、十二衣，还相为质也[3]。

【注释】

〔1〕五声、六律、十二管,还相为宫:五声,指宫、商、角、徵、羽。六律,即十二律,因十二律分阴、阳两类,处于奇数位的六律叫做阳律,处于偶数位的六律叫做六吕,合称为"律吕",古书中则通常用"六律"来包举阴阳各六的十二律。十二管,即十二律管。还相为宫,此处之宫,指宫调式。但宫音作为五声音阶之一,与其他四声一样,只有相对的音高,没有绝对的音高,它们的音高要用十二律来确定,例如用十二律的第一律黄钟律来定宫音的音高,这样构成的调式,就叫做黄钟宫。十二律依次皆可用以确定宫音的音高,根据音乐所要表现的内容和性质的不同,可以轮环地使用,即所谓"还相为宫"。

〔2〕五味、六和、十二食,还相为质:五味,谓酸、苦、辛、咸、甘。六和,谓五味加以滑(以米粉和菜为滑),谓之六和。十二食,谓十二月之所食。还相为质,质,本也,如春以酸为本味,夏以苦为本味,秋以辛为本味,冬以咸为本味,是一年的四季,酸、苦、辛、咸,轮环作为本味,即所谓"还相为质"。

〔3〕五色、六章、十二衣,还相为质:青、赤、黄、白、黑为五色,加上天的玄色为六章。十二衣,谓十二月之衣,如春衣青,夏衣赤,季夏之末衣黄,秋衣白,冬衣黑,是十二月之衣以五色"还相为质"。

【译文】

"因此作为人,体现了天地的德性,阴阳的交会,鬼神的妙合,并荟萃了五行的秀气。因此天持阳性,日月垂照。地持阴性,山川通气。分布五行于一年的四季,四季和顺而后生出十二个月。因此十五天而月盈满,又十五天而月亏缺。五行的运行,交替而尽。五行、四季、十二个月,周而复始。五声、六律、十二律管,轮环地用以确定宫音的音高。五味、六和、十二个月的食物,轮环地以酸、苦、辛、咸、甘作为本味。五色、六章、十二个月的衣服,轮环地以青、赤、黄、白、黑为本色。

15."故人者,天地之心也,五行之端也[1],食味,别声,被色而生者也。故圣人作则,必以天地为本,以阴阳为端,以四时为柄[2],以日、星为纪,月以为量,鬼神以为徒，五行以为质，礼义以为器，人情以为田，四灵以为畜[3]。以天地为本，故物可举也。以阴阳为端，故情可睹也。以四时为柄，故事可劝也。以日、星为纪，故事可列也。月以为量，故功有艺也[4]。鬼神以为徒，故事有守也。五行以为质，故事可复也。礼义以为器，故事行有考也。人情以为田，故人以为奥也[5]。四灵以为畜，故饮食有由也[6]。

【注释】

〔1〕五行之端：指人具有仁、义、礼、知、信五者。

〔2〕以四时为柄：柄，犹权。四时各有所当行之政令，应据以权衡所制之典则。

〔3〕四灵以为畜：四灵，即下节所说的麟、凤、龟、龙。案四灵皆瑞征，古人以为四灵出现，是圣人降生、天下大治的征兆，故以四灵为畜，实际意思是说以天下大治为制定典则的目标。

〔4〕艺：极，亦即标准、准则。

〔5〕奥：犹主。

〔6〕四灵以为畜，故饮食有由：案四灵之至，既为天下大治之瑞征，民众的饮食温饱自然就不成问题了。

【译文】

"因此人，是天地的心脏，五行的端倪，是食五种滋味，辨别运用五种声调，兼被五种颜色而产生出来的。因此圣人制作典则，必然以天地的德性为根本，以阴阳的交会为出发点，以四季所当行的政令为权衡，以日、星的运行来纪时，按十二月来计量事功，以鬼神为依傍，以五行运行的规律为本体，以礼义为器具，以人情为田地，以四灵为家畜。以天地的德性为根本，因此天地间的万物都可为我所用。以阴阳的交会为出发点，因此各种人情都可以洞察。以四季所当行的政令为权衡，因此做事就有了努力的目标。以日、月的运行来纪时，因此事情就可以排列有序。按十二月来计量事功，因此所当完成的事功就有了标准。以鬼神为依傍，因此政事就可以守而不失。以五行的运行规律为本体，因此凡事都可以周而复始。以礼义为器具，因此做事就会有成效。以人情为田地，因此人是治理的主要对象。以四灵为家畜，因此民众的饮食就有了来源。

16."何谓四灵？麟、凤、龟、龙谓之四灵。故龙以为畜，故鱼鲔不淰[1]；凤以为畜，故鸟不獝；麟以为畜，故兽不狘；龟以为畜，故人情不失。

【注释】
〔1〕鱼鲔不淰：鲔，在此泛指大鱼。淰（音 shěn），以及下文"獝"（音 xù）、"狘"（音 xuè），皆惊走貌。

【译文】
"什么叫四灵？麟、凤、龟、龙叫做四灵。因此以龙为家畜，大大小小的鱼都不惊走；以凤为家畜，鸟不惊飞；以麟为家畜，野兽不惊走；以龟为家畜，〔占卜〕人事就会准确无误。

17."故先王秉蓍、龟[1]，列祭祀，瘗缯[2]，宣祝嘏辞说，设制度，故国有礼，官有御，事有职，礼有序。

【注释】
〔1〕蓍、龟：指蓍草和龟甲，前者用于占筮，后者用于占卜，皆所以定吉凶。
〔2〕瘗缯：瘗，音 yì，埋。缯，丝织物，即所谓币帛。

【译文】

"因此先王们持有蓍草和龟甲,依次进行各种祭祀,埋牲和缯以赠神,宣读告神和祝福的文词,设立制度,因此国家有礼,官吏各有所当治理的事,事有分职,礼有秩序。

18."故先王患礼之不达于下也。故祭帝于郊,所以定天位也。祀社于国,所以列地利也。祖庙,所以本仁也。山川,所以傧鬼神也。五祀,所以本事也。故宗、祝在庙,三公在朝,三老在学,王前巫后史,卜、筮、瞽、侑皆在左右[1]。王中心无为也,以守至正。故礼行于郊,而百神受职焉[2]。礼行于社,而百货可极焉。礼行于祖庙,而孝慈服焉。礼行于五祀,而正法则焉[3]。故自郊、社、祖庙、山川、五祀,义之修而礼之藏也。

【注释】

〔1〕侑:谓侑食之官,亦即膳宰。
〔2〕百神受职:谓风雨寒暑,四时节候,皆百神所掌。
〔3〕礼行于五祀,而正法则:案五祀皆为宫室之神,宫室的建造皆有法度,因此通过祭五祀,就可启发天下"正法则"。

【译文】

"先王所担心的就是礼不能贯彻到下面。因此在郊区祭祀天帝,用以确定天的至高无上之位。在国都中祭社神,用以叙列土地的养民之功。祭祀祖庙,用以体现仁爱。祭祀山川,用以礼敬鬼神。祭祀五祀,用以体现事功。因此设置宗人和祝官在宗庙中,设置三公在朝廷上,设置三老在学校里,天子则前有巫官而后有史官,卜人、筮人、乐官、膳宰都在左右,而王的心中无须操劳杂务,这样来坚守正道。因此在郊区祭祀天帝,众神就都会遵循职守。祭祀社神,各种财物就可尽为国家所用。祭祀祖庙,而孝敬慈爱的德行就可化行天下。祭祀五祀,而使各种法则得到端正。因此从祭天、祭社、祭祖庙、祭山川,直到祭五祀,就是修养和坚守礼义。

19."是故夫礼必本于大一。分而为天地,转而为阴阳,变而为四时,列而为鬼神。其降曰命,其官于天也[1]。夫礼必本于天,动而之地,列而之事,变而从时,协于分艺。其居人也曰养[2],其行之以货、力、辞让、饮食、冠、昏、丧、祭、射、御、朝、聘。

【注释】
〔1〕官:主。
〔2〕养:是"义"字之误。

【译文】
"因此礼必须以太一为根本。太一分离而为天地,转化而为阴阳,变化而为四季,序列而为鬼神。太一的气运降临到人世间就叫做命,太一对万物的主宰在于天。礼必须根源于天理,运用于大地,分布于众事,并随四季而变化,配合十二月来制定事功的标准。礼在人叫做义,而礼的实行是通过财物、体力、谦让、饮食、冠礼、婚礼、丧礼、祭祀、射箭、驾车、朝觐、聘问等等表现出来的。

20."故礼义也者,人之大端也,所以讲信修睦,而固人之肌肤之会,筋骸之束也;所以养生送死,事鬼神之大端也;所以达天道,顺人情之大窦也[1]。故唯圣人为知礼之不可以已也。故坏国、丧家、亡人,必先去其礼。

【注释】

〔1〕窦：孔穴。案窦在此用作比喻：有礼义则可通达，无礼义则将闭塞。

【译文】

"因此礼义，是人的最基本出发点。是用来讲究信用，加强和睦，而使人的肌肤的会合、筋骨的连结都得到强固的；是用来养生送死、祭祀鬼神的最基本指导原则；是用来体达天理、顺适人情的重要孔道。因此只有圣人才知道礼不可以停止。所以那些败国、丧家、亡身的人，肯定是先废弃了礼。

21. "故礼之于人也，犹酒之有蘖也：君子以厚，小人以薄。故圣人修义之柄，礼之序，以治人情。故人情者，圣王之田也，修礼以耕之，陈义以种之，讲学以耨之，本仁以聚之，播乐以安之。故礼也者，义之实也，协诸义而协，则礼虽先王未之有，可以义起也。义者，艺之分，仁之节也。协于义，讲于仁，得之者强。仁者，义之本也，顺之体也，得之者尊。故治国不以礼，犹无耜而耕也；为礼不本于义，犹耕而弗种也；为义而不讲之以学，犹种而弗耨也；讲之于学而不合之以仁，犹耨而弗获也；合之以仁而不安之以乐，犹获而弗食也；安之以乐而不达于顺，犹食而弗肥也。四体既正，肤革充盈，人之肥也。父子笃，兄弟睦，夫妇和，家之肥也。大臣法，小臣廉，官职相序，君臣相正，国之肥也。天子以德为车，以乐为御，诸侯以礼相与，大夫以法相序，士以信相考，百姓以睦相守，天下之肥也，是谓大顺。大顺者，所以养生送死，事鬼神之常也。故事大积焉而不苑[1]，并行而不缪，细行而不失[2]，深而通，茂而有间，连而不相及也，动而不相害也，此顺之至也。故明于顺，然后能守危也。

【注释】

〔1〕苑：滞。
〔2〕细行："行"字是衍文。

【译文】

"因此礼对人来说，就像酿酒用的曲蘖：君子用以酿造醇厚的酒，小人用以酿造薄酒。因此圣王加强义的手段，礼的秩序，用来治理人情。因此人情好比是圣王的田地，用加强礼来耕作，陈叙义来播种，施行教育来除草，本于仁爱来凝聚人心，播扬音乐来安定人心。因此礼是根据义确定的制度，应将礼合于义而使二者结合起来，礼即使在先王的时候还没有，也可以根据义来制定。义，是法则有分别的依据，是施行仁道的节度。使义与法则相结合，并据以讲究仁道的运用，能这样做就会强大。仁，是义的根本，是顺的骨干，能得到仁的人就会受到尊重。因此治国不用礼，如同没有耒耜而耕田；制定礼不根据义，如同耕田而不播种；根据义而不施行教育，如同播种而不除草；施行教育而不合于仁，如同除草而不收获；合于仁而不用音乐来安定民心，如同收获而不食用；用音乐来安定民心而不通达于顺，如同进食而身体不肥。四肢端正，皮肤饱满，这是人的肥。父子情深，兄弟和睦，夫妻和美，这是家庭的肥。大臣守法，小臣廉洁，官职井然有序，君臣相处以正道，这是国家的肥。天子把德作为车，把乐作为驾车人，诸侯们以礼相处，大夫依法序列官位，士依信用互助成功，百姓以和睦的态度相处，这是天下的肥，这叫做大顺。大顺，就是养生送死，祭祀鬼神的常礼。因此国事成堆而无阻滞，众事同时施行而不发生错误，细小的事情也不遗漏，深积的事而能贯通，繁杂的事而有条理，事与事相联贯而不互相牵扯，实行起来不互相妨害，这是顺的最高境界。因此明确了顺的目标，然后才能保持自我警惕。

22. "故礼之不同也，不丰也，不杀也，所以持情而合危也[1]。故圣王所以顺：山者不使居川，不使渚者居中原[2]，而弗敝也；用水、火、金、木，饮食必时；合男女，颁爵位，必当年德，用民必顺。故无水、旱、昆虫之灾，民无凶、饥、妖孽之疾。故天不爱其道[3]，地不爱其宝，人不爱其情。故天降膏露，地出醴泉，山出器车，河出马图[4]，凤凰、麒麟皆在郊椒[5]，龟、龙在宫沼，其余鸟兽之卵胎，皆可俯而窥也。则是无故，先王能修礼以达义，体信以达顺，故此顺之实也。"

【注释】
〔1〕合危：即上文"守危"之意。
〔2〕渚：水中可居住的小块陆地。
〔3〕不爱：谓不隐藏。
〔4〕山出器车，河出马图：器车，作车的器材。马图，即龙马负图，亦即《易·系辞上》所谓"河出图，洛出书"之"河图"。
〔5〕椒：音 zōu，泽也。

【译文】
"礼的不同，不可以增加，不可以减少，借以维持〔贵贱不同的〕人情，而保持自我警惕之心。圣王所以能够做到使天下顺：居住山区的民众不让他们居住到河边去，居住水渚的民众不让他们居住到中原去，不破坏民众的生活习性；运用水、火、金、木等生活资源和饮食，都顺应时节；使男女婚配，以及颁授爵位，都必须同人们的年龄和德行相当；征用民力必须顺应农时。因此能够没有水、旱、昆虫等灾害，民众没有灾荒、饥饿和妖孽等的危害。因此天不隐藏育民之道，地不隐藏养民之宝，人不隐藏真实之情。因此天降雨露，地出甘泉，山出造车的器材，黄河中有龙马背负《图》而出，凤凰、麒麟都出现在郊区的沼泽中，龟和龙都畜养在宫池里，其他各种鸟的卵和怀孕的兽，都可以俯首即见。做到这样并没有别的原因，只是因为先王能加强礼而通达义，体现信而通达顺，因此获得这种天下大顺的结果。"

礼器第十

1. 礼器,是故大备。大备,盛德也。礼释回[1],增美质,措则正,施则行。其在人也,如竹箭之有筠也[2],如松柏之有心也,二者居天下之大端矣,故贯四时而不改柯易叶。故君子有礼,则外谐而内无怨,故物无不怀仁,鬼神飨德。

【注释】
〔1〕释回:释,除。回,邪。
〔2〕竹箭之有筠:箭,小竹。筠,竹外青皮。

【译文】
礼能使人修养成器,因此能使人完备。完备,是说人具有完满的德行。礼能使人消释邪念,增加美质,举措符合正道,措施得以实行。礼对于人,如同竹子有青皮,松柏有树心,表皮和树心是竹子和松柏生长于天下的最基本条件,所以能够经四季而不改变枝叶。因此君子有礼,就能使外人和谐而家人无怨憾,所以人们无不归心于他的仁德,鬼神也乐于享用这有德者的祭祀。

2. 先王之立礼也,有本,有文。忠信,礼之本也;义理,礼之文也。无本不立,无文不行。

【译文】
先王制定礼,有根本,又有文饰。忠信,是礼的根本。义理,是礼的文饰。没有根本,礼就不能成立;没有文饰,礼就不能施行。

3. 礼也者，合于天时，设于地财[1]，顺于鬼神，合于人心，理万物者也。是故天时有生也，地理有宜也，人官有能也，物曲有利也。故天不生，地不养，君子不以为礼，鬼神弗飨也。居山以鱼鳖为礼，居泽以鹿豕为礼，君子谓之不知礼。故必举其定国之数，以为礼之大经。礼之大伦，以地广狭；礼之薄厚，与年之上下。是故年虽大杀，众不匡惧[2]，则上之制礼也，节矣。

【注释】
〔1〕设：合。
〔2〕匡：通"恇"，怯。

【译文】
礼，是符合天的时令，配合地的物产，顺应鬼神的意旨，切合人的心理，而治理万物的。因此天的不同时令各有生物，地的不同条件各有所产，人的不同职官各有所能，物的不同品类各有所利。因此天时所不适于生长的东西，地理条件所不适于培育的物产，君子不用来行礼，鬼神也不享用。住在山区而用鱼鳖来做礼物，住在水乡而用鹿和猪做礼物，君子称这种人为不懂礼。因此必须用本国确定能出产的物品的多少，作为行礼的基本条件。行礼的大的类别，是根据所拥有的土地的大小来确定的；礼物的厚薄，是根据年成的好坏来确定的。因此年成即使大欠收，人们也不担心不能行礼，就因为先王制礼是有变通调节的。

4. 礼，时为大，顺次之，体次之，宜次之，称次之。尧授舜，舜授禹，汤放桀，武王伐纣，时也。《诗》云："匪革其犹，聿追来孝[1]。"天地之祭，宗庙之事，父子之道，君臣之义，伦也[2]。社稷、山川之事，鬼神之祭，体也。丧、祭之用，宾客之交，义也[3]。羔、豚而祭，百官皆足；大牢而祭，不必有余：此之谓称也。诸侯以龟为宝，以圭为瑞[4]。家不宝龟，不藏圭，不台门[5]，言有称也。

【注释】

〔1〕匪革其犹，聿追来孝：革，急。犹，道。聿，述。
〔2〕伦：顺。
〔3〕义：宜。
〔4〕瑞：此指信物。
〔5〕台门：在大门外两边筑土为基，基上起屋曰台门。

【译文】

礼，以合天时为最重要，其次是顺伦序，又其次是体现区别，又其次是必须适宜，又其次是必须相称。尧把君位传授给舜，舜把君位传授给禹，商汤放逐夏桀，周武王讨伐商纣王，都是合天时而行的。《诗》说："不是为了急行己道，追述祖业而来行孝。"以天地的祭祀为先，宗庙的祭祀为后，遵循父子关系的道理，君臣关系的大义，这就叫做顺伦序。对社稷和山川的祭礼不同，对各种鬼神的祭礼不同，这就叫做体现区别。丧礼和祭礼的费用，与宾客交往的开支〔都必须根据需要〕，这就叫做适宜。或用小羊，或用小猪来祭祀，各级官吏所当用的祭品都够用；或合用牛、羊、猪三牲，也不必有多余的祭品：这就叫做祭礼与祭品相称。诸侯以龟甲为宝物，以圭玉为信物。大夫家不得藏龟甲，不得藏圭玉，不得建造台门，这是说要和自己的地位相称。

5. 礼有以多为贵者。天子七庙，诸侯五，大夫三，士一；天子之豆二十有六[1]，诸公十有六，诸侯十有二，上大夫八，下大夫六；诸侯七介，七牢[2]；大夫五介，五牢；天子之席五重，诸侯之席三重，大夫再重；天子崩七月而葬，五重[3]，八翣；诸侯五月而葬，三重，六翣；大夫三月而葬，再重，四翣：此以多为贵也。

【注释】
〔1〕天子之豆二十有六：这是指天子月初盛馔所设豆数。
〔2〕诸侯七介，七牢：这里是指诸侯朝见天子（诸侯互行相见礼亦然）时，用七介，而天子赐以七太牢。
〔3〕五重：是指抗木与茵。案抗木是封圹（墓穴）口时棚于椁上用的，横三根、纵二根为一重。茵，是置于圹底衬垫棺椁用的浅缁色的粗布，横三幅、纵二幅为一重。

【译文】
礼有以多为贵的。天子为祖先建七庙，诸侯建五庙，大夫建三庙，士建一庙；天子吃饭设二十六豆，诸公设十六豆，诸侯设十二豆，上大夫设八豆，下大夫设六豆；诸侯朝见天子要配七个副手，天子用七太牢招待诸侯；大夫去朝见天子要配五个副手，天子用五太牢招待他；朝时天子的坐席设五重，诸侯的坐席设三重，大夫的坐席设两重；天子死后殡七个月而葬，墓圹中抗木和茵各设五重，出葬时柩车两边打八把翣扇；诸侯殡五月而葬，墓圹中抗木和茵各设三重，出葬时打六把翣扇；大夫殡三月而葬，墓圹中抗木和茵各设两重，出葬时打四把翣扇：这些都是以多为贵的例子。

6. 有以少为贵者。天子无介，祭天特牲，天子适诸侯，诸侯膳以犊；诸侯相朝，灌用郁鬯[1]，无笾豆之荐[2]；大夫聘礼以脯醢；天子一食[3]，诸侯再，大夫、士三，食力无数；大路繁缨一就[4]，次路繁缨七就[5]；圭、璋特[6]，琥、璜爵[7]；鬼神之祭单席；诸侯视朝，大夫特，士旅之：此以少为贵也。

【注释】

〔1〕灌用郁鬯：灌，谓献酒。郁鬯，一种祭祀用的香酒名，亦简称鬯。

〔2〕笾豆：即脯(干肉)醢(肉酱)。

〔3〕一食：这是指在食礼上，天子自食饭数，一食即告饱。下"再"、"三"意仿此。

〔4〕大路繁缨一就：大路，是殷代天子乘之以祭天的木车，没有别的雕饰，只有繁缨一就而已。繁和缨，都是五色丝带，繁系在马腹，缨系在马的前胸。一就，即一匝。

〔5〕次路：是殷代乘以处理各种卑杂之事用的车。

〔6〕圭、璋特：圭、璋皆玉器名。圭作长条状，上有一钝角。圭从中剖开之一半，其形即为璋。诸侯行朝聘礼时，圭以献王或诸侯国君，璋以献王后或国君夫人，献时无须衬托以币帛，即所谓"圭、璋特达"。

〔7〕琥、璜爵：琥、璜，亦玉名。琥为虎形，璜为半环形。天子向诸侯进酬酒，或诸侯相互进酬酒的时候，要用琥、璜则随币帛以进，而不可特达。

【译文】

礼有以少为贵的。天子无副手，祭天只用一头牛，天子巡视诸侯国，诸侯进膳只杀一头小牛；诸侯互相朝见，只献郁鬯，不进献脯醢等食物；大夫到诸侯国去行聘问礼，被聘问之国只用脯醢招待；在食礼上天子吃一口饭就说吃饱了，诸侯吃两口饭而后告饱，大夫、士吃三口饭而后告饱，自食其力的庶民们就无定数了，〔吃饱为止〕；殷代祭天用的大路车，驾车的马只用五色丝带分别在马腹和马前胸缠一匝就行了；殷代的次路车，驾车的马腹和前胸上缠的丝带就增加到七匝；朝聘时圭和璋都是单独献上，琥、璜却要随〔帛〕、酒进上；祭祀鬼神只为鬼神设一领席；诸侯临朝的时候，对来朝的大夫当一一行揖礼，而对众士却是统行一次揖礼：这些都是以少为贵的例子。

7. 有以大为贵者。宫室之量，器皿之度，棺椁之厚，丘封之大，此以大为贵也。

【译文】

礼有以大为贵的。宫室的面积，器皿的容量，棺椁的厚度，坟墓的高大：这些都是以大为贵的例子。

8. 有以小为贵者。宗庙之祭，贵者献以爵[1]，贱者献以散；尊者举觯，卑者举角；五献之尊，门外缶，门内壶，君尊瓦甒[2]：此以小为贵也。

【注释】

〔1〕贵者献以爵：贵者，谓尸。爵，及下散、觯、角，皆饮酒器名，其容量，爵一升，散五升，觯三升，角四升。
〔2〕门外缶，门内壶，君尊瓦甒：壶大一石，瓦甒五斗，缶大小不详。缶是为士旅食者（即庶人在官者）所设的尊，壶是为卿大夫所设的尊，瓦甒则是为君（子男）所设的尊。

【译文】

礼有以小为贵的。宗庙祭祀，向尊贵者献酒用爵，向低贱者献酒用散；尊贵者举觯尝酒，低贱者举角尝酒；行五献之礼所设的尊，门外设缶，门内设壶，而君的尊用瓦甒：这些都是以小为贵的例子。

9. 有以高为贵者。天子之堂九尺，诸侯七尺，大夫五尺，士三尺，天子、诸侯台门：此以高为贵也。

【译文】
礼有以高为贵的。天子的堂高九尺，诸侯的堂高七尺，大夫的堂高五尺，士的堂高三尺；天子、诸侯要建造台门：这些都是以高为贵的例子。

10. 有以下为贵者。至敬不坛，埽地而祭；天子、诸侯之尊废禁[1]，大夫、士棜禁[2]：此以下为贵也。

【注释】
〔1〕禁：古时承尊器，形如方箱，青铜制，酒尊置于其上。
〔2〕棜禁：亦名斯禁，是一种无足的禁。

【译文】
礼有以低下为贵的。祭祀最尊贵的天不筑坛，只是把地扫除干净而祭；天子、诸侯设尊不用禁，大夫、士的尊放在棜禁上：这些都是以低下为贵的例子。

11. 礼有以文为贵者。天子龙衮[1]，诸侯黼[2]，大夫黻，士玄衣纁裳；天子冕，朱绿藻十有二旒[3]，诸侯九，上大夫七，下大夫五，士三：此以文为贵也。

【注释】
〔1〕龙衮：即九章（绘有九种花纹图案）之服，因为绘有卷曲之龙，故名。
〔2〕黼：及下文"黻"，皆服装名，因服上分别绘有黼、黻之纹而得名。

〔3〕朱绿藻：藻，即彩色（朱绿二色）丝绳，是用以穿珠为旒的。

【译文】

礼有以文饰为贵的。天子穿龙衮，诸侯穿黼服，大夫穿黻服，士上穿黑衣而下穿浅绛色的裳；天子所戴的冕，前沿悬有用朱绿色丝绳穿成的十二旒，诸侯的冕九旒，上大夫的冕七旒，下大夫的冕五旒，士的冕三旒：以上这些都是以文饰为贵的例子。

12. 有以素为贵者。至敬无文，父党无容，大圭不琢[1]，大羹不和[2]，大路素而越席，牺尊疏布幂、樿杓[3]：此以素为贵也。

【注释】

〔1〕大圭：圭中之最尊者，长三尺，是天子奉以朝日月所用。
〔2〕大羹不和：大羹，一种不加任何佐料调和的肉汁。
〔3〕牺尊疏布幂，樿杓：牺尊，牺牛形的尊，盛酒以祭天。幂，音mì，同"幦"，覆。樿，音shàn，木名，白纹。

【译文】

礼有以朴素为贵的。祭祀至尊的天不穿有文饰的祭服，见父辈不讲究仪容，大圭不雕饰，大羹不加佐料调和味道，祭天用朴素的大路车和蒲席，祭天盛酒的牺尊上用粗布覆盖，用白纹的樿木做舀酒杓：这些都是以朴素为贵的例子。

13. 孔子曰："礼不可不省也。礼不同，不丰，不杀。"此之谓也，盖言称也。

【译文】

孔子说："行礼不可不注意。礼有种种的不同，不可增加，也不可减少。"就是说的上面的意思,是说礼物要和所行的礼相称吧。

14. 礼之以多为贵者[1],以其外心者也。德发扬,诩万物[2]。大理物博,如此则得不以多为贵乎?故君子乐其发也。

【注释】
〔1〕多:此处统上多、高、大、文而言。
〔2〕诩:犹普、遍。

【译文】
行礼以礼物多为贵的,是因为这样可以使〔天子〕内心的德发扬出来。〔天子〕内心的德发扬出来,才可普施于万物。〔天子〕统理广博的事物,这样能不以多为贵吗?因此君子乐于用众多的礼物来发扬内心的德。

15. 礼之以少为贵者[1],以其内心者也。德产之致也精微,观天下之物,无可以称其德者,如此则得不以少为贵乎?是故君子慎其独也[2]。

【注释】
〔1〕少:在此统上少、小、下、素而言。
〔2〕独:少。

【译文】
行礼以礼物少为贵的,是因为这样可以体现崇尚内心的德。德的产生细密而又精微,统观天下的万物,没有任何东西可以和内心的德相媲美，这样能不以少为贵吗？因此君子行礼谨慎地用少物来体现德。

16. 古之圣人，内之为尊，外之为乐，少之为贵，多之为美。是故先王之制礼也，不可多也，不可寡也，唯其称也。是故君子大牢而祭谓之礼，匹士大牢而祭谓之攘[1]。管仲镂簋，朱纮，山节，藻棁[2]，君子以为滥矣。晏平仲祀其先人[3]，豚肩不揜豆[4]，澣衣濯冠以朝[5]，君子以为隘矣。是故君子之行礼也，不可不慎也，众之纪也，纪散而众乱。孔子曰："我战则克[6]，祭则受福。"盖得其道矣。

【注释】

〔1〕"是故君子"至"之攘"：君子，谓大夫以上。匹士，即士。攘，盗窃。

〔2〕镂簋，朱纮，山节，藻棁：镂簋，此指镂玉以饰簋，这是天子的簋饰。大夫簋本当刻龟以饰。纮，音 hóng，是系冕、弁的丝带。朱纮乃天子所用，大夫、士只能用黑色而有浅绛色镶边的丝带。山节、藻棁，皆庙堂建筑之饰。山节，谓刻柱头为斗拱，形如山。棁，音 zhuó，梁上的短柱。藻棁，谓画梁上短柱为藻文。这些都是天子庙饰，而管仲僭为之。

〔3〕晏平仲：即晏婴，字平仲，齐大夫。

〔4〕豚肩不揜豆：豚肩，小猪前胫骨的上端。豚肩当盛于俎，此处说"不揜豆"，不过是借以说明其小，非谓盛于豆。案大夫祭先人当用少牢（羊和豕），士用特牲（一头猪），晏平仲身为大夫而仅用豚肩，是过俭而不合于制。

〔5〕澣衣濯冠以朝：案大夫须鲜华之美，而晏氏澣衣濯冠而朝君，是亦俭而不华。

〔6〕我：谓知礼者。

【译文】

古代的圣人,以用德涵养内心为最可崇上,以使德发扬于外为乐事,以用尽可能少的礼物体现德为可贵,以用尽可能多的礼物发扬德为美事。因此先王制定礼,所用的礼物不可以增加,也不可以减少,只在于使礼和礼物相称。因此君子祭祀用太牢叫做合礼,一介之士而用太牢叫做盗窃。管仲雕饰簋,冕、弁系红色丝带,庙堂的柱头刻作斗拱形,梁上的短柱都用彩色绘饰,君子认为这是滥用礼。晏平仲祭祀祖先,仅用还没有豆大的豚肩,朝见国君只把衣和冠洗一洗,君子认为这过于偏狭。因此君子行礼,不可以不慎重,因为〔君子的行为〕就是众人的纲纪,纲纪散了,众人也就乱了。孔子说:"知礼的人作战就能胜利,祭祀就能受福。"就因为掌握了行礼的道理吧。

17. 君子曰:"祭祀不祈,不麃蚤[1],不乐葆大[2],不善嘉事[3],牲不及肥大,荐不美多品[4]。"孔子曰:"臧文仲安知礼[5]?夏父弗綦逆祀而弗止也[6],燔柴于奥[7]。夫奥者,老妇之祭也。盛于盆,尊于瓶[8]。"

【注释】

〔1〕麃:快。
〔2〕葆:崇高之称。
〔3〕嘉事:即嘉礼,如婚礼、冠礼等。
〔4〕牲不及肥大,荐不美多品:这是因为礼之义有以少为贵者也。
〔5〕臧文仲:鲁庄公至文公时期为大夫。
〔6〕夏父弗綦逆祀:夏父,复姓;弗綦,名。夏父弗綦,鲁文公时期为宗伯,掌宗庙及礼事。逆祀,这是指发生在鲁文公时期的事。文公的父亲是僖公,僖公之上还有闵公,闵公和僖公都是庄公之子:闵公是嫡子而年少,僖公是庶子而年长。庄公死,闵公继位,这时僖公是闵公的臣。闵公即位不到二年就死了,于是僖公继立。僖公死,其子文公立。文公在二年八月丁卯这一天,大合祭诸庙之神主于太庙,当时掌管祭事的夏父弗綦为讨好文公,就以"新鬼大,故鬼小"为理由向文公建议在

排列神主位次时,将僖公排在闵公之上,这就是将臣列于君之上,将后君列于先君之上,故曰"逆祀"。

〔7〕燔柴于奥:"奥"是"爨"字之误。案"爨"在此实指灶。燔柴是周代用以祭天及天上的日月星辰以及火神的一种祭法。灶神只是五祀之一,其神卑小,不可比于火神,而夏父弗綦却把灶神当火神来祭,用燔柴的祭法,这是不符合礼的,而当时作为卿大夫的臧文仲也未能加以劝止。

〔8〕"夫奥"至"于瓶":这几句是解释祭灶神当如何祭法。

【译文】

君子说:"祭祀不为求福,不图快求早,不贪高求大,不是为了求得嘉事的美满,祭祀所用的牲畜不等养到肥大,所进献的祭物不以种类繁多为美。"孔子说:"臧文仲哪里懂得礼?夏父弗綦提出违礼祭祀的建议,而臧文仲不加谏止,对于用燔柴的祭法来祭祀灶神〔臧文仲也未能劝阻〕。祭灶神,不过是老妇人举行的祭礼,祭品盛在盆里,用瓶做盛酒的尊。"

18. 礼也者,犹体也,体不备,君子谓之不成人。设之不当,犹不备也。礼有大,有小,有显,有微。大者不可损,小者不可益,显者不可掩,微者不可大也。故经礼三百,曲礼三千[1],其致一也[2],未有入室而不由户者。

【注释】

〔1〕经礼三百,曲礼三千:三百,三千,皆极言其多。案经礼指礼的大节,曲礼指礼的细目。

〔2〕其致一也:一,谓诚。

【译文】

礼,如同人的身体,身体不完备,君子就称之为不成人。行礼的设施不当,就像身体不完备一样。礼有大,有小,有显著的,有细微的。礼大的不可减损,小的不可增加,显著的不可遮掩,细微的不可增大。因此礼的纲领有三百条之多,具体仪节有三千条之多,这许多的礼实行起来都必须致以诚心则是一样的,就如同入室中而没有不从门进去的。

19. 君子之于礼也,有所竭情尽慎,致其敬而诚若[1],有美而文而诚若[2]。君子之于礼也,有直而行也[3],有曲而杀也[4],有经而等也[5],有顺而讨也[6],有摲而播也[7],有推而进也[8],有放而文也[9],有放而不致也[10],有顺而摭也[11]。

【注释】
〔1〕有所竭情尽慎,致其敬而诚若:案这是指实行那些以少、小、下、素为贵的礼而言。若,顺。
〔2〕有美而文而诚若:案这是指实行那些以多、大、高、文为贵的礼而言。
〔3〕有直而行也:谓若亲人始死,任其哀情而哭踊无节。
〔4〕有曲而杀也:谓如父在为母齐衰期。案父死子当为母服齐衰三年之丧,但如果父在而母死,父于子为至尊,故子为父之尊所厌,不敢尽申其情,故屈而服齐衰期(一年)。
〔5〕有经而等也:谓若子为父服斩衰三年,为母服齐衰三年,此上自天子,下至庶人通用之礼。
〔6〕有顺而讨也:讨,犹去。谓若冕之旒数,天子十二,公以九,伯以七,子男则五,是下而差少。
〔7〕有摲而播也:摲,音chàn,芟。播,布。摲而播,谓取上之所有,而播之于下。案若行祭礼,到行旅酬礼时,凡参加的人,贵贱皆得饮酒,即"摲而播"之例。
〔8〕有推而进也:谓若王者之后,得用天子之礼,如杞、宋二国得行郊天之礼。
〔9〕有放而文也:谓如天子之服仿饰有日月和升龙之纹,而牺尊则

刻作牺牛之形等等。

〔10〕有放而不致也：致，极。谓诸侯以下亦有放（仿）法而不得极。

〔11〕有顺而摭也：摭，取。顺而摭，谓自上顺之以至于下，而递有所取，若天子一食（告饱），诸侯二，大夫三之类是其例。

【译文】

君子对于礼，有竭真情、尽戒慎、致恭敬而表达真诚和顺之心的，有通过美化、文饰而表达真诚和顺之心的。君子对于礼，有直接表达真情而不加节制的，有为尊者所屈而降低礼的等级的，有成为定制而凡人都同样遵循的，有顺着等级的降低而依次降低规格的，有取在上位者的礼物而普施惠于下的，有推位卑者进而可行尊者之礼的，有效仿他物而刻绘花纹的，有效仿他物刻绘花纹而不敢超越最高标准的，有自上而下依顺序有所取则的。

20. 三代之礼，一也，民共由之。或素或青，夏造殷因。

【译文】

夏、商、周三代的礼，〔要靠诚心来实行〕都是一致的，民众共同遵循它。三代虽然有的崇尚白色，有的崇尚青色，〔但礼的基本原则却是从〕夏代开始制定，而由殷代沿袭下来。

21. 周坐尸，诏侑武方〔1〕，其礼亦然，其道一也。夏立尸而卒祭。殷坐尸〔2〕。周旅酬六尸〔3〕。曾子曰："周礼其犹醵与〔4〕。"

【注释】

〔1〕诏侑武方："武"是"无"字之误。方，犹常。
〔2〕殷坐尸：这是说殷代沿袭夏代祭祀用尸之礼而革其立尸之礼。

〔3〕周旅酬六尸：这是指在太庙中合祭时的礼。案天子七庙，将六亲庙的神主集中到太祖庙中，太祖与六亲庙祖各立一尸。太祖的尸居中，六亲庙祖的尸则依昭穆分列两边。到行旅酬礼时，太祖的尸因至尊而不参加旅酬，其他六尸皆依昭穆之次而参加旅酬，即所谓"周旅六尸"。这一句说明周代沿袭殷代的坐尸之礼，而增益旅酬之礼。

〔4〕醵：音 jù，谓合钱饮酒。

【译文】

周代祭祀时让尸坐着，告诉尸〔所当行的礼仪〕和劝侑尸〔进饮食〕没有固定的人，这种礼仪和殷代也是一样的，行礼时都需要怀有诚心也是一致的。夏代让尸站着，一直到祭祀完毕。殷代让尸坐着。周代还让六亲庙祖的尸参加旅酬。曾子说："周代的这种礼就好像大伙凑钱一块饮酒吧。"

22. 君子曰："礼之近人情者，非其至者也。郊血，大飨腥，三献爓，一献孰[1]。"

【注释】

〔1〕郊血，大飨腥，三献爓，一献孰：郊，祭天礼。大飨，祫祭先王之礼。三献，是祭社稷五祀。一献，是祭群小祀。爓（qián），是沉于汤下的一种半生不熟的肉。酒一献，即一献之礼（参见《文王世子第八》第9节）。三献，即一献之礼重复三次，因祭社稷五祀用三献之礼，故即以之代其祭名。下"一献"仿此。

【译文】

君子说："礼与人情相近似的，不是最完善的礼。因此郊祭天用牲血，合祭先王用生的牲肉，祭祀社神、稷神和五祀之神用沉在汤下面的半生的肉，祭祀各种小神用熟肉。"

23. 是故君子之于礼也，非作而致其情也，此有由始也。是故七介以相见也[1]，不然则已悫[2]。三辞三让而至[3]，不然则已蹙[4]。故鲁人将有事于上帝，必先有事于頖宫[5]。晋人将有事于河，必先有事于恶池[6]。齐人将有事于泰山，必先有事于配林[7]。三月系，七日戒，三日宿[8]，慎之至也。故礼有傧诏[9]，乐有相步[10]，温之至也。

【注释】

〔1〕七介以相见：此谓诸侯相见之礼。
〔2〕已悫：已，甚。悫，谓质悫。案已悫则无文饰，不足以达其情。
〔3〕三辞三让：案古代的宫庙建制，东庙西寝，寝庙之外有大门，寝庙之间有墙隔开而以阁门相通。宾客到来，主人迎出大门外，然后与宾互行揖礼而让由宾先入，宾推辞一番，而后主人先入为宾导行，此一辞一让。入阁门及入庙门，亦当如此辞让，凡三辞三让。又案古代迎接宾客，礼盛者皆迎入庙中。
〔4〕已蹙：案已蹙则不足以从容达情。
〔5〕頖宫：诸侯之大学名（参见《王制第五》第23节）。
〔6〕恶池："恶"是"呼"字之误。呼池，小河名，在并州。
〔7〕配林：林名，具体在何地不详。
〔8〕宿：谓预招使来。
〔9〕傧诏：傧，相礼者。诏，告也。
〔10〕相步：扶乐工者。案乐工皆盲人，故须人扶而行。

【译文】

因此君子对于行礼，不是造作而表现虚情，都是由内心怀有诚意开始的。因此诸侯行相见礼，要配七名副手来申达宾主之情，不然就过于简质了。主人和来访的宾客，要行三辞三让之礼，然后来到庙中，不然就显得过于迫促了。因此鲁人将郊祭上帝，必须先在頖宫告祭后稷。晋人将祭祀黄河，必须先祭祀呼池。齐人将祭祀泰山，必须先祭祀配林。祭祀前三个月就要把牲畜系入栏中饲养，祭祀前七天主人要斋戒，前三天就要约请尸，这些都说明对于祭祀当十分敬慎。因此行礼有摈者负责诏告礼仪,演奏音乐有相步扶持乐工,体现出行礼当十分从容温厚。

24. 礼也者,反本修古,不忘其初者也。故凶事不诏[1],朝事以乐[2]。醴酒之用,玄酒之尚;割刀之用,鸾刀之贵[3];莞簟之安,槀鞂之设[4]。是故先王之制礼也,必有主也,故可述而多学也。

【注释】

〔1〕凶:原误作"卤"。
〔2〕朝事以乐:朝事,谓尊贤养老。以乐,谓反其和乐之本心。
〔3〕割刀之用,鸾刀之贵:割刀,即今之刀。鸾刀,古刀。今刀便利,可以割物。古刀迟钝,用之为难。宗庙不用今刀而用古刀,亦示修古之义。
〔4〕莞簟之安,槀鞂之设:莞,用莞草编的席。簟,竹席。槀,"稿"的体异,指稻、麦的秆子。鞂,音 jiē,同"秸"。槀鞂是除去穗粒,用槀秆编成的粗席。

【译文】

礼,是为了使人复返本性,修习古道,不忘初始的。因此有丧事孝子不用人告诉就会由衷地悲哀;朝廷尊贤养老而演奏音乐以使人和乐;醴酒用于祭祀,而玄酒被尊上;割刀便利切割,而鸾刀被尊贵;莞席和竹席便于安卧,而祭天却铺设禾秆编的粗席。因此先王制定礼,一定以复返本性、修习古道为主,所以制定出的礼可以传述而使人多学不厌。

25. 君子曰:"无节于内者[1],观物弗之察矣。欲察物而不由礼,弗之得矣。"故作事不以礼,弗之敬矣;出言不以礼,弗之信矣。故曰"礼也者,物之致也"。

【注释】

〔1〕节：犹验。

【译文】

君子说："内心如果没有检验事物的标准，观察事物就不能分辨。想要分辨事物而不从礼出发，就不能得到正确的结论。"因此做事不依礼，就不可能恭敬；说话不依礼，就不可能诚信。因此说"礼，是分辨事物的标准"。

26. 是故昔先王之制礼也，因其财物而致其义焉尔[1]。故作大事必顺天时[2]。为朝夕必放于日月[3]，为高必因丘陵[4]，为下必因川泽[5]，是故天时雨泽，君子达亹亹焉[6]。是故昔先王尚有德，尊有道，任有能，举贤而置之，聚众而誓之。是故因天事天，因地事地，因名山升中于天[7]，因吉土以飨帝于郊[8]。升中于天而凤凰降，龟龙假[9]；飨帝于郊而风雨节，寒暑时。是故圣人南面而立，而天下大治。

【注释】

〔1〕财物：犹云才性。
〔2〕大事：谓祭祀。
〔3〕为朝夕：为朝，谓天子春分之日朝日于东门之外。为夕，谓天子秋分之夕祀月于西门之外也。
〔4〕为高：指冬至祭天帝。
〔5〕为下：指夏至祭地。
〔6〕君子达亹亹：亹，音 wěi。达，犹皆。亹亹，勉勉。
〔7〕因名山升中于天：名山指方岳大山，升中于天指燔柴祭天，燔柴则烟气上达中天。案这是指天子登泰山举行封禅大典，向天告成（天下治理成功）。
〔8〕吉土：即王都。

〔9〕假：至。

【译文】

因此从前先王制定礼，依照万物的不同性状而制定相宜的礼。因此举行祭祀必须顺应天时。举行朝日礼和祭月礼必须依照日月运行的时节和所在的方位，祭祀天帝必须就丘陵高处，祭祀地神必须就河泽低地，因此天能适时降下雨露，君子都努力这样做。因此从前先王崇尚有德行的人，尊敬有道艺的人，任用有才能的人，荐举贤才而安置在官位上，聚集众人而宣告所要举办的大事。所以因天之高而就高处祭天，因地之下而就低处祭地，就名山燔柴祭天而使烟气升达中天，就王都所在地而祭祀上帝于郊区。燔柴的烟气升达中天，而凤凰降临，龟龙来到；在王都郊区祭祀上帝，而风雨顺节气降临，寒暑顺四季交替。因此天子面朝南站在朝廷上，天下就可以大治。

27. 天道至教，圣人至德。庙堂之上，罍尊在阼，牺尊在西[1]。庙堂之下，县鼓在西，应鼓在东[2]。君在阼，夫人在房[3]；大明生于东，月生于西[4]：此阴阳之分，夫妇之位也。君西酌牺、象[5]，夫人东酌罍尊。礼，交动乎上；乐，交应乎下：和之至也。

【注释】

〔1〕罍尊在阼，牺尊在西：罍尊，尊体上画为云雷之饰者。牺尊，参见第12节。

〔2〕县鼓在西，应鼓在东：县鼓，谓大鼓，在西方而县（悬）之。应鼓，小鼓，在东方而县之。案应鼓即应鼙。

〔3〕夫人在房：是在堂后的西房中。

〔4〕月生于西：按此句向无的解，我们只能姑据字面解而译之。

〔5〕象：谓象尊，即象（动物名）形的尊。

【译文】

　　天的〔日月阴阳等的运行〕规律是对人的最高的教诲,圣人的德行是最高的德行。在宗庙的堂上,罍尊放在东边阼阶之上,牺尊放在西边。在宗庙的堂下,悬鼓设在西边,应鼓设在东边。国君在阼阶上,夫人在西房中;太阳出升于东方,月亮出升于西方:这就是阴阳的分界,夫妻的定位。国君从西边的牺尊、象尊中酌酒,夫人从东边的罍尊中酌酒。礼,夫妻交替进行在堂上;乐,东西交相应和在堂下:这是和谐的最高境界。

28. 礼也者,反其所自生。乐也者,乐其所自成。是故先王之制礼也以节事,修乐以道志。故观其礼乐,而治乱可知也。蘧伯玉曰[1]:"君子之人达。"故观其器而知其工之巧,观其发而知其人之知。故曰"君子慎其所以与人者"。

【注释】

　　[1] 蘧伯玉:春秋时期卫国大夫,名瑗。

【译文】

　　礼,教人回溯自己所由产生的根本。乐,教人欢乐自己所取得的成功。因此先王制定礼用来调节行事,修习乐用来宣达心志。因此观察一个国家的礼乐,这个国家治理得好坏就可以知道了。蘧伯玉说:"君子一流的人物都很明达。"因此观察器具就可以知道工艺的巧拙,观察人的所作所为就可以知道他的才智。因此说"君子都十分慎重所用来与人交接的礼乐"。

29. 太庙之内敬矣。君亲牵牲,大夫赞币而从[1]。君亲制祭,夫人荐盎[2]。君亲割牲,夫人荐酒。卿大夫从君,命妇从夫人。洞洞乎,其敬也!属属乎,其忠也!勿勿乎,其欲其飨之也!纳牲诏于庭[3],血毛诏于室,羹定诏于堂[4]:三诏皆不同位,盖道求而未之得也。设祭于堂,为祊乎外[5]。故曰:"于彼乎,于此乎。"

【注释】
〔1〕大夫赞币而从:案杀牲前当先用币帛行告神礼,故由大夫赞币而从。
〔2〕盎:酒名,即盎齐(参见《礼运第九》第5节)。
〔3〕诏于庭:谓以币告神于庭。
〔4〕羹定:羹,肉。定,成。谓牲肉已煮熟。
〔5〕为祊乎外:祊,音 bēng,祭名,亦即绎祭,谓祭之明日又祭。

【译文】
在太庙中祭祀必须十分虔敬。国君亲自牵牲,大夫帮助国君捧着币帛在后边跟从着。国君亲自设置祭品,夫人进献盎齐。国君亲自宰割牲肉,夫人进献酒。卿大夫们跟从着国君,受有爵命的妇人们跟从着国君夫人。是那样地表里一致啊,他们对神的恭敬!是那样地朴实淳厚啊,他们对神的忠诚!是那样地努力勤勉啊,他们对神的馈飨!牺牲牵进庙时是在庭中行告神礼,杀牲后用牲血和牲毛在室中行告神礼,牲肉煮熟时是在堂上行告神礼:三次告神的位置都不同,大概意思是说求神降临而尚未得。在庙堂上陈设祭品,第二天又在庙门外举行祊祭。因此说:"举行祭礼或在那里,或在这里。"

30. 一献质,三献文,五献察[1],七献神。

【注释】
〔1〕察:明。

【译文】

　　一献之礼质略,三献之礼有文饰,五献之礼明显加隆,七献之礼神圣。

　　31. 大飨[1],其王事与。三牲、鱼、腊[2],四海九州岛之美味;笾豆之荐,四时之和气也;内金,示和也[3];束帛加璧,尊德也;龟为前列,先知也[4];金次之,见情也;丹、漆、丝、纩、竹、箭,与众共财也。其余无常货,各以其国之所有,则致远物也。其出也,《肆夏》而送之[5],盖重礼也。

【注释】

　　[1] 大飨:谓王飨来朝诸侯。
　　[2] 腊:音 xī,风干的兽肉。
　　[3] 内金,示和也:案这以下,都是记诸侯来朝所进贡给天子的物品。
　　[4] 龟为前列,先知也:谓龟有前知之灵,故陈于庭在前。
　　[5]《肆夏》:古诗乐名,即《诗·周颂》之《时迈》。

【译文】

　　举行大飨礼,大概是天子的事吧。所用的牛羊猪三牲、鱼和干兽肉,是来自四海九州岛的美味;所进上的用笾豆盛的食物,是四季的和顺之气所生;接受诸侯进贡的铜,是为了体现和乐的精神;接受上面加放有玉璧的束帛,是表示尊重德行;进贡的龟甲陈放在贡品的最前列,体现了能预知事情的吉凶;铜放在龟甲的后边,体现了重示君臣和乐之情;接受进贡的朱砂、漆、丝、丝绵、竹、做箭杆的小竹等物,是体现与民众共有财物。其余没有固定的贡品,各用本国所有的物产进贡,这样就可以使边远地方的物产也进贡于朝。〔大飨礼结束〕诸侯出去的时候,乐工演奏《肆夏》相送,这是表现十分重视礼仪。

32. 祀帝于郊，敬之至也。宗庙之祭，仁之至也。丧礼，忠之至也。备服器，仁之至也。宾客之用币[1]，义之至也。故君子欲观仁义之道，礼其本也。

【注释】
〔1〕宾客之用币：谓宾客之赙赗。

【译文】
在国郊祭祀天帝，是敬的最高表现。宗庙的祭祀，是仁的最高表现。举行丧礼，是忠的最高表现。具备丧礼所用的衣服器物，是仁的最高表现。宾客来赠送丧葬礼物，是义的最高表现。因此君子想要观察仁义的德行，观察行礼是最根本的。

33. 君子曰："甘受和，白受采[1]，忠信之人，可以学礼。苟无忠信之人，则礼不虚道[2]。是以得其人之为贵也。"

【注释】
〔1〕甘受和，白受采：案甘为众味之本，不偏主一味，故得受五味之和。白是五色之本，不偏主一色，故得受五色之采。举此二物，喻忠信之人可以学礼。
〔2〕道：犹从。

【译文】
君子说："甜味可以接受而调和各种味道，白色可以接受而调和各种色彩。只有具有忠信品质的人，才可以教他礼。如果是没有忠信品质的人，礼也不会虚假地附从他。因此教礼以得到具有忠信品质的人为最重要。"

34. 孔子曰："诵《诗》三百，不足以一献[1]。一献之礼，不足以大飨。大飨之礼[2]，不足以大旅[3]。大旅具矣，不足以飨帝[4]。毋轻议礼！"

【注释】
〔1〕诵《诗》三百，不足以一献：案这是说学《诗》虽多，而不学礼，仍不能行礼，哪怕只是一献之礼。
〔2〕大飨：此大飨谓祫祭先王。
〔3〕大旅：谓祭五帝也。
〔4〕飨帝：谓祭天。

【译文】
孔子说："能背诵《诗》三百篇，也不足以行一献之礼；能行一献之礼，不足以行在太庙合祭先王的大飨礼；能行大飨礼，不足以行祭祀五帝的大旅礼；大旅礼能实行得十分完备，也不足以行祭天礼。切莫轻易议论礼！"

35. 子路为季氏宰。季氏祭，逮闇而祭[1]，日不足，继之以烛。虽有强力之容，肃敬之心，皆倦怠矣，有司跛倚以临祭，其为不敬大矣。他日祭，子路与。室事交乎户，堂事交乎阶[2]，质明而始行事，晏朝而退。孔子闻之，曰："谁谓由也而不知礼乎[3]？"

【注释】
〔1〕闇：指黎明以前。
〔2〕室事交乎户，堂事交乎阶：室事，指在室中行尸祭礼，这是祭礼的正祭部分。堂事，指正祭礼完毕后在堂上行傧尸礼（参见《曾子问第七》第13节）。
〔3〕由：子路名仲由。

【译文】

　　子路做季孙氏的家臣头子。季孙氏举行祭祀,天不亮祭礼就开始了,祭了一整天时间还不够,又点起火把继续祭祀,即使有强健的身体、严肃恭敬的心,也都疲惫倦怠了。官吏们连路都走不稳,一瘸一拐地应付着祭祀,这样造成对神的不敬太严重了。又一天举行祭祀,子路参加了。室中的尸祭礼〔所需的祭品由室内的人和室外的人〕在室门处交相传递,堂上的傧尸礼〔所需的食品由堂上的人和堂下的人〕在堂阶上交相传递,天大亮的时候开始祭祀,到黄昏时候就结束了。孔子听说了这事,说:"谁说仲由不知礼?"

郊特牲第十一

1. 郊特牲[1]，而社稷大牢。天子适诸侯，诸侯膳用犊。诸侯适天子，天子赐之礼大牢。贵诚之义也。故天子牲孕弗食也，祭帝弗用也。大路繁缨一就，先路三就，次路五就。郊血，大飨腥，三献爓，一献孰。至敬不飨味，而贵气臭也[2]。诸侯为宾，灌用郁鬯，灌用臭也。大飨尚腶修而已[3]。

【注释】
〔1〕牲：亦犊。
〔2〕而贵气臭：即用燔柴的祭法祭天。据说周人尚臭（气味），燔柴则气味随烟气上达于天，上帝闻到气味就算享用了。
〔3〕尚腶修：即贵用香气而不用美味飨宾客。腶修，即加姜桂等香料捶捣而成的干肉。

【译文】
郊祭天用一头牛犊，而祭社神和稷神用太牢。天子巡视诸侯，诸侯向天子进膳只杀一头牛犊。诸侯去朝见天子，天子赐太牢之礼招待诸侯。这些都体现了以诚为贵的意思。因此天子不吃怀孕的牲畜，祭祀天帝也不用怀孕的牲畜。祭天用的大路车，驾车的马只用五色丝带分别在马腹和马前胸缠一匝，先路车缠三匝，次路车缠五匝。郊祭天用牲血，合祭先王用生的牲肉，祭祀社神、稷神和五祀之神用沉在汤下面的半生的肉块，祭祀各种小神用熟肉。对于至敬至尊的天不用美味食物来祭祀，而贵在用气味。诸侯互相为宾客，只进献郁鬯，就是进献郁鬯的香气。天子用大飨礼招待来朝诸侯，只以加有佐料的干肉为贵。

2. 大飨，君三重席而酢焉[1]。三献之介，君专席而酢焉[2]，此降尊以就卑也。

【注释】
〔1〕君三重席而酢焉：谓诸侯相朝，主君设三重之席而受酢酒。案主君先向宾即来朝的诸侯献酒，然后宾回敬主君酒，叫做酢酒（参见《文王世子第八》第9节）。因为宾主相敌(地位相等)，故宾坐三重席受献，主君亦坐三重席受酢。

〔2〕三献之介，君专席而酢焉：这是指卿为使者来行聘问之礼，卿当受三献之礼，故即以"三献"指代卿。三献之介，即指此卿之介，也就是使者的副手，其地位为大夫。此大夫由于为介之故，只坐一席，因此主君也坐一席受酢，即所谓"专席而(受)酢"。

【译文】
用大飨礼招待来朝的诸侯，主君坐三重席接受宾的酢酒。卿的介〔向主君进酢酒〕，主君就只坐单席接受酢酒，这是体现降尊就卑的意思。

3. 飨、禘有乐[1]，而食、尝无乐[2]，阴阳之义也。凡饮养阳气也[3]，凡食养阴气也。故春禘而秋尝，春飨孤子，秋食耆老，其义一也，而食、尝无乐。饮，养阳气也，故有乐。食，养阴气也，故无声。凡声，阳也。

【注释】
〔1〕飨、禘：飨，谓春飨孤子(见下文)，所谓孤子，是指为国事而死者之子。禘，当为"禴"（又作礿），春祭名。
〔2〕食、尝：食，音 sì，指秋食耆老(见下文)。尝，秋祭宗庙之礼。
〔3〕饮：即指飨礼，飨礼主饮。

【译文】

用飨礼招待孤子和用禘祭祭祀宗庙有音乐伴奏,而用食礼招待老人和用尝祭祭祀宗庙不演奏音乐,这体现了阴阳之义的不同。凡飨礼在于涵养阳气,凡食礼在于涵养阴气。因此春天举行禘祭而秋天举行尝祭,春天用飨礼招待孤子,秋天用食礼招待老人,意义都是一样的,而食礼和尝祭不演奏音乐。飨礼,是涵养阳气的,因此有音乐。食礼,是涵养阴气的,因此没有乐声。凡乐声,都属阳气。

4. 鼎俎奇而笾豆偶,阴阳之义也[1]。笾豆之实,水土之品也,不敢用亵味而贵多品[2],所以交于旦明之义也[3]。

【注释】

[1]鼎俎奇而笾豆偶,阴阳之义也:案鼎俎是用以盛牲体的,牲体为动物,属阳,故用奇数;笾豆盛水土之实,为植物,属阴,故用偶数。

[2]不敢用亵味:亵味,谓人所食的美味,人所常食者,于神则为亵。

[3]所以交于旦明之义:"旦"是"神"字之误。

【译文】

设鼎俎都是单数而设笾豆都是双数,体现了阴阳不同的意思。笾豆所盛的食物,都是水土中生长出来的物品,不敢用人所常吃的美味食物,也不以种类繁多为贵,这样来体现以虔敬之心交接神明的意思。

5. 宾入大门而奏《肆夏》[1],示易以敬也[2],卒爵而乐阕,孔子屡叹之[3]。奠酬而工升歌,发德也。歌者在上,匏竹在下,贵人声也。乐由阳来者也,礼由阴作者也，阴阳和而万物得。

【注释】
〔1〕宾入大门而奏《肆夏》：宾，朝聘者。《肆夏》，参见《礼器第十》第31节。
〔2〕易：和悦。
〔3〕叹：谓叹美此礼。

【译文】
宾进入大门的时候演奏《肆夏》，这是向来宾表示和悦和尊敬，直到宾饮毕主人的献酒音乐才停止，孔子曾多次赞叹这种礼仪。〔主人向宾进酬酒而〕宾把酬酒放在一边不再饮，而这时乐工升堂演唱乐歌，是为了宣扬宾主的德行。歌唱者在堂上，笙和管在堂下，这体现了以人声为贵。乐是由阳气产生出来的，礼是由阴气产生出来的，阴阳二气和谐，而万物各得其所。

6. 旅币无方〔1〕，所以别土地之宜，而节远迩之期也。龟为前列，先知也；以钟次之，以和居参之也；虎豹之皮，示服猛也；束帛加璧，往德也。

【注释】
〔1〕旅币无方：旅，众也。币，指朝见天子所进献的贡品。方，常。

【译文】
众诸侯进献天子的贡品没有一定，这样便于分别贡献各方土地所适宜生长的物品，而规定远近地区不同的朝贡日期。陈列贡品把龟甲放在最前列，体现了能预知事情的吉凶；钟接在龟甲后边，体现了以和乐之物参放在众贡品之间；贡献虎豹皮，体现能〔以德〕使四方威猛者顺服；贡献上面加放有玉璧的束帛，体现〔天子有德而〕前往归附。

7. 庭燎之百〔1〕，由齐桓公始也。大夫之奏《肆夏》也〔2〕，由赵文子始也〔3〕。

【注释】
〔1〕庭燎之百：谓庭中设火把以照来朝之臣夜入者，因名火为庭燎。依礼，只有天子才用百燎，公用五十燎，侯伯子男用三十燎。
〔2〕大夫之奏《肆夏》：案《肆夏》本是诸侯国君升堂就席或迎接来宾时所用的乐曲，大夫不得用之。
〔3〕赵文子：即晋大夫。

【译文】
〔诸侯夜晚接见来朝之臣而〕在庭中点一百支火把，是从齐桓公开始的。身为大夫而演奏《肆夏》，是从赵文子开始的。

8. 朝觐，大夫之私觌，非礼也〔1〕。大夫执圭而使，所以申信也。不敢私觌，所以致敬也，而庭实私觌何为乎诸侯之庭〔2〕？为人臣者无外交，不敢贰君也。

【注释】
〔1〕觌：音 dí，见。
〔2〕庭实：指进献给诸侯国君而陈放于堂前庭中的礼物。

【译文】
诸侯朝觐诸侯，〔随同前往的〕大夫私自去拜见主国的国君，是不符合礼的。如果大夫拿着圭而被派出使，就可以见主国国君而申达诚信。随君前往而不敢私见主国国君，这样来表达对自己国君的尊敬，而如今拿着礼物去私见的现象为什么会出现在主君的庭中呢！做人臣的不可私下搞外交，这是表示不敢对君怀有二心。

9. 大夫而飨君[1]，非礼也。大夫强而君杀之，义也，由三桓始也[2]。天子无客礼，莫敢为主焉。君适其臣，升自阼阶[3]，不敢有其室也。觐礼，天子不下堂而见诸侯，下堂而见诸侯，天子之失礼也，由夷王以下[4]。

【注释】

〔1〕大夫而飨君：谓大夫势强，专制于君，召君而飨之。

〔2〕由三桓始也：三桓，鲁国的三家势力强大的贵族，即孟孙氏、叔孙氏、季孙氏。

〔3〕君适其臣，升自阼阶：案若是宾客前来，当升自宾阶（西阶），而阼阶（东阶）是主人升降之阶。但因君是臣之主，故适其臣而升自阼阶，臣则升自西阶而不敢以主人自居。

〔4〕夷王：名姬燮，西周后期的天子，其时周政始衰。

【译文】

身为大夫而用飨礼招待国君，不符合礼。大夫强横而国君杀了他，是符合道义的，这在鲁国是从三桓开始的。天子没有做客人的礼，因为没有人敢做天子的主人。君到臣家，从阼阶升堂，说明臣不敢以家室主人自居。诸侯朝见天子，天子不下堂接见诸侯，如果下堂接见诸侯，就是天子失礼，但从周夷王以后〔有下堂接见诸侯的〕。

10. 诸侯之宫县[1]，而祭以白牡[2]，击玉磬[3]，朱干设锡，冕而舞《大武》[4]，乘大路，诸侯之僭礼也。台门而旅树[5]，反坫[6]，绣黼、丹朱中衣[7]，大夫之僭礼也。故天子微，诸侯僭；大夫强，诸侯胁。于此相贵以等，相觌以货，相赂以利，而天下之礼乱矣。诸侯不敢祖天子，大夫不敢祖诸侯，而公庙之设于私家，非礼也，由三桓始也[8]。

【注释】
〔1〕诸侯之宫县：宫县，谓四面悬乐，如宫室然，这是天子之礼。诸侯只能东西北三面悬乐，谓之轩县。
〔2〕白牡：是殷天子祭祀所用牲。据说这只有殷的后裔宋得用之，其他诸侯则不得用。
〔3〕玉磬：这是天子的乐器，诸侯当击石磬。
〔4〕朱干设锡，冕而舞《大武》：干，盾也。设锡，谓以锡敷盾之背而使之突出如龟背。《大武》，参见《文王世子第八》第21节。诸侯可以舞《大武》，但不得如天子之朱干设锡、冕而舞也。
〔5〕旅树：旅，道。树，谓屏。依礼，天子外屏（屏设于大门外），诸侯内屏，大夫以帘，士则以帷。
〔6〕反坫：坫，音 diàn，小土台。案古代两君相会，设尊于堂上两楹之间，坫则在尊的南边。两君饮酒献酬毕，即将爵反置于坫上，故名为反坫。
〔7〕绣黼、丹朱中衣：绣黼，绣刺为黼文。丹朱，染缯为赤色也。绣黼为中衣之领，丹朱为中衣之缘。中衣，穿在朝服或祭服里边的衣。
〔8〕由三桓始也：谓鲁之三桓皆立桓公庙。

【译文】
诸侯四面悬挂乐器，祭祀用白色雄性的牲，击玉制的磬，拿着背上敷有锡的红色盾牌，头戴冕而表演《大武》舞，乘殷天子乘的大路车，这些都是诸侯僭礼的行为。建造台门，而在门道上设门屏，在堂上设反坫，穿衣领绣有黼纹、而用红色的缯镶边的中衣，这些都是大夫僭礼的行为。因此天子衰微，诸侯僭礼；大夫强盛，诸侯被胁迫。这样上下之间同等尊贵，相见互相都要拿礼物，并用财利互相贿赂，天下的礼就乱了。诸侯不敢祭祀天子的祖先，大夫不敢祭祀诸侯的祖先，而国君的祖庙竟设在大夫家，是不符合礼的，这在鲁国是从三桓氏开始的。

11. 天子存二代之后，犹尊贤也。尊贤不过二代[1]。

【注释】
〔1〕尊贤不过二代：案之所以不过二代，是因为代异时移，尽尊法前代，则当代之法不可尽行。

【译文】
当代天子要保存前二代王朝的后裔，这是体现仍然尊法前二代创业的先贤。但尊法先贤不可超过二代。

12. 诸侯不臣寓公[1]，故古者寓公不继世。

【注释】
〔1〕寓公：因故丧地失国而寄寓他国的诸侯。

【译文】
诸侯不敢以寄居在本国的别国诸侯为臣，〔但可以用他的儿子为臣〕，因此古时候寓公没有继承人。

13. 君之南乡，答阳之义也。臣之北面，答君也。

【译文】
君位面朝南，这体现了面对阳气的意思。臣位面朝北，这体现了面对国君〔随时听命〕的意思。

14. 大夫之臣不稽首，非尊家臣，以辟君也[1]。

【注释】

〔1〕辟君：案诸侯对天子，大夫对诸侯，皆当行稽首拜礼。大夫之臣对大夫亦稽首，则有拟大夫为正君之嫌。

【译文】

大夫的家臣对大夫不行稽首拜礼，不是因为尊敬家臣，而是为了避免以大夫为正君之嫌。

15. 大夫有献弗亲。君有赐不面拜，为君之答己也。

【译文】

大夫有物要献给国君不亲自献。国君有物赏赐大夫，大夫不当面拜谢，因为恐怕国君再向己答拜。

16. 乡人裼[1]，孔子朝服立于阼，存室神也[2]。

【注释】

〔1〕裼：音 shāng，强鬼，此处指驱逐强鬼，即所谓傩。
〔2〕存室神：案孔子怕乡人裼而惊动庙室之神，故衣朝服而立于阼以安神，这是因为鬼神依于人，故欲使鬼神依己而安。

【译文】

地方上的人驱逐强鬼，孔子穿着朝服站在庙堂的阼阶上，以安存庙室中的神。

17. 孔子曰："射之以乐也，何以听，何以射[1]！"孔子曰："士使之射，不能则辞以疾，县弧之义也[2]。"

【注释】

〔1〕何以听,何以射:案这是孔子因二者配合之难而发出的叹美之辞。

〔2〕县弧之义:案男子始生,即悬弧(弓)于门左,示有射道。今作为士而不能射,是与悬弧之义相违背,岂不枉为男子,枉为士?故不可辞以不能射而当辞以疾。

【译文】

孔子说:"射箭而用音乐伴奏,必须怎样地听着音乐的节奏,又怎样地配合着节奏而射啊!"孔子说:"国君使士与己为耦而比赛射箭,如果士不会射,就要用有病相推辞,因为作为男子生下来就当在门外左边悬挂弓弧以显示将来必有善射的本领。"

18. 孔子曰:"三日齐,一日用之,犹恐不敬,二日伐鼓〔1〕,何居!"

【注释】

〔1〕二日伐鼓:案伐鼓是作乐,使斋戒不得专意致诚,故孔子对此加以批评。

【译文】

孔子说:"斋戒三天,一天用于祭祀,还恐怕不够虔敬,〔却在斋戒三天之中〕击鼓作乐二天,这是做什么!"

19. 孔子曰:"绎之于库门内〔1〕,祊之于东方〔2〕,朝市之于西方〔3〕,失之矣。"

【注释】

〔1〕绎之于库门内:库门,即外门(参见《檀弓下第四》第70节)。

案绎祭之礼,当行于庙门外之西堂,即西塾之堂。庙门两边各有一座建筑物,分别叫做东塾、西塾。塾兼跨庙门内外,当中有墙相隔为内、外塾。内塾与外塾结构相同,皆前堂而后室(外塾以南为前,内塾以北为前)。所谓庙门外之西堂,即西塾的外塾之堂。

〔2〕祊:亦属绎祭。案祊当在庙门外西室,即在西塾的外塾之室中。可见绎与祊皆在庙门外西塾进行,一在堂而一在室。

〔3〕朝市:即早市,当在市内近东处。

【译文】

孔子说:"绎祭在库门内举行,祊祭在庙门外东方举行,朝市设在市内西方,都失于礼。"

20. 社祭土而主阴气也,君南乡于北墉下,答阴之义也[1]。日用甲,用日之始也[2]。天子大社,必受霜露风雨,以达天地之气也。是故丧国之社屋之,不受天阳也。薄社北墉,使阴明也[3]。社所以神地之道也。地载万物,天垂象。取财于地,取法于天,是以尊天而亲地也。故教民美报焉。家主中霤,而国主社,示本也。唯为社事,单出里[4];唯为社田,国人毕作;唯社丘乘共粢盛[5]:所以报本反始也。

【注释】

〔1〕君南乡于北墉下,答阴之义也:案社筑有坛,置神主于坛上,面朝北,主阴气之义也。社坛周围筑有墙,君南乡于北墉(墙)下,正与神主相对,故云"答阴之义"。

〔2〕日用甲,用日之始也:案甲于天干为首,故甲日为日之始。

〔3〕薄社北墉,使阴明也:薄社,是已丧国的殷朝的社,因为殷始建都在薄(地名,亦作"亳"),故名其社为薄社。薄社上面盖屋而围三面之墙,只开北面不围,即所谓"使阴明"。

〔4〕单出里:案二十五家为里,里中每家出一人,即所谓单出。

〔5〕丘乘共粢盛：丘乘，是按井田制划分的基层组织名称。据《周礼》，九夫为井，四井为邑，四邑为丘，四丘为甸。甸之言即乘。粢盛，祭祀用的米。

【译文】
社是祭土地神而以阴气为神主，国君在北墙下面朝南而祭，这是面对阴气之主的意思。祭社神要在甲日，这是选用日期开始的一天。天子的太社，必须接受霜露风雨，以使天地之气相通达。因此灭亡之国的社，就要建屋把它覆盖起来，使它不再接受天的阳气。殷的薄社只开北墙，只使朝阴的一方接受光线。筑社坛是用来立地神的方法。地载育万物，天垂示星象。从土地上取所需之材，根据天象来制定法则，因此要尊崇天而亲近地。因此要教民颂美天地之德而加以报答。家中以中霤之神为主，而国家以社神为主，这是向民显示立家立国的根本。只有祭社神，全里每家都出一人参加；只有为祭社神而打猎，全都城的人都出动；只有为祭社神，才按丘乘供给祭祀用米：这样来报答土地而追思万物的初始。

21. 季春出火为焚也，然后简其车赋〔1〕，而历其卒伍〔2〕，而君亲誓社，以习军旅，左之，右之，坐之，起之，以观其习变也。而流示之禽〔3〕，而盐诸利〔4〕，以观其不犯命也，求服其志，不贪其得。故以战则克，以祭则受福。

【注释】
〔1〕车赋：谓车马器械之类。
〔2〕历其卒伍：历，数之。百人为卒，五人为伍。
〔3〕流示之禽：流，犹行，谓行田猎。行田猎而示之以禽，作为猎的目标。
〔4〕盐：通"艳"，谓艳羡。

【译文】

春三月拿出火去焚烧荒原,然后挑选车马兵器,计算地方民兵数,而由国君亲自率领着在社坛前誓师,这样来开始训练军队,使军队或向左,或向右,或坐下,或起立,以观察军队练习应变的能力。驱逐禽兽以示田猎的目标,用来引诱兵众使他们艳羡,这样来观察兵众是否违反军令,以求使兵众从内心服从,不贪得私利。因此这样的军队用来作战一定胜利,用〔田猎所获的禽兽〕来祭祀就会受到神的赐福。

22. 天子适四方,先柴。

【译文】

天子要巡视四方,先燔柴告祭天。

23. 郊之祭也,迎长日之至也[1],大报天而主日也。兆于南郊,就阳位也。扫地而祭,于其质也。器用陶匏[2],以象天地之性也。于郊,故谓之"郊"。牲用骍,尚赤也。用犊,贵诚也。郊之用辛也。周之始郊日以至。

【注释】

〔1〕迎长日之至:案郊祭天是在冬至举行的,冬至是一年中白天最短的一天,此后白天便逐日变长,故云"迎长日之至"。
〔2〕匏:谓匏尊,本指用匏瓜(即葫芦)制成的饮器,此处泛指祭器。

【译文】

举行郊祭天之礼,迎接白天逐日变长的日子到来,通过祭礼重重地报答天上的众神,而以日为祭祀的主要对象。在国都的南郊确定行祭天礼的区域，是体现就阳位而祭。扫干净一块地面来行祭礼，是体现崇尚质朴。祭器用陶器，以象征天地的本性。祭天礼在国郊举行，所以称为"郊"。牲畜用赤色的牛，体现崇尚赤色的意思。只用牛犊，体现贵在有诚意。郊祭天用辛日，是因为周代最初举行郊天礼〔是在辛日而〕那天恰巧是冬至。

24. 卜郊[1]，受命于祖庙，作龟于祢宫，尊祖亲考之义也。卜之日，王立于泽[2]，亲听誓命，受教谏之义也。献命库门之内[3]，戒百官也，大庙之命戒百姓也[4]。祭之日，王皮弁以听祭报，示民严上也。丧者不哭，不敢凶服，泛埽反道，乡为田烛[5]，弗命而民听上。祭之日王被衮以象天[6]；戴冕，璪十有二旒[7]，则天数也；乘素车，贵其质也；旗十有二旒[8]，龙章而设日月，以象天也。天垂象，圣人则之，郊所以明天道也。帝牛不吉，以为稷牛[9]。帝牛必在涤三月，稷牛唯具[10]，所以别事天神与人鬼也。万物本乎天，人本乎祖，此所以配上帝也。郊之祭也，大所本反始也。

【注释】

〔1〕卜郊：是卜郊天礼的日期和用牲。

〔2〕泽：谓泽宫，即辟廱，因其周围环水，故名。案辟廱即天子国郊的大学（参见《王制第五》第23节）。

〔3〕献命库门之内：献命，谓有司将所拟当誓戒百官和百姓之命（即注意事项）献之于王，而由王亲自誓戒之。案这是从泽宫回都之后，重又申诫之。

〔4〕百姓：是王的亲族。

〔5〕乡为田烛：乡，谓国郊之乡。为田烛，是恐王祭郊太早，天尚

未明。

〔6〕被衮以象天：案鲁礼之衮服有日月星辰，故曰象天。

〔7〕璪：音zǎo，贯玉珠的彩色丝绳，即所谓"玉藻"。

〔8〕旒：此指悬垂在旗下沿用作装饰物的飘带。

〔9〕帝牛不吉，以为稷牛：此即上文所谓卜牲。案周人祭天，以其始祖后稷配祭，故养牛亦养二：一名帝牛，专为祭天飨帝所用；一为稷牛，为配祭后稷所用。但如卜牲而帝牛不吉，或有死伤等变故，即以稷牛顶替帝牛而用之，即所谓"帝牛不吉，以为祭牛"。为，犹用。

〔10〕稷牛唯具：案稷牛本亦在栏中与帝牛同时饲养，因此如果帝牛不吉，就可以而用稷牛来顶替，而临时另选一牛以备稷牛之数。而帝牛除可用稷牛顶替外，则不可临时选用别的牛，这是因为天神比人鬼尊贵的缘故，即下文所谓"所以别事天神与人鬼"。

【译文】

用占卜确定举行郊天礼〔的时间和用牲〕，先告祭祖庙表示受命于祖先，再用龟甲在祢庙进行占卜，这体现了尊敬祖先而亲近先父的意思。占卜那天，天子要站在泽宫，亲自听取官吏告诫和命令众人，这体现了天子接受教诲和劝谏的意思。〔从泽宫回来后〕，官吏在库门内将戒命呈献天子，由天告戒百官，又在太庙用戒命告戒亲族。祭祀的那天，天子穿着皮弁服以听取臣下有关祭礼准备情况的报告，这是向民众显示应当以尊严的态度对待君上。这一天服丧的人不哭，不敢穿丧服，民众广泛地进行大扫除，并将道路上的土铲起而反扣过来使新土在上，郊乡的民众在田头点起火把，所有这些都不用下命令而民众自觉地遵循朝廷的要求去做。祭祀那天天子穿上衮服以效法天；头上戴冕，冕上悬有彩色丝绳穿成的十二旒，以效法天一年十二个月之数；乘坐白木车，这是以它的质朴为贵；旗下沿垂饰着十二旒，旗上绘刺龙和日月的图案，表示效法天。天垂示日月星辰等天象，圣人效法天象，通过郊祭天，用以彰明天的法则。〔通过占卜〕如果帝牛不吉，就改用稷牛。帝牛必须在打扫干净的牛栏中饲养三个月，稷牛只要备数就可以了，这就是祭祀天神与祭祀人鬼的区别。万物根源于天，人根源于始祖，这就是要用始祖与上帝配祭的原因。郊祭天，就是为了重重地报答天而追念自己的始祖。

25. 天子大蜡八[1]。伊耆氏始为蜡[2]。蜡也者，索也，岁十二月，合聚万物而索飨之也。蜡之祭也，主先啬而祭司啬也[3]，祭百种以报啬也。飨农及邮表畷、禽兽[4]，仁之至义之尽也。古之君子，使之必报之。迎猫，为其食田鼠也；迎虎，为其食田豕也：迎而祭之也。祭坊与水庸[5]，事也。曰："土反其宅[6]，水归其壑，昆虫毋作，草木归其泽[7]。"皮弁、素服而祭[8]。素服以送终也[9]，葛带、榛杖，丧杀也。蜡之祭，仁之至义之尽也。黄衣、黄冠而祭，息田夫也。野夫黄冠，黄冠，草服也。

【注释】

〔1〕大蜡八：祭名。蜡，参见《礼运第九》第1节。八，谓所祭有八神。所谓八神，盖即下文所谓先啬、司啬、百种、农、邮表畷、禽兽、坊、水庸八者。

〔2〕伊耆氏：传说中的上古部落领袖，或以为即神农氏。

〔3〕主先啬而祭司啬也：啬，通"穑"。先啬是始教民稼穑者，如传说中神农氏一类的人物。司啬是掌管农事的官，如后稷。

〔4〕飨农及邮表畷、禽兽：农，指农官田畯。邮表畷（音zhuó），是指田畯在田间居以督促农民耕作的房舍。禽兽，谓猫、虎之类。

〔5〕祭坊与水庸：坊即堤防，可用以蓄水、障水。水庸，即水沟，可受水而泄之。

〔6〕土反其宅：反，归。宅，安。土归其安则不崩毁。

〔7〕草木归其泽：这是祈草木皆归其生长之所，而不生于农田以害禾稼。

〔8〕皮弁、素服：皮弁，是以白鹿皮为弁。素服，以素缯为衣裳。

〔9〕素服以送终：案蜡祭在年终，万物皆岁成而终，故蜡祭有为万物送终之义。

【译文】

天子举行大蜡八之祭。伊耆氏最先开始蜡祭。蜡,是求索的意思,是说每年的十二月,求索并聚合各种鬼神而加以祭飨。蜡祭,是以先啬为主而祭祀司啬,祭祀掌管各种谷种的神以报答他们教民稼穑之功。祭飨农官以及邮表畷和禽兽之神,是体现仁至义尽。古代的君子,使用了什么就一定要报答什么。迎猫神,是因为它吃田鼠;迎虎神,是因为它吃野猪:迎接猫神、虎神而加以祭祀。祭祀堤防和水沟之神,是因为它们对人有事功。祭祀时致祝辞说:"土壤归于安固,水流归于沟壑,昆虫灾害不发生,草木归生于沼泽。"戴皮弁、穿白衣而祭。穿素服,用以为万物送终,又系葛制的经带,拄榛木做的丧杖,都是丧服的降等。蜡祭,体现了仁至义尽。农夫穿黄衣、戴黄冠而参加蜡祭,是使农夫得到休息。田野的农夫戴黄冠,黄冠,是草野之服。

26. 大罗氏,天子之掌鸟兽者也,诸侯贡属焉。草笠而至,尊野服也[1]。罗氏致鹿与女,而诏客告也,以戒诸侯曰:"好田、好女者,亡其国。天子树瓜华,不敛藏之种也[2]。"

【注释】

〔1〕草笠而至,尊野服也:草笠是野人之服,今岁终功成,是由野人而得,故重其事而尊其服。

〔2〕天子树瓜华,不敛藏之种也:瓜华,即瓜果。案瓜华是时鲜之物,应时需而种,而非可聚敛之物,这两句是借以告诫诸侯勿与民争利,聚敛民财。

【译文】

大罗氏,是为天子掌鸟兽的官,诸侯贡献天子的鸟兽都交给他。诸侯派遣的贡献鸟兽的使者头戴草笠而来,这是体现尊重草野之服。罗氏把鹿和女子送给使者,而向使者宣读天子的诏书,让使者回去告诫诸侯说:"好打猎、好女色的,将使国家灭亡。天子只种瓜果,这是不可敛藏的作物。"

27. 八蜡以记四方[1]。四方年不顺成,八蜡不通,以谨民财也。顺成之方,其蜡乃通,以移民也[2]。既蜡而收,民息已。故既蜡,君子不兴功。

【注释】
〔1〕八蜡以记四方:案八蜡之祭,四方之国皆通行之,但如果某国年成凶荒,就不行其祭,因此通过八蜡之祭,就可记知四方年成的丰欠。
〔2〕移:羡,在此是宽衍之意。

【译文】
通过八蜡之祭,以记四方年成的丰欠。四方如有年成不顺而欠收的,就不举行八蜡祭,以使民众谨慎地运用财物。年成丰收之国,才举行蜡祭,以使民众的花费稍宽裕些。蜡祭之后,民众都收藏好财物而休息。因此蜡祭之后,国君不兴建工程。

28. 恒豆之菹[1],水草之和气也;其醢,陆产之物也。加豆[2],陆产也;其醢,水物也。笾豆之荐,水土之品也,不敢用常亵味而贵多品,所以交于神明之义也,非食味之道也。先王之荐,可食也,而不可耆也[3]。卷冕、路车,可陈也,而不可好也[4]。《武》壮,而不可乐也;宗庙之威,而不可安也;宗庙之器可用也,而不可便其利也。所以交于神明者,不可以同于所安乐之义也。酒醴之美,玄酒明水之尚,贵五味之本也[5];黼黻文绣之美,疏布之尚,反女功之始也;莞簟之安,而蒲越、稾鞂之尚,明之也;大羹不和,贵其质也;大圭不琢,美其质也;丹漆雕几之美[6],素车之乘,尊其朴也,贵其质而已矣。所以交于神明者,不可同于所安亵之甚也,如是而后宜。鼎俎奇而笾豆偶,阴阳之义也。黄目,郁气之上尊也[7],黄者中也,目者气之清明者也,言酌于中而清明于外也。祭天,扫地而祭焉,于其质而已矣。醯醢之美,而煎盐之尚[8],贵天产也。割刀之用,而鸾刀之贵,贵其义也:声和而后断也。

【注释】

〔1〕菹:音 zū,一种用醋腌渍成的菜。

〔2〕加豆:案祭祀到尸食饭毕,当酳尸,即进酒供尸饮以洁口,这时还要再进献用豆盛的菹菜,谓之加豆。

〔3〕耆:通"嗜"。

〔4〕"卷冕"至"好也":卷,同"衮"。不可好,因衮冕、路车都是尊严之物,故不可好。

〔5〕五味之本:五味,此指五种酒,盖即《周礼》所谓五齐:泛齐,醴齐,盎齐,缇齐,沈齐。

〔6〕几:此指凹、凸的花纹。

〔7〕黄目,郁气之上尊:黄目,是一种用黄金镂饰的酒尊名。郁气,即郁鬯,因贵其香气,故名。

〔8〕煎盐:即盐,盐是海水晒成,其功如同用火煎治,故名。

【译文】

常用的豆盛的菹菜,是用水草类的菜做成的,能得四时和美之气;豆盛的醢,是用陆地所产之物做成的。进献加豆所盛的菹菜,是用陆地所产之物做成的;加豆所盛的醢,是用水中所产之物做成的。用笾豆所进献的祭物,都是水土中的产品,不敢用人所常用的美味食物,也不敢以种类繁多为贵,这样来体现以虔敬之心交接神明的意思,而不是像常人那样贪图吃美味的做法。先王向神进献的祭品，虽然是可以吃的，但都不是常人所喜欢吃的；祭祀用的衮服、冕和大路车，虽然可以陈列，但不可作为个人的爱好物；《大武》舞威武雄壮，但不可用来娱乐；宗庙威严，但不可在里边安居；宗庙祭祀的器具虽然可以用，但都不是便利于常人用的。总之用来与神明交接的东西，不可同于常人用来使自己安乐的东西。酒和醴的味道虽美，却将用作玄酒的明洁的水放在上位，体现出以五味的本源为贵；绘刺有黼纹或黻纹的布帛虽然美，却以粗布为上，体现了追念原始的女工织品；莞草席和竹席虽便于安卧，却崇上蒲席和禾秆编的粗席，这是为了彰明神与人的不同；大羹不加佐料调和味道，是以它的质朴为贵；大圭不加雕饰，是以它的质朴为美；涂饰红漆并雕刻凹凸花纹的车虽然美，却乘用白木车，这是以它的朴素为尊，以它的俭质为贵。这些都说明用于交接神明的东西，是大不可同于人们贪图安适的东西，这样做而后才能与祭祀之礼相适宜。鼎俎用单数而笾豆用双数，这体现了阴与阳不同的意思。黄目，是盛郁鬯的最上等的尊，黄是中方的颜色，目是人气中清明之气的所在，黄目之名是说酌郁鬯到尊中而清明的气息散布于外。祭天，只须扫干净地面就可行祭礼，由此体现崇尚质朴的意思。醋和肉酱虽然味美，却把盐放在上位，这是以天然的物产为贵。割刀便利切割，而鸾刀被尊贵，是贵重它能体现和谐的意思：切割时它那镮铃先发出和谐的声音，而后才切割断。

29. 冠义。始冠之缁布冠也[1]。大古冠布[2]，齐则缁之[3]。其緌也，孔子曰："吾未之闻也。冠而敝之可也[4]。"嫡子冠于阼，以著代也。醮于客位，加有成也[5]。三加弥尊，喻其志也。冠而字之，敬其名也[6]。委貌，周道也[7]；章甫，殷道也；毋追，夏后氏之道也。周弁[8]、殷冔、夏收。三王共皮弁、素积[9]。无大夫冠礼，而有其昏礼。古者五十而后爵，何大夫冠礼之有[10]？诸侯之有冠礼，夏之末造也[11]。天子之元子，士也，天下无生而贵者也。继世以立诸侯，象贤也。以官爵人，德之杀也。死而谥，今也。古者生无爵，死无谥[12]。

【注释】

〔1〕始冠之缁布之冠：案行冠礼要先后加冠三次，第一次加缁布冠，第二次加皮弁，第三次加爵弁。

〔2〕布：此谓白布冠。

〔3〕齐：本指祭祀前的斋戒，在此即指代祭祀。

〔4〕冠而敝之可也：案始加的缁布冠并非成年男子正式的冠，皮弁和爵弁才是正式的冠，故缁布冠只是在始加冠时戴一戴，以后就不再戴了。

〔5〕醮于客位，加有成也：行冠礼在向冠者加冠后，不向冠者进醴，而是进酒，就叫做醮，亦称醮礼。客位，堂后边室前的正中位，凡有宾客，其正宾的席位即设于此。加有成，加犹尚、尊，尊其有成人之道。

〔6〕敬其名：案名是初生时父母所取，到行冠礼成人，即取字以代名，除非国君和父母，皆讳而不得呼其名，即所谓"敬其名"。

〔7〕委貌，周道也：委貌，以及下"章甫"、"毋追"，是三代常戴的冠名。

〔8〕弁：及下"冔"、"收"，是三代斋戒、祭祀所戴冠名。

〔9〕素积：裳名。积，谓襞积，即腰间的褶皱。

〔10〕"古者"至"之有"：这两句是解释"无大夫冠礼，而有其昏（婚）礼"的原因。因为古时候五十岁以后才可以受爵为大夫，而冠礼是在二十岁的时候举行的，二十岁以前不得为大夫，自然也就不可能有大夫冠礼。

〔11〕"诸侯"至"造也"：这两句是说，夏末以前，无诸侯冠礼，就像没有大夫冠礼一样，到夏末的时候，才造作出诸侯冠礼来。

〔12〕"死而"至"无谥"：这几句记古今谥制之异，与前所记冠礼之义无涉，盖他篇之《记》文而错出于此。

【译文】

冠礼的意义。最初加的冠是缁布冠。上古的人们戴白布冠，祭祀的时候才染黑而成缁布冠。至于说上古的冠是否有缕饰，孔子说："我没有听说过有这种东西。缁布冠在第一次加冠戴过之后，就可以弃之而不用了。"嫡子在阼阶上行加冠礼，这是表明父子传代的意思。在客位上向冠者行醮礼，是表示尊重冠者已经具有成人的资格。三次加冠一次比一次加的冠尊贵，这是教喻冠者树立努力上进的志向。加冠后给冠者取字，〔从此只称字而不呼名〕，这是表示敬重父母给他取的名。委貌，是周制常戴的冠；章甫，是殷制常戴的冠；毋追，是夏制常戴的冠。〔斋戒和祭祀时所戴的冠〕，周戴弁，殷戴冔，夏戴收。三王的时代都戴皮弁和穿腰间有褶皱的裳。没有大夫冠礼，而有大夫婚礼。因为古时候五十岁以后才可以受爵做大夫，怎么可能有大夫冠礼呢？诸侯有冠礼，是到了夏末的时候才造作出来的。天子的太子，加冠也用士礼，说明天下没有生来就尊贵的人。之所以让诸侯的子孙继代而立为诸侯，是为了让他们效法自己祖宗的贤德，〔而不是说他们生来就尊贵〕。以官爵授人，是按照功德的大小来决定所授官爵的等差，〔而不是看出身是否尊贵〕。人死了就加给谥号，是今天的做法。古时候生前没有建立功德而受爵位，死后就不给他加谥号。

30. 礼之所尊，尊其义也。失其义，陈其数，祝史之事也[1]。故其数可陈也，其义难知也。知其义而敬守之，天子之所以治天下也。

【注释】

〔1〕祝史之事：祝史，即祝官，非祝官与史官。宣读祝告词以及相赞礼仪等，是祝史之事。

【译文】

礼所可尊贵的，在于它的意义。不问礼的意义，只知陈述礼的仪节，那是祝史的事。因此礼的仪节可以陈述，礼的意义难以理解。懂得礼的意义而谨慎地保持着，这是天子用来治理天下的办法。

31. 天地合，而后万物兴焉。夫昏礼，万世之始也。取于异姓，所以附远厚别也。币必诚[1]，辞无"不腆"，告之以直信。信，事人也[2]。信，妇德也。壹与之齐[3]，终身不改，故夫死不嫁。男子亲迎，男先于女，刚柔之义也，天先乎地，君先乎臣，其义一也。执挚以相见[4]，敬章别也。男女有别，然后父子亲。父子亲，然后义生。义生，然后礼作。礼作，然后万物安。无别无义，禽兽之道也。壻亲御授绥[5]，亲之也。亲之也者，亲之也。敬而亲之，先王之所以得天下也。出乎大门而先，男帅女，女从男，夫妇之义，由此始也。妇人，从人者也：幼从父兄，嫁从夫，夫死从子。夫也者，夫也。夫也者，以知帅人者也。玄冕齐戒，鬼神阴阳也[6]。将以为社稷主，为先祖后，而可以不致敬乎？共牢而食[7]，同尊卑也。故妇人无爵，从夫之爵，坐以夫之齿。器用陶匏[8]，尚礼然也，三王作牢，用陶匏。厥明，妇盥馈[9]。舅姑卒食，妇馂余，私之也[10]。舅姑降自西阶，妇降自阼阶[11]，授之室也。昏礼不用乐，幽阴之义也[12]，乐，阳气也。昏礼不贺，人之序也[13]。

【注释】
〔1〕币必诚：币，指男家向女家行纳征礼时所赠送的礼物（参见《曾子问第七》第9节及《昏义第四十四》第1节）。诚，谓所赠礼物必可实用，这样来教女以诚信之义。

〔2〕事：犹立。

〔3〕齐：即妻。

〔4〕执挚以相见：案男子亲迎，当执雁为见面礼。男到女家后，当升堂至女子房门前，奠雁，然后下堂出门，接着妇即随男子而去。

〔5〕壻亲御授绥：绥，抓以上车的绳。案婿亲迎时，要亲自为女驾车，待车轮转够三周，再由御者代之。

〔6〕玄冕齐戒，鬼神阴阳也：玄冕，谓祭服。阴阳，谓夫妇。

〔7〕共牢而食：牢，俎。案婿将妇亲迎到家后，要同妇共吃一顿饭，席间设有三俎，分别盛着豚、鱼、腊，由夫妇共食，因此称这顿饭为"共牢而食"。

〔8〕陶匏：泛指食器。

〔9〕馈：谓行馈食礼，即向舅姑进食（参见《昏义第四十四》第5节）。

〔10〕私：犹言恩。

〔11〕舅姑降自西阶，妇降自阼阶：案阼阶是主人尊者升降之阶，而此处相反者，其义就在下文所说"授之室也"。

〔12〕昏礼不用乐，幽阴之义也：案古人认为乐属阳而婚礼属阴，不得以阳干阴，以便体现"幽阴之义"。

〔13〕昏礼不贺，人之序也：序，犹代。案婚礼意味着己将代父，而又将生子以代己，故孝子不忍言，而人皆不忍贺。

【译文】

天与地相配合，而后万物兴起。婚礼，是后世子孙万代的开始。娶异姓之女，这样来与远族结亲而严别同血缘的婚配。所赠送的礼物必须体现教女方诚信的意思，而且不说"礼物不丰厚"之类的客套话，这样来告戒女子要正直和诚信。诚信，是立身的根本。诚信，是妇人的德性。一与男人为妻，终身不改变，因此丈夫死了也不改嫁。男子行亲迎礼，男子先于女子到家，这体现了男性刚而为主，女性柔而顺从的意思，如同天先于地，君先于臣，意思都是一样的。男子亲迎时要拿着见面礼与女子相见，这样来彰明夫妇当相敬而又有别的意思。男女有别，然后父子才能相亲。父子相亲，然后产生出有关父子关系的原则。父子关系的原则产生了，然后礼才据以制定出来。礼制定出来，然后万物各安其所。无区别而又无原则，那是禽兽的相处法。婿亲迎时亲自为妇驾车，并把绥递给妇，是表示对妇亲爱的意思。对妇亲爱，就是使妇对己亲爱。夫妇相敬而又相亲，这是先王之所以取得天下的重要原因。婿亲迎出了女家大门而自己先行，体现了男人率导女人，女人顺从男人的意思，夫妇关系的原则，也就由此开始建立。妇人，是顺从人的人：幼小时顺从父兄，出嫁后顺从丈夫，丈夫死了就听从儿子指挥。夫，就是丈夫。丈夫，就是用才智来领导别人的人。身穿祭服斋戒而后亲迎，是以祭祀鬼神的虔敬态度来对待夫妇婚礼。将与妇共同做祭祀社稷的主祭人，并为祖先生出后继人，而可以不用虔敬的态度来对待婚礼吗？夫妇共俎用餐，表示尊卑相同，因此妇人没有爵位，只是随从丈夫的爵位，坐次也依照丈夫的序列。共餐时用陶制的食器，上古以来的礼就是这样，三王时代制定了夫妇共俎之礼，而食器仍用上古的陶器。亲迎的第二天早晨，妇要盥洗而后去向公婆行馈食礼。公婆吃罢，妇吃剩余的食物，这体现了公婆对妇的恩惠。〔行馈食礼后〕公婆从西阶下堂，妇从阼阶下堂，这是表示将把主持家务的权力授给妇。婚礼不用音乐，是为了便于深思婚礼的意义，因为乐属于阳气。婚礼不庆贺，因为婚礼意味着父子的代谢。

32. 有虞氏之祭也，尚用气[1]。血、腥、爓祭，用气也。殷人尚声，臭味未成[2]，涤荡其声，乐三阕，然后出迎牲。声音之号，所以诏告于天地之间也。周人尚臭，灌用鬯臭，郁合鬯臭，阴达于渊泉[3]。灌以圭璋[4]，用玉气也。既灌，然后迎牲，致阴气也[5]。萧合黍稷[6]，臭阳达于墙屋。故既奠，然后焫萧合膻芗[7]。凡祭慎诸此。魂气归于天，形魄归于地，故祭求诸阴阳之义也。殷人先求诸阳，周人先求诸阴。诏祝于室，坐尸于堂，用牲于庭，升首于室，直祭祝于主，索祭祝于祊[8]。不知神之所在，于彼乎？于此乎？或诸远人乎？

祭于祊，尚曰求诸远者与。祊之为言倞也[9]。肵之为言敬也[10]。富也者福也。首也者直也[11]。相[12]，飨之也。嘏，长也，大也。尸，陈也[13]。毛、血，告幽全之物也。告幽全之物者，贵纯之道也。血祭，盛气也。祭肺、肝、心，贵气主也。祭黍稷加肺，祭齐加明水[14]，报阴也。取膟膋燔燎[15]、升首，报阳也。明水、涗齐[16]，贵新也。凡涗，新之也。其谓之明水也，由主人之絜著此水也[17]。君再拜稽首，肉袒亲割，敬之至也。敬之至也，服也。拜，服也。稽首，服之甚也。肉袒，服之尽也。祭称"孝孙"、"孝子"，以其义称也。称"曾孙某"，谓国、家也。祭祀之相，主人自致其敬，尽其嘉，而无与让也[18]。腥，肆，爓，腍祭[19]，岂知神之所飨也？主人自尽其敬而已矣。举斝、角，诏妥尸[20]。古者尸无事则立，有事而后坐也。尸，神象也，祝将命也。缩酌用茅，明酌也[21]；盏酒涗于清[22]；汁献涗于盏酒[23]。犹明、清与盏酒于旧泽之酒也[24]。祭有祈焉，有报焉，有由辟焉。齐之玄也，以阴幽思也。故君子三日齐，必见其所祭者[25]。

【注释】

〔1〕气：谓生气，生的牲血、牲肉之气。与下文周人所尚之"臭"有别，臭亦气，然主于芳香之气。

〔2〕臭味未成：这是因为未杀牲。案未杀牲，则既不得有气味，亦不得有牲肉的味道。

〔3〕阴达：即下达，与下文"阳达"相对为文：下为阴，上为阳。

〔4〕圭璋：指代瓒，瓒是舀酒用的玉杓，而以圭璋为柄。

〔5〕致阴气也：即致阴以香气，阴指地下阴处的神灵。

〔6〕萧：即香蒿。

〔7〕既奠，然后焫萧合膻芗：奠，谓荐熟时，即尸尚未入室之前，将荐熟食飨神，以行阴厌之礼（参见《曾子问第七》第24节），这时祝酌酒放在尸席（亦即神位）前铏羹（用铏所盛的肉汁）的南边，即所谓奠也。焫，烧。膻，是"馨"字之误，指馨香（膻芗），即黍稷。

〔8〕祊：本为祭名，因祊祭在庙门外西边，故即以之指代其地。

〔9〕傃：远。

〔10〕肵：谓肵俎，为尸所设（参见《曾子问第七》第24节）。

〔11〕首：案上文云"升首于室"，此处即释其义。

〔12〕相：指尸祭所设相者。

〔13〕尸，陈也：案尸是神的象征，神不可见而尸陈，故曰"尸，陈也"。

〔14〕祭黍稷加肺，祭齐加明水：案前者是助尸行食前祭礼，后者是行正祭礼（即在室中所行尸祭之礼）。齐，指五齐（参见第28节）。明水，明洁的水，指玄酒。

〔15〕取膟膋燔燎：膟，音 lǜ。膋，音 liáo。膟膋，都是指牲畜肠部的脂肪。案上文所说"萧合黍稷"以及"焫萧合膻芗（馨香）"，还将加上膟膋以烧之。

〔16〕沇齐：沇，犹清。五齐浊，沛（过滤）之使清谓之沇。

〔17〕由主人之絜著此水：著，犹成。谓主人清洁，成就此水，乃成而可得用。

〔18〕无与让：谓无须与尸行揖让之礼。

〔19〕腥，肆，爓，腍：肆，剔。腍，音 rèn，熟。言祭或进腥体，或荐解剔，或进汤沈，或荐熟肉。

〔20〕举斝、角，诏妥尸：斝、角，皆饮酒器名。妥，安。案这里的斝或角，即尸入室前行阴厌礼时祝奠于神位席前铏南的酒杯，尸入就席后，即举此斝或角，将行食前祭礼，这时主人（天子或诸侯），将请尸安坐于席再行礼，即所谓"诏妥尸"。

〔21〕缩酌用茅，明酌也：缩，谓沛（过滤）酒。酌，斟酌。案醴齐浊，沛而后可斟酌。明酌，一种清酒名。这里是说，要沛醴齐，则先用此明酌和之，然后用茅沛之。

〔22〕盎酒沇于清：盎酒，即盎齐（参见《礼运第九》第5节）。清，清酒，亦酒名。

〔23〕汁献沇于盎酒："献"是"莎"字之误。汁莎即郁鬯。

〔24〕旧泽之酒：泽，通醳。旧醳之酒，即昔酒（酒名）因为这种酒须

久酿乃熟,故名。

〔25〕君子三日齐,必见其所祭者:这是说思虑过甚,则可见其亲人之形象,实际是虚幻之象。

【译文】

虞舜时代的祭祀,崇尚用生气。用牲血、生牲肉、沉在汤下面的半生的肉块来祭祀,就是用生气。殷人崇尚用声音来祭祀,在尚未杀牲而没有气味和肉的味道之前,先演奏而飘荡起乐声,待音乐演奏三段,然后出庙迎牲。声音的呼号,是用来报告天地间的鬼神。周人崇尚用气味来祭祀,因此灌地用有香气的鬯酒,是用郁金香和合在鬯酒中产生的香气,香气下达到深渊和泉水中。灌酒时用圭璋做柄的玉杓舀酒,使香气中又有玉的气息。用郁鬯灌地完毕,然后才出庙迎牲,这就是先向地下阴处的鬼神送达香气的做法。用香蒿和合黍稷加以焚烧,香气上达到墙屋。因此是先由祝在神位前〔铏羹的南边〕放置一杯酒,然后才将香蒿和合黍稷而焚烧。凡祭祀,都必须谨慎地这样做。人死魂气归到天上,形体归到地下,因此祭祀有向地下阴处和天上阳处招求鬼神的意思。殷人先向天上阳处招求神,周人先向地下阴处招求神。由祝在室中告神,请尸坐在堂上,杀牲在庭中,而把牲头进献到室中神位前,正祭由祝向神主致祈告词,求索诸神而祭由祝在庙门外致祈告词。不知道神在什么地方,在那里吗?在这里吗?还是远离人而不在庙中呢?在庙门外求索神灵而祭,大概可以说是求索远离人的神而祭祀吧。祊是说远的意思。肵是说敬的意思。富是福的意思。首是正直的意思。相是劝告尸享用祭品的意思。嘏,是长久而广大的意思。尸,是陈现的意思。杀牲后献牲毛、牲血于神,是向神报告牲体的内外具全。报告牲体内外具全,是体现以纯全的牲体为贵的道理。用牲血祭祀,是表明牲体的生气旺盛。用牲的肺、肝、心祭祀,贵在它们都是生气充盈之物。帮助尸用黍稷加上肺行食前祭礼,并用五种酒加上玄酒行正祭礼,这是报答地下的神灵。取牲的膏脂〔加上香蒿和黍稷〕一起燔烧,将牲头进献到神位前,这是报答天上的神。用明水〔为玄酒〕,并将五种酒过滤变得清澄,都是贵在新洁。凡过滤酒,都是为了使酒新洁。那叫做明水的，是由于主人十分洁净地造成这种水。国君行再拜稽首礼，袒露左臂亲自切割牲肉，是表示对神恭敬至极。恭敬至极，是表示对神顺服。拜，是表示顺服。稽首而拜，是表示很顺服。袒露左臂，是表示彻底顺服。祭祀者自称"孝孙"、"孝子"，是仅就祭祖父和父亲的意思而自称的。祭祀者自称"曾孙某"，是国君或大夫祭祀所有的祖先而自称的。祭祀所设的相者，由于祭祀是主人亲自向尸表达敬意，所以只是在劝告尸享用祭品方面尽量做到完善，而无须告诉尸与主人互行揖让之礼。祭祀时或进献生的牲体，或进献剔解成块的牲肉，或进献沉在汤下面的半生的肉块，或进献煮熟的牲肉，怎知神究竟喜欢享用哪一种呢？主人自尽他的虔敬之心罢了。〔尸入室就席〕举起席前的斝或角的时候，主人要告请尸安坐。古时候尸无事就站着，有事而后才坐下。尸，是神的象征，而由祝传达辞命。祭祀所用的醴要用茅草过滤使之变清而可酌，过滤前先要用明酌掺和；盎酒用清酒掺和然后过滤；郁鬯用盎酒掺和然后过滤。〔有人竟然说这三种酒的过滤法〕，如同现在的明酌、清酒和盎酒用昔酒掺和而过滤一样。祭祀有祈求福祥的，有报答神的恩惠的，有希望由此而避逸灾祸的。斋戒穿戴玄色的衣帽，用阴暗的颜色来配合幽深的思念。因此君子斋戒三天，一定会见到他所要祭祀的亲人。

内则第十二

1. 后王命冢宰:"降德于众兆民。"[1]

【注释】
〔1〕后王:即君王,谓天子。

【译文】
天子命令太宰:"下去对广大民众进行教育。"

2. 子事父母,鸡初鸣,咸盥漱[1],栉,縰[2],笄,緫[3],拂髢[4],冠,緌缨,端[5],韠[6],绅[7],搢笏。左右佩用:左佩纷、帨[8]、刀、砺、小觽[9]、金燧[10];右佩玦[11]、捍[12]、管[13]、遰[14]、大觽、木燧[15]。偪[16],屦著綦[17]。

【注释】
〔1〕盥漱:盥,洗手。漱,洁口。
〔2〕縰:音徙 xǐ,同"纚",此谓用黑缯缠发髻。
〔3〕緫:束,谓束发之本。案古人的发饰,以黑缯(縰)缠头顶部之发以为髻,而脑后之发则另以练缯(经水煮涑过的缯)总束其根部,其余部分则垂于后以为饰。
〔4〕拂髢:拂,去尘。髢,即鬄。案鬄,音 duǒ,是指儿生三月为儿剪发时留下不剪的部分(参见第47节),但这一部分待儿稍长后亦当剪去,而到儿长大后为了表示以赤子之心孝事父母,则当以假发做成髻形戴在头上,这就叫做髢。

〔5〕端：指玄端服（参见《文王世子第八》第23节）。

〔6〕韠：音 bì，古代的一种蔽膝，上窄下宽而较长，可遮住大腿至膝部。

〔7〕绅：古代束于衣外的大带。

〔8〕纷、帨：纷，犹今抹布。帨，犹今手巾。

〔9〕小觿：觿，音 xī，古代解衣结的用具，形如锥。

〔10〕金燧：又叫阳燧，古代取火用的工具，是一种金属做的尖底杯子，置于日光下，可聚光于底部，烧着易燃物。

〔11〕玦：亦作"决"，古代射箭时套在右手大拇指上的象骨套子，钩弦时可保护拇指。

〔12〕捍：亦名"拾"，皮制的臂衣，射箭时套在左臂上，以防发矢时左臂衣袖碍弦。

〔13〕管：即今所谓钥匙。

〔14〕遰：音 dì，即今刀鞘。

〔15〕木燧：钻火。古人晴则用金燧以取火，阴则用木燧以钻火。

〔16〕偪：音 bī，用以束胫，自足至膝，如今所谓裹腿。

〔17〕綦：音 qí，鞋带。

【译文】

儿子侍奉父母，鸡叫头遍，都要洗漱，梳头，用黑缯缠发髻，发髻中插上笄，再束好脑后的头发让它下垂以为饰，振去髦上的灰尘而后戴在头上，再加冠，使缕饰垂在冠缨下，穿玄端服，系上蔽膝，束上绅带，带间插笏版。左右佩带准备供父母使用的东西：左边佩带布巾、手帕、小刀、磨石、解小结用的小锥、取火的金燧；右边佩带供射箭时套在右手拇指上钩弦用的玦、束衣袖用的捍、钥匙、刀鞘、解大结用的大锥、钻木取火用的钻子。把脚和小腿缠束好，把鞋带系好。

3. 妇事舅姑，如事父母。鸡初鸣，咸盥漱，栉，縰，笄，总，衣绅[1]。左佩纷、帨、刀、砺、小觿、金燧。右佩箴、管、线、纩，施縏袠[2]；大觿、木燧。衿缨[3]，綦屦。

【注释】

〔1〕衣绅：衣，谓绡衣，即用黑色的生丝缯做的衣。绅，即绅带。

〔2〕施縏袠：縏，音pán，小囊。袠，音zhì，刺，因縏囊是以针刺制的，故云"縏袠"。

〔3〕衿缨：衿，结。缨，香囊。

【译文】

媳妇侍奉公婆，如同侍奉父母。鸡叫头遍，都要洗漱，梳头，用黑缯缠发髻，发髻中插上笄，再束好脑后的头发让它下垂以为饰，穿上绡衣并束好绅带。左边佩带布巾、手帕、小刀、磨石、解小结用的小锥、取火用的金燧。右边佩带针、钥匙、线、丝绵，〔这几样东西〕放在刺绣的小袋里；还佩带有解结用的大锥、钻木取火用的钻子。系着香囊，并把鞋带系好。

4. 以适父母、舅姑之所。及所，下气怡声，问衣燠寒，疾痛苛痒，而敬抑搔之。出入则或先或后，而敬扶持之。进盥，少者奉盘，长者奉水，请沃盥[1]，盥卒授巾。问所欲而敬进之，柔色以温之。饘[2]、酏[3]、酒、醴、芼羹[4]、菽、麦、蕡[5]、稻、黍、粱、秫，唯所欲。枣、栗、饴、蜜以甘之；堇、荁[6]、枌[7]、榆，免、薧[8]，滫瀡以滑之[9]；脂膏以膏之。父母、舅姑必尝之而后退。

【注释】

〔1〕沃盥：沃，浇水。案古人盥手，是由人舀水从上面浇下以供人盥之，故曰沃盥。

〔2〕饘：厚粥。

〔3〕酏：音yí，薄粥。

〔4〕芼：肉汁中加放的菜。

〔5〕蕡：音 fén，经焙炒的麻子。
〔6〕堇、荁：堇，堇菜。荁，音 huán，亦堇菜类，似堇而叶稍大。
〔7〕枌：音 fén，案榆有赤白两种，白者名枌。
〔8〕免、薧：免，音 wèn，鲜物。薧，亦作"槀"，干物。
〔9〕滫瀡以滑之：滫，音 xiǔ，淘洗。瀡，音 suí，滑。谓以此数物（即堇、荁、枌、榆）相和，滫瀡之使柔滑。

【译文】
〔准备好了之后〕到父母、公婆的住所去。到达后，要用低下而和悦的声音，问衣服穿得冷暖，问是否有病痛或疮痒，然后恭敬地为父母、公婆按摩痛处或搔挠痒处。父母、公婆出入走动时，或在前，或在后，恭敬地扶持着。进前为父母、公婆盥手时，由年少的捧着盆，年长的捧着盛水的容器，请求为父母、公婆浇水盥手，盥毕要把布巾递给父母、公婆。问父母、公婆需要什么，而后恭敬地进上，要用柔和的颜色使父母、公婆感到温暖。稠粥、薄粥、酒、醴、加放有菜的肉汁、豆、麦、炒熟的麻子、稻、黍、谷子、高粱，只要父母、公婆想要就为他们进上。食物中加放枣、栗、糖稀或蜜以使父母、公婆感到甘甜；堇菜、荁菜、枌叶、榆叶，或用新鲜的，或用陈旧晒干的，用水淘洗〔而后调和在食物中〕以使食物变得柔滑可口；加放膏脂以使食物香美。必须等到父母、公婆尝过食物，而后退下。

5. 男女未冠笄者[1]，鸡初鸣，咸盥漱，栉，縰，拂髦，总角，衿缨，皆佩容臭[2]。昧爽而朝，问何食饮矣，若已食，则退，若未食，则佐长者视具。

【注释】
〔1〕笄：谓女子的加笄礼，即成人礼。
〔2〕容臭：谓香物，因臭（香）物可以修饰形容，故云。

【译文】

　　男子未行冠礼、女子未行笄礼的,鸡叫头遍,都要洗漱,梳头,用黑缯缠发髻,抖落髦上的灰尘而后戴上,在头两侧束发为角,身上系香囊,佩带香物。黎明时候前去向父母请安,问吃了什么、喝了什么饮食没有,如果已经吃过,就可以告退,如果还没有吃,就帮助父母察看早餐准备得怎么样了。

6. 凡内外^[1],鸡初鸣,咸盥漱,衣服,敛枕簟,洒扫室、堂及庭,布席,各从其事。

【注释】

　　〔1〕凡内外:谓尊卑长幼莫不皆然。

【译文】

　　凡内外人等,鸡叫头遍,都要洗漱,穿好衣服,收拾好枕头和卧席,洒水打扫室、堂和庭院,铺设好坐席,然后各干各的事情。

7. 孺子早寝晏起,唯所欲,食无时。

【译文】

　　小孩可以早睡晚起,想做什么就做什么,吃饭也没有固定的时间。

8. 由命士以上,父子皆异宫,昧爽而朝,慈以旨甘^[1],日出而退,各从其事。日入而夕^[2],慈以旨甘。

【注释】

　　〔1〕慈:谓爱敬而进。

〔2〕夕：谓晚朝。

【译文】
　　自受有正式爵命的士以上的人，父子都要分宅居住，黎明时前去向父母请安，怀着敬爱的心情向父母进献美味食物，太阳出来而后告退，各干各的事。太阳落山的时候再次去向父母请安，怀着敬爱的心情向父母进献美味食物。

9. 父母、舅姑将坐，奉席请何乡。将衽，长者奉席请何趾。少者执床与坐[1]，御者举几。敛席与簟，县衾，箧枕，敛簟而襡之[2]。

【注释】
　　〔1〕少者执床与坐：床，略同几而低于几，可坐。案当先设席，又设床于席上，以供其坐。
　　〔2〕襡：音 dú，通"韣"，韬。

【译文】
　　父母、公婆〔清晨起床后〕将坐时，要捧着坐席请示朝什么方向铺设。将卧〔而稍憩〕时，要由大儿子或大儿媳妇捧着席请示脚的一头朝何方。〔卧后将坐时〕要由小儿子或小儿媳妇拿床给他们坐，由侍者拿几〔供他们凭依〕。〔父母、公婆起床后〕，侍者要把他们睡觉时的大席和簟席收拾起来，把被子悬挂起来，把枕头收进竹箧里，把簟席〔卷起来〕装进布套子里。

10. 父母、舅姑之衣衾、簟、席、枕、几不传；杖、屦祇敬之，勿敢近；敦、牟、卮、匜[1]，非馂莫敢用；与恒食饮，非馂莫敢饮食。

【注释】

〔1〕敦、牟、卮、匜：敦，古代的盛食器，青铜制，上盖与器身皆作半球形，各有三足，故盖可仰置于地，盖与器身合则为球形。牟，通"鍪"，釜属。卮，"卮"的异体字，古代的盛酒器。匜，音 yí，古代的盥器，可向下注水以供沃盥，这里是供食前盥手用。

【译文】

父母、公婆的被子、簟席、大席、枕头和几不得移动；对他们的杖和鞋都要怀着恭敬的心情而不敢挨近；对他们所用的敦、牟、卮、匜等器物，不是到吃他们剩余的食物的时候不敢用；平常供给父母、公婆的饮食，不是他们吃剩下的就不敢吃。

11. 父母在，朝夕恒食，子、妇佐餕；既食恒餕。父没母存，冢子御食，群子、妇佐餕如初。旨、甘、滑，孺子餕。

【译文】

父母健在，平常早晚吃饭，儿子和媳妇要在旁劝食并吃父母吃不完的某种食物；等父母吃完饭后，总是要再吃父母吃剩的食物。如果父亲死了而母亲还在，就由长子陪母亲吃饭，而由其他儿子和媳妇在旁劝食并吃母亲吃不完的某种食物，如同父亲在世时一样。父母吃剩下的好吃、甜美而又柔滑的食物，让幼儿吃。

12. 在父母、舅姑之所，有命之，应"唯"，敬对。进、退、周旋慎齐；升、降、出、入揖游〔1〕。不敢哕噫、嚏咳、欠伸、跛倚、睇视，不敢唾洟，寒不敢袭，痒不敢搔。不有敬事，不敢袒裼〔2〕；不涉不撅。亵衣衾不见里。父母唾洟不见。冠带垢，和灰请漱〔3〕；衣裳垢，和灰请澣；衣裳绽裂，纫箴请补缀。五日则燂汤请浴[4]，三日具沐。其间面垢，燂潘请靧[5]；足垢燂汤请洗。少事长，贱事贵，共帅时[6]。

【注释】

〔1〕游：犹从容。

〔2〕不有敬事，不敢袒裼：敬事，谓为尊者劳作之事。袒裼，谓露臂。

〔3〕和灰请漱：灰，草木灰。和灰以捼洗，可使衣服布帛洁净。漱、澣，皆谓洗濯。

〔4〕燂：音 xún，温。

〔5〕燂潘请靧：潘，淘米水。靧，音 huì，洗面。

〔6〕帅时：帅，循。时，是。

【译文】

在父母、公婆跟前，如果父母、公婆有什么吩咐，应该答应"是"，并恭敬地回答问话。进前、后退、转身，都要谨慎庄重；上堂、下堂、出去、进来，都要先行揖礼并且从容不迫。不敢打饱嗝，不敢打喷嚏或咳嗽，不敢伸懒腰，不敢独脚站立或斜倚着身子，眼不敢斜视，不敢吐唾沫或擤鼻涕，冷了不敢在父母面前加衣服，痒了不敢抓挠。不是有为父母、公婆劳作的事，不敢袒露胳膊；不涉水就不撩起衣裳。比较脏的衣被的里子〔要叠在里边而〕不要露出来让人看见。发现地下有父母的吐沫或鼻涕〔就立即清除〕而不让人看见。父母的冠或绅带脏了，就请求为父母和灰清洗；衣裳脏了，就请求为父母和灰洗涤；衣裳绽裂了，就请求为父母纫针线缝补。每五天烧水请父母洗一回澡，每三天烧水请父母洗一回头。这其间如果父母的脸脏了，要烧淘米水请求为父母洗脸；脚脏了，要烧热水请求为父母洗脚。年少的侍奉年长的，低贱的人侍奉尊贵的人，都像上面这样。

13. 男不言内，女不言外。非祭非丧，不相授器。

其相授,则女受以篚。其无篚,则皆坐奠之,而后取之。外内不共井,不共湢浴[1],不通寝席,不通乞假,男女不通衣裳。内言不出,外言不入。男子入内,不啸不指[2],夜行以烛,无烛则止。女子出门必拥蔽其面,夜行以烛,无烛则止。道路,男子由右,女子由左。

【注释】
〔1〕湢:音 bì,浴室。
〔2〕啸:吹口哨。

【译文】
　　男子不谈家务事,女子不谈公务事。不是举行祭祀或办丧事,男女不互相传递东西。如果需要传递东西,女子就用竹篚接受。如果当时没有竹篚,那么男女就都坐下,把东西放在地上,而后由对方拿取。居内的妇女和居外的男子不共用一口井,不共用浴室,不互用卧席,不互相求借东西,男女不混穿衣裳。妇女的家务事不说给男子听,男子的公务事不说给妇女听。男子进入内室,不吹口哨,不用手指画,夜晚行走要举火把,没有火把就不出去。女子出门必须遮掩着面部,夜晚行走要拿着火把,没有火把就不出去。道路,男子走右边,女子走左边。

14. 子妇孝者敬者,父母、舅姑之命勿逆,勿怠。若饮食之,虽不耆,必尝而待;加之衣服,虽不欲,必服而待。加之事,人代之[1],己虽弗欲,姑与之而姑使之,而后复之。子妇有勤劳之事,虽甚爱之,姑纵之,而宁数休之。子妇未孝未敬,勿庸疾怨,姑教之;若不可教,而后怒之;不可怒,子放妇出,而不表礼焉[2]。

【注释】

〔1〕代：原文误作"待"。
〔2〕表：犹明。

【译文】

儿媳妇孝敬的，对于父母、公婆的吩咐不违反，不懈怠。如果父母、公婆赐给饮食，即使自己并不喜欢吃，也必须尝一尝，而后等待命令〔退下时再告退〕；父母、舅姑赐给的衣服，即使自己并不喜欢穿，也必须穿上，等待命令〔再脱下或收藏起来〕。父母、公婆分派自己干的活，又让别人来代替己干，即使自己不愿意，也要姑且让给代己的人，姑且让他去干，〔等到代己的人不干了〕，而后自己再接着干。儿媳有辛苦劳累的事，父母、公婆即使对她很疼爱，也要姑且任她去干，而宁可多让她休息。如果儿媳不孝敬，也不用怨恨，姑且对她加以教导；如果不可教导，而后加以谴责；谴责也不改，再由儿子把媳妇休掉，而不对外宣扬她违礼的过失。

15. 父母有过，下气怡色，柔声以谏。谏若不入，起敬起孝，说则复谏；不说，与其得罪于乡党州闾[1]，宁孰谏[2]。父母怒，不说而挞之流血，不敢疾怨，起敬起孝。

【注释】

〔1〕乡党州闾：皆地方基层行政组织名。
〔2〕孰谏：谓殷勤而谏。

【译文】

父母有过错，要气息低下而面带和悦的颜色，用柔和的声调进行劝谏。劝谏而不听，要更加恭敬、更加孝顺，等到父母心情好的时候再行劝谏；如果父母不高兴，与其让父母因过错而得罪地方上的人，宁可犯颜屡谏。父母发怒，不高兴，而鞭打自己，以至流血，也不敢怨恨父母，要对父母更加恭敬、更加孝顺。

16. 父母有婢子，若庶子、庶孙，甚爱之，虽父母没，没身敬之不衰。子有二妾，父母爱一人焉，子爱一人焉，由衣服饮食，由执事，毋敢视父母所爱，虽父母没，不衰。子甚宜其妻，父母不说，出。子不宜其妻，父母曰："是善事我。"子行夫妇之礼焉，没身不衰。

【译文】
　　父母有女奴婢，或有庶子、庶孙，而很喜爱他们，即使父母死了，一直到自己老死之前〔都要像父母活着时一样〕对他们怀着爱敬的心情而不改变。儿子有两个妾，父母喜爱其中的一人，儿子喜爱另一人，〔儿子而对于自己所喜爱的妾〕从衣服饮食，到所派的活计，都不敢同父母所喜爱的相比，即使父母死了，也不改变。儿子觉得妻与己很相配，父母却不高兴，也要把妻休掉。儿子觉得妻与己不相配，父母说："她能很好地侍奉我。"儿子也要对她行夫妇之礼，一直到老死也不改变。

17. 父母虽没，将为善，思贻父母之令名，必果；将为不善，思贻父母羞辱，必不果。

【译文】
　　父母虽然死了，自己将做好事，想给父母留下好名声，就一定要做出成效来；将做坏事，考虑到会给父母留下羞辱，就一定不要去做。

18. 舅没则姑老，冢妇所祭祀、宾客，每事必请于姑，介妇请于冢妇[1]。舅姑使冢妇，毋怠，不友无礼于介妇[2]。舅姑若使介妇，毋敢敌耦于冢妇[3]，不敢并行，不敢并命，不敢并坐。凡妇不命适私室不敢退。妇将有事，大小必请于舅姑。子妇无私货，无私畜，无私器，不敢私假，不敢私与。妇或赐之饮食、衣服、布帛、佩帨、茝兰，则受而献诸舅姑。舅姑受之则喜，如新受赐。若反赐之，则辞，不得命，如更受赐，藏以待乏。妇若有私亲兄弟，将与之，则必复请其故[4]，赐，而后与之。

【注释】
〔1〕介妇：谓众妇。
〔2〕友：通"有"。
〔3〕敌耦：谓均分劳役。
〔4〕故：即前所献之物而舅姑不受者，以及受而反赐者。

【译文】
公死婆老〔而传家事给长妇〕，长妇所掌祭祀、邀请宾客等事，每事仍然必须向婆婆请示〔而不敢自专〕，众妇再向长妇请示。公婆指使长妇，长妇不敢懈怠，不可对众妇无礼。公婆如果指使众妇，众妇不敢要求与长妇均分劳役，不敢与长妇并肩而行，不敢与长妇同时指使下人，不敢与长妇并排而坐。凡妇〔侍奉公婆时〕公婆不命回各自的房间就不敢退去。妇将有事，不论事情大小都必须请示公婆。儿媳没有私财，没有个人的积蓄，没有属于个人的东西，不敢私下把东西借给人，也不敢私下把东西送人。如果有人赐给妇饮食、衣服、布帛、佩巾、香草，接受之后就要献给公婆。公婆接受了，自己心里就很高兴，如同自己当初受赐时的心情。如果公婆又反赐给妇，妇就要推辞，推辞而得不到允许，就如再次受到赏赐一样，并把东西收藏起来等待匮乏的时候用。妇如果有娘家兄弟，想把受赐的东西赐给他们，就必须再次请求公婆允许，公婆许赐，而后再赐给他们。

19. 嫡子[1]、庶子，祗事宗子[2]、宗妇。虽富贵，不敢以富贵入宗子之家，虽众车徒，舍于外，以寡约入。子弟犹归器[3]，衣服、裘、衾、车马，则必献其上，而后敢服用其次也。若非所献，则不敢以入于宗子之门，不敢以富贵加于父兄、宗族。若富，则具二牲，献其贤者于宗子，夫妇皆齐而宗敬焉，终事而后敢私祭。

【注释】
〔1〕嫡子：此指嫡长子的同母弟，即小宗。
〔2〕宗子：嫡长子，即大宗。
〔3〕犹归：犹，若。归，馈。

【译文】
嫡子、庶子，要恭敬地对待宗子和宗妇。嫡子和庶子即使富贵，也不敢以富贵的身份进入宗子家，即使车马和随从众多，也必须停在大门外边，而以简约的形式进入宗子家。宗子的子弟如果有人〔因功德〕而受有馈赠的器物，不论是衣服、皮袄、被褥、车马，必须把其中好的献给宗子，而后才敢穿用次一等的。如果不是要献给宗子的东西，就不敢拿进宗子的家门，也不敢以富贵的身份凌驾于父兄和宗族之上。如果富贵者〔而参加祭祀〕，就要准备两头祭祀用牲，把好的一头献给宗子，夫妇二人都要事先斋戒以表示对于宗庙祭祀的虔敬之心，协助宗子祭祀完毕，而后才敢进行自家的祭祀。

20. 饭：黍、稷、稻、粱、白黍、黄粱，稰、穛[1]。

膳：胾、臐、膮[2]、醢[3]、牛炙；醢、牛胾[4]、醢、牛胾；羊炙、羊胾、醢、豕炙；醢、豕胾、芥酱、鱼脍；雉、兔、鹑、鷃[5]。饮：重醴[6]，稻醴，清、糟；黍醴，清、糟；粱醴，清、糟；或以酏为醴[7]；黍酏、浆、水、醷、滥[8]。酒：清、白[9]。羞：糗饵、粉酏[10]。

【注释】

〔1〕稰、穛：稰，音 xù。穛，音 zhuō。庄稼孰（熟）获曰稰，生获曰穛。

〔2〕胾、臐、膮：胾，音 xiāng。臐，音 xūn。膮，音 xiāo。此三物分别为牛肉羹、羊肉羹、猪肉羹。

〔3〕醢：此是衍字。

〔4〕胾：切成大块的纯肉。

〔5〕鷃：音 yàn，鹌鹑的一种。

〔6〕重醴：醴有稻醴、黍醴、粱醴，已沛（过滤）者为清，未沛者为糟，三醴各有清有糟也。以清与糟相配而设，故云"重醴"。

〔7〕或以酏为醴：即酿粥为醴。

〔8〕浆、水、醷、滥：浆，谓以醋和水。醷，梅浆。滥，谓以水和酒。

〔9〕清、白：清，谓清酒。白，谓事酒、昔酒，因二者俱白，故以一"白"字代之，配清酒则为三酒。案事酒，谓有事而饮者；昔酒，无事而饮者。清酒，祭祀之酒。

〔10〕羞：糗饵、粉酏：糗，是用稻米粉和黍粉合蒸成的饼。饵，是炒熟的豆所捣成的粉。因为糗有粘性，故著粉防其粘，这就叫做糗饵。"酏"是"餈"字之误。餈，是"糍"的异体字，即糯米做成的饼，如今所谓糍粑，为防其粘，亦著以豆粉，故曰"粉餈"。

【译文】

饭有以下几种：黄黍、稷、稻、白粱、白黍、黄粱，其中稻又有晚稻和早稻的区别。膳食有以下几种：牛肉羹、羊肉羹、猪肉羹、烤牛肉,〔此四物在最北边排成一行〕;肉酱、牛肉块、肉酱、切细的牛肉,〔此四物接在上一行南边为第二行〕;烤羊肉、羊肉块、肉酱、烤猪肉,〔此四物为第三行〕;肉酱、猪肉块、芥菜酱、切细的鱼肉,〔此四物为第四行〕;野鸡肉、兔肉、鹌鹑肉、鷃肉,〔此四物为第五行〕。饮料有以下几种:醴两两相并,清稻醴和糟稻醴相并;清黍醴和糟黍醴相并;清粱醴和糟粱醴相并;或者用粥酿造醴;还有黍煮的粥、醋水、清水、梅浆、水酒。酒有三种:清酒、事酒、昔酒。进上的〔用笾盛的食物〕有两种:著有豆粉的米粉和黍粉合蒸的饼、著有豆粉的糯米饼。

21. 食:蜗醢而菰食、雉羹[1];麦食,脯羹、鸡羹;析稌[2]、犬羹、兔羹。和糁,不蓼[3]。濡豚,包苦,实蓼[4];濡鸡,醢酱,实蓼;濡鱼,卵酱[5],实蓼;濡鳖,醢酱,实蓼。腶修,蚳醢[6];脯羹、兔醢;麋肤[7],鱼醢;鱼脍,芥酱;麋腥,醢酱;桃诸、梅诸,卵盐[8]。

【注释】
〔1〕蜗醢而菰食,雉羹:蜗醢,蜗牛肉做的酱,又叫蠃醢。菰,音 gū,即菰米。案这里是说以蜗为醢,以菰米为饭,以雉为羹,三者味相宜。下仿此。
〔2〕析稌:析,通"淅",淘米。稌,音 tú,即稻。
〔3〕和糁,不蓼:和糁,即米屑为糁而和之。蓼,音 liǎo,辛菜,即葱、蒜、姜之类。
〔4〕濡豚,包苦,实蓼:濡,谓煮之而又以汁和之。苦,苦荼,用以包豚。实蓼,谓实蓼于豕腹中。
〔5〕卵酱:即鱼子酱。
〔6〕腶修,蚳醢:腶修,参见《曲礼上第一》第30节。蚳,音 chí,虸蜉(蚁)子。
〔7〕肤:切成块的肉。
〔8〕桃诸、梅诸,卵盐:桃诸、梅诸,即桃菹、梅菹,是用桃、梅

做成的菹菜。卵盐,盐大而形似鸟卵。

【译文】
　　饭食有:蜗牛肉酱,配以菰米饭、野鸡肉羹;麦做的饭,配以干肉做的羹、鸡肉羹;淘稻米做的饭,配以狗肉羹、兔肉羹。〔以上的羹都要加五味〕调和并掺以米糁,而不加放辛菜。烹煮小猪,猪身上用苦菜覆盖,猪腹中填塞辛菜;烹煮鸡肉,加肉酱,鸡腹中填塞辛菜;烹煮鱼,加鱼子酱,鱼腹中填塞辛菜;烹煮鳖肉,加肉酱,鳖腹中填塞辛菜。加姜桂等捶捣而成的干肉,配以蚁子酱;用干肉做成的羹,配以兔肉酱;切成块的麋肉,配以鱼肉酱;切细的鱼肉,配以芥菜酱;生麋肉,配以肉醢;干桃菹、干梅菹,配以大如鸟卵的盐块。

22. 凡食齐视春时,羹齐视夏时,酱齐视秋时,饮齐视冬时。凡和,春多酸,夏多苦,秋多辛,冬多咸,调以滑甘[1]。牛宜稌,羊宜黍,豕宜稷,犬宜粱,雁宜麦,鱼宜苽。春宜羔豚,膳膏芗;夏宜腒鱐,膳膏臊;秋宜犊麛,膳膏腥;冬宜鲜羽,膳膏膻[2]。

【注释】
　　〔1〕调以滑甘:案调以滑,谓加堇、荁、枌、榆之类;调以甘,谓加枣、栗、饴、蜜之类(参见第4节)。
　　〔2〕"春宜"至"膏膻":据说牛膏香,犬膏臊,鸡膏腥,羊膏膻。腒,音jū。鱐,音sù。腒,是干雉。鱐,是干鱼。鲜羽,鲜,生鱼;羽,雁。

【译文】
　　凡调制饭食应像春天一样〔以温为宜〕,调制羹汤应像夏天一样〔以热为宜〕,调制酱类应像秋天一样〔以凉为宜〕;调制饮料应像冬天一样〔以寒为宜〕。凡调和食物的滋味,春天应多一些酸味,夏天应多一些苦味,秋天应多一些辛味,冬天应多一些咸味,四季的食物中都要调和一些能使之变得柔滑和甘甜的食品。牛肉宜于配合稻饭,羊肉宜于配合黍饭,猪肉宜于配合稷饭,狗肉宜于配合粱饭,雁肉宜于配合麦饭,鱼肉宜于配合菰米饭。春季适宜吃羊肉和猪肉,当用有香味的牛膏脂煎食;夏季适宜吃野鸡和鱼的干脯,当用有臊味的狗膏脂煎食;秋季适宜吃小牛和小兽肉,当用有腥味的鸡膏脂煎食;冬季适宜吃鲜鱼和雁肉,当用有膻味的羊膏脂煎食。

23. 牛修,鹿脯,田豕脯,麋脯,麕脯[1]。麋、鹿、田豕、麕,皆有轩[2]。雉、兔皆有芼。爵、鷃、蜩、范、芝、栭、菱、椇、枣、栗、榛、柿、瓜、桃、李、梅、苦、杏、楂、梨、姜、桂。

【注释】
　[1] 麕:音jūn,鹿属,即獐子。
　[2] 轩:切成大片的肉。

【译文】
　加姜桂捶捣的干牛肉,鹿肉脯,野猪肉脯,麋肉脯,獐肉脯。麋肉、鹿肉、野猪肉、獐肉,都切成大片。野鸡肉、兔肉中都加放有菜。还有雀肉、鷃肉、蝉肉、蜂肉、木耳、小栗、菱角、枳实、枣、栗、榛、柿子、瓜、桃、李、梅、杏、山楂、梨、姜、桂等。

24. 大夫燕食,有脍无脯,有脯无脍。士不贰羹胾。庶人耆老不徒食。

【译文】
　大夫平日吃饭,有切细的肉就没有肉脯,有肉脯就没有切细的肉。士平日吃饭不得吃两样肉羹和肉块。庶人六十以上不白口吃饭〔而需有肉〕。

25. 脍，春用葱，秋用芥。豚，春用韭，秋用蓼。脂用葱，膏用薤[1]。三牲用藙[2]，和用醯。兽用梅。鹑羹、鸡羹、鴽，酿之蓼。鲂、鱮烝[3]，雏烧，雉，芗，无蓼。

【注释】
〔1〕薤：音 xiè，菜名，叶中空似细葱而有棱，气亦如葱，根似小蒜，也是一种辛类的菜。
〔2〕藙：音 yì，即茱萸。
〔3〕鲂、鱮：鲂，音 fáng，鱼名。鱮，音 xù，即鲢鱼。

【译文】
调和切细的肉，春季用葱，秋季用芥菜酱。调和猪肉，春季用韭菜，秋季用辛菜。调和脂用葱，调和膏用薤。牛羊豕三牲的肉配以茱萸，用醋加以调和。兽肉用梅调和。鹑肉羹、鸡肉羹、鴽肉，都用辛菜调和。蒸鲂鱼、鱮鱼，烧雏鸟肉，野鸡肉，都要用香草调味，不用辛菜。

26. 不食雏鳖。狼去肠，狗去肾，狸去正脊[1]，兔去尻，狐去首，豚去脑，鱼去乙，鳖去丑[2]。肉曰脱之，鱼曰作之，枣曰新之，栗曰撰之[3]，桃曰胆之[4]，柤、梨曰攒之[5]。

【注释】
〔1〕狸：即俗所谓野猫。

〔2〕丑：即鳖的肛门。
〔3〕栗曰撰之：撰，犹选。栗多虫，宜选择之。
〔4〕胆：犹拭。
〔5〕柤、梨曰攒之：柤，音 zhā，即山楂。攒，通"钻"，谓钻去其虫处。

【译文】

不吃雏鳖。狼要去掉肠子，狗要去掉肾，狸要去掉正脊，兔要去掉臀部，狐要去掉头部，猪要去掉脑子，鱼要去掉肠子，鳖要去掉肛门部分。牲肉去骨叫做脱，鱼去鳞叫做作，枣擦拭叫做新，栗选择叫做撰，桃去毛叫做胆，钻去山楂和梨的虫眼叫做攒。

27. 牛夜鸣则庮[1]；羊泠毛而毳[2]，羶；狗赤股而躁，臊；鸟麃色而沙鸣，郁[3]；豕望视而交睫，腥[4]；马黑脊而般臂，漏[5]。

【注释】

〔1〕庮：音 yǒu，恶臭。
〔2〕羊泠毛而毳：泠，音 líng，通"零"，谓毛本稀零。毳，音 cuì，谓毛头毳结。
〔3〕鸟麃色而沙鸣，郁：麃，音 piǎo，谓色变而无润泽。沙，嘶。郁，谓腐臭。
〔4〕豕望视而交睫，腥：望视，远视。"腥"是"星"字之误。星，肉中如米者，即猪囊虫，今俗称"米心肉"。
〔5〕般臂，漏：般，通"斑"。"漏"是"蝼"字之误，谓如蝼蛄臭。

【译文】

牛如果夜鸣，它的肉就恶臭；羊毛稀零而又多结，它的肉就羶；狗的后腿内侧无毛而又性躁，它的肉就臊；鸟的毛色失去光泽而鸣声嘶哑，它的肉就腐臭；猪如作远视状而睫毛相交，它的肉中就生有囊虫；马脊作黑色而前胫有杂斑，它的肉就会有如蝼蛄般的臭味。

28. 雏尾不盈握弗食，舒雁翠^[1]，鹄、鸮胖^[2]，舒凫翠^[3]，鸡肝、雁肾、鸨奥^[4]、鹿胃。

【注释】
〔1〕舒雁翠：舒雁，即鹅。翠，尾肉。
〔2〕鹄、鸮胖：鹄，音 hú，即天鹅。鸮，音 xiāo，即猫头鹰。胖，音 pàn，谓胁侧薄肉。
〔3〕舒凫：即鹜，亦即野鸭。
〔4〕鸨奥：鸨，音 bǎo，似雁而略大，体长可达一米。奥，即鸟胃。

【译文】
雏鸡尾巴没有长到人手的一握就不可吃，鹅尾部的肉，天鹅、猫头鹰两胁处的薄肉，野鸭尾部的肉，以及鸡肝、雁肾、鸨的脾胃、鹿胃，〔都不可以吃〕。

29. 肉腥，细者为脍，大者为轩。或曰麋、鹿、鱼为菹，麇为辟鸡，野豕为轩，兔为宛脾^[1]。切葱若薤，实诸醯以柔之。

【注释】
〔1〕"或曰"至"宛脾"：菹，凡物切成大片或用其全物，就叫做菹，故此处的"菹"实与"轩"同意。辟鸡，宛脾，都是切得细碎的意思，即所谓"细切为脍"。至于此节何以名大切为"菹"、"轩"，细切为"辟鸡"、"宛脾"，今已不可考。

【译文】
生肉，细切叫做脍，切成大片叫做轩。有人说麋、鹿、鱼都切成大片的菹状，獐肉切成细碎的辟鸡状，野猪肉切成大片的轩状，兔肉切成细碎的宛脾状。切葱或薤，和肉一起放入醋中，加以拌和。

30. 羹、食，自诸侯以下至于庶人，无等。大夫无秩膳[1]，大夫七十而有阁[2]。天子之阁，左达五，右达五[3]；公、侯、伯于房中五；大夫于阁三；士于坫一[4]。

【注释】
〔1〕大夫无秩膳：案因大夫五十始命，未甚老。膳，谓食之美者。
〔2〕大夫七十而有阁：谓有秩（常）膳。阁，如今所谓菜柜。
〔3〕左达五，右达五：达，夹室。左达、右达，分别指堂上的左、右夹室。案古代的宫室建制，堂上东西两边各有一道南北向的短墙，叫做序；序之外与堂屋的东西墙之间的地方叫做夹室。
〔4〕士于坫一：案士卑，不得有阁，故只在室中作坫（土台）以放置食物。

【译文】
肉羹和饭，从天子下至庶人都可以吃，不分等级。大夫不常有美食，大夫年七十而后有经常放置美食的阁。天子放置美食的阁，左夹室五阁，右夹室五阁。公、侯、伯放美食的阁在房中，共有五阁。大夫在夹室中有三阁。士在室中设一土台放置食物。

31. 凡养老，有虞氏以燕礼，夏后氏以飨礼，殷人以食礼，周人修而兼用之。凡五十养于乡，六十养于国，七十养于学，达于诸侯。八十拜君命，一坐再至，瞽亦如之；九十者使人受。五十异粻，六十宿肉，七十二膳，八十常珍，九十饮食不违寝，膳饮从于游可也。

六十岁制，七十时制，八十月制，九十日修，唯绞、纾、衾、冒，死而后制。五十始衰，六十非肉不饱，七十非帛不暖，八十非人不暖，九十虽得人不暖矣。五十杖于家，六十杖于乡，七十杖于国，八十杖于朝。九十者，天子欲有问焉，则就其室，以珍从。七十不俟朝，八十告存，九十日有秩。五十不从力政，六十不服戎，七十不与宾客之事，八十齐丧之事弗及也。五十而爵，六十不亲学，七十致政。凡自七十以上，唯衰麻为丧。凡三王养老，皆引年。八十者，一子不从政；九十者，其家不从政。瞽亦如之。凡父母在，子虽老不坐。有虞氏养国老于上庠，养庶老于下庠；夏后氏养国老于东序，养庶老于西序；殷人养国老于右学，养庶老于左学；周人养国老于东胶，养庶老于虞庠，虞庠在国之西郊。有虞氏皇而祭，深衣而养老；夏后氏收而祭，燕衣而养老；殷人冔而祭，缟衣而养老；周人冕而祭，玄衣而养老。

【译文】

　　凡养老之礼，有虞氏用燕礼，夏后氏用飨礼，殷人用食礼，周人对三代的养老礼斟酌取舍而兼用之。年五十以上的人在乡中行养老礼，年六十以上的人在国都行养老礼，年七十以上的人在大学行养老礼，〔这种分级举行养老礼的办法〕从天子到诸侯都实行。年高八十的人拜谢君的赏赐，一次下跪而头两次至地就可以了，盲人也是这样；九十岁的人就可以使人代受君赐而不亲自拜谢了。年五十的人就可以比年轻人多吃一些精细的粮食，年六十的人隔一天吃一次肉，年七十的人除吃肉外还要附加一样美食，年八十可以经常吃珍美的食物，年九十饮食不离居室，而且美食和饮料可以伴随到他游观的地方。年六十每年都要准备丧具，年七十每季都要准备丧具，年八十每月都要准备丧具，年九十每天都要修整丧具，只有殓时用的绞、纷、衾、冒等，是到人死后才赶制的。年五十人开始衰老，年六十不吃肉就不能满足身体需要，年七十不穿丝织物就不暖和，年八十不靠别人的体温就不暖和，年九十即使靠别人的体温也不暖和了。年五十可以在家里拄杖，年六十可以在乡里拄杖，年七十可以在国都拄杖，年八十可以在朝廷上拄杖。年九十的人，天子想询问什么事情，就亲自到他家，还要随带一些珍贵的物品去。年七十可以不在朝廷上侍立，年八十国君每月派人去询问国事并进行慰问，年九十国君每天派人向他馈送常用的美食。年五十不服力役，年六十不服兵役，年七十不参与宾客应酬，年八十可以不参加祭礼和丧礼。年五十而受爵位，年六十不亲往学校学习，年七十退休。凡自七十以上的人，若有丧事只须穿丧服、系麻绖带就行了。凡三代君王举行养老礼之后，都要按户校核居民的年龄。年八十的人，可以有一个儿子不服徭役；年九十的人全家都可以不服徭役。盲人也是这样。凡父母在世，儿子虽然已经老了，也不敢坐。有虞氏在上庠为国老举行养老礼，在下庠为庶老举行养老礼；夏后氏在东序为国老举行养老礼，在西序为庶老举行养老礼；殷人在右学为国老举行养老礼，在左学为庶老举行养老礼；周人在东胶为国老举行养老礼，在虞庠为庶老举行养老礼，虞庠在国都西郊。有虞氏头戴皇进行祭祀，穿深衣而行养老礼；夏后氏头戴收进行祭祀，穿燕衣而行养老礼；殷人头戴冔进行祭祀，穿缟衣而行养老礼；周人头戴冕进行祭祀，穿玄衣而行养老礼。

32. 曾子曰："孝子之养老也，乐其心，不违其志，乐其耳目，安其寝处，以其饮食忠养之，孝子之身终。终身也者，非终父母之身，终其身也。是故父母之所爱亦爱之，父母之所敬亦敬之，至于犬马尽然，而况于人乎？"

【译文】

曾子说:"孝子赡养老人,要使老人从心里感到快乐,不违背老人的意愿,要使老人的耳目都愉悦,居处感到安适,用老人爱吃的饮食对老人尽心赡养,一直到孝子身终。所谓终身,不是说终父母之身,而是说终孝子之身。因此父母所爱的自己也喜爱,父母所敬的自己也尊敬,以至于对父母所爱的狗马都是这样,何况对父母所爱的人呢?"

33. 凡养老,五帝宪[1],三王有乞言。五帝宪,养气体而不乞言,有善则记之,为惇史[2]。三王亦宪,既养老而后乞言,亦微其礼。皆有惇史。

【注释】

[1]宪:法,效法。
[2]惇史:惇,厚。言老人有好的德行,则记录之,使众人法则,作为惇厚者之史。

【译文】

凡举行养老礼,五帝时代是为效法老人的德行,三王时代〔不但效法德行〕,又请老人对国政发表意见。五帝时代只效法德行,是为了保养老人的气息和身体,因此不请老人们对国政发表意见,老人中有好的德行就记录下来,作为惇厚者之史。三王时代也效法老人的德行,待养老礼举行完毕,而后请老人对国政发表意见,但也只是略微举行一下这种请求发表意见的礼仪。三王时代也都记载有惇厚者之史。

34. 淳熬[1],煎醢,加于陆稻上,沃之以膏,曰淳熬。淳毋,煎醢,加于黍食上,沃之以膏,曰淳毋。

【注释】

〔1〕淳熬：与下文"淳毋"，是两种珍肴的做法。

【译文】

淳熬，是说煎炒肉酱，加在陆地产的稻米做的饭上，再浇上油脂，就叫做淳熬。淳毋，是说煎炒肉酱，加在黍饭上，再浇上油脂，就叫做淳毋。

35. 炮，取豚若将[1]，刲之刳之，实枣于其腹中，编萑以苴之[2]，涂之以谨涂[3]，炮之，涂皆干，擘之，濯手以摩之，去其皽[4]；为稻粉，糔溲之以为酏[5]，以付豚，煎诸膏，膏必灭之；巨镬汤[6]，以小鼎，芗脯于其中[7]，使其汤毋灭鼎，三日三夜毋绝火，而后调之以醯醢。

【注释】

〔1〕炮，取豚若将：炮，也是一种珍肴的做法。"将"是"牂"字之误，牡羊。
〔2〕编萑以苴之：萑，芦苇之类。苴，裹。
〔3〕谨：通"墐"，黏土。
〔4〕皽：音zhǎn，谓皮肉之上的薄膜。
〔5〕糔溲：糔，通"滫瀡"之"滫"（参见第4节），即溲，淘。
〔6〕镬：古代的一种无足的鼎，类今所谓大锅。
〔7〕芗脯于其中：谓煮豚或羊于小鼎中，使之香美。之所以称之脯，是因为豚、羊之肉去其皽，而又薄切如制作肉脯。案脯在小鼎内，小鼎则置于镬汤内煮之。

【译文】

炮法，取猪或公羊，杀后将腹中挖空，用枣填塞在腹中，用芦苇编的席包裹，用黏土涂封起来，用火烧烤，待涂封的泥都干了,然后擘开,再洗手搓摩,去掉肉表的薄膜;碾稻米粉,用水调和为粥状,敷在猪肉的外面,然后用油煎,所用油量必须能将猪或羊没住;用一只大镬盛热水,用一只小鼎〔放在镬中〕,〔将油煎过的肉切成薄片如脯状〕,用香料调和此脯而放入小鼎中,镬中的热水不可没过小鼎,煨上三天三夜不要绝火,而后再用醋和肉醢加以调和。

36. 捣珍[1],取牛、羊、麋、鹿、麕之肉,必脄[2],每物与牛若一,捶反侧之,去其饵[3],孰出之,去其皽,柔其肉[4]。

【注释】
　　[1]捣珍:也是一种珍肴的做法。
　　[2]脄:音 méi,指脊侧肉。
　　[3]饵:谓筋腱。
　　[4]柔:谓调和其肉。

【译文】
　　捣珍,是取牛、羊、麋、鹿、獐的肉,必须用它们的夹脊肉,每一种都同牛的夹脊肉取一样多,反复捶捣,去掉肉中的筋腱,煮熟后捞出来,去掉肉表的薄膜,再用醋和肉酱与肉调和而成。

37. 渍[1],取牛肉,必新杀者,薄切之,必绝其理,湛诸美酒,期朝而食之[2],以醢若醯、醷。

【注释】
　　[1]渍:也是一种珍肴的做法。
　　[2]期朝:谓今早至明早。

【译文】

渍法,取牛肉,必须是新宰杀的,切成薄片,切时必须横着切断肉的纹理,用美酒浸泡,今天早晨泡了到明天早晨就可以吃了,吃的时候用肉酱或醋、梅浆调味。

38. 为熬[1],捶之,去其皽,编萑,布牛肉焉,屑桂与姜,以洒诸上而盐之,干而食之。施羊亦如之。施麋,施鹿,施麇,皆如牛羊。欲濡肉,则释而煎之以醢[2]。欲干肉,则捶而食之。

【注释】

〔1〕熬:也是一种珍肴的做法。
〔2〕释:谓以水润释之。

【译文】

熬肉的做法,捶捣牛肉,去掉肉表的薄膜,用一领芦席,把牛肉摊在席上,把桂、姜做成屑,洒在牛肉上,再洒上盐,用火烤干就可以吃了。把这种方法用于羊肉也是这样。用于麋肉,用于鹿肉,用于獐肉,都如同用于牛、羊肉一样。想要使肉湿润,就用水浸泡再用肉酱煎煮。想要吃干肉,就捶捣而后吃。

39. 糁[1],取牛、羊、豕之肉,三如一,小切之,与稻米,稻米二、肉一,合以为饵,煎之。

【注释】

〔1〕糁:即糁食,其做法详下。

【译文】

糁食的做法,取牛、羊、猪的肉,三种肉取一样多,切成小块,与稻米掺和,掺和时按照稻米二、肉一的比例,掺和后做成饼,再煎熟。

40. 肝膋[1],取狗肝一,幪之以其膋,濡[2],炙之,举燋其膋[3],不蓼。

【注释】

〔1〕肝膋:也是珍肴的一种做法。
〔2〕濡:谓濡以膋。
〔3〕举燋其膋:举,皆。谓炙膋皆熟而焦。

【译文】

肝膋的做法,取一副狗肝,上面蒙上狗肠间的脂肪,使脂肪浸润狗肝,然后放在火上烤,使脂肪都焦熟,不需用辛菜。

41. 取稻米,举糔溲之,小切狼臅膏[1],以与稻米为酏。

【注释】

〔1〕臅:音 chù,胸臆间的膏脂。

【译文】

取稻米,用水淘洗,将狼胸臆间的膏脂切成小块,用来和米煮成稀粥。

42. 礼,始于谨夫妇。为宫室,辨外内,男子居外，女子居内。深宫固门，阍寺守之，男不入，女不出。男女不同椸枷，不敢县于夫之楎[1]、椸，不敢藏于夫之箧笥，不敢共湢浴。夫不在，敛枕箧簟席[2]，襡器而藏之。少事长，贱事贵，咸如之。夫妇之礼，唯及七十，同藏无间。故妾虽老，年未满五十，必与五日之御[3]。将御者，齐，漱，澣，慎衣服，栉，縰，笄，緫角，拂髦[4]，衿缨，綦屦。虽婢妾，衣服、饮食必后长者。妻不在，妾御莫敢当夕。

【注释】

〔1〕楎：音 huī，钉在墙上挂衣服的木橛。
〔2〕敛枕箧簟席：此文当作"箧枕敛簟席"，传写误倒。
〔3〕五日之御：御，谓侍夫过夜。
〔4〕緫角，拂髦：角，拂髦，皆衍字。

【译文】

礼，应从谨守夫妇之礼开始。建造宫室，分别内外，男子住外边，女子住里边。宫室深邃，宫门牢固，阍寺看守宫门，男子不得入内，女子不得出外。男女的衣服不可晾挂在同一衣架上，妻的衣服不敢挂在夫挂衣服的木橛或衣架上，也不敢收藏在夫盛衣服的竹箱中，不敢同夫共用浴室。夫不在，妻要把夫的枕头收入竹箱中，把夫的簟席收藏起来，把夫的器具也装入布套中收藏好。年少的侍奉年长的，低贱的人侍奉尊贵的人，都要这样。按照夫妇之礼，只有到了七十岁，衣服器物才可以收藏在一起而无须分别。因此妾即使年老，年未满五十岁，也必须参加五天一次侍候丈夫过夜。将侍夜的妻妾，要先齐戒，漱洗，穿洁净的衣服，谨慎服装穿着，梳头，用黑缯缠发髻，发髻中插笄，束好头发，结好香囊，系好鞋带。即使是〔丈夫宠爱的〕婢妾，衣服、饮食也必须在长者之后。妻不在，妾侍候丈夫过夜也不敢占用该妻侍夜的日子。

43. 妻将生子，及月辰[1]，居侧室[2]。夫使人日再问之，作而自问之。妻不敢见[3]，使姆衣服而对[4]。至于子生，夫复使人日再问之。夫齐，则不入侧室之门。子生，男子设弧于门左[5]，女子设帨于门右。三日始负子，男射，女否。

【注释】
〔1〕月辰：谓临产之月的初一。
〔2〕侧室：在燕寝之旁。案燕寝在正寝之后。又侧室非一室，其形制盖亦如燕寝。
〔3〕妻不敢见：案这是意在远私媚（即借生子而私下要宠于夫）之嫌。
〔4〕姆：女师。
〔5〕设弧于门左：案此即所谓悬弧之义（参见《郊特牲第十一》第17节）。

【译文】
妻将要生子，到了临产的那个月的初一，要住到侧室中。夫每天派人去问候她两次，到临产发动时要亲自去问候。妻不敢见夫，而让傅姆穿着整齐代己去回答夫的问候。到孩子生下之后，夫还要每天派人去问候她两次。〔如果临产发动时〕夫正在斋戒，就不进入侧室的门亲自去问候。孩子生下来，是男孩就在门的左边悬挂弓，是女孩就在门的右边悬挂一条佩巾。到第三天，才抱婴儿出房门，是男孩就要举行射礼，是女孩就算了。

44. 国君世子生，告于君，接以大牢[1]，宰掌具。三日，卜士负之。吉者宿齐，朝服寝门外，诗负之[2]。射人以桑弧蓬矢六[3]，射天地四方[4]。保受乃负之。

宰醴负子，赐之束帛。卜士之妻，大夫之妾，使食子。

【注释】
〔1〕接以大牢：初生之儿未能食，而以太牢之礼接待之者，示重其事。
〔2〕诗负之：诗之言承。盖由保姆从侧室抱出来而由士承接过去。
〔3〕射人以桑弧蓬矢六：射人，官名，为君掌射事者。桑弧蓬矢，这是仿太古而示质朴。
〔4〕射天地四方：象征男儿志在四方。

【译文】
国君的太子出生，报告国君，国君设太牢礼以迎接太子出生，由宰夫负责馔具。第三天，要通过占卜选择一名士抱太子。被选中的士前一天要斋戒，然后身穿朝服等候在路寝门外，〔从保姆手中〕接过孩子来抱着。射人用桑木做的弓，蓬梗做的矢六支，分别射向天地和四方。保姆从士手中接过太子来抱着。宰夫向抱太子的士献醴，并赏赐他一束帛。又通过占卜选择一名士的妻和一名大夫的妾，让她们负责喂养太子。

45. 凡接子择日[1]。冢子则大牢[2]，庶人特豚，士特豕，大夫少牢，国君世子大牢。其非冢子，则皆降一等。

【注释】
〔1〕择日：是指在新生儿出生后的三天之内选择吉日。
〔2〕冢子：即长子，这里是指天子的太子。

【译文】
凡行接子礼要选择吉日。天子的太子出生用太牢，庶人的长子用一头小猪，士用一头猪，大夫用少牢，国君的太子用太牢。

如果不是长子，所用的礼就都降低一等。

46. 异为孺子室于宫中。择于诸母与可者[1]，必求其宽裕、慈惠、温良、恭敬、慎而寡言者，使为子师，其次为慈母，其次为保母，皆居子室。他人无事不往。

【注释】
〔1〕诸母与可者：诸母，指众妾。可者，指众妾之外而可选以抚育幼儿者。

【译文】
　　在宫中另选一室作为抚育幼儿的地方。从幼儿的庶母或其他妇女中选择抚育幼儿的人，必须选择性情宽裕、慈惠、温良、恭敬、谨慎寡言的妇女，让她做幼儿的老师，次一等的做慈母，再次一等的做保母，都住在幼儿的室中。其他人没有事不到那里去。

47. 三月之末，择日剪发为鬌：男角，女羁[1]；否则男左，女右。是日也，妻以子见于父。贵人则为衣服[2]，由命士以下皆漱澣。男女夙兴，沐浴，衣服。具视朔食[3]。夫入门，升自阼阶，立于阼，西乡。妻抱子出自房，当楣立[4]，东面。姆先，相曰："母某敢用时日[5]，祗见孺子。"夫对曰："钦，有帅[6]。"父执子之右手，咳而名之。妻对曰："记，有成。"遂左还授师。子师辩告诸妇、诸母名。妻遂适寝[7]。夫告宰名。宰辩告诸男名，书曰："某年某月某日，某生[8]。"而藏之。宰告闾史[9]。闾史书为二，其一藏诸闾府，其一献诸州史。州史献诸州伯[10]，州伯命藏诸州府。夫入，食如养礼。

【注释】

〔1〕男角，女羁：角，谓夹囟两旁之发留而不剪。羁，谓午达，即十字交叉形。

〔2〕贵人：是指孩子的父亲地位在大夫以上。

〔3〕朔食：指每月初一的盛馔：天子大牢，诸侯少牢，大夫特豕，士特豚。

〔4〕楣：即屋上的二檩。案古人制五架之屋，正中曰栋，次曰楣，前曰庪，犹今农村屋上之脊檩、二檩、檐檩。

〔5〕某：代妻名。

〔6〕钦，有帅：钦，敬。帅，循。

〔7〕寝：指夫的燕寝。

〔8〕某：代子名。

〔9〕闾史：闾之属吏。下"州史"则州之属吏。

〔10〕州伯：即州长。

【译文】

子生三个月的月末，选择吉日，为子剪去胎发，要留下一部分为鬌：是男孩就留下囟门两旁当角处的胎发，是女孩就在头顶部留下十字形的胎发；否则就男孩留下左边的胎发，女孩留下右边的胎发。这一天，妻同子去见子的父亲。父亲如果是贵人这天就要换上新衣服，自命士以下的人都要穿洗干净的衣服。男人和妇女这天都要早起，沐浴，更衣。所设馔具比照朔食礼。夫进入侧室的门，从阼阶上堂，站在阼阶上，面朝西。妻抱子从房中出来，在上当屋楣的地方站立，面朝东。傅姆站在妻的稍前的位置，帮助妻传话说："孩子的母亲某谨在今天这个时候，让幼子敬见父亲。"夫回答说："教孩子懂得恭敬，凡事都循礼而行。"父亲握着婴儿的右手，另一手托着婴儿的下巴，为他取名。妻代子回答说："铭记父言，使已成才。"于是向左转身，把孩子交给老师。孩子的老师把父亲为孩子取的名遍告妇人和各位庶母。妻于是回到夫的燕寝。夫把子名告诉家宰。家宰把子名遍告同宗的男子，并记载道:"某年某月某日,某出生。"然后收藏起来。家宰又把子名告诉闾史。闾史将子名书写为两份,一份藏在闾府中,一份献给州史。州史献给州伯,州伯命令收藏在州府中。夫进入燕寝,与嫡妻共餐,如同平日受家人供养之礼。

48. 世子生,则君沐浴,朝服。夫人亦如之。皆立于阼阶,西乡。世妇抱子[1],升自西阶。君名之,乃降。嫡子、庶子见于外寝[2],抚其首,咳而名之,礼帅初,无辞[3]。

【注释】

〔1〕世妇:国君的正妻曰夫人,世妇是次于夫人者。
〔2〕嫡子、庶子见于外寝:嫡子,指太子的同母弟。庶子,指妾子。外寝,此实指燕寝。
〔3〕辞:谓父曰"钦,有帅",母曰"记,有成"(见第47节)。

【译文】

如果是太子出生,〔取名的那天〕,国君就要沐浴,穿朝服。夫人也是这样。国君和夫人都站在阼阶上,面朝西。世妇抱着太子,从西阶上堂。国君为太子取名后,再把太子抱下去。如果是嫡子或庶子,国君就在燕寝接见,一手抚摸着孩子的头,一手托着孩子的下巴为子取名,都遵循为太子取名的礼仪,只是不说告诫的话。

49. 凡名子,不以日月,不以国,不以隐疾。大夫、士之子不敢与世子同名。

【译文】

凡给子取名,不用日月名,不用国名,不用身体隐蔽处的疾病名。大夫、士的儿子不敢与太子同名。

50. 妾将生子，及月辰，夫使人日一问之。子生三月之末，漱澣，夙齐，见于内寝[1]。礼之如始入室[2]，君已食，彻焉，使之特馂，遂入御[3]。

【注释】
〔1〕内寝：此谓嫡妻之寝。案凡宫室之制，前有路寝，次有君之燕寝，次夫人正寝；卿大夫以下，前有嫡室，次有燕寝，次有嫡妻之寝。是此处内寝，指卿大夫以下嫡妻之寝。
〔2〕始入室：谓始来嫁时。
〔3〕使之特馂，遂入御：此即所谓"始入室"之礼。若非始入室，则当众妾同馂。

【译文】
妾将生子，到临产的那个月的初一，夫每天派人前去问候一次。子生下后三个月的月末，妾要穿洗干净的衣服，头一天要斋戒，然后同孩子到内寝行见父礼。夫用妾刚嫁到时的礼节接待她，即夫〔与嫡妻〕用餐后，将所剩的饭食撤下来，让生子的妾单独吃，接着便侍候夫过夜。

51. 公庶子生，就侧室。三月之末，其母沐浴，朝服见于君。摈者以其子见[1]。君所有赐，君名之[2]。众子则使有司名之。

【注释】
〔1〕摈者：傅姆之属。
〔2〕君所有赐，君名之：谓生子之妾，君所特有恩赐，偏所爱幸，君则自名其子，故云"君名之"。

【译文】

诸侯国君的庶子将出生,临产的妾要住到侧室去。庶子出生三个月的月末,孩子的母亲要沐浴,穿朝服,〔同孩子〕去见国君。由摈者抱着庶子见君。君对生子的妾如果特加恩赐,君就为这个庶子取名。众妾所生的子就让官吏取名。

52. 庶人无侧室者,及月辰,夫出居群室[1]。其问之也,与子见父之礼,无以异也。

【注释】

[1] 夫出居群室:案因为无侧室,妻与夫同寝而居,妻现在将生子,故夫出避之。群室,谓夹室之属(参见第 30 节)。

【译文】

庶人没有侧室的,到了妻临产的那个月的初一,夫就住到群室去。夫问候妻,和子见父的礼仪,〔与卿大夫、士〕没有什么不同。

53. 凡父在,孙见于祖,祖亦名之,礼如子见父,无辞。

【译文】

凡是父亲在世,新生的孙儿去见祖父,也就由祖父给孙取名,礼仪同子见父一样,但不说告诫的话。

54. 食子者[1],三年而出,见于公宫,则劬[2]。

【注释】

[1] 食子者:谓食(喂养)国君之世子者,即第 44 节所谓"卜士之

妻，大夫之妾，使食子"者。

〔2〕劬：谓劳赐之。

【译文】

负责喂养国君的太子的妇人，三年就可以出去回自己家了，临行前要到国君的宫中去告辞，国君要对她们加以慰劳和赏赐。

55. 大夫之子有食母。士之妻自养其子。

【译文】

大夫之子有乳母。士的妻自己喂养孩子。

56. 由命士以上，及大夫之子，旬而见。冢子未食而见，必执其右手。嫡子、庶子已食而见，必循其首。

【译文】

自命士以上，以及大夫之子，生子后十天即行见父礼。如果是嫡长子，父在未与嫡妻行共餐礼之前就先见，见子时必须握着子的右手。如果是嫡子或庶子，父就在与嫡妻行共餐礼之后再见，见子时必须抚摸子的头。

57. 子能食食，教以右手。能言，男"唯"，女"俞"〔1〕，男鞶革〔2〕，女鞶丝。六年，教之数与方名。七年，男女不同席，不共食。八年，出入门户，及即席饮食，必后长者，始教之让。九年，教之数日，十年，出就外傅，居宿于外，学书记，衣不帛襦袴，礼帅初，朝夕学幼仪，请肄简、谅〔3〕。十有三年，学乐，诵诗，

舞《勺》[4]。成童，舞《象》[5]，学射、御。二十而冠，始学礼，可以衣裘帛，舞《大夏》[6]，惇行孝弟[7]，博学不教，内而不出。三十而有室，始理男事，博学无方，孙友视志[8]。四十始仕，方物出谋发虑，道合则服从，不可则去。五十命为大夫，服官政。七十致仕。

【注释】
〔1〕男"唯"，女"俞"："唯"、"俞"皆应声之词，但"唯"声较直，"俞"声较婉，是男女之别。
〔2〕鞶：盛帨巾的小囊。
〔3〕请肄简、谅：肄，习。谅，信。
〔4〕《勺》：是一种文舞。
〔5〕成童，舞《象》：成童，指十五岁以上。《象》是一种武舞。
〔6〕《大夏》：是一种文武兼备的舞乐。
〔7〕惇：勉。
〔8〕博学无方，孙友视志：方，犹常。孙，顺。

【译文】
　　幼儿能吃饭的时候，教他们用右手。能学说话的时候，教男孩说"唯"，教女孩说"俞"，给男孩佩戴皮革制的小囊，给女孩佩戴丝制的小囊。六岁的时候，教孩子识数和辨认方向。七岁的时候，男孩和女孩不同席而坐，不在一起吃饭。八岁的时候，教孩子出门、进门，以及就席吃饭，必须让长者在先而自己在后，开始教他们学会谦让。九岁的时候，教他们计算日期。十岁的时候〔男孩〕就要出外就老师求学，住宿在外，学习写字和记事，不穿帛制的衣裤，遵循当初在家时学习的谦让之礼，每天都学习初级的礼仪，所向老师请教学习的，贵在简要而信实。十三岁，学习音乐，诵读诗篇，学习《勺》舞。到成童时候，学习《象》舞，并学习射箭、驾车。二十岁举行冠礼，开始学习礼，可以穿皮和帛制的衣服，学习《大夏》舞，努力学习和实行孝敬老人和顺从长上的道理，广博地学习而不可为师教人，努力吸收知识而不可为人谋事。三十岁而娶妻成家,开始掌理男子的事务,广博地学习而无固定的内容,与朋友和顺相处而注意观察他们的志向。四十岁开始做官,衡量事物来进行谋虑,与自己的志向相合就服从,不可服从就离去。五十岁受命做大夫,可以独当一面处理政事。七十岁辞官退休。

58. 凡男拜,尚左手。

【译文】

凡男子行拜礼,左手放在右手上面。

59. 女子十年不出,姆教婉娩、听从,执麻枲,治丝茧,织纴组紃[1],学女事,以共衣服。观于祭祀,纳酒、浆、笾、豆、菹、醢,礼相助奠。十有五年而笄[2],二十而嫁,有故二十三年而嫁[3]。聘则为妻,奔则为妾[4]。

【注释】

〔1〕织纴组紃:纴,缯帛之属。组,亦织。紃,音 xún,圆形丝带。
〔2〕十有五年而笄:案女子十五许嫁,而行加笄礼,犹男子之冠礼,皆表示已成年(参见《曲礼上第一》第 29 节)。
〔3〕有故:谓父母之丧。
〔4〕奔则为妾:案女不待聘而嫁就叫做奔。

【译文】

女孩十岁以后就不出门,由傅姆教她温婉柔顺、听从尊长的教诲,教她纺麻织布,煮茧缫丝,纺织缯帛丝绦,学习女子的活计,以供给衣服。教她观察祭祀,学习捧入酒、浆、笾、豆、菹、醢等祭品和祭器,按照祭礼的要求帮助大人放置祭品和祭器。年十五〔许嫁而〕行加笄礼,二十岁出嫁,如遇父母之丧,就到二十三岁出嫁。接受男家聘礼而出嫁的就是妻,不待聘而嫁的就是妾。

60. 凡女拜,尚右手。

【译文】

凡女子行拜礼,右手放在左手上面。

玉藻第十三

1. 天子玉藻十有二旒[1]，前后邃延[2]，龙卷以祭[3]。玄端而朝日于东门之外[4]，听朔于南门之外[5]。闰月则阖门左扉，立于其中。

【注释】
〔1〕玉藻十有二旒：玉，谓冕前垂旒之玉珠。藻，谓穿玉珠用彩色丝绳。天子之冕十有二旒。
〔2〕邃延：邃，深长。延，是覆盖于冕上的木板，其表蒙以玄色的布，其里则为纁色。
〔3〕龙卷：谓画龙于衣，即龙衮服。
〔4〕玄端而朝日："端"是"冕"字之误。玄冕，玄衣而著冕。朝日，春分所行之礼。
〔5〕听朔于南门之外：听朔，案天子及诸侯每月初一要杀牲，到宗庙行"告朔"礼，即把初一这天的到来报告给祖先之神，告朔而后处理朝政，就叫"听朔"，也叫"视朔"。听朔是在南门外的明堂进行的，故曰"听朔于南门之外"。

【译文】
天子〔所戴的冕上〕有用五彩丝绳穿玉珠做成的十二旒，旒在延的前后长长地垂挂着，身穿龙衮服祭祀宗庙。穿玄色的衣服而头戴冕在国都的东门外行祭日礼，逢初一就在国都南门外的明堂处理政事。如果是闰月，就关上明堂门的左扇，站在门内处理政事。

2. 皮弁以日视朝[1]，遂以食，日中而馂，奏而食。

日少牢，朔月大牢，五饮：上水、浆[2]、酒、醴、酏。卒食，玄端而居。动辄左史书之，言则右史书之。御瞽几声之上下[3]。年不顺成，则天子素服，乘素车，食无乐。

【注释】

〔1〕皮弁：白鹿皮制的弁。

〔2〕上水、浆：水为上，浆以下次之。浆，即醋水（参见《内则第十二》第20节）。

〔3〕御瞽几声之上下：几，察。瞽人审音，察乐声之哀、乐：若政和则乐声乐，政酷则声哀。察其乐，以防君之失。

【译文】

天子日常戴皮弁上朝听政，接着就戴着皮弁用早餐，中午吃早餐剩余的食物，吃饭时要演奏音乐。平日膳食用少牢，每月初一用太牢，并喝五种饮料：第一是水，其次是醋水、酒、醴、稀粥。吃完饭，穿玄端服闲处。天子的行动由左史负责记录，言论由右史负责记录。侍御天子的乐人注意从音乐中体察政治得失。年成不顺，天子就穿白衣，乘白木车，吃饭时不演奏音乐。

3. 诸侯玄端以祭[1]，裨冕以朝，皮弁以听朔于太庙，朝服以日视朝于内朝[2]。朝，辨色始入[3]。君日出而视之，退适路寝听政[4]，使人视大夫。大夫退，然后适小寝[5]，释服。又朝服以食，特牲，三俎，祭肺[6]。夕深衣，祭牢肉[7]。朔月少牢，五俎，四簋[8]。子卯，稷食，菜羹[9]，夫人与君同庖[10]。

【注释】

〔1〕玄端：此"端"亦"冕"字之误。

〔2〕内朝：即正朝，又叫治朝，在路寝门外，而相对于库门外的外

朝，亦可称为内朝。

〔3〕朝，辨色始入：朝，指群臣入朝。辨色，谓天色始可辨时。

〔4〕退适路寝听政：案这是退处路寝就群臣朝时所报告的事与卿大夫们商议而决策。

〔5〕小寝：即燕寝。

〔6〕三俎，祭肺：三俎，谓豕、鱼、腊。案腊，谓干肉。祭肺，是指用牲俎上的肺行食前祭礼。

〔7〕祭牢肉：案牢肉即上所谓"特牲"。

〔8〕五俎，四簋：前三俎再加盛羊肉之俎和盛羊的肠胃之俎，即为五俎。四簋，谓黍、稷、稻、粱各一簋。

〔9〕子卯，稷食，菜羹：案子卯为忌日（参见《檀弓下第四》第49节），故食稷饭、菜羹。

〔10〕同庖：即共庖厨。

【译文】

诸侯戴玄冕祭祀宗庙，穿裨服、戴冕朝见天子，每月初一戴皮弁在太庙处理政事，平日穿朝服在内朝处理政事。群臣入朝，在天刚亮的时候。国君到太阳出来的时候出来见群臣，然后退入路寝处理政事，使人召见大夫们入路寝（商议决策）。大夫们退出后，国君再进入小寝，脱下朝服。又穿朝服用膳，膳食宰一头猪，设三俎，用猪肺行食前祭礼。傍晚穿深衣，进晚餐时用猪肉行食前祭礼。初一盛馔用少牢，设五俎，四簋。遇到子日或卯日，就只吃稷饭和菜羹。夫人和国君共餐。

4. 君无故不杀牛，大夫无故不杀羊，士无故不杀犬豕。君子远庖厨[1]，凡有血气之类，弗身践也[2]。至于八月不雨，君不举。年成不顺，君衣布，搢本[3]，关梁不租，山泽列而不赋，土功不兴，大夫不得造车马。

【注释】

〔1〕君子远庖厨：案因为君子之于禽兽也，见其生不忍见其死；闻

其声不忍食其肉,故远离庖厨。
〔2〕弗身践也:意思是不忍亲见其宰杀。
〔3〕搢本:搢,插。本,指笏板的下部。

【译文】
　　国君无故不杀牛,大夫无故不杀羊,士无故不杀狗、猪。君子使厨房远离自己,凡是有血、有气息的动物,不亲临看它们被宰杀。连续八个月不下雨,国君吃饭不演奏音乐。年成不顺,国君就穿布衣,腰带间插〔与大夫、士相同的〕笏板,关卡和山梁不收租,山泽只划分出禁区和开放区〔以让民众获取生活资料〕而不收取赋税,不兴建土木工程,大夫不得添制车马。

5. 卜人定龟[1],史定墨[2],君定体[3]。

【注释】
　　〔1〕卜人定龟:卜人,为君掌卜事之官。定龟,案龟甲有多种,占卜不同的事项当用不同的龟甲,故需定之。
　　〔2〕史定墨:案灼龟甲后,由史官用墨涂其坼裂处(即所谓兆纹),其裂广而深者,则墨可渗入而显,其裂细微者则墨不可入而不显,然后根据其所显之兆纹以断吉凶。
　　〔3〕君定体:体,即兆体、兆象,亦即史所涂墨而显者。定体,谓视兆所得。

【译文】
　　由卜人选定占卜所当用的龟甲,由史官将烧灼龟甲后的兆纹染墨使之明显,由国君观察兆体以判断吉凶。

6. 君羔幦,虎犆[1]。大夫齐车鹿幦,豹犆;朝车[2]。士齐车鹿幦,豹犆。

【注释】

〔1〕羔幦,虎犆:幦,同"幂",车轼上的覆盖物(参见《曲礼下第二》第10节)。犆,音 zhí,谓缘。案此车是君的斋车,即君祭祀所乘车。

〔2〕朝车:臣的朝车,其制与斋车同。

【译文】

国君〔斋车的车轼上〕覆盖羊皮做的幦,幦周围用虎皮镶边。大夫斋车〔的车轼上〕覆盖鹿皮做的幦,幦周围用豹皮镶边;大夫的朝车也是这样。士斋车〔的车轼上〕覆盖鹿皮做的幦,幦周围用豹皮镶边。

7. 君子之居恒当户,寝恒东首。若有疾风,迅雷,甚雨,则必变,虽夜必兴,衣服、冠而坐。日五盥,沐稷而靧粱,栉用樿栉,发晞用象栉。进禨,进羞[1],工乃升歌。浴用二巾:上絺下绤。出杅[2],履蒯席[3],连用汤[4],履蒲席,衣布,晞身,乃屦,进饮[5]。将适公所,宿齐戒,居外寝[6],沐浴。史进象笏,书思对命[7]。既服,习容观,玉声,乃出,揖私朝[8],辉如也,登车则有光矣。

【注释】

〔1〕进禨,进羞:禨,音 jī,沐后所饮的酒。羞,此谓脯醢。

〔2〕杅:音 yú,浴盆。

〔3〕蒯:音 kuǎi,草名,多丛生水边,茎可编席。

〔4〕连:犹释,谓释去足垢。

〔5〕进饮:即进禨。

〔6〕外寝:此谓正寝。

〔7〕史进象笏,书思对命:史,大夫之史官。象笏,是指以象骨饰本之笏(参见第4节)。书思对命,谓书己之所思于笏,以待对答君

之命。

〔8〕私朝：谓大夫处理家政之所。

【译文】

君子卧居的地方总是在对着室门处，睡觉的时候总是头朝东。如果有疾风，迅雷，大雨，就必须改变常规，即使是夜里也必须起来，穿衣、戴冠而坐。每天五次盥手，用淘稷的水洗头发而用淘粱的水洗脸，梳头用榉木梳子，如果头发已经干了就用象骨梳子。洗头后进酒，并进上脯醢，于是乐工升堂歌唱。洗澡用两条澡巾：洗上身用细葛布巾，洗下身用粗葛布巾。出了浴盆，站在蒯草席上，用热水冲去脚上的污垢，再站到蒲席上，穿上布衣，擦干身体，这才穿鞋，进酒。将到国君那里去，头一天晚上要斋戒，居住在外寝，沐浴。史官进上有象骨装饰下端的笏，把自己考虑的事情记载在笏上，以准备向国君报告或回答国君的问题。穿好朝服后，要先练习上朝的仪容，听玉佩的鸣声〔与步履是否协调〕，然后才出门，到私朝向家臣们行揖礼告辞，显出神采奕奕的样子，登车时更显出光彩照人的样子。

8. 天子搢珽[1]，方正于天下也。诸侯荼[2]，前诎后直[3]，让于天子也。大夫前诎，后诎，无所不让也。

【注释】

〔1〕珽：音 tǐng，天子玉笏名，即大圭，长三尺，上稍窄，而顶端作椎状（即三角形）。

〔2〕荼：诸侯笏名。荼，通"舒"，舒谓上有天子，有所畏惧。

〔3〕诎：音 qū，通"屈"，谓首端作圆弧形，不为椎状。

【译文】

天子插珽，是表示用端方正直之道治理天下。诸侯插荼，荼前圆而后直，表示让于天子。大夫的笏前后两端都作圆形，表示〔对天子、诸侯〕无所不让。

9. 侍坐则必退席，不退，则必引而去君之党。登席不由前，为躐席[1]。徒坐不尽席尺[2]。读书、食，则齐，豆去席尺。

【注释】
〔1〕登席不由前，为躐席：案升席必由席的下端。躐，音liè，践。
〔2〕徒坐：徒，空也。空坐，谓非饮食及讲问时。

【译文】
臣陪坐于君必须退坐在君旁边的席上，如果不退坐在旁边的席上，就必须退到君所亲近的人的后边去坐。登席的时候不可从席的前边，为避免失礼践席。如果无事而坐在席上，席前要空出一尺的地方而不要坐到席边。读书、吃饭的时候就要坐得与席的前沿平齐，盛食物的豆要放在席前离席一尺的地方。

10. 若赐之食，而君客之，则命之祭，然后祭。先饭，辩尝羞，饮而俟。若有尝羞者[1]，则俟君之食，然后食。饭，饮而俟[2]。君命之羞，羞近者。命之品尝之[3]，然后唯所欲。凡尝远食，必顺近食。君未覆手，不敢飧[4]。君既食，又饭飧。饭飧者，三饭也。君既彻，执饭与酱，乃出授从者[5]。

【注释】
〔1〕尝羞者：指膳宰。
〔2〕饮：此饮谓将食，饮水以利喉。
〔3〕品：犹遍。
〔4〕君未覆手，不敢飧：覆手，谓食毕用手擦拭嘴角两旁，怕沾有饭污。飧，本指水泡饭，此处谓作水泡饭以劝君饱食。
〔5〕执饭与酱，乃出授从者：案古礼，主人请客吃饭，凡专为客设

的饭菜，饭后吃不完可以带走，有时还由主人派人把所剩的饭菜送到客人家去。故礼文中每有"归宾俎"的记载。这里是臣自撤己馔，以授从者。

【译文】

如果君赐臣一同用餐，而对臣以客礼相待，只有君命臣行食前祭礼，然后臣才敢祭。〔在君吃饭之前〕，臣要先为君遍尝菜肴，然后饮水洁口而等待君吃。如果有膳宰为君尝菜肴，那就等到君开始吃了，然后再吃。臣吃饭前，饮水以等待君先吃。〔吃饭时〕君命臣吃菜肴，臣就吃放在近处的菜肴。君命臣把所有的菜肴都尝尝，然后才敢想吃什么菜就吃什么菜。凡尝远处的菜肴，必须从近处顺次而吃。在君没有用手擦嘴之前，不敢作水泡饭劝君吃。君吃过水泡饭食之后，臣才又吃水泡饭。吃水泡饭，只吃三口。君的饭菜都撤下去之后，臣才端着饭和酱，出去交给自己的随从。

11. 凡侑食，不尽食。食于人不饱。唯水、浆不祭，若祭为已偞卑[1]。

【注释】

〔1〕若祭为已偞卑：已，太，过分。偞，音 xiè，同"偞"，谓为势所压，惧而自卑。

【译文】

凡是劝尊者吃饭，不把自己的饭菜都吃尽。到别人家作客不吃饱。只有水、浆可以不行食前祭礼，如果用水、浆行食前祭礼，就太降低自己的身份了。

12. 君若赐之爵，则越席再拜稽首受，登席，祭之[1]，饮卒爵而俟，君卒爵，然后授虚爵。君子之饮酒也,受一爵而色洒如也[2],二爵而言言斯[3];礼已三爵,而油油[4],以退。退则坐取屦[5],隐辟而后屦:坐左纳右,坐右纳左。

【注释】
〔1〕祭之:这是用酒行食前祭礼,盖以酒酹地少许以示祭。
〔2〕洒如:肃敬貌。
〔3〕言言斯:和敬貌。斯,犹耳。
〔4〕油油:悦敬貌。
〔5〕坐:即跪(参见《曲礼上第一》第23节)。

【译文】
如果国君赐给臣酒,臣就要越过自己的坐席上前行再拜稽首礼,接受酒,再登席,用酒行祭礼,然后饮干杯中的酒,而等待君饮,待君也饮干杯中酒,然后交出空杯。君子饮酒,饮下一杯而面色显出很肃敬的样子,饮下两杯而显出温和恭敬的样子;礼止于三杯,饮下三杯而显出喜悦恭敬的样子,而可以退出了。退出时要跪下取鞋,隐避到一边而后穿鞋:跪左腿穿右脚的鞋,跪右腿穿左脚的鞋。

13. 凡尊,必上玄酒。唯君面尊。唯飨野人皆酒。大夫侧尊用棜[1]。士侧尊用禁。

【注释】
〔1〕侧尊用棜:侧尊,谓设尊于旁侧,不使主人向之,明与宾客共此酒。与上"唯君面尊"异。棜,禁名,一名斯禁。

【译文】
凡放置酒尊,必须把盛玄酒的尊放在上位。只有国君的席位面对酒尊。只有招待乡野的人全用酒〔而不设玄酒〕。大夫将酒尊设在一旁,放在棜上。士将酒尊设在一旁,放在禁上。

14. 始冠缁布冠,自诸侯以下达。冠而敝之可也。玄冠,朱组缨[1],天子之冠也。缁布冠,缋緌[2],诸侯之冠也。玄冠,丹组缨,诸侯之齐冠也。玄冠,綦组缨[3],士之齐冠也。缟冠,玄武,子姓之冠也[4]。缟冠,素纰[5],既祥之冠也[6]。垂緌五寸,惰游之士也[7]。玄冠,缟武,不齿之服也[8]。居冠属武[9]。自天子下达,有事然后緌。五十不散送[10]。亲没不髦[11]。大帛不緌[12]。玄冠紫緌,自鲁桓公始也[13]。

【注释】
〔1〕玄冠,朱组缨:这是天子始加之冠,与诸侯以下异。
〔2〕缋:同"绘"。
〔3〕綦:杂色。
〔4〕缟冠,玄武,子姓之冠也:武,冠圈(参见《檀弓上第三》第35节)。子姓,即孙。案缟是凶色,玄是吉色,缟冠而玄武,则不纯吉。因父有父母之丧,子不敢纯吉服,故戴吉凶二色相杂之冠。
〔5〕纰:音 pí,缘边。
〔6〕祥:谓大祥。
〔7〕垂緌五寸,惰游之士也:垂緌,是指缟冠、素纰之垂緌。案惰游失业之士,使之服此以耻之。
〔8〕不齿:这是指那些不可教化的被放逐的人。
〔9〕居冠属武:居,谓闲居。属武,谓冠梁与冠圈是连缀在一起的,且不加緌饰,这是因为闲居时礼简而少威仪的缘故。若非闲居之冠,冠梁与冠圈是分开的,到需要戴的时候才连缀在一起。
〔10〕五十不散送:不散,谓送丧不散麻。麻指腰绖。腰绖缠于腰,多余部分任其散垂就叫做散,将多余的部分缠结于腰间而不散垂就叫做绞。或散或绞,要视丧礼的进行而变化。据礼,人始死三天之内当散垂,

三天之后则当绞,到启殡后送葬时又当散垂,葬后则又当绞。人年五十岁,体力始衰,不必备礼,因此只绞而不散垂。

〔11〕髦:参见《内则第十二》第2节。

〔12〕大帛:言其质,即疏帛,也就是素缯。

〔13〕玄冠紫緌,自鲁桓公始也:案玄冠之緌不宜用紫色,为其非正色,而后世用之,则自鲁桓公始。

【译文】
　　行冠礼第一次加的是缁布冠,从诸侯以下一直到士都是这样。缁布冠在第一次加冠戴过之后,就可以弃而不戴了。玄色的冠,红色丝带做冠缨,这是天子行冠礼第一次加的冠。缁布做冠,彩绘的緌饰,是诸侯行冠礼第一次加的冠。玄色的冠,红色丝带做冠缨,是诸侯祭祀时戴的冠。玄色的冠,杂色丝带做冠缨,是士祭祀时戴的冠。白色的冠,玄色的武,这是父有丧而子所戴的冠。白色的冠,又用白色镶边,这是大祥之后所戴的冠。〔白色的冠,又用白色镶边〕,緌饰下垂五寸,这是惰怠失业的士所戴的冠。玄色的冠,白色的冠圈,这是被人们所不齿的人戴的冠。闲处时戴的冠,冠梁和冠圈是连缀在一起的。从天子以下一直到士,有事的时候戴的冠才缀有緌饰。年龄在五十以上的人可以不散垂腰绖而送葬。父母死后就可以不必戴髦了。用粗疏的白缯做的冠不加緌饰。玄色的冠而配以紫色的緌饰,这是从鲁桓公开始的。

15. 朝玄端,夕深衣,深衣三袪[1],缝齐倍要[2],衽当旁[3],袂可以回肘[4]。长、中继掩尺[5]。袷二寸,祛尺二寸,缘广寸半[6],以帛里布,非礼也。士不衣织[7]。无君者不贰采。衣正色[8],裳间色。非列采不入公门[9],振絺、绤不入公门[10],表裘不入公门,袭裘不入公门[11]。纩为茧,缊为袍,单为䌹,帛为褶[12]。朝服之以缟也[13],自季康子始也。孔子曰:"朝服而朝,卒朔然后服之[14]。"曰:"国家未道,则不充其服焉。"唯君有黼裘以誓省[15]，大裘非古也[16]。

【注释】

〔1〕深衣三袪：这是说大夫、士的深衣的腰围与袖口的比例：袖口周长是二尺四寸，腰围则为七尺二寸，故曰"三袪"。

〔2〕缝齐倍要：齐，指深衣的下边。倍腰，谓腰围七尺二寸，下边则为一丈四尺四寸。

〔3〕衽当旁：衽，指裳两旁斜裁为上窄下宽形的布幅。案深衣是一种上衣与下裳连为一体的衣服。其下裳是用六幅布剖分为十二幅拼合缝制成的，其中八幅皆为正幅，前后各四，另四幅则斜裁，下宽而上窄，缝于裳的两旁名为衽，故曰"衽当旁"。

〔4〕袂可以回肘：袂上下之宽二尺二寸，肘长尺二寸，故可以回肘。

〔5〕长、中继掩尺：长，谓长衣；中，谓中衣。长衣、中衣都是穿在礼服之内的。之所以名不同者，中衣是穿在吉服之内的，而长衣则是穿在凶服之内的，且中衣总是穿在内，而长衣在特殊情况下，如大夫遭丧而受聘，就应当暂脱去丧服而以长衣为外服，故不名为中衣。中衣、长衣之制大体与深衣同，唯衣袖的长短不同。深衣为闲居时所穿之衣，故袖短，手掌可露于外，行动方便；长衣、中衣因衬于礼服之内，故其袖长当与礼服相称，所以相当于在深衣的袖口处另接一尺，以继袖长，使可掩覆手掌，即所谓"继掩尺"。

〔6〕"袷二寸"至"寸半"：这是兼深衣、长衣和中衣言之。袷，音jié，谓曲领，即交迭于胸前的衣领，因是从颈的后项曲而下，故曰曲领。

〔7〕士不衣织：此处的织，是指先染丝而后织以为缯者。因为这样的衣服费功多而颜色重，士的地位低贱，不可以穿，只有大夫以上才可以穿。士只可以穿素丝先织而后再染色的缯做的衣服。

〔8〕正色：谓五方之纯色，即东方青色，南方赤色，西方白色，北方黑色，中方黄色。

〔9〕列采：谓正服，在此盖指朝服，因朝服玄冠、缁衣、素裳，色皆不同，故谓之"列采"。

〔10〕振绤、绤不入公门：振，通"袗"，单。单绤、绤之所以不得入公门，以其可以露出人体的轮廓。

〔11〕袭裘：案非当盛礼，以文为美，不可袭裘，当袒正服前襟而露出里面的裼衣，故曰"袭裘"（参见《曲礼下第二》第1节）。

〔12〕"纩为"至"为褶"：这几句是记衣之异名。帛为褶，谓有表

有里而中间不再填绵、絮。

〔13〕朝服之以缟：缟，在此指白色的生丝绢。案朝服当用布做成，这里不用布而用缟，是不符合古制的。

〔14〕卒朔然后服之：朔，谓告朔礼（参见第1节）。行告朔礼当穿皮弁服，告朔礼毕然后脱去皮弁服，穿朝服。

〔15〕黼裘以誓省：黼裘，以杂狐白为黼文的黑羊皮作的裘。誓，敕告。省，当为"狝"，谓秋季田猎。

〔16〕大裘：这是天子行祭天礼穿的服装，诸侯服之，是僭礼的行为。

【译文】

早晨穿玄端服，傍晚穿深衣。深衣的腰围是袖口的三倍，缝制深衣的下缘是腰围的二倍，衽缝在裳的两旁，深衣的袖宽可以使胳肘回屈于其中。长衣、中衣的袖长是在深衣袖长的基础上又接一尺使可掩住手掌。〔深衣、长衣、中衣〕的曲领领边宽二寸，袖口宽一尺二寸，衣的镶边宽一寸半。用帛做布衣的内衣，是不符合礼的。士不可以穿先将丝染色而后再织成的缯做的衣服。辞官位而离国的人不穿两种颜色的衣裳。上衣要用正色，下裳可用杂色。不穿正服不可进入国君的门，穿单薄的粗葛布或细葛布做的衣服不可进入国君的门，皮袄穿在外面不可进入国君的门，用外面的礼服完全遮掩住里面的皮袄也不可进入国君的门。用新丝绵做的衣服叫做茧，用旧絮做的衣服叫做袍，无衬里的单衣叫做䌹，有表有里而当中不填绵、絮叫做褶。用白色的生丝绢做朝服，是从季康子开始的。孔子说："穿朝服而上朝，是在每月初一行过告朔礼之后穿的。"又说："国家不用正确的治国之道，就不穿这个国家的朝服。"只有国君才穿黼裘誓诫众人而举行秋季的田猎之礼，穿大裘是不符合古制的。

16. 君衣狐白裘，锦衣以裼之[1]。君之右虎裘，厥左狼裘。士不衣狐白[2]。君子狐青裘，豹褎，玄绡衣以裼之；麑裘，青豻褎[4]，绞衣以裼之[5]；羔裘，豹饰[6]，缁衣以裼之；狐裘，黄衣以袭之。锦衣狐裘，诸侯之服也。犬、羊之裘不裼[7]。

【注释】
〔1〕锦衣以裼之：锦衣，以素锦为衣。裼，指加在狐裘外的罩衣。
〔2〕士不衣狐白：案因为狐之白者少而贵，故只有国君才可穿，士贱则不得穿。
〔3〕君子：指大夫、士。
〔4〕豻：音àn，北方的一种野狗。
〔5〕绞衣：绞，苍黄色。盖谓苍黄色的缯做的衣。
〔6〕饰：犹袖(袖)。
〔7〕犬、羊之裘不裼：这是说庶人所穿，质地粗略，无须文饰。

【译文】
国君穿白色的狐皮袄，用素锦衣做裼衣。国君右边的卫士穿虎皮袄，左边的卫士穿狼皮袄。士不可穿白色的狐皮袄。君子穿青色狐皮袄，用豹皮做衣袖，用玄色的绡衣做裼衣；或穿幼鹿皮袄，用青色的豻皮做衣袖，用苍黄色的衣做裼衣；或穿羔羊皮袄，用豹皮做衣袖，用黑衣做裼衣；或穿狐皮袄，用黄衣做裼衣。用素锦衣做狐皮袄的裼衣，是诸侯的服装。狗皮袄、羊皮袄不用裼衣。

17. 不文饰也不裼。裘之裼也，见美也[1]。吊则袭，不尽饰也。君在则裼，尽饰也。服之袭也，充美也[2]。是故尸袭，执玉圭袭。无事则裼，弗敢充也。

【注释】
〔1〕裘之裼也，见美也：裼，原误作"饰"。见美，案裼衣上还加有正服，这里是指开正服前襟以见裼衣的文饰之美。又君子在一般情况下，以见美为敬。

〔2〕服之袭也，充美也：充，犹覆。案这是指在盛礼的场合，以质为敬，故当袭以充美，即如下文所说"尸袭，执玉圭袭"。

【译文】

不加文饰就无须穿裼衣。皮袄外加裼衣，就是为了开正服前襟时能够显露出裼衣的文饰之美。吊丧时就要掩好正服前襟，不显露裼衣的文饰。在国君面前，就应当显露文饰〔以表敬意〕。掩好正服前襟，是为了覆盖住裼衣之美。因此充当尸应当掩好正服前襟，拿玉圭的时候应当掩好正服前襟。在一般情况下就应当袒露出裼衣，而不敢将裼衣覆盖住。

18. 笏，天子球玉[1]，诸侯以象，大夫以鱼须文竹[2]，士竹本象可也。见于天子，与射，无说笏[3]。入大庙说笏，非古也。小功不说笏，当事免则说之。既搢必盥，虽有执于朝，弗有盥矣。凡有指画于君前，用笏。造受命于君前，则书于笏。笏，毕用也，因饰焉。笏度二尺有六寸，其中博三寸，其杀六分去一[4]。

【注释】

〔1〕球：谓美玉。
〔2〕鱼须文竹：案此鱼盖为海产的鲛鱼(也就是鲨鱼)。"须"是"颁"字之误，"颁"与"班"古字通，鲛鱼皮有班(斑)，可以为饰，故大夫用之以饰笏。
〔3〕说：通"脱"。
〔4〕其杀六分去一：案天子、诸侯从笏的中部以上渐渐稍杀，至上首六分三寸而去其一分，余有二寸半。在大夫、士又从中以下渐渐杀，至下首亦六分而去其一。

【译文】

笏，天子是用美玉做的，诸侯是用象骨做的，大夫是用竹子做的而用有斑纹的鲛鱼皮做装饰,士也是竹子做的而下端可以用象骨装饰。朝见天子,参加射箭比赛,笏不离身。进入国君的太庙不带笏,不符合古礼。有小功之丧,笏可以不离身,当必须袒免哭踊的时候就可以将笏脱去。把笏插进绅带之后必须洗手,这样即使在朝廷上需要拿笏,也无须再洗手了。凡在国君面前需要指画什么,就用笏。前往国君面前接受命令,就记录在笏上。笏,事事都需要用它来记录,因此要加以装饰〔以区别上下等级〕。笏长二尺六寸,它的中间部分宽三寸,〔天子、诸侯的笏从中部往上渐窄,大夫、士的笏从中部往下渐窄〕,窄头比中部减少三寸的六分之一。

19. 而素带,终辟[1]。大夫素带,辟垂[2]。士练带,率[3],下辟。居士锦带。弟子缟带。并纽约用组[4]。

【注释】

〔1〕而素带,终辟:案此句之上当有"天子素带,朱里,终辟",脱错在后(见第23节)。"而素带,终辟",这里说的是诸侯之制。辟,通"裨冕"之"裨"。裨,谓以缯采饰其侧。素,是熟绢。终,竟。终辟,谓终竟此带尽缘其边。

〔2〕垂:指带下余而垂以为饰的部分。

〔3〕练带,率:练谓缯,率谓编其两侧为辫状。

〔4〕并纽约用组:是说从天子至弟子皆如此。纽约,纽是带之交结处。合并其纽,用组约之,则不可解。

【译文】

而〔诸侯〕系白色的熟绢带,带从头到尾都有镶边。大夫系白色熟绢带,带的下垂部分用彩缯镶边。士系缯带,带两侧编为辫状,带的下端用彩缯镶边。不做官的士系锦带。弟子系白色生绢带。所有的带都是用丝绳拴系交结处。

20. 韠,君朱,大夫素,士爵[1],韦。圜,杀,直。天子直。公侯前后方。大夫前方，后挫角。士前后正[2]。韠，下广二尺，上广一尺，长三尺。其颈五寸，肩、革带博二寸[3]。

【注释】
〔1〕爵：通"雀"，谓如雀头的颜色，赤而微黑。
〔2〕"天子"至"后正"：案下为前，上为后。又，韠之制，长三尺，上宽一尺，下宽二尺。天子自上之左右角宽一尺处，斜裁至下之左右角宽二尺处，尽其所裁，一直而无所屈，故曰"直"。诸侯自上之左右角正裁而下，至五寸止，止处亦宽一尺；自下之左右角正裁而上，至五寸止，止处亦宽二尺；又自上五寸之下宽一尺处斜裁至下五寸之上宽二尺处止，上下各有五寸不斜裁，故曰"方"。大夫自下之左右角正裁而上，至五寸止，止处宽二尺，就此宽处左右斜裁之至上左右角宽一尺处，尽其上端之左右及左右之两边，各削一寸，去其两角，其下端裁方与诸侯同，上端不裁方，只削其两角，故曰"圜"。士之下端左右角亦方裁，上至五寸而止，止处二尺，亦就止处斜裁至上端宽一尺处，尽如大夫，但不削圜二角，盖后直而前方，故曰"前后正"。
〔3〕其颈五寸，肩、革带博二寸：案韠之上端宽一尺，其中央部分宽五寸处为颈，两端各二寸处为肩。革带，系于腰间、衣外。腰间、衣外除大带，还系有革带，韠即上系于革带。

【译文】
蔽膝，国君是红色的，大夫是白色的，士是赤黑色的，都是用熟牛皮做成的。有削角而为圆的，有裁杀斜角而为方角的，有上下直裁的。天子的韠是从下端向上端直裁的。公侯的韠是下端和上端都裁成方角的。大夫的韠下端裁成方角，上端则削去两角而为圆形。士的韠下端和上端都是正裁。韠下端宽二尺，上端宽一尺，长三尺。韠上端的颈宽五寸，两肩和革带各宽二寸。

21. 大夫大带四寸。杂带[1]，君朱绿，大夫玄华[2]，士缁辟。二寸，再缭四寸。凡带有率，无箴功[3]。

【注释】

〔1〕杂：犹饰。

〔2〕华：谓黄色。

〔3〕凡带有率，无箴功：率，谓编为辫状。无箴功，谓针线细密，不见用针之功。

【译文】

大夫的大带宽四寸。带的装饰，国君上红下绿，大夫外黑内黄，士内外都饰以黑色。士的带宽二寸，绕腰两匝也是四寸了。凡带有编为辫状的地方，针线的痕迹都细密得好像没有一样。

22. 一命缊韨，幽衡[1]；再命赤韨，幽衡；三命赤韨，葱衡。

【注释】

〔1〕一命缊韨，幽衡：一命，谓士。缊，音 wēn，赤黄色。韨，音 fú，亦韠，因是穿祭服时所系，故异其名。衡，亦作"珩"，佩玉上部的横杠可系处。

【译文】

一命者系赤黄色的韨，佩玉上的衡是黝黑色的；二命者系赤色的韨，佩玉上的衡是黝黑色的；三命者系赤色的韨，佩玉上的衡是葱绿色的。

23. 天子素带，朱里，终辟。

【译文】

天子系白色熟绢带，带里是红色的，带从头到尾都有镶边。

24. 王后袆衣[1]，夫人揄狄[2]。

【注释】
〔1〕袆衣：袆，音 huī。袆衣，王后的祭服名，服素底而画有彩色羽毛的雉（野鸡）为饰。
〔2〕揄狄：亦作"摇翟"，音同互通，是国君夫人的祭服名，服青底而画有彩色羽毛的雉以为饰。

【译文】
王后〔祭祀时〕穿袆衣，国君夫人〔祭祀时〕穿揄狄。

25. 三寸[1]，长齐于带[2]。绅长制，士三尺，有司二尺有五寸[3]。子游曰："参分带下，绅居二焉[4]。"绅、韠、结三齐[5]。

【注释】
〔1〕三寸：这是指系带的纽和丝绳的宽度。
〔2〕长齐于带：这是说丝带下部分的长度与绅带齐。案此处的带即指绅带之余而下垂为饰的部分。
〔3〕有司：谓府、史之属，主人自除之吏。
〔4〕参分带下，绅居二焉：案人长八尺，大带之下四尺五寸，分而为三，绅居二分，则绅长三尺。
〔5〕结：谓结其余。

【译文】
〔系结带的纽和丝绳〕宽三寸，系纽的丝绳下垂的部分与绅长齐。绅长的规格，士的绅长三尺，小吏的绅长二尺五寸。子游说："将人的身高从腰带以下分为三分，绅长占三分之二。"绅长、韠长、系纽的丝绳下余部分的长，三者等齐。

26. 君命屈狄[1]。再命祎衣[2]。一命襢衣[3]。士褖衣[4]。唯世妇命于奠茧[5]，其他则皆从男子[6]。

【注释】
〔1〕君命屈狄：君，谓女君，子男之妻。"屈"亦作"阙"。阙狄，是子男之妻的祭服，服上有用缯剪的雉形缝缀之以为饰。
〔2〕再命祎衣："祎"是"鞠"字之误也。案子男之卿再命，其妻得服鞠衣。鞠衣是一种如初生的嫩桑般黄色的衣。
〔3〕一命襢衣：襢，音 zhàn。子男之大夫一命，其妻得服襢衣。襢，袒，其衣坦然正白无而文采。
〔4〕褖衣：褖，音 tuàn。褖衣，是一种黑色的衣。
〔5〕唯世妇命于奠茧：世妇，位卑于夫人（诸侯之正妻）。案世妇虽已被命，犹不得即服命服，必须入助蚕事，蚕事毕，献茧多而功大，更须君亲命之著服，才得服，故云"命于奠茧"。奠茧，犹言献茧。
〔6〕其他则皆从男子：谓其他皆从夫之爵位。

【译文】
受有爵命的〔子男之妻祭祀时〕穿屈狄。受二命的〔子男之卿的妻祭祀时〕穿鞠衣。受一命的〔子男之大夫的妻祭祀时〕穿襢衣。〔子男之〕士〔的妻祭祀时〕穿褖衣。只有世妇在献蚕茧的时候才可受君命而穿命服，而在其他方面享受的待遇都依从丈夫的爵位。

27. 凡侍于君，绅垂[1]，足如履齐[2]，颐霤[3]，垂拱，视下而听上，视带以及袷[4]，听乡任左[5]。

【注释】
〔1〕绅垂：谓弯腰时则绅带垂。
〔2〕足如履齐：谓弯腰时前裳的下边挨地而与履齐。
〔3〕霤：指屋檐。
〔4〕袷：谓交领也。

〔5〕任左：案因为人的右耳目不如左耳目明，故任左为欲听之审。

【译文】
　　凡陪侍国君，要弯腰使绅带下垂，脚就像要踩着前裳的下边，〔要低头而使〕下巴下垂如屋檐，两手合抱而下垂，目光要下视，而当听国君说话时就要扬首谛听，看国君时目光只能注视衣带以上到衣领的地方，听国君说话的时候要使左耳侧向前。

28. 凡君召以三节[1]：二节以走，一节以趋。在官不俟屦，在外不俟车。

【注释】
　　〔1〕节：是君派使者召臣所持的信物，用玉做的，其形制不详。

【译文】
　　凡国君派使者召臣共有三节：用二节召臣臣就要快跑前往，用一节召臣臣就快走前往。〔君召臣时〕臣如果在朝中官署，不等到穿好鞋就赶紧前往；臣如果在朝外家中，不等到备好车马就赶紧前往。

29. 士于大夫，不敢拜迎[1]，而拜送。士于尊者先拜，进面，答之拜，则走[2]。士于君所言大夫，没矣则称谥若字，名士；与大夫言，名士，字大夫。

【注释】
　　〔1〕不敢拜迎：案士卑于大夫，若迎拜，则恐烦大夫答拜。若地位相同，则当拜迎。
　　〔2〕答之拜，则走：这是表示不敢当尊者之拜。

【译文】
　　士对于来访的大夫，不敢迎上前去行拜礼，而大夫走时则当行拜送礼。士如果前往访见位尊者，就当先在门外行拜礼，然后进去见尊者，尊者如果答拜，就应当跑到一边避开。士在国君面前谈起大夫，如果大夫已经死了就称他的谥号，或称他的字，而士自称名；士同大夫谈话，士自称名，而对大夫称字。

30. 于大夫所有公讳，无私讳。凡祭不讳，庙中不讳，教学临文不讳。

【译文】
　　在大夫面前要避君讳，而不避大夫家的私讳。凡祭祀时读祝祷词不避讳，在庙中读祝祷词不避讳，教和学面对书中的文字可以不避讳。

31. 古之君子必佩玉，右徵、角，左宫、羽[1]，趋以《采齐》[2]，行以《肆夏》，周还中规，折旋中矩，进则揖之，退则扬之[3]，然后玉锵鸣也。故君子在车则闻鸾和之声[4]，行则鸣佩玉，是以非辟之心，无自入也。君在不佩玉[5]，左结佩，右设佩[6]；居则设佩，朝则结佩；齐则绩结佩[7]，而爵韠。凡带必有佩玉，唯丧否。佩玉有冲牙[8]。君子无故玉不去身。君子于玉，比德焉。天子佩白玉而玄组绶。公侯佩山玄玉而朱组绶。大夫佩水苍玉而纯组绶[9]。世子佩瑜玉而綦组绶[10]。士佩瓀玟而缊组绶[11]。孔子佩象环五寸而綦组。

【注释】

〔1〕右徵、角，左宫、羽：羽，原误作"月"。徵、角、宫、羽，皆属古代的五声音阶(参见《乐记第十九》第4节)。

〔2〕趋以《采齐》：这是路门外的乐节。门外当趋。《采齐》古乐名，已佚。

〔3〕扬：谓仰。

〔4〕鸾和：皆车铃。案鸾在衡(车辕前端架在牲口脖子上的横木)，和在式(轼)。

〔5〕君在不佩玉：这是指太子，不敢佩玉以表德，故去玉以示无德。

〔6〕左结佩，右设佩：指佩带木燧、大觿之属，以示孝事君上(参见《内则第十二》第2节)。

〔7〕绩结佩：绩，音 zhēng，屈，谓结其绶而又屈上之。

〔8〕佩玉有冲牙：案佩玉实名杂佩，是由一组玉按一定方式连缀而成，其最上一块略似半圆形而圆弧朝上的叫做珩，珩的弧形的正中系以绶带，珩的下边正中和两端各系一条丝绳，这三条丝绳的中间各贯有一玉珠，中间的玉珠最大，叫做瑀，两旁的珠叫做琚。三条丝绳的末端亦各系有一块玉，正中的一块如等腰梯形的玉就叫做冲牙，两旁各有一块如半月形而其下角勾向内侧的玉叫做璜，行动时璜的下角就会与冲牙下边的两角碰撞而发出鸣声来。

〔9〕纯：当为"缁"。

〔10〕世子佩瑜玉：瑜，是玉之美者，故世子佩之。

〔11〕瑌玫：瑌，音软 ruǎn。玫，音 mín。瑌玫，似玉的美石。

【译文】

古时候的君子必须佩带玉，右边的佩玉发出的声音像徵声和角声，左边的佩玉发出的声音像宫声和羽声。〔在路寝门外〕快步走时音乐演奏《采齐》，〔进入路门上堂时〕音乐演奏《肆夏》，转身的时候圆如规，拐弯的时候方如矩，前进时身体要微俯，后退时身体要微仰，然后佩玉发出锵锵的鸣声。因此君子在车上就能听到鸾和的鸣声，行走时就能听到佩玉的鸣声，因此非礼的、邪僻的思想，就无从侵入。太子在国君面前不带佩玉，左、右两边都要佩带备国君有事时所需用的东西；所到之处都要带佩玉，朝见国君时左边就要再系结备国君有事时所需用的东西。斋戒的时候要把佩玉上的绶带挽结起来，并使原来下垂的佩玉屈折向上，而系上赤黑色的蔽膝。凡衣带必须系有佩玉，只有在服丧的时候才不这样。佩玉都系有冲牙。君子无故佩玉不离身。君子对于玉，是用来象征德行的。天子佩带白玉，而系以玄色的绶带。公侯佩带青黑如山色的玉，而系以红色的绶带。大夫佩带苍黑如水色的玉，而系缁色的绶带。太子佩带美玉，而系以杂色的绶带。士佩带似玉的美石，而系以赤黄色的绶带。孔子佩带五寸的象骨环，而系以杂色的绶带。

32. 童子之节也，缁布衣，锦缘，锦绅，并纽，锦束发，皆朱锦也。肆束及带[1]，勤者有事则收之，走则拥之。童子不裘，不帛，不屦绚[2]，无缌服，听事不麻，无事则立主人之北，南面。见先生，从人而入[3]。

【注释】
〔1〕肆束：肆，通"肄"，余。余束，谓纽约之余。
〔2〕绚：音 qú，鞋头上的装饰，有孔，可以穿系鞋带。
〔3〕见先生，从人而入：先生，谓老师。童子不能独为礼，若往见师，则随成人而入。

【译文】
儿童的礼节，穿黑布衣，用锦缘边，系锦绅带，绅带的交接处用纽并结在一起，用锦束发，都是用的红色的锦。系纽丝带的剩余部分以及下垂的绅带，如果有事情要做的时候就用一只手收挽起来，需要快跑的时候就用双手抱住。儿童不穿皮衣，不穿帛衣，不穿鞋头上有装饰的鞋，不服缌麻之丧，听大人吩咐为丧事做事也不系麻绖带，无事的时候就站在丧主人北边，面朝南。如果前往见老师，就随从大人进去。

33. 侍食于先生、异爵者[1]，后祭，先饭[2]。客祭，主人辞曰[3]："不足祭也。"宾飧[4]，主人辞以"疏"。主人自置其酱，则客自彻之。一室之人[5]，非宾客，一人彻[6]。壹食之人[7]，一人彻。凡燕食，妇人不彻[8]。

【注释】
〔1〕异爵：谓爵尊于己。
〔2〕后祭，先饭：后祭，是表示此馔不为己设。先饭，是表示为尊者尝食。
〔3〕客祭，主人辞：客祭，有表示感谢主人的饭菜丰盛的意思。主人辞，是自谦饭菜粗疏，不值得祭。
〔4〕飧：这是客人吃饱后，还要再吃上几口，以表示赞美主人的饭菜好吃。
〔5〕一室之人：谓同事而共居者。
〔6〕一人：谓年少者。
〔7〕壹：犹聚。
〔8〕妇人不彻：案这是因为妇人体质弱，不胜礼事。

【译文】
　　陪侍老师或地位比自己高的人吃饭，要后行食前祭礼，先尝饭。客人行食前祭礼时，主人要推辞说："不值得烦您行祭礼。"客人吃饱后还要再吃上几口，主人要用"饭菜粗疏〔不值得饱食〕"的话相推辞。如果饭前主人亲自为客人设酱，饭后客人就要亲自把酱撤下去。如果是住在一个寝室的同事，而不是宾客，饭后就由年少者一人撤除餐具。如果是在一起聚餐的人，饭后也由年少者一人撤除餐具。如果是家常吃饭，妇人不撤餐具。

34. 食枣、桃、李，弗致于核[1]。瓜祭上环[2]，食中，弃所操。凡食果实者，后君子；火孰者，先君子。

【注释】

〔1〕致：此谓谓委弃之。

〔2〕瓜祭上环：案吃瓜亦须行食前祭礼。环，谓削瓜似环。上环，谓近蒂处也。

【译文】

吃枣、桃、李，不要把核扔到地上。吃瓜前要将瓜的上端削成环状行祭礼，吃瓜的中部，抛弃用手拿的一端。凡吃果实，应当在君子之后；吃火烧熟的食物，应当先为君子尝食。

35. 有庆，非君赐不贺。有忧者[1]，

【注释】

〔1〕有忧者：案此下文亡缺，不成句。

【译文】

有喜庆的事，如果不是获得国君的赏赐，就不祝贺。有忧愁的人，

36. 勤者有事则收之，走则拥之。

案这是第32节之文重出于此。

【译文】

略。

37. 孔子食于季氏，不辞，不食肉而飧[1]。

【注释】

〔1〕不辞，不食肉而飧：案凡为客之礼，吃饭前当先起身推辞，吃

时则当先吃肉块,并依次而吃其他食物,一直到吃饱,再行飧礼,即吃三口水泡饭(参见第 10 节)。然而孔子既不辞,又不食肉而飧,必是季氏进食失礼。

【译文】
　　孔子在季氏家吃饭,不行推辞礼,还没有吃肉就吃水泡饭。

　　38. 君赐车马,乘以拜;赐衣服,服以拜。赐,君未有命,弗敢即乘服也。君赐,稽首,据掌致诸地。酒肉之赐,弗再拜。凡赐,君子与小人不同日。

【译文】
　　君赐给车马,要乘着前去拜谢君;赐给衣服,要穿着前去拜谢君。君的赏赐物,君没有下命令,就不敢乘,不敢穿。拜谢君赐,行稽首礼,要用两只手掌据地而使头触地。如果君赐给酒肉,〔行拜礼接受之后〕就无须再次前去拜谢了。凡君行赏赐,赏赐君子和赏赐小人不在同一天。

　　39. 凡献于君,大夫使宰,士亲,皆再拜稽首送之[1]。膳于君,有荤、桃、茢[2]。于大夫去茢,于士去荤。皆造于膳宰[3]。大夫不亲拜,为君之答己也。

【注释】
　　[1] 皆再拜稽首送之:案大夫遣宰时,当向宰行再拜稽首礼以送之。宰和士献物于君,并非亲献于君,而是交付给君门前的小臣转交给君。交付小臣后,宰和士皆当向小臣行再拜稽首礼以表相送,故曰"皆再拜稽首送之"。
　　[2] 荤、桃、茢:皆避凶邪之物。荤,音 hūn。谓辛物,如姜、葱之类。桃谓桃枝。茢即笤帚。

〔3〕膳宰：本指为国君掌饮食的官，此处泛指为君、大夫、士掌饮食之官。

【译文】
　　凡献礼物给君，大夫派家宰前往，士亲往，都要行再拜稽首礼相送。献美食给君，要同时送上辛物、桃枝和笤帚。献美食给大夫去掉笤帚，送美食给士再去掉辛物。食物都献到食官那里。大夫献礼物给君之所以不亲自前去行拜送礼，是因为怕麻烦君向己回礼。

40. 大夫拜赐而退[1]。士待"诺"而退[2]；又拜[3]，弗答拜。大夫亲赐士，士拜受，又拜于其室。衣服，弗服以拜。敌者不在，拜于其室。凡于尊者有献，而弗敢以闻[4]。士于大夫不承贺，下大夫于上大夫承贺。亲在，行礼于人称父。人或赐之，则称父拜之。

【注释】
　　〔1〕大夫拜赐而退：拜赐，是指大夫前往拜谢君昨日之赐。案拜赐时，是在君门前向小臣说明来意，当小臣要进去向君报告时，大夫即行拜礼而后退，恐烦君得报后召己答拜。
　　〔2〕士待"诺"而退：士卑，君不答拜，故士在君门前行过拜礼之后，要等小臣进去向君报告而后出来向士转告君之"诺"，再退去。
　　〔3〕又拜：这是补记士退去之前之礼。
　　〔4〕弗敢以闻：是不敢直说献物给尊者的话，而只能说送何物给尊者的属吏或从者之类的话。

【译文】
　　大夫前去拜谢君的赏赐，〔在君门前〕行过拜礼就退去了。士〔在君门前行拜过礼后〕要等到小臣出来转告君的话说"知道了"，再退去；〔退去之前〕还当行拜礼〔以感谢君的回话〕，君终不答拜。大夫亲自〔到士家〕赏赐士，士行拜礼接受，又要到大夫的家里去拜谢。大夫赐给士衣服，士不穿着去拜谢大夫。赐物给地位相同的人而受赐者不在家，〔受赐者回来〕后就要到赐者家里去拜谢。凡是向地位尊贵的人进献礼物，不敢向尊贵者直说。士〔有喜庆的事〕不敢接受大夫的祝贺，下大夫对于上大夫则可以接受祝贺。父亲在世，向人送礼就要用自己父亲的名义。如果有人赐给礼物，就要用自己父亲的名义拜谢。

41. 礼不盛，服不充。故大裘不裼[1]，乘路不式。

【注释】

〔1〕大裘不裼：大裘，天子祭天所服。不裼，谓不袒露裼衣。案这是举例说明礼盛则服充。

【译文】

不当盛礼，礼服就〔要袒开前襟而〕不覆盖〔里面文饰美丽的裼衣〕。因此天子穿大裘〔行祭天礼〕就不袒露里面的裼衣，乘车〔去祭天途中〕也不行轼礼。

42. 父命呼，"唯"而不"诺"，手执业则投之，食在口则吐之，走而不趋。亲老，出不易方[1]，复不过时。亲癠[2]，色容不盛，此孝子之疏节也。父没而不能读父之书，手泽存焉尔；母没而杯圈不能饮焉[3]，口泽之气存焉尔。

【注释】

〔1〕出不易方：谓外出前禀告过父母要去何处，外出后不得改易，以免父母召己而莫知所在。

〔2〕癠：音jì，病。

〔3〕杯圈：皆盛酒浆之器。圈，是木制的卮、匜之类。

【译文】

父亲使人叫儿子，儿子要答应"唯"〔而立即前往〕，不只答应"诺"〔而不动身〕，如果有活在手就要放下活，如果有食物在口就要吐出食物，快跑而不是快走到父亲跟前。双亲年老，儿子外出不改变所去的地方，返回不超过预定的时间。双亲有病，儿子面色忧虑而顾不上讲究仪容，这只是孝子孝心的粗略表现，〔还不足称至孝〕。父亲死了，而不忍心读父亲读过的书，因为有父亲生前拿书的手迹存留在上面；母亲死了，而不忍心用母亲生前用过的饮器，因为有母亲生前口液的气息存留在上面。

43. 君入门，介拂闑，大夫中枨与闑之间，士介拂枨[1]。宾入不中门，不履阈。公事自闑西，私事自闑东。

【注释】

〔1〕"君入"至"拂枨"：这是记两君相见入门之法。君，即来访之宾。介，谓上介，由卿充任，是宾的第一副手。大夫，即大夫介，次于上介而尊于士介。助主君迎宾的副手则称摈，相应地有上摈、大夫摈、士摈。此处唯言君（宾）、介，未言主君与摈，是知宾、介入门之法，则主君与摈不言可知。又古代大门之制，门正中竖有一短木叫做闑，将门分为东西两半，闑高略低于车轴，故车可越其上而过。在闑与东西门框之间，即在当门东西两半的正中，各竖有一长木，叫做枨。宾主入门时，宾由闑西，当闑与西枨的正中；主君由闑东，当闑与东枨的正中。宾的上介紧随宾后而稍东，故曰"介拂闑"，是拂闑的西侧。主君的上摈紧随主君之后而稍西，则当拂闑之东侧。宾的大夫介后于上介，而步宾之迹，亦由闑与西枨的正中入门，故曰"大夫中枨与闑之间"。主君之大夫摈亦步主君之迹。宾的士介后于大夫介而稍西，故曰"士介拂枨"，是拂门的西枨。主君的士摈则拂东枨而入。这样宾的上介、大夫介、士介，与主君的上摈、大夫摈、士摈，入门时的路线正好逞一"八"字

形,如所谓雁行。此即两君相见宾主入门之法。

【译文】
　　来访的国君〔从阈的西边〕入门,上介〔跟在后边而稍偏东〕挨着阈入门,大夫介〔跟在上介后边〕而从阈与西枨的正中间入门,士介〔跟在大夫介后边而稍偏西〕挨着西枨入门。来宾入门不走门的正中,不可踩着门坎,因公事而来就从阈的西边入门,如因私事而来就从阈的东边入门。

　　44. 君与尸行接武[1],大夫继武,士中武,徐趋皆用是。疾趋则欲发[2],而手足毋移。圈豚行不举足[3],齐如流。席上亦然。端行颐溜,如矢。弁行剡剡起屦[4]。执龟玉,举前曳踵,蹜蹜如也[5]。凡行容惕惕[6],庙中齐齐[7],朝廷济济翔翔[8]。

【注释】
　　[1] 接武:武,足迹。接武,谓一次举足迈出的距离只是足迹的一半,人的足迹长一尺二寸,是一次只迈出六寸的距离,这是因为尊者行步尚徐缓。以下大夫和士行走所迈出的距离依次加倍。案这是指在君庙中行步之仪。
　　[2] 疾趋则欲发:这是指因他事行礼,手无所执,而需直身速行时,非谓于宗庙中,故可不遵接武、继武、中武之法,而可如平常迈步之阔狭自如。发,起。
　　[3] 圈豚:圈,转。豚,谓若有所循。
　　[4] 弁行剡剡起屦:弁,急。剡,音 yǎn。剡剡,身起貌。
　　[5] 蹜蹜:蹜,音 sù。蹜蹜,谓脚步小而快。
　　[6] 惕惕:直疾貌。
　　[7] 齐齐:恭悫貌。
　　[8] 济济翔翔:庄敬貌。

【译文】

〔在庙中〕君和尸行走时要使前后两脚的脚印在脚腰处相接，大夫行走时要使后脚的脚尖与前脚的后跟相接，士行走时要使前后脚间隔一脚的距离，慢走和快走都用这种迈步法。〔在其他场合直行〕快走时脚就像抬起而不沾地，但手和脚不要左右摇摆游移不定。循一定的路线转弯时，就不抬脚擦地而行，使裳的下边下垂如流水。走在席上〔而尚未坐下时〕也这样。直行时要使下巴下垂如屋檐，而迈步直如箭。急速行走的时候就像身子要离地腾起的样子。拿着龟甲和玉器的时候，要举起前脚掌而拽着脚后跟行走，显出脚步紧凑促狭的样子。凡行走在道路上要显出端庄而紧迫的神色，行走在庙中要显出恭敬虔诚的样子，行走在朝廷上要显出矜庄恭敬的样子。

45. 君子之容舒迟，见所尊者齐遫[1]，足容重，手容恭，目容端，口容止，声容静，头容直，气容肃，立容德，色容庄，坐如尸，燕居告温温。凡祭，容貌颜色如见所祭者。丧容累累，色容颠颠，视容瞿瞿梅梅，言容茧茧。戎容暨暨，言容詻詻[2]，色容厉肃，视容清明。立容辨卑毋谄[3]，头颈必中，山立，时行，盛气颠实扬休[4]，玉色。

【注释】

〔1〕齐遫：遫，音 sù。案"齐"与"遫"同义，而"遫"为籀文"速"字，是迅疾的意思。君子平日舒迟不迫，见到尊者则疾速以承之，唯恐滞后。

〔2〕詻詻：詻，音 è。詻詻，教令严貌。

〔3〕辨卑毋谄：辨，通"贬"，谓自贬卑。谄，同"谄"。

〔4〕颠实扬休：颠，通"填"。实，满。扬，通"阳"。休，同"煦"。

【译文】

　　君子的仪容闲雅从容,见到尊长的时候就要迅速迎侍,举步要稳重,抬手要恭敬,目不邪视,口不妄言,声不粗厉,头不偏斜,呼吸平静,站立时显出很有德行修养的样子,面色矜庄,坐时如尸一样庄重,闲处而指使人的时候态度温和可亲。凡祭祀,容貌脸色要像看见了所祭的人那样。服丧时显出瘦病疲惫的样子,脸上显出忧思的神色,目光显得模糊不清,说话显出声气细微的样子。在军中要显出果敢刚毅的样子,说话显出庄重严厉的样子,脸色显出严厉威重的样子,目光显出清澈明察的样子。站立时要显出谦卑而又不谄媚的样子,头颈必须端正,要立得稳重如山,该行动时才行动,盛气充满体内而又如阳光一样和煦,面色温润如玉。

　　46. 凡自称,天子曰"予一人",伯曰"天子之力臣",诸侯之于天子曰"某土之守臣某"[1],其在边邑曰"某屏之臣某",其于敌以下曰"寡人",小国之君曰"孤",摈者亦曰"孤"[2]。

【注释】

　　[1] 某土之守臣某:上"某",代封地名。下"某",代诸侯名。
　　[2] 摈者亦曰"孤":案诸侯朝见天子时有协助自己行礼仪的副手叫做介,为天子接待诸侯的人叫做摈者。诸侯到来时是先由介报告天子的摈者,摈者再向天子报告某诸侯的到来。小国的介向天子之摈者报告时称己君为"孤",因此摈者向天子报告时亦称之为"孤"。

【译文】

　　凡自称,天子自称"予一人",伯自称"天子的力臣",诸侯对于天子自称"某地的守臣某",诸侯封国在边境的就自称"某地藩卫之臣某",诸侯对于同自己地位相等和地位在己之下的人自称"寡人",如果是小国的国君就自称"孤",摈者在向天子报告时也称他为"孤"。

47. 上大夫曰"下臣",摈者曰"寡君之老"[1]。下大夫自名,摈者曰"寡大夫"。世子自名,摈者曰"寡君之適"。公子曰"臣孽"[2]。士曰"传遽之臣"[3],于大夫曰"外私"[4]。大夫私事使,私人摈则称名[5],公士摈则曰"寡大夫"[6],"寡君之老"。大夫有所往,必与公士为宾也[7]。

【注释】
　　[1]摈者曰"寡君之老":这是指上大夫作为使者出使他国时,主国之君设摈者接待之,主国的摈者向主君转达使者之介的原话,称上大夫为"寡君之老"。此处因文略,省去了介、摈传言的过程。下仿此。
　　[2]公子曰"臣孽":公子,谓诸侯之庶子。案树干萌生旁枝曰孽,故借用为庶子之称。
　　[3]传遽之臣:案秦汉以后,凡急事速行,乘车曰传,乘马曰遽。是传遽皆微贱小事,士位卑,故借以自称。
　　[4]于大夫曰"外私":案凡大夫家臣称私,此士既不与大夫为臣,故对大夫称曰外私。
　　[5]私人摈:私人,大夫之家臣。摈,即大夫之介,介之所以称摈者,是因为在宾馆,而主国致礼,则己为宾馆之主人,故称摈。
　　[6]公士摈:公士,国君所命之士,即公家之士。如果大夫因公事而出使,就由国君派公士为他做介,于主国之宾馆对主国前来致礼者,则以宾馆之主人自居,故称摈。
　　[7]大夫有所往,必与公士为宾:有所往,谓出聘。大聘使上大夫,小聘使下大夫。案公士为大夫之介,若对主国而言,则大夫与公士皆宾,故曰"与公士为宾"。

【译文】
　　上大夫对本国国君自称"下臣",〔出使他国时〕主国的摈者

〔向主君传达介的话时〕称之为"寡君之老"。下大夫对国君自称名,〔出使他国时〕主国的摈者〔向主君传达介的话时〕称之为"寡大夫"。太子对国君自称名,〔出使他国时〕主国的摈者〔向主君传达介的话时〕称之为"寡君的嫡子"。国君的庶子对国君自称"臣孽"。士对国君自称"传遽之臣",对大夫自称"外私"。大夫因私事到别国去,用自己的家臣做摈者,向主国传言就称大夫的名。〔大夫如因公事出使他国而用〕公士做摈者,对主国传言就称大夫为"寡大夫",或称"寡君之老"。大夫出使他国〔行聘礼〕,必须与公士一起做主国的宾。

明堂位第十四

1. 昔者周公朝诸侯于明堂之位[1]：天子负斧依，南乡而立；三公中阶之前[2]，北面，东上；诸侯之位，阼阶之东，西面，北上；诸伯之国，西阶之西，东面，北上；诸子之国，门东，北面，东上。诸男之国，门西，北面，东上；九夷之国[3]，东门之外，西面，北上；八蛮之国，南门之外，北面，东上；六戎之国，西门之外，东面，南上；五狄之国，北门之外，南面，东上；九采之国，应门之外[4]，北面，东上；四塞，世告至[5]。此周公明堂之位也。明堂也者，明诸侯之尊卑也。

【注释】
〔1〕昔者周公朝诸侯于明堂：案因为当时成王年幼，周公暂居天子之位，代理成王掌管朝政，故下文"天子"即指周公。但也正因周公只是代理天子而非正王，为避嫌，所以不在宗庙而在明堂朝见诸侯。
〔2〕中阶：堂南边有三阶，中阶在东西阶之间。
〔3〕九夷：谓东方少数民族。下八蛮、六戎、五狄，则分指南、西、北三方的少数民族。
〔4〕九采之国，应门之外：案采距王畿千里之外，但在九州岛之内。应门，在南门之内。案明堂四面有门，南门之内又有应门。
〔5〕四塞，世告至：四塞，谓九州岛之外的夷狄。若天子新即位或其国君易世，皆一来朝告至，故云"世告至"。

【译文】
从前周公在明堂接见来朝诸侯的位置是：天子背靠斧依，面朝南而立；三公在堂下中阶前，面朝北而立，以东边为上位；诸侯的位置在阼阶的东边，面朝西，以北边为上位；各伯国的国君，在西阶的西边，面朝东，以北边为上位；各子国的国君在门内东边，面朝北，以东边为上位；各男国的国君在门内西边，面朝北，以东边为上位；九夷国的国君在东门外，面朝西，以北边为上位；八蛮国的国君在南门外，面朝北，以东边为上位；六戎国的国君在西门外，面朝东，以南边为上位；五狄国的国君在北门外，面朝南，以东边为上位；九采国的国君在应门外，面朝北，以东边为上位；四方边塞之国，每一代新天子即位或本国新君即位就来朝见报告一次。这就是周公在明堂接见来朝诸侯的位置。明堂〔的朝位〕，是用来区别诸侯地位的尊卑的。

2. 昔殷纣乱天下，脯鬼侯以飨诸侯[1]，是以周公相武王以伐纣。武王崩，成王幼弱，周公践天子之位以治天下。六年，朝诸侯于明堂，制礼作乐，颁度量而天下大服。七年致政于成王。成王以周公为有勋劳于天下，是以封周公于曲阜，地方七百里，革车千乘，命鲁公世世祀周公以天子之礼乐。是以鲁君孟春乘大路[2]，载弧韣旗十有二旒[3]，日月之章，祀帝于郊，配以后稷，天子之礼也。

【注释】

〔1〕脯鬼侯：鬼侯，亦作"九侯"，殷时诸侯。案九侯有好女，纳于纣，但此女不好淫，于是纣怒而杀之，并且"脯九侯"，与之稍异。

〔2〕大路：是殷王祭天所乘车。

〔3〕弧韣旗十有二旒：弧，张旌旗的竹弓。韣，音 dú，弧外的布套。

【译文】

从前殷纣王造成天下大乱，把鬼侯杀了做成肉脯给诸侯们吃，因此周公辅佐武王伐纣。武王死，成王幼小，周公登天子位治理天下，经过六年，招集诸侯到明堂来朝见，制作礼和音乐，颁布度量单位，而使天下大为顺服。到第七年，把政权交还给成王。成王因为周公对天下有功劳，所以把周公分封到曲阜，地方七百里，兵车千辆，并命鲁国的国君世世代代用天子的礼乐祭祀周公。因此鲁君每年春正月乘大路车，车上插着旌旗，张旗的弧上饰有布套，旗的下沿垂饰着十二旒，旗上绘有日月的图案，在国都郊外祭祀上帝，而用后稷配祭，这是用的周天子的祭天礼。

3. 季夏六月，以禘礼祀周公于大庙[1]，牲用白牡，尊用牺、象、山罍[2]，郁尊用黄目[3]，灌用玉瓒大圭[4]，荐用玉豆、雕篹[5]，爵用玉盏仍雕[6]，加以璧散、璧角[7]，俎用梡、嶡[8]。升歌《清庙》[9]，下管《象》[10]，朱干玉戚，冕而舞《大武》。皮弁，素积[11]，裼而舞《大夏》[12]。《昧》[13]，夷之乐也。《任》，南蛮之乐也。纳夷蛮之乐。于大庙，言广鲁于天下也。

【注释】
〔1〕禘：这里是指一种大祭祀之礼。
〔2〕牺、象、山罍：皆酒尊名。牺尊，尊作牺牛形。象尊，尊作象形。山罍，尊上绘饰有山云之形。
〔3〕郁尊用黄目：郁，即郁鬯。黄目，是一种用黄金镂饰的酒尊名。
〔4〕玉瓒大圭：玉瓒，舀酒的玉杓。大圭，指圭形的杓柄。
〔5〕篹：音 suǎn，筵类盛物器。
〔6〕仍雕：仍，因，因爵之形为之雕饰。
〔7〕加以璧散、璧角：加，谓献加爵。案向尸行过九献之礼后，诸臣又献，是为加爵。璧散、璧角，皆谓以璧饰其口。案散、角，皆饮酒器(参见《礼器第十》第8节)。
〔8〕梡、嶡：梡，音 kuǎn。嶡，音 jué。梡、嶡，皆俎名，其形制，梡形四足如按，嶡则加横木于足中央为横撑之形也。

〔9〕《清庙》:《诗·周颂》之第一篇。

〔10〕《象》: 是一种武舞,此处指配合《象》武的乐曲。

〔11〕皮弁,素积: 皮弁即皮弁服。素积指裳,是一种腰间有褶皱的裙。

〔12〕《大夏》: 据说是夏后氏的舞名。

〔13〕《昧》: 及下《任》,皆传说中少数民族乐名。

【译文】
　　季夏六月,用禘祭礼在太庙祭祀周公。牲用白色的雄性牲畜,盛酒的尊用牺尊、象尊、山罍,盛郁鬯的尊用黄目,向地下灌酒用大圭做柄的玉杓舀酒,进献食物用玉豆和有雕饰的笾,〔向尸献酒的〕爵用就器形加以雕饰的玉盏,进献加爵用口沿饰有璧玉的散和角,盛牲肉的俎用梡俎和嶡俎。堂上歌唱《清庙》,堂下管乐吹奏《象》曲,跳舞的人手拿红色的盾牌和饰玉的大斧,头戴冕而跳《大武》舞,或者头戴皮弁,〔上穿白衣〕,下穿腰间有褶皱的白裙,并袒露出上衣里面的裼衣,而跳《大夏》舞。《昧》是东夷的音乐,《任》是南蛮的音乐,将夷人和蛮人的音乐吸收到太庙中,意在说明鲁〔周公〕的功德广施于天下。

4. 君卷冕立于阼,夫人副、袆立于房中[1]。君肉袒迎牲于门,夫人荐豆笾。卿大夫赞君,命妇赞大夫[2],各扬其职,百官废职服大刑。而天下大服。

【注释】
　　〔1〕副、袆: 副,是夫人的一种首饰,其形制已不可详。袆,即袆衣(参见《玉藻第十三》第24节)。
　　〔2〕命妇: 受有爵命的卿大夫之妻。

【译文】
　　鲁君身穿衮服而头戴冕站在阼阶上,夫人头戴副而身穿袆衣站在东房中。鲁君袒露左臂在太庙门前迎接祭祀用的牲畜，夫人进上盛有祭品的豆和笾。卿大夫们协助君行礼，命妇们协助夫人行礼。各自都执行自己的职责，官吏们如果有人废弃自己的职责就要受大刑。〔通过祭祀〕而使天下的人都〔对周公的功德〕大为敬服。

5. 是故夏礿，秋尝，冬烝[1]。春社，秋省[2]，而遂大蜡[3]。天子之祭也。

【注释】

〔1〕夏礿，秋尝，冬烝：礿、尝、烝，皆宗庙祭名（参见《王制第五》第29节）。案此处未言春祭名，《春秋》中亦不书鲁之春祭，盖鲁宗庙不行春祭之礼。

〔2〕秋省："省"通"狝"，狝，秋季田猎名。

〔3〕大蜡：祭名，即大蜡八之祭（参见《郊特牲第十一》第25节）。

【译文】

因此〔鲁君的宗庙祭祀〕，夏季用礿祭，秋季用尝祭，冬季用烝祭。春季祭社神，秋季用打猎所获祭四方，接着就举行大蜡八之祭。这些都是天子的祭礼。

6. 大庙，天子明堂。库门[1]，天子皋门。雉门，天子应门。

【注释】

〔1〕库门：及下皋门、雉门、应门，这是将天子之五门与鲁侯之三门相对照（参见《王制第五》第40节）。

【译文】

鲁国的太庙，相当于天子的明堂。鲁的库门，相当于天子的皋门。鲁的雉门，相当于天子的应门。

7. 振木铎于朝，天子之政也。

【译文】

在朝廷上摇响木铎〔然后发出号令〕，这是天子行政的方式。

8. 山节，藻棁，复庙，重檐，刮楹[1]，达乡[2]，反坫，出尊[3]，崇坫，康圭[4]，疏屏[5]，天子之庙饰也。

【注释】

〔1〕刮楹：楹，柱。刮，谓以石磨柱，使之光泽。

〔2〕达乡：乡（向），指窗，每室四门八窗，窗与门皆相对而通达，故曰"达乡"。

〔3〕反坫，出尊：反坫，指两楹之间放置酒杯的小土台。出尊，是说反坫的位置出于尊。案反坫在尊的南边，堂上以北为内，以南为外，在外则为出，故曰"出尊"（参见《郊特牲第十一》第10节）。

〔4〕崇坫，康圭：崇坫，比反坫高的小土台。康，安。前来朝聘的诸侯所授的玉圭，可安放于此崇坫之上，故曰"康圭"。

〔5〕疏屏：疏，刻。谓于屏上刻为云气虫兽之形。案天子之屏设于大门外，诸侯之屏设于大门内，鲁用天子制，盖亦设于大门外。

【译文】

庙堂的柱头刻作斗拱形，梁上的短柱都用彩色绘饰，庙上覆有双重屋顶，屋檐下又有重檐，庙堂的柱子都经过打磨，庙室的门窗都相向而通达，庙堂上设有反坫，反坫设在酒樽的南边，还设有崇坫，用以安放玉圭，门屏上刻饰图案，这些都是天子的庙饰。

9. 鸾车[1]，有虞氏之路也。钩车[2]，夏后氏之路也。大路[3]，殷路也。乘路[4]，周路也。

【注释】
〔1〕鸾车：设有鸾和二铃的车。
〔2〕钩车：钩，曲，谓车厢前的栏杆作弯曲状，故名。
〔3〕大路：即木路(参见《礼器第十》第6节)。
〔4〕乘路：谓玉路，即有玉饰的车。

【译文】
鸾车，是有虞氏乘的车。钩车，是夏后氏乘的车。大路，是殷天子乘的车。乘路，是周天子乘的车。

10. 有虞氏之旂[1]，夏后氏之绥[2]，殷之大白[3]，周之大赤[4]。

【注释】
〔1〕旂：是一种绘有交龙图案的旗。
〔2〕绥：通"緌"，是一种旗杆顶端饰有牦牛尾的旗。
〔3〕大白：白色的旗。
〔4〕大赤：赤色的旗。

【译文】
有虞氏的旂旗，夏后氏的绥旗，殷天子的大白旗，周天子的大赤旗。

11. 夏后氏骆马黑鬣[1]，殷人白马黑首，周人黄马蕃鬣[2]。

【注释】
〔1〕骆马：白马黑鬣曰骆。
〔2〕蕃：赤色。

【译文】
夏后氏乘有黑色鬣毛的白马，殷天子乘马头为黑色的白马，周天子乘有赤色鬣毛的黄马。

12. 夏后氏牲尚黑，殷白牡，周骍刚。

【译文】
夏后氏祭祀用牲崇尚黑色，殷天子用白色雄性牲畜，周天子用赤色雄性牲畜。

13. 泰[1]，有虞氏之尊也。山罍，夏后氏之尊也。著[2]，殷尊也。牺、象，周尊也。

【注释】
〔1〕泰：是一种陶制的尊。
〔2〕著：是一种无足的尊。

【译文】
泰，是有虞氏的酒尊。山罍，是夏后氏的酒尊。著，是殷天子的酒尊。牺、象，是周天子的酒尊。

14. 爵，夏后氏以盏，殷以斝，周以爵。

【译文】

酒杯，夏后氏用盏，殷天子用斝，周天子用爵。

15. 灌尊，夏后氏以鸡夷[1]，殷以斝，周以黄目。其勺，夏后氏以龙勺[2]，殷以疏勺[3]，周以蒲勺[4]。

【注释】

〔1〕鸡夷：夷，通"彝"，因刻画鸡形于尊，故名。
〔2〕龙勺：勺的柄端为龙头形，故名。
〔3〕疏勺：疏，刻镂。是一种通勺与柄端皆刻镂之勺。
〔4〕蒲勺：谓刻勺为凫头形，其口微开，如蒲草根合而末端微开，故名。

【译文】

行灌礼〔盛郁鬯〕的尊，夏后氏用鸡彝，殷天子用斝，周天子用黄目。舀郁鬯的勺，夏后氏用龙勺，殷天子用疏勺，周天子用蒲勺。

16. 土鼓，蒉桴，苇籥，伊耆氏之乐也。

【译文】

用土做鼓，抟土做鼓椎，用苇做籥，这是伊耆氏时候的乐器。

17. 拊搏[1]、玉磬、揩、击[2]、大琴、大瑟[3]、中琴、小瑟，四代之乐器也。

【注释】

〔1〕拊搏：鼓名，用皮革中填糠做成，形如小鼓。
〔2〕揩、击：即柷、敔，分别参见《王制第五》第22节及《月令第

六》第43节。

〔3〕大琴、大瑟：是一种较一般的琴瑟要长而宽，且弦亦多的琴瑟。

【译文】

拊搏、玉磬、大琴、大瑟、中琴、小瑟，是〔虞、夏、殷、周〕四代的乐器。

18. 鲁公之庙，文世室也。武公之庙，武世室也[1]。

【注释】

〔1〕"鲁公"至"室也"：鲁公之庙，指鲁国的开国之君、周公之子伯禽之庙。文，指周文王。室，即庙。世室，就是百世不毁的意思。武公之庙，指伯禽的玄孙鲁武公敖之庙。"武世室"之"武"，指周武王。案周尊文王、武王，故此二王之庙永不迁毁。鲁亦相应地有二公之庙不毁。

【译文】

鲁公伯禽的庙，相当于周文王的庙而不迁毁。鲁武公敖的庙，相当于周武王的庙而不迁毁。

19. 米廪，有虞氏之庠也[1]。序，夏后氏之序也。瞽宗，殷学也。頖宫，周学也。

【注释】

〔1〕米廪，有虞氏之庠：这是说鲁之米廪，是有虞氏的庠，鲁以虞氏庠为廪以藏祭祀用粮。案廪是粮仓，庠即学校（下"序"、"瞽宗"、"頖宫"，亦皆学校名）。这是说鲁国立有有虞氏的庠，而以之兼做储放粢盛的粮仓。

【译文】
　　鲁国的粮仓，就是有虞氏的庠。鲁国的序，就是夏后氏的序。鲁国的瞽宗，就是殷代的学校。鲁国的頖宫，就是周代的学校。

20. 崇鼎[1]，贯鼎，大璜[2]，封父龟，天子之器也。

【注释】
　　[1] 崇鼎：崇，及下"贯"、"封父"都是古国名，周伐其国而迁其重器，以分同姓诸侯。
　　[2] 大璜：案玉圆形而中有圆孔曰璧，璜的形状则像璧的一半。

【译文】
　　崇国的鼎，贯国的鼎，〔夏后氏的〕大璜，封父国的龟，这些都是天子的重器。

21. 越棘[1]、大弓，天子之戎器也。

【注释】
　　[1] 棘：即戟。

【译文】
　　越国的戟和大弓，是天子的兵器。

22. 夏后氏之鼓足[1]，殷楹鼓[2]，周县鼓[3]，垂之和钟[4]，叔之离磬[5]，女娲之笙、簧。夏后氏之龙簨虡[6]，殷之崇牙[7]，周之璧翣[8]。

【注释】

〔1〕鼓足：足，谓四足。案以下文"楹鼓"、"县鼓"例之，"鼓足"盖"足鼓"之倒文。

〔2〕楹鼓：楹即柱，谓以柱贯穿鼓中而上下出头，可将鼓竖立而击之。

〔3〕县鼓：谓将鼓悬于簨虡（见下注）而击之。

〔4〕垂之和钟：垂，人名，传说是舜时的共工（官名）。和钟，一种编钟。

〔5〕叔之离磬：叔，人名。离磬，是一种悬挂时稀疏相离的磬。案离磬亦编磬。

〔6〕簨虡：悬挂钟磬的架子（参见《檀弓上第三》第77节）。

〔7〕殷之崇牙：崇牙，殷的簨虡名，谓于簨上刻画为崇牙（突起如牙状）之形，故名。

〔8〕周之璧翣：璧翣，是周的簨虡名。周人以缯为翣扇，上面绘饰图案，并载以小玉璧，下悬五彩羽毛，而挂于簨的两角，故名之为"璧翣"。

【译文】

夏后氏的有足的鼓，殷人的当中贯柱的鼓，周人的悬鼓，垂所作的和钟，叔所作的离磬，女娲的笙、簧，夏后氏的刻饰有龙的簨虡，殷人的崇牙，周人的璧簨。

23. 有虞氏之两敦[1]，夏后氏之四连[2]，殷之六瑚，周之八簋。俎，有虞氏以梡[3]，夏后氏之嶡，殷以椇[4]，周以房俎[5]。夏后氏以楬豆[6]，殷玉豆，周献豆[7]。

【注释】

〔1〕敦：盛黍稷器，其形制参见《内则第十二》第10节。

〔2〕连：案此连，与下瑚，皆盛黍稷器。

〔3〕梡：即下嶡，皆俎名（参见第3节）。

〔4〕椇：殷俎名。案椇即枳椇（参见《曲礼下第二》第42节）。枳椇之木多曲，故借以形容殷俎足间横撑之曲，亦因以为俎名。

〔5〕房俎：俎名，其形制已不可确知。

〔6〕楬豆：楬，音 qià。楬豆，一种质而无饰的豆。
〔7〕献豆：一种有刻饰的豆。

【译文】
有虞氏的两敦，夏后氏的四连，殷人的六瑚，周人的八簋。俎，有虞氏用梡俎，夏后氏用嶡俎，殷人用椇俎，周人用房俎。夏后氏用楬豆，殷人用玉豆，周人用献豆。

24. 有虞氏服韨[1]，夏后氏山[2]，殷火[3]，周龙章[4]。

【注释】
〔1〕韨：祭服之韠（蔽膝）名，质而无文饰（参见《玉藻第十三》第22节）。
〔2〕山：韠名，画饰以山形，故名。
〔3〕殷火：谓殷之韠又增饰以火的图案。
〔4〕周龙章：谓周之韠又增饰以龙的图案。章，文章，即文饰之意。

【译文】
有虞氏系韨韠，夏后氏系山韠，殷人系火韠，周人系龙章韠。

25. 有虞氏祭首，夏后氏祭心，殷祭肝，周祭肺。夏后氏尚明水[1]，殷尚醴，周尚酒。

【注释】
〔1〕明水：即玄酒。

【译文】
有虞氏祭祀用牲畜的头，夏后氏祭祀用牲畜的心，殷人祭祀用牲畜的肝，周人祭祀用牲畜的肺。夏后氏祭祀以明水为上，殷人祭祀以醴为上，周人祭祀以酒为上。

26. 有虞氏官五十，夏后氏官百，殷二百，周三百。

【译文】

有虞氏设职官五十人，夏后氏设职官百人，殷代设职官二百人，周代设职官三百人。

27. 有虞氏之绥，夏后氏之绸练，殷之崇牙，周之璧翣。

【译文】

有虞氏的丧旗旗杆顶端缀以旄牛尾，夏后氏的丧旗旗杆用绸子包裹而旗的侧边饰以白色熟绢做的旒，殷人丧旗的侧边饰以缯制的牙边，周人的丧旗作翣扇形而上面装饰着小的玉璧。

28. 凡四代之服、器、官，鲁兼用之，是故鲁，王礼也，天下传之久矣。君臣未尝相弑也，礼、乐、刑、法、政、俗，未尝相变也，天下以为有道之国，是故天下资礼乐焉。

【译文】

凡四代的服制、器物、职官，鲁国都兼而用之，因此鲁国所行的礼，是周天子之礼，天下人传闻已经很久了。鲁国的君臣没有发生过相互残杀的事，礼制、音乐、刑罚、法律、政治和风俗都不曾改变过，天下人都认为鲁国是有道之国，因此都采用鲁国的礼乐。